公共行政与公共管理
经　典　译　丛

"十三五"国家重点出版物出版规划项目

PUBLIC ADMINISTRATION AND PUBLIC MANAGEMENT CLASSICS

公共行政与公共管理经典译丛 经典教材系列

城市管理学
美国视角

（第六版·中文修订版）

戴维·R·摩根（David R. Morgan）

[美] 罗伯特·E·英格兰（Robert E. England） / 著

约翰·P·佩利塞罗（John P. Pelissero）

杨宏山　陈建国 / 译

杨宏山 / 校

MANAGING URBAN AMERICA
(SIXTH EDITION)

中国人民大学出版社
·北京·

"公共行政与公共管理经典译丛"
编辑委员会

总的来看，本译丛体现了三个特点：第一，系统性，基本涵盖了公共行政与公共管理学科的主要研究领域。第二，权威性，所选著作均是国外公共行政与公共管理大师或极具影响力的学者的代表作。第三，前沿性，反映了公共行政与公共管理研究领域最新的理论和学术主张。

在半个多世纪以前，公共行政大师罗伯特·达尔（Robert Dahl）在《公共行政学的三个问题》中曾这样讲道："从某一个国家的行政环境归纳出来的概论，不能立刻予以普遍化，或应用到另一个不同环境的行政管理上去。一个理论是否适用于另一个不同的场合，必须先把那个特殊场合加以研究之后才可以判定。"的确，在公共行政与公共管理领域，事实上并不存在放之四海而皆准的行政准则。立足于对中国特殊行政生态的了解，以开放的思想对待国际的经验，通过比较、鉴别和有选择的吸收，来发展中国自己的公共行政与公共管理理论，并积极致力于实践，探索具有中国特色的公共行政体制与公共管理模式，是中国公共行政与公共管理学科发展的现实选择。

本译丛的组织策划工作始于 1999 年底，我们成立了由国内外数十位知名专家学者组成的编辑委员会。当年 10 月，美国公共行政学会时任会长，同时也是本译丛编委的马克·霍哲教授访问中国行政管理学会，两国学会签署了交流合作协议，其中一项协议就是美国公共行政与公共管理领域著作在中国的翻译出版。2001 年，中国行政管理学会时任会长郭济先生率团参加美国公共行政学会第 61 届年会，其间，两国学会签署了新的合作协议，并再次提及已经启动的美国公共行政与公共管理领域知名学者代表作品在中国的翻译出版。可以说，本译丛是中美两国行政管理（公共行政）学会与公共管理学术界的交流合作在新阶段的重要成果。

在译丛的组织策划和翻译出版过程中，中国人民大学政府管理与改革研究中心、国务院发展研究中心东方公共管理综合研究所给予了大力的支持和帮助。我国的一些留美学者和国内外有关方面的专家学者参与了外文原著的推荐工作。中国人民大学、北京大学、清华大学、中山大学、复旦大学、厦门大学、武汉大学等高校许多该领域的专家学者参与了本译丛的翻译工作。在此，谨向他们表示敬意和衷心的感谢。

"公共行政与公共管理经典译丛"编辑委员会

总　序

　　在当今社会，政府行政体系与市场体系成为控制社会、影响社会的最大的两□□理论研究和实践经验表明，政府公共行政与公共管理体系在创造和提升国家竞争□□具有不可替代的作用。一个民主的、负责任的、有能力的、高效率的、透明的政□□理体系，无论是对经济的发展还是对整个社会的可持续发展都是不可或缺的。

　　公共行政与公共管理作为一门学科，诞生于 20 世纪初发达的资本主义国家□□上百年的历史。在中国，公共行政与公共管理仍是一个正在发展中的新兴学科，□□与公共管理的教育也处在探索和发展阶段。因此，广大教师、学生、公务员急□□践、具有实际操作性、能系统培养其思考和解决实际问题能力的教材。我国公□□共管理教育和学科的发展与繁荣，固然取决于多方面的努力，但一个重要的方面□□们要以开放的态度，了解、研究、学习和借鉴国外发达国家研究和实践的成果□□面，我国正在进行大规模的政府行政改革，致力于建立与社会主义市场经济相适□□行政与公共管理体制，这同样需要了解、研究、学习和借鉴发达国家在公共行政□□理方面的经验和教训。因此，无论是从我国公共行政与公共管理教育发展和学科□□要来看，还是从我国政府改革实践层面的需要来看，全面系统地引进公共行政与□□经典著作都是时代赋予我们的职责。

　　出于上述几方面的考虑，我们于世纪之交开启了大型丛书"公共行政与公共□□译丛"的翻译出版工作。自 2001 年 9 月本译丛首部著作《公共管理导论》□□十五年间出版著作逾百种，影响了国内公共行政与公共管理领域无数的学习者□□也得到了学界的广泛认可，先后被评为"十五""十一五""十二五""十三五"□□图书出版规划项目，成为国内公共行政与公共管理出版领域的知名品牌。

　　本译丛在策划之初分为"经典教材系列""公共管理实务系列""政府治□□列""学术前沿系列"四个子系列，后来又增加了"案例系列""学术经典系列"□□列。在本译丛出版十五年后，为了更好地服务于国内公共行政与公共管理学科□□方便读者查找译丛的相关图书，我们将译丛简化为"经典教材系列"和"学术□□两个子系列。"经典教材系列"图书出版的主要目的是满足国内公共行政与公□□对教材和教学参考书的需求。这个系列所选教材的内容全面系统、简明通俗，□□政与公共管理的主要知识领域，涉及公共行政与公共管理的一般理论、公共组□□理、公共政策、公共财政与预算、公共部门人力资源管理、公共伦理学等。这□□国外大学通用的公共行政与公共管理教科书，多次再版，其作者皆为该领域□□他们在自己的研究领域多次获奖，享有极高的声誉。"学术前沿系列"图书出□□的则是介绍国外公共行政与公共管理学科的重要学术成果。这个系列选取学科□□不同学术流派代表性人物的代表性著作，并持续介绍学科发展的最新研究成果□

变迁、挑战与城市治理

城市治理，让生活更美好

城市是人类文明的结晶。1800 年，全球仅有 2% 的人口居住在城市；2000 年，世界上约有 50% 的人口在城市居住。到 2010年，全球城市人口约占总人口的 55%。城市兼收并蓄、包罗万象、不断更新，已经成为现代社会人们生活和工作的主要场域。城市与乡村的区别，不仅表现为人口稠密、工商业发达，更体现为城市具有更好的公共服务体系。中国 2010 年上海世界博览会以"城市，让生活更美好"为主题。城市之所以能让生活更美好，并不是由于高楼大厦林立，也不是由于人口密集、经济发达，而是因为城市能够提供更多、更好、平均成本更低的公共服务体系。

联合国人居署发布的《伊斯坦布尔人居宣言》中强调："我们的城市必须成为人类能够过上有尊严的，健康、安全、幸福和充满希望的美满生活的地方。"[①] 在快速发展的今天，城市生活越来越面临着一系列挑战：高集聚、高密度的城市运作模式难免会引发空间冲突、社会冲突、文化冲突、利益矛盾、资源短缺和环境污染。如果不进行前瞻性治理和控制，若不提升公共服务水平，快速和无序的城市扩展会加剧这些矛盾，最终侵蚀城市的活

---

① 《伊斯坦布尔人居宣言》，1996 年 6 月 14 日。

力、品质和宜居性。

　　作为地方治理的一个重要领域，城市治理涉及千家万户，它与人们享有的公共服务水平、宜居程度和幸福指数密切相关。城市治理不仅是物质空间的规划与管理，更是在广阔的社会文化背景下对公共服务供给的规划与管理。人们来到城市是为了生活，人们居住在城市是为了生活得更加美好。在既定的资源和制度约束条件下，如何更有效地提供公共产品和公共服务，这是城市治理面临的一项挑战性任务。

新时代与城市管理变革

　　自 20 世纪 70 年代末以来，经济滞涨、财政危机、信任危机和全球化的挑战，在全世界范围内掀起了汹涌澎湃的行政改革浪潮。城市管理也不例外，当代城市治理既是对过去的城市管理实践进行检讨和反思的过程，同时也是对新时代、新环境的自觉适应过程。20 世纪 70 年代末以来，由于经济状况不佳，美国联邦政府对城市的财政补助明显减少，城市财政充盈的好日子一去不复返，大多数城市都面临着艰难的预算抉择。市民期待更多的公共服务，但却不愿意增加税收。城市政府不得不"少花钱，多办事"。此外，市政管理还必须应对人口迁移、社会变迁、少数族裔及贫困问题带来的挑战。

　　《城市管理学：美国视角（第六版·中文修订版）》是一本具有广泛影响力的公共管理类教材，全美上百所大学的课堂都在使用该教材。本书作者长期致力于城市管理研究，不仅如此，本书还展现了美国学界在该领域的丰富研究成果和学术观点。用出版者的话来讲，本书在同类教材中占据"支配性"地位。本书第六版除延续自 1979 年第一版以来的基本主题之外，还对当前城市管理者面临的新挑战给予了特别关注。由于联邦和州削减了对城市的财政补助，城市必须"自谋生计"(fend-for-yourself)。为应对财政困境以及经济全球化、新技术应用等新挑战，城市领导者必须理解社区价值、制度惰性、政治环境和领导力资源。

　　本书从地方政府管理的视角，分析了美国城市管理的环境变迁，系统地概述了美国城市的治理结构、政策过程、冲突管理、服务供给、内部管理及未来发展。本书分为四个部分：美国城市管理环境、现代城市的冲突管理与物品（服务）供给、内部管理过程以及城市的未来。

　　本书在对美国城市变迁的历程和原因进行分析的基础上，较为详尽地展现了重塑政府和新公共管理模型对美国城市管理的实际影响。作为对财政危机的务实回应，戴维·奥斯本和特德·盖布勒提出"重塑政府"(reinventing government, REGO) 这一概念以后，迅速引起广泛反响。重塑政府的基本主题是"多掌舵少划桨"(steer more and row less)，它为地方官员化解财政危机、削减开支和提升生产力提供了一系列"药方"。[1] 作为对"重塑政府"的学术回应，一种新的公共行政

---

　　[1] David Osborne, Ted Gaebler, *Reinventing Government: How the Entrepreneurial Spirit Is Transforming the Public Sector*, Mass.: Addison-Wesley, 1992.

理论即"新公共管理"（new public management，NPM）模型开始流行起来，它基于市场经济和公共选择理论，主张在公共服务供给中最大化地引入市场机制。本书的很多章节都提及"重塑政府"和"新公共管理"这两个概念。摩根、英格兰和佩利塞罗指出，重塑政府和新公共管理已经成为城市管理无可回避的现实选择，在当前和可预见的将来，重塑政府和新公共管理对城市管理具有重要影响。

本书作者也分析了重塑政府和新公共管理存在的问题：它们没有充分解释政府的角色和目标，贬低和限制了公务员的作用；政府建立在法治基础之上，而非市场法则基础之上；市民不是顾客，公民拥有公共服务；重塑政府和新公共管理凸显了执行部门的权力，忽略了市民在政策制定中的角色、不同群体间的讨价还价和妥协，以及美国政治的制度环境。

通过检视学术界对于重塑政府和新公共管理模型的批评性观点，本书也展现并介绍了登哈特的新公共服务模型，即认为政府不该像企业那样运作，它应该实行民主化运作。本书的基本结论是，重塑政府/新公共管理模型、旧公共行政模型、新公共服务模型分别具有各自的适用性，在城市管理中都有一席之地，城市管理没有"最优模式"，不同的管理工具适用于不同的时间、地点和情境。[1]

本书的特色

本书的特色主要表现在五个方面。

第一，本书系统地分析了美国城市治理的政治环境。美国城市管理置身于联邦主义的政治架构和"碎片化"的地方治理结构之中，它使府际关系成为城市管理绕不开的重要议题之一，城市治理必须正视并处理复杂的府际关系问题。本书较为详尽地分析了美国府际关系及联邦、州对城市援助的变迁，城市政府的回应，大都市地区地方政府间关系的演进和发展。

第二，本书全景式地展现了美国的城市改革运动和城市治理结构。美国城市改革运动是"进步时代"（the progressive era，19 世纪 80 年代晚期至 20 世纪 20 年代）的产物，当时城市腐败、社会矛盾都相当严重，各种进步力量汇集形成了进步主义改革运动，它对 20 世纪的城市政治结构具有重要影响。本书还详细探讨了市长—议会制和议会—经理制这两类城市政府形式的治理结构和优缺点，市长—议会制又可以分为强市长制和弱市长制。本书还介绍了美国城市的选举类型、选举系统、司法和立法干预、创议权、公决权、罢免权、家乡自治等制度安排，强调了市民参与及对地方性服务和设施拥有控制权的重要性。

第三，本书揭示了城市政策制定过程中多元主体各自的角色及互动。本书从政策过程的视角，剖析了市长、城市经理、市议会在政策制定中的作用，以及市长与城市经理、市议会与城市经理之间的互动，并分析了行政系统、市民、政党和利益

---

[1]　David R. Morgan，Robert E. England，John P. Pelissero，*Managing urban America*，6th ed.，Washington，D. C.：CQ Press，2007，325.

集团对城市管理的影响。本书还概述了城市规划与发展、城市决策模型、主要决策工具、项目分析过程和城市服务供给。

第四，本书系统地分析了城市政府的内部管理过程。本书分别从管理理论与方法、人力资源、财政和预算的视角，展示了美国城市政府的内部管理方法和过程，并就一些热点和敏感议题进行了专门探讨。

第五，本书在文中穿插有很多图、表和案例分析。本书提供了很多易于阅读、易于理解、易于接受的图、表和案例分析，作者对引用的文献进行了处理，形成了浓缩、精干的阅读材料，这些材料与相关理论具有联系性，便于读者更好地理解书中的内容。

中国城市化与城市治理

当前，中国正处于城市化快速发展时期，它造就了世界城市发展史上规模最大的城市扩展运动，同时也给城市管理带来了严峻挑战。据统计，自 2001 年以来，中国城市建设每年征用土地都在 1 000 平方公里以上。快速城市化给城市带来了前所未有的发展机遇，它推动经济快速发展、城市人口和空间规模快速扩张、财政收入高速增长。同时，快速城市化也带来了"城市病"，大中城市普遍存在交通拥堵、房价飙升、暴力拆迁、贫富悬殊、环境污染等问题，一些市民尤其是外来人口不得不经受"住房难""上学难""看病难""出行难"之煎熬。如何既把握发展机遇，又保障民生需求，不断提升公共服务水平，让人们切身感到城市生活更美好、城市环境更宜居，这对城市治理提出了严峻挑战。

中国城市化过程中出现的各种挑战和问题，其根源在于我们没能很好地处理效率与公平、经济发展与城市服务、人与自然的关系，一些领域甚至出现了失谐现象。中国和美国的城市发展处于不同阶段，城市治理的政治环境和政府形式也不相同，但美国城市管理这种从残酷的现实出发、注重因应环境变化和现实挑战推动治理变革、注重从多元利益视角对冲突进行管理的治理实践，都很值得我们学习和借鉴。不仅如此，美国城市管理的各种方法、手段和技术工具，也都可以为我们所用。

我们相信并期待，《城市管理学：美国视角（第六版·中文修订版）》一书的翻译出版，对于推进中国城市管理进步会有所裨益！

杨宏山

于中国人民大学求是楼

献给我的妻子卡罗琳·斯托特·摩根教授，她的幽默、体贴和支持一直激励着我的学术生涯。

——戴维·R·摩根

献给我的爱妻迪安·R·英格兰，31年来她一直支持我的研究，以及爱子埃里克·R·英格兰，在本书从第五版到第六版期间，他也从小男孩长大成人。

——罗伯特·E·英格兰

献给我的孩子卡罗琳·佩利塞罗和史蒂文·佩利塞罗，作为生活在大城市的年轻人，他们的自信、独立令我骄傲。

——约翰·P·佩利塞罗

前　言

时间过得真快！从《城市管理学：美国视角》的第一版出版发行到 2007 年，转眼已经 27 年了。在第六版中，我们看到，20世纪 70 年代末城市面临的很多问题，在 21 世纪仍困扰着市政官员们。财政紧张、事多钱少、生产力提升、私有化和经济发展仍是城市管理话语中的核心术语。正如古老的谚语所说：事物总是万变不离其宗。

从本书第四版开始，我的学生罗伯特·E·英格兰作为作者加入。写作第六版时，我的另一个学生约翰·P·佩利塞罗也加入了写作团队。我们很高兴约翰抽出时间与我们一起工作。出版社的编辑人员给予很多支持，编辑和出版工作效率很高、进展顺利，令我们感到十分欣慰。

本书第六版立足于过去版本，同时做了一些重大修订。我们合并了好几章的内容。第五版的"导论"和第 1 章被合并为开篇之章"21 世纪的美国城市管理"，我们还更新了影响美国城市管理的财政、社会和人口统计发展趋势等内容。第五版增加了关于联邦主义和政府间关系的讨论，第六版重写了这一部分，并将其扩展成为独立的第 2 章。第 5 章"城市规划与发展"恢复了第一版和第二版有关城市规划的内容，同时把第五版第 5 章关于经济发展的内容合并过来，并更新了部分内容。第五版的第 4 章"决策"和第5 章"分析"被合并成为新版的第 6 章"决策与分析"。第五版的"促进生产力"和"服务供给"两章被整合成为新版的第 7 章。

　　本书致力于为读者提供关于城市管理的综合性概要，包括城市管理环境、政治结构、服务供给、组织理论和管理过程。就我们所知，尽管学生可接触到大量优秀的城市政治/行政类教材，但还没有一本同类教材能够像本书一样为学生提供广泛的管理文献。本书有多个版本，其论题一直没变：一个人可以成为优秀的管理者，但在城市管理领域却可能面临失败。缺少对城市行政"政治性"的充分理解，城市领导者注定就像用只破桶来打水一样。

　　本书不仅可以作为本科生和研究生课程的教材，也可以作为介绍行政管理课程的基本材料。本书将关注的重心和大量案例从联邦层面转移到地方层面，而这恰是大多数政府赖以存在的场域。实际上，本书的标题也可以称作"地方行政管理"。

　　与之前各版本一样，第六版广泛运用案例研究——政策与实践专栏——帮助学生在理论与实践之间建立联系。第六版的新内容在于，它增加了若干个"电子政务"案例，显示了技术和互联网显著改变了城市管理的特性。我们发现，对于学生尤其是本科生而言，案例研究为了解城市管理的真实状况提供了非常有用的桥梁。阅读大量案例也为我们提供了丰富的实践积累。

　　我们要特别感谢很多人，他们协助了本书和之前各版本的写作。本书经由六次出版，这个感谢的名单已经越来越长，这里我们谨向曾经作出慷慨奉献的所有人道一声"谢谢"。对于第六版，我们花了很长时间用于修订，我们需要特别感谢责任编辑 Charisse Kiino，她对我们永不言弃。我们不断告诉她有关章节即将完成，并最终提交了新的书稿。我们的前任编辑和朋友，英国皇家国际事务研究所（Chatham House）的 Katharine Miller，也为本书的最新出版作出了重要贡献。CQ 出版社的 Dwain Smith 在争取很难获得的许可权上做了大量努力，出版负责人 Kerry Kern 提供的服务也令我们钦佩。感谢 Joe Fortier 和 Julia Petrakis 在校对和索引方面提供的专门支持。我们也要感谢洛约拉大学（Loyola University，芝加哥校区）研究生 Andrew Barbeau 和 Kali Wright 所做的政策和实践案例研究。

戴维·R·摩根

罗伯特·E·英格兰

约翰·P·佩利塞罗

目 录

第 1 部分　城市管理环境

第 1 章　21 世纪的美国城市管理 ···················· 3

1.1　导言：美国城市的演进与变迁 ················ 3

1.2　美国城市变迁的历程和原因 ················ 5

1.3　城市如何提升管理能力 ················ 11

1.4　系统分析与地方政策制定 ················ 17

1.5　不满足于良好的管理 ················ 25

1.6　本书安排 ················ 27

推荐阅读 ················ 29

第 2 章　城市与府际关系体系 ···················· 31

2.1　联邦主义 ················ 32

2.2　府际关系 ················ 34

本章小结 ················ 56

推荐阅读 ················ 56

第 3 章　城市政治结构 ···················· 58

3.1　改革运动 ················ 59

3.2　城市政府的类型 ·································· 65

3.3　选举类型 ······································· 72

3.4　选举系统 ······································· 73

3.5　家乡自治和城市的法律地位 ··············· 76

本章小结 ·· 78

推荐阅读 ·· 78

第2部分　现代城市的冲突管理与物品(服务)供给

第4章　城市政策制定 ································ 83

4.1　城市政策的本质 ····························· 83

4.2　行政长官 ······································ 91

4.3　城市议会 ······································ 101

4.4　官僚系统与政策 ····························· 107

4.5　市民对城市管理的影响 ····················· 109

本章小结 ·· 113

推荐阅读 ·· 113

第5章　城市规划与发展 ····························· 115

5.1　城市规划的本质 ····························· 115

5.2　政治环境中的规划 ··························· 119

5.3　规划行为 ······································ 122

5.4　城市经济发展 ································· 129

5.5　组织和管理经济发展 ························· 136

5.6　城市发展的政治考量 ························· 138

本章小结 ·· 141

推荐阅读 ·· 142

第6章　决策与分析 ································· 143

6.1　决策的路径 ··································· 144

6.2　决策工具 ······································ 152

6.3　项目分析和决策的其他系统路径 ············· 156

本章小结 ·· 172

推荐阅读 ·· 172

第7章　城市服务供给 ································ 174

7.1　服务供给的目标 ····························· 175

7.2　测量城市服务的效率和效果 ················· 177

7.3　服务公平：一个政治目标? ················· 187

7.4　服务供给的回应性 ··· 190

7.5　替代性服务供给 ··· 192

7.6　实施和评估城市项目 ··· 198

7.7　市民调查 ··· 202

本章小结 ··· 205

推荐阅读 ··· 206

第 3 部分　内部管理过程

第 8 章　管理过程：理论和实践 ··· 209

8.1　作为开放系统的组织 ··· 210

8.2　领导 ··· 218

8.3　结果管理：重塑政府和新公共管理 ···························· 224

8.4　城市采用管理新技术可能遭遇的潜在问题 ·················· 235

本章小结 ··· 237

推荐阅读 ··· 238

第 9 章　人力资源管理 ·· 239

9.1　组织人事职能 ··· 240

9.2　人力资源管理职能 ··· 242

9.3　人力资源管理中的问题 ·· 251

9.4　劳方—管理方关系 ··· 259

本章小结 ··· 267

推荐阅读 ··· 267

第 10 章　财政和预算 ··· 269

10.1　收入筹集 ·· 270

10.2　支出 ··· 278

10.3　预算 ··· 279

10.4　管理城市财政 ·· 291

本章小结 ··· 293

推荐阅读 ··· 294

第 4 部分　城市的未来

第 11 章　管理城市未来 ··· 297

11.1　持续财政危机时代的管理和领导 ······························ 298

推荐阅读 ……………………………………………………… 312

译后记 …………………………………………………………… 313

索引 *

---

* 请参见 http://www.crup.com.cn/gggl。

第1部分

城市管理环境

■ 第1章　21世纪的美国城市管理
■ 第2章　城市与府际关系体系
■ 第3章　城市政治结构

第1章

21世纪的美国城市管理

1.1　导言：美国城市的演进与变迁

城市政府处于不断的演进和变化之中，这种趋势与本教材第一版出版时的情形一样。在21世纪初，城市面临很多与20世纪60年代所谓"城市危机"（urban crisis）相同的挑战：通过政治途径管理冲突，适应人口迁移和市民偏好变迁等环境变化，将新兴社会群体整合到治理结构中，平衡自有资金与政府间财政收入，回应联邦和州的政令，与其他地方政府谈判，面向市民提供地方性物品和服务，寻求通过有效、公正、回应性的途径来管理城市的方法。

在新世纪来临之际，城市管理者也面临着一些新的问题和挑战。与20世纪60年代的情形不同，当前城市运行所处的府际环境，可以用一种被称为"自谋生计"型联邦主义来描述。① 今天，联邦政府已经不向地方政府提供财政帮助以平衡地方预算或提供物品和服务。面对事多钱少的局面，城市领导者被迫寻求办

---

① "自谋生计"型联邦主义一词来自 John Shannon, "The Return to Fend-for-Yourself Federalism: The Reagan Mark," *Intergovernmental Perspective*, summer-fall, 1987。另参见 David B. Walker, *The Rebirth of Federalism*, 2nd ed. (New York: Chatham House, 2000), 30 and 152; 以及 Jonathan Walters, "Cities on Their Own," *Governing*, April, 1991, 27。

法满足市民不断增长的社会需求——寻求通过获得更大的财税支出回报，来抵消不断减少的府际财政收入。提升生产力水平需要开拓城市管理的新途径，在人力和财政资源管理、信息技术管理（IT）以及项目管理中，大力强调结果和责任。在过去20年有关城市管理的诸多新术语中，务实模式上的"重塑政府"以及理论和学术模式上的"新公共管理"这两种管理战略被广泛运用以提升市政生产力和行政责任。

21世纪城市管理面临的另一个挑战是管理环境的变化，尤其是技术环境发生的变化。自20世纪60年代以来，管理信息系统（MIS）和地理信息系统（GIS）已经出现较大变化。在美国很多城市，这两个系统——独立或整合运作——显著提高了薪酬和账务管理效率，提高了应急人员派遣效率，提升了基础设施修复效率。个人计算机从根本上改变了地方政府的日常工作状态。计算机软件和硬件使财政管理具有更高的效率和绩效，人力资源部门运用计算机进行测试和管理，提升了数据存储和传递的可靠性和有效性。

互联网技术使现代城市演变成全球社区。很多城市都建立并维护自己的官方网页（本章稍后讨论），另外，城市有关政府、社会、经济、商业、人口、文化等方面的信息资源，也可通过互联网途径获取。不仅本地居民可以获得这些信息资源，而且任何人在任何地方、任何时候也都可以获取。实际上，今天的每个城市都与地球上的其他城市建立了链接关系，获取和交换信息唯一需要的就是能够接触万维网（World-Wide-Web）。互联网也使电子政务（e-government）成为现实。"电子村"① （electronic village）方便了市政雇员之间的相互交流，市民也可以通过电子邮件联系所在城市的政治和行政官员。互联网对城市管理的影响仍处于初期阶段。城市有必要充分利用和管理这一技术资源。

最后，令人非常悲哀的是，在本书的最新版本中，我们必须将现代城市管理与2001年的"9·11"事件联系起来。在最后一章，我们探讨了后"9·11"时代城市管理的一些特殊问题。

第1章包括五个方面的内容。首先，我们讨论了美国城市自20世纪60年代以来变迁的历程和原因，主要关注财政、社会和人口的变化；其次，我们分析了美国城市如何回应这些变化，如何通过重塑政府提升管理能力；再次，我们将城市管理置于系统分析的框架之中，在介绍和解释了系统理论的基本概念（即认为市政官员为了回应环境刺激而制定公共政策）之后，我们聚焦于公众参与和电子政务的作用，它们作为重要的环境因素对现代城市管理产生着重大影响；又次，我们提出仅仅掌握如何取得成功的管理技巧并不足以胜任当代城市管理，城市管理者必须理解社区价值、官僚制惯性、政治和领导力；最后，本章介绍了本书组织架构的基本概要。

---

① 参见 Russell L. Smith, "The 'Electronic Village': Local Governments and E-Government at the Dawn of a New Millennium," *2002 Municipal Year Book* (Washington, D.C.: ICMA, 2002), 25-41.

1.2　美国城市变迁的历程和原因

当前，城市政府需要努力应对一系列的压力和冲突。即使是小型社区，城市管理者也必须持续回应各种社会群体、机构和实体的各种需求，它们构成了城市政体的外部世界。这些政治压力不会凭空出现：美国城市在种族、族群、社会、经济、政府等方面呈现出典型的多样性特征，对政府服务的各种需求之间存在竞争和冲突。城市管理者必须理解各种外部力量相互作用所形成的复杂环境。对于一个成功的管理者来说，学会谈判、讨价还价、劝导、妥协与掌握传统的行政技巧同样重要。在这部分，我们分析了城市管理者必须面对的经济和社会情形。

美国城市状况：财政事务

20 世纪 60 年代，在肯尼迪总统的"新边疆"时期（New Frontier）和约翰逊总统的"反贫困"时期（War on Poverty），城市政治的研究者和学生普遍认为，城市政府将会持续发展。毕竟，在 20 世纪 60 年代，州和地方政府薪金总额在快速增长。在 20 世纪 70 年代，这种趋势继续发展——远快于联邦政府的薪金增长。为回应新的社会需求，城市政府的职能远超过去。20 世纪 60 年代末，加利福尼亚州克莱尔蒙特市（Claremont）的城市经理凯斯·墨尔罗尼（Keith Mulrooney）曾这样描述他的活动：

> 对抗反战示威，控制市议会会议，与嬉皮士坐在一起讨论上周的突击搜查麻醉品事件，辩论反对一项劳动提案，与黑人学生联合会签署协议帮助成绩差的黑人学生提示阅读能力。[1]

20 世纪 60 年代城市管理面临的这些挑战，意味着此前阶段城市面临的问题已经远去，如建设城市基础设施、发展行政科学以提升城市管理效率。"优先考虑的问题……逐渐从物质取向转向以人为本。"[2]

伴随着这些新问题，大量联邦款项流入城市，市政府雇员数量和服务项目显著增长。在 20 世纪 60 年代到 20 世纪 80 年代期间，联邦专项资助项目从 132 个增加到 500 多个，联邦资金也呈相应增长，从 70 亿美元增加到 915 亿美元。[3] 在一些社区，为了争取联邦资金，地方官员开发了很多新项目。看上去，地方政府扩张已呈不可避免之势。国际城镇管理协会（the International City/County Management

① Keith F. Mulrooney, "Prologue: Can City Managers Deal Effectively with Major Social Problems?" *Public Administration Review* 31 (January-February 1971): 6.

② Thomas W. Fletcher, "What Is the Future for Our Cities and the City Manager?" *Public Administration Review* 31 (January-February 1971): 5.

③ George J. Gordon, *Public Administration in America*, 4th ed. (New York: St. Martin's, 1992), 88-89.

Association, ICMA）于 1979 年发布的一份报告提出，地方政府不可避免地扩张这一观点已被广泛接受。[①] 这一观点建议在所有可以想象的领域扩大地方政府的职能范围：城市人口将会增长，预算将要扩大，联邦补助将会增加，市政工作将会增加，市政府履行和落实长期责任也会导致利润增长。

但情况随后发生了变化。20 世纪 70 年代末，由于经济情况不佳，在卡特政府时期，联邦政府对城市的援助开始减少。紧接着，"里根革命"（Reagan Revolution）大量削减了联邦政府的国内支出，包括削减对州和地方政府的财政援助（见第 2 章）。1978 年，城市财政中约有 16% 来自联邦资源；到 1990—1991 财政年度，这个比例减少到 3.6%。[②] 今天，全国 25 个最大城市的一般财政收入中只有 6% 来自联邦政府。[③]

坚持下去，节省成为了基本规则，城市显示出更多的恢复力而不是悲观论调。城市砍掉了一些支出，预算被重新平衡，很多城市增加了税收。城市学会了在有限的财政下进行管理。一些人认为，在财政危机期间，很多城市纯净了自身，比过去显得更加强大和独立。在一定程度上，城市的变化的确如此。坚强的城市官员被迫做出艰难的选择，它常常使政府雇员和顾客群体感到不安。州政府通过项目或财政的形式为地方政府提供最紧迫需要的救济，显示了它们对地方政府父爱般的体贴。

在 20 世纪 90 年代克林顿政府期间，得益于国家经济的较快增长，很多城市的财政状况得到改善。到 20 世纪 90 年代末，一些城市摆脱了在过去十年经历的财政困境（fiscal morass）。例如，美国住房与城市发展部（U. S. Department of Housing and Urban Development, HUD）在其第二份年度报告"美国城市状况（1998 年）"中记录道，"受强劲的国家经济的驱动，城市财政和经济处于十年来最强状态"[④]。该报告显示，在中心城市，工作机会逐渐增多，失业率呈下降趋势。城市的居住条件得到改进，很多城市中心区的旅游、体育、娱乐和艺术开始恢复。犯罪率持续下降，中心城市的住宅所有率在增加。全国城市联盟（National League of Cities, NLC）在 1997 年发布的《美国城市状况：第 13 份市政选举官员民意调查》也报告了类似的好消息。[⑤] 对这些民选市政官员的调查显示，城市金融和地方经济正在稳定发展。对美国城市状况的全面评估显示出非常积极和乐观的信息。随后，

---

① Elizabeth K. Keller, "Get By With Less," in *Managing with Less*, ed. Elizabeth K. Keller (Washington, D. C. : ICMA, 1979), 2.

② 1978 年数据参见 David R. Morgan and Michael W. Hirlinger, "The Dependent City and Intergovernmental Aid: The Impact of Recent Changes," *Urban Affairs Quarterly* 29 (December 1993): 256-275; 1990—1991 年数据参见 Virginia Gray and Peter Eisinger, *American States and Cities*, 2nd ed. (New York: Longman, 1997), 338。

③ 参见 U. S. Census Bureau, *Statistical Abstract of the United States: 2004—2005*, 124th ed. (Washington, D. C. : Government Printing Office, 2004), 294。

④ 参见 U. S. Department of Housing and Urban Development, *The State of America's Cities*, 1998, atwww. huduser. org/publications/polleg/tsoc98/summary. html。

⑤ Jamie Woodwell, *The State of America's Cities: The Thirteenth Annual Opinion Survey of Municipal Elected Officials* (Washington, D. C. : National League of Cities, 1997), 1-2.

2001 年发生了"9·11"恐怖袭击。

2001 年 1 月,乔治·W·布什担任总统职务,全国经济处于挣扎状态。布什的回应是打算在未来十年破纪录地减税 1.6 万亿美元。① 尽管参议院大大削减了提议的减税数额,但在"9·11"恐怖袭击之前,布什总统的减税方案得到了优先执行。"9·11"恐怖袭击之后,流入国库的财政收入开始减少,而一系列意外支出不断增加,包括反恐战争、在伊拉克的持续战争、为受恐怖袭击影响的商业机构提供大量贷款和援助,这些显著减少了联邦政府用于帮助州和地方政府的支出。今天,在"自谋生计"型联邦主义体系下,除联邦政府外,州政府也不再像 20 世纪七八十年代那样帮助城市。公共政策专家约翰·E·彼得森(John E. Peterson)指出,"各州需忍受联邦税收和国内支出的巨大变化导致的财政负担……联邦预算减少意味着对州和地方政府的大量援助项目不但不会增长而且要被削减"②。

那么,21 世纪前十年美国城市的财政状况是怎样的情形呢?两份报告有助于帮助我们回答这个问题。为了能够从"底层"更好地理解城市状况,全国城市联盟组织了一项对市政民选官员的年度民意调查项目。③ 2004 年的调查发现,城市领导人非常关注城市财政活力状况。

城市官员报告说,城市财政状况和总体经济形势已经变坏,这对于大多数城市而言都是一个问题。城市官员将城市财政和总体经济状况列为过去五年里恶化最严重的五个方面之一。④

在全国城市联盟发布的另一份年度调查报告《城市财政状况(2004 年)》中,类似的财政不幸情形再次被提及。这份报告主要针对城市财政局长进行问卷调查。63％的回应者报告说所在城市在 2004 年的财政状况不及 2003 年,61％的回应者认为 2004—2005 财年的财政状况变坏。⑤

城市财政难以期望快速返回至 20 世纪 60 年代和 20 世纪 70 年代早期的状况,经济增长和财政收入增加的好时光已经不复存在。大多数城市都面临着艰难的预算选择,市民持续期待提升服务,但却不愿意支付更多的税收。因此,城市必须用有限的钱办更多的事,改进市政管理就成为必须做的事情。它要求城市管理者减少自身需求、更具有奉献精神、更胜任工作,要求城市经理在政治上反应机敏。宽泛地讲,这正是本书的基本诉求——从技术和政治视角改进城市政府的管理。除了关注财政状况外,城市领导者必须对地方人口和社会变迁敏感。随着城市空间的变化,城市的价值、期望、需求和经济基础也都会发生变化。

---

① 参见 http://archives.cnn.com/2001/ALLPOLITICS/03/02/budget.wrap/。

② John E. Peterson, "No Help from Higher-Ups," *Governing*, January 2005, 52.

③ Christiana Brennan and Christopher Hoene, *The State of America's Cities: The Annual Opinion Survey of Municipal Elected Officials* (Washington, D.C.: National League of Cities, 2004)。2001 年 9 月 11 日之后,全国城市联盟一度暂停了年度调查,以评估城市应对国土安全的实际作为。

④ Ibid., 1.

⑤ Michael A. Pagano, *City Fiscal Conditions in 2004* (Washington, D.C.: National League of Cities, 2004), iii.

美国城市状况：社会和人口状况

在 20 世纪 90 年代，美国很多大城市的人口和工作机会持续出现向外运动。[①]这些城市不仅流失了生产性人口和雇员，而且税收基础也在收缩。但大量居民仍需要特殊服务。很多城市社区的贫困人口仍很多，就业机会主要限于低技术劳动者。福利主要集中在城市的中心区域，尽管服务需要持续，但资源常常十分稀缺。

社会与人口变化

影响美国城市发展的一个重要趋势是中心城市人口的分散化。实际上，美国城市人口的分散化已经持续了多年。1970 年具有标志意义，那一年，美国居住在大都市郊区的人口第一次超过了任何其他地方的人口。尽管人们对郊区也有一些批评，但它毕竟为业主提供了开放的空间、清新的空气和更好的学校。民意调查显示，各种人群，不论年龄、阶层、种族、地域，都更倾向于在郊区或小城镇居住。郊区的积极引力并不是唯一的因素，在很多地方，中心城市的负面问题也助推了外迁。就如克利夫兰市的前市长迈克尔·R·怀特（Michael R. White）所言，人们离开中心城区以避开犯罪、堵塞、恶化的住房条件、糟糕的服务、低水平的学校，以及有些案例显示的为了避开少数族裔的邻居。[②] 当然，并不是每个人都能避得开：一般而言，白人和富裕家庭主导着外迁行动，而少数族裔、穷人、缺少专业技术训练者、未受教育者和老人则会掉队。

当前，美国大城市是什么情况呢？布鲁金斯研究所（Brookings Institution）最近有两份研究关注大城市和郊区的社会和人口变化。第一份研究关注 1990—2000年美国 100 个大城市的种族变化，发现美国大城市人口的多样性持续增长。[③]1990—2000 年，全美 100 个大城市的白人人口下降了 8.5%，约合 230 万。在这些城市中，现在白人成为少数群体，仅占总人口的 44%，而 1990 年的数据显示白人占 52%。在阿纳海姆、里弗赛德、密尔沃基、罗彻斯特、萨克拉门托、沃斯堡、奥古斯塔/里士满（弗吉尼亚州）、费城、波士顿、圣迭戈、莫比尔、蒙哥马利、哥伦布、诺福克、阿尔伯克基、巴吞鲁日、什里夫波特、圣路易斯等 18 个城市，白人已经从人口中的多数下降为了少数。在过去 10 年里，100 个大城市中，有 71 个城市流失了 2% 的白人人口；有 20 个城市的白人人口下降超过20%。底特律的白人居民流失最多（53%），紧随其后的是伯明翰（40%），以及

① 关于大都市地区当前人口变化的评论，及对地方经济和居民的影响的讨论，参见 "The City as a Place of Opportunity: The Changing Urban Political Economy," chapter 6 in *Political Change in the Metropolis*, 7th ed., ed. John J. Harrigan and Ronald K. Vogel (New York: Longman, 2003).

② 很多年前，Thomas M. Guterbock 曾提出证据反驳这一观点，即认为郊区化是人们逃避中心城的少数族裔和犯罪问题的结果。参见 "The Push Hypothesis: Minority Presence, Crime, and Urban Deconcentration," in *The Changing Face of the Suburbs*, ed. Barry Schwartz (Chicago: University of Chicago Press, 1976), 137–161.

③ Brookings Institution, *Racial Change in the Nation's Largest Cities: Evidence from the 2000 Census*, April 2001, at www. brook. edu/dybdocroot/es/urban/census/citygrowth. htm.

加利福尼亚的圣安娜（38%）。

在少数族裔中，西班牙裔人口在20世纪90年代增长最快。全国100个大城市增加了380万西班牙裔人口（增长43%）。1990—2000年，略微超过100万的亚裔（增长38%）迁入这些大城市，而黑人人口仅增长6%，约合81.6万。在那10年间，西班牙裔人口占总人口的比重从17%增长到23%，而黑人和亚裔人口保持相对稳定，分别占24.1%和6.6%。

这一研究得出结论：大城市种族构成的变化具有社会、经济和政治影响。例如，当大城市的种族和族群在规模上增长时，大城市也经历了全面的人口增长。在增长最快的20个城市里，白人人口增长了5%，黑人人口增长了23%，亚裔人口增长了69%，西班牙裔人口增长了72%。因此，这项研究提出，"城市期望获得真正的增长，需要为不同种族和族群的家庭提供吸引人的生活条件"[1]。另一项研究关注特殊群体的服务需求："城市必须考虑怎样的保健、公共教育和一般城市服务结构和供给方式，能够适应变化中的人口的需求。"[2] 例如，在20世纪90年代，科罗拉多州奥罗拉市的西班牙裔人口增长了271%，结果是，每5人中就有1人是西班牙裔。

变化的人口同样影响城市的财富。布鲁金斯研究所的报告显示，人口普查表明1999年西班牙裔家庭的收入中值比非西班牙裔白人家庭低14 000美元。西班牙裔人口的增长，加之白人人口的下降，有可能产生真正的财政影响。另外，城市人口的全面增长能够促进城市收入总量的增长。[3] 这些竞争性的影响必须被理解、分析和管理。

最后，大城市少数族裔的人口增长意味着少数族裔候选人的选举基础也在增长：人口数量的增长可能导致更多的少数族裔市长、城市议会议员、学区委员会成员当选（第3章将对此展开专门讨论）。

布鲁金斯研究所大都市政策项目（Brookings Institution's Metropolitan Policy Program）主任布鲁斯·卡茨（Bruce Katz）对美国城市人口变化进行了比较研究。2005年，在一次演讲中，他强调了大都市地区最近的发展趋势。

● 郊区增长快于市区。1990—2000年，美国100个大城市人口增长了8.8%，而它们的郊区人口增长了17%。郊区人口的快速增长发生在各种类型的家庭之中——已婚无孩子、已婚有孩子、无孩子的其他家庭。

● 少数族裔在郊区人口中的比例呈上升趋势。1990—2000年，郊区的非裔人口比例从33%增长到39%；在郊区居住的亚裔人口比例从51%增长到55%；西班牙裔人口比例从46%增长到50%。少数族裔人群在郊区的变化大于在城市的变化。在那10年，中心城市的黑人人口增长了5%，但在郊区却增长了36.1%。中心城市的西班牙裔人口增长了46.2%，而在郊区增长了71.9%。中心城市的亚裔人口

①② Brookings Institution，*Racial Change in the Nation's Largest Cities*：*Evidence from the 2000 Census*，April 2001，2，at www.brook.edu/dybdocroot/es/urban/census/citygrowth.htm.

③ Ibid.，2-3.

增长了 37.3％，而郊区增长了 63.4％。2006 年，约 27％的郊区家庭是少数族裔。

● 城市不同人群的受教育程度具有很大差异性。在全美 100 个大城市中，10％的西班牙裔、14％的黑人、37％的白人和 39％的亚裔拥有学士学位。

● 美国大都市地区贫困人口的绝对数量呈增长趋势。1980 年为 1 930 万，1990 年为 2 310 万，2000 年为 2 580 万。1990—2002 年，中心城市的贫困率从 19％下降为 17％，而郊区贫困率略有上升，从 9％上升为 9.1％。生活在贫困地区（依据人均收入低于大都市地区收入水平的 75％进行测量）的郊区居民数量从 1980 年的 8.4％上升为 2000 年的 18.1％。①

城市是如何应对这些与社会、经济和人口变化相联系的问题的呢？尤其是，这些因素是如何影响城市管理实践的呢？

社会变迁和城市管理

市政当局提供内容广泛的地方服务。自从 20 世纪 60 年代发生社会骚乱以来，城市政府发现有必要特别关注人的问题。对于处境不利者的这一关注，无疑会进一步加重很多大城市面临的财政问题。当城市做出新的承诺，其财政支出将空前增长。作为"反贫困""样板城市"（Model City）、"领航"（Head Start）、《1973 年全面就业与培训法》（CETA）、"城市发展行动补助"（Urban Development Action Grants）、"社区发展综合补助"（Community Development Block Grants）及其他项目的派生结果，这些经费有相当部分来自联邦政府。在很多大城市，人口和社会结构的变化创造了空前的社会服务需求，以援助老年人、穷人、处境不利者为例，这些项目发挥了救生员的作用。但当联邦政府在 1980 年削减国内支出后，大量的此类城市项目逐渐被取消或实质性削减，或者通过新途径提供（如以总量补助取代项目分类补助）。城市不得不寻求一些非传统途径解决城市问题。最近的文献有很多关于通过转向其他城市服务资源来压制成本的讨论。很多人将"合同外包"（contracting out）给私人部门看作一种很有前途的选项。另有一些人主张在公共部门和私人部门之间开展更多的合作。为应对严峻的财政困难，私人部门有可能提供一些地方政府难以提供的服务和资源。

当城市试图坚持下去勉强维持时，它们面临着新的政治压力。只要城市财政在扩大，每个人都希望获得更多。但是当馅饼缩小，不同人群试图维持原有份额而形成的竞争就会变得激烈。随着时间的推移，势必难以隐藏谁赢谁输：没有增长就难以收买那些失意者。② 财政压力会使不同利益群体、服务接受者以及公共雇员产生不满情绪。这样，民选官员及其委任者就会意识到选民会通过投票表达民意。③ 出于对公众不利反应的担心，很多地方官员热衷于短期的问题解决方案。例如，削减

---

① Bruce Katz, *State of the World's Cities: The American Experience*, Brookings Institution, February 2005, at www.brook.edu/metro/speeches/20050201_worldcities.pdf.

② Keller, "Get by with less," 3.

③ Charles Levine, Irene Rubin, and George Wolohojian, *The Politics of Retrenchment* (Beverly Hills, Calif.: Sage, 1981), 211.

资本预算已经成为一种普遍的战略——现在它已开始出现负面影响。很多证据显示，由于推迟维护，很多城市和县的基础设施正在恶化，有的已经处于警戒水平。缩减人力成本战略也已导致很多优秀和高素质的市政雇员转到其他领域寻求发展。优秀人员的大批离去可能导致管理能力的长期下降。

面对财政约束，城市领导者必须在若干选项中做出选择：增加税收或收费，降低成本，削减支出和服务，或者改进运营生产力。税收导向的财政增收计划很少得到普遍支持。尽管公众压力有可能使成本下降，然而，公众却并不愿意削减服务内容。实际上，大多数民众希望获得更多和更好的服务。显然，城市管理者没有太大的选择余地：他们不得不致力于提升生产力水平。

有些观察者争论说，单纯提升生产力并不能够奏效。当前的严峻问题要求对城市治理方式进行变革。病人（城市）并不需要权宜性的"创可贴"（如延期的财政支出）或体检（如服务供给的系统分析）。他们需要的是改造性的外科手术——城市政府必须被改造。或者如记者戴维·奥斯本（David Osborne）和前城市经理特德·盖布勒（Ted Gaebler）所言，我们必须"重塑政府"。

1.3　城市如何提升管理能力

重塑政府：对财政危机的务实回应

奥斯本和盖布勒于 1992 年出版的《重塑政府：企业精神如何重塑公营部门》(*Reinventing Government：How the Entrepreneurial Spirit Is Transforming the Public Sector*) 一书引起广泛反响。[①] 该书获得了令人吃惊的成功，尽管该书在管理理论或实践上提供的新东西很少。正如作者在前言中所说，"相比于对其他人的观点和经验的总结，我们没有创造太多的新观点"[②]。《重塑政府：企业精神如何重塑公营部门》一书属于"在正确的时间和正确的地点"出现并取得成功的典型案例，奥斯本和盖布勒以易于阅读、易于理解、易于接受的方式，合成了大量学术理论（观点）的成果。

《重塑政府：企业精神如何重塑公营部门》的基本主题是"政府应多掌舵少划桨"，它适应了后凯恩斯主义（post-Keynesian）和新保守主义（neoconservative）的国家基调。重塑政府为联邦、州和地方官员化解财政危机、削减开支以及促进生产力发展提供了管理战略。比尔·克林顿总统和副总统艾尔·戈尔在重塑政府的"彩车"上坐了八年，并在国会的支持下，于 1998 年通过了自 1969 年以来的第一个联邦平衡预算法案（包括 690 亿美元的预算盈余，随后的 1999 年预算盈余为

① David Osborne and Ted Gaebler，*Reinventing Government：How the Entrepreneurial Spirit Is Transforming the Public Sector* (Reading，Mass.：Addison-Wesley，1992).

② Ibid.，xvii.

1 240亿美元）。① 类似地，州和地方官员也运用"重塑政府"原则来化解财政困境。在市民高度期望和资源不断减少的环境中，"重塑政府"为一线公共官员（选举的、任命的）如何高效地管理公共资源提供了一个"药方"。自20世纪70年代以来，各级行政管理都面临着"事多钱少"的环境，显然，"重塑政府"理论找到了忠实的追随者，他们愿意响应并采用"重塑政府"十条原则的全部或部分内容（我们将在第8章中逐一检视这十条原则）。②

　　1992年刚提出的"重塑政府"改革只是一个小作坊，很快它就发展成为一种特许权。1997年，奥斯本和彼得·普拉斯特里克（Peter Plastrik）出版了《摒弃官僚制：重塑政府的五项战略》。③ 与十条原则不同，该书提供了五项重塑战略：（1）核心战略：帮助形成清晰的意图；（2）结果战略：关注创设绩效结果；（3）顾客战略：将顾客置于至上位置；（4）控制战略：将控制从高层和中央移开；（5）文化战略：创建企业家文化。1998年，奥斯本和维克多·科隆·里维拉（Victor Colón Rivera）出版了《重塑政府工作手册：引领一线雇员认识重塑工作》。④ 这本书的基本目的是向读者传递有关重塑政府的最新研讨内容。它分成四个模块，其中的每一章关注前述著作中提出的重塑政府十项原则中的一项。这本工作手册重视解决问题的行为、难题以及用以阐明和讲授重塑政府规则的资料。

　　在我们看来，有关重塑政府的最佳著作当属奥斯本和普拉斯特里克于2000年出版的《重塑者工作手册：推动政府转型的战略与工具》。⑤ 在出版了两部说明性著作和一部工作手册之后，他们再次取得成功。这部近700页的著作提供了在《重塑政府：企业精神如何重塑公营部门》和《摒弃官僚制：重塑政府的五项战略》两部文献中概述的政府官员应当执行的广泛战略的"具体细节"和"有关教训"。用该书作者的话来讲，它"解释了政府再造者将会遇到的地形、面临的障碍以及途中所需的装备和技能（即工具和能力）"⑥。该书展示了重塑政府的有关原则中哪些发挥了作用，哪些没有作用，解释了其原因，提供了在真实世界中的相关教训。它讨论了70多项不同的工具，包括以活动为基础的成本法、绩效管理、社区授权等。2004年，奥斯本与彼得·哈钦森（Peter Hutchinson）出版了《政府的代价：在持久的财政危机中获取我们需要的结果》。⑦ 这本书的书名很好地显示了其基本内容。

　　那么，在重塑政府运动中，我们应该创造什么呢？在这本书的整个内容中，我

① Executive Office of the President of the United States, "Citizen's Guide to the Federal Budget: Fiscal Year 2001," last updated March 30, 2004, at www. gpoaccess. gov/usbudget/fy01/guide04. html.

② 该书的十章内容分别概述了重塑政府的十条原则。

③ David Osborne and Peter Plastrik, *Banishing Bureaucracy: The Five Strategies for Reinventing Government* (New York: Plume, 1997).

④ David Osborne and Victor Colón Rivera, *The Reinventing Government Workbook: Introducing Frontline Employees to Reinvention* (San Francisco: Jossey-Bass, 1998).

⑤ David Osborne and Peter Plastrik, *The Reinventor's Fieldbook: Tools for Transforming Your Government* (San Francisco: Jossey-Bass, 2000).

⑥ Ibid. , 2.

⑦ David Osborne and Peter Hutchinson, *The Price of Government: Getting the Results We Need in an Age of Permanent Fiscal Crisis* (New York: Basic Books, 2004).

们提到要经常重塑政府，或许是由于它已经是不可逃避的现实。《重塑政府：企业精神如何重塑公营部门》以及后续的相关出版已经赢得了广泛关注，激发了大量新思想，并产生了很多回应。若不承认重塑政府的影响力，那么有关地方政府管理的讨论就会相当匮乏。然而，虽然我们经常提及奥斯本和盖布勒的著作，但这不应被引证为非常明确的全面认可。"重塑政府"观点也有激烈的批评者，在本书的随后（尤其是第 11 章）内容中，我们也会论及一些反对的观点。例如，一些州和地方政府官员认为，《重塑政府：企业精神如何重塑公营部门》和《摒弃官僚制：重塑政府的五项战略》"提出的建议都很长，但实际执行的步骤却很短"，我们同意这一观点。[1] 但《重塑者工作手册：引领一线雇员认识重塑工作》的出版确实有助于化解这一批评。

现在，让我们来看看重塑政府运动的两个大致结果。首先，为了评价联邦、州和地方政府执行重塑政府原则的程度，这一运动已激发了显著的学术研究。这一研究在理论和实践层面都具有很好的基础，可称得上是城市政治领域的最佳研究传统的代表。政策与实践专栏 1—1 的案例研究从地方层面对这一研究进行了评论。

重塑政府运动的第二个主要结果是它开始从实践领域转向学术界，被彻底、细致地重新命名和研究。换言之，正如公共行政学者迈克尔·斯派塞（Michael Spicer）提醒我们，"重塑者并没有为广泛的政治和社会思想添加什么重要的东西"[2]。为什么会这样？在日复一日、疲于奔命的现代城市管理情形下，几乎没有时间可用于反思。再者，根据斯派塞所言，实务者在工作中实施重塑政府战略好像都在遵循狭隘的"工具理性"（instrumental rationality）视角，即认为城市管理者的工作就是要高效且有效地实现他们应该追求的结果或目标。那么，谁应去探究重塑政府运动与"作为有目的的联合的国家理论"的关系呢？[3] 学术界是对观念、概念和范式进行讨论的地方——用斯派塞的话讲，学术界是讨论"政治和社会思想的历史"的场所。大学教授的工作是去思考和撰写广泛的政治和社会思想。这恰恰是"重塑政府"这个概念身上所发生的事情：它已经转向学院并获得了新的标签。

新公共管理模型：对重塑政府的学术回应

奥斯本和盖布勒最初的著作出版于 1992 年。但自 20 世纪 70 年代后期以来，与重塑政府相联系的一些"方法"——诸如减轻负荷以及公共服务合同外包（一般称为"私有化"），持续关注组织和个人绩效、责任，绩效和支出控制型预算，向基层下放权力，让社区、邻里、市民更多地参与公共服务供给决策等——在美国、英国、加拿大、澳大利亚、新西兰、德国以及其他西方国家已经得到认真执行。例如，玛格丽特·撒切尔（1978 年当选）和罗纳德·里根（1980 年当选）将后凯恩

①　Jonathan Walters，"Managing the Politics of Change," *Governing*，December 1992，40.

②　Michael Spicer，"Public Administration，the History of Ideas，and the Reinventing Government Movement," *Public Administration Review* 64 (May-June 2004)：357.

③　Ibid.，353.

斯主义引入公共行政①，并帮助引入"尊重市民的企业家"②、"后官僚制模式"③、"管理主义"④、"新管理主义"⑤、"市场导向的公共行政"⑥、"企业家政府"⑦ 等新概念。作为对重塑政府的学术回应，1991 年，伦敦大学克里斯托弗·胡德（Christopher Hood）教授创造了"新公共管理模型"［New Public Management（NPM）model］这个概念，现在看起来这个新标签已经在文献中广泛采用。⑧

政策与实践专栏 1—1

重塑政府的影响、预测和结果

地方政府在多大程度上被重塑了呢？回答这一问题的唯一办法是进行范围广泛的分析。1999 年出版的两项研究成果，以美国城市和郊区的大量样本为基础，对有关重塑政府的努力做出评论。

鲁尔、施奈德、特斯克和吉四位教授进行的第一项研究，基于美国 20 个州的 805 个郊区社区的调查数据。根据他们的叙述，大量社区报告说很少甚至没有推进重塑（p. 436）。他们创设了重塑政府的四大改革类型：全面改革（total reform，基于对该项研究中使用的 16 项重塑政府政策创新的概括）；市民服务改革（civil service reform，10 项重塑行动）；雇员授权改革（employee-empowerment reform，2 项创新）；私人部门改革（private-sector reform，4 项政策改革）。对于全面改革，他们发现在可能的 16 项内容中被执行的平均数量仅为 3.9。在市民服务改革的 10 项行动中，平均采用数量为 2.2；雇员授权改革的 2 项行动中，平均采用数量为 0.84；仿效私人部门改革的 4 项行动中，平均采用数量为 0.96。基于对这些改革类型的分析，作者们得出结论，20 世纪 90 年代后期在地方层面进行的重塑政府改革是很弱的（p. 438）。

至于对重塑政府努力的预期，鲁尔和他的合作者发现，城市经理的存在是拥护"重塑政府"政策创新的一个重要变量。他们推断："我们的证据显示，在当前的改革运动中，城市经理扮演着具有'现代思想的人'，设有经理一职的城市显然更可能通过设计改革来提升效率（p. 450）。"在重塑政府的全面改革类型中，

---

① Amita Singh, "Questioning the New Public Management," *Public Administration Review* (January-February 2003), 116.

② Carl J. Bellone and George Frederick Goerl, "Reconciling Entrepreneurship and Democracy," *Public Administration Review* 52 (March-April 1992): 130-134.

③ Michael Barzelay and Babak Aramajani, *Breaking through Bureaucracy: A New Vision for Managing Government* (Berkeley: University of California Press, 1992).

④ Christopher Pollitt, *Managerialism and the Public Services: Cuts or Cultural Change in the 1990s*, 2nd ed. (Oxford: Basil Blackwell, 1993).

⑤ Larry D. Terry, "Administrative Leadership, Neo-Managerialism, and the Public Management Movement," *Public Administration Review* 58 (May-June 1998): 194-200.

⑥ Zhiyong Lan and David H. Rosenbloom, "Editorial: Public Administration in Transition?" *Public Administration Review* 52 (November-December 1992): 535-537.

⑦ Osborne and Gaebler, *Reinventing Government*.

⑧ Christopher Hood, "A Public Management for All Seasons," *Public Administration* 69 (Spring 1991): 3-19.

议会—经理制类型的政府有 7% 的增长；在市民服务改革和私人部门改革中，议会—经理制类型的政府有 11% 的增长；在雇员授权改革中，议会—经理制类型的政府有 9% 的增长（p. 444）。他们的分析显示邻里群体、公共部门联盟以及在郊区社区采取分区选举都显著提高了实施重塑政府创新行动的可能性。

　　另一项研究由东卡罗来纳大学政治学教授理查德·科尔尼（Richard Kearney）、卡曼·斯卡沃（Carmine Scavo）及城市经理巴里·费尔德曼（Barry Feldman）合作完成。他们选取了 912 个人口超过 1 万人的城市，调查了其城市经理对于重塑政府的态度和行为。他们推断："调查数据显示城市经理高度支持重塑原则。"（p. 544）在研究中，他们使用了三个独立变量。第一个是用于衡量城市经理们对重塑政府支持程度的相加量表。共有 4 大类 16 个问题需要回答，最低得分为 16 分，最高得分为 64 分，中间值为 40 分。城市经理们回复的平均分数为 48.4，它显示城市经理高度支持重塑政府。第二个独立变量是城市经理推荐重塑政府行动的程度——他们必须设计并推荐特定项目和行动以实施重塑政府。总共界定了 12 项具体的重塑政府行动。数据分析显示，3% 的城市经理推荐了所有 12 项行动；7.6% 的城市经理推荐了 11 项行动。超过 1/5（22%）的城市经理推荐了 10 项及以上的重塑政府行动。只有不到 7% 的城市经理推荐 3 项或更少的行动。城市经理们推荐行动的平均得分为 7.4，它再次印证了城市经理支持重塑政府的进取精神。第三个独立变量与刚刚讨论的"推荐重塑政府行动的程度"相同，但根据城市经理实施每项行动的难度（基于对城市经理的个人或电话访谈），有 12 项行动在统计中被加权。总体看来，由于一些推荐行动被加权，以致可能的总分是 20 而不是 12。20% 的城市经理得到 15 分或更高，只有不到 1/10（9.6%）的城市经理的得分为 4 分或更低，城市经理们的平均得分为 10.6。

　　最后，科尔尼和他的同事们测定了城市经理们对于支持重塑规则的预期。毫无疑问，城市经理是否推荐重塑政府行动的最好预期，取决于他们在观念上对于重塑的态度——积极的肯定态度会转化为行动。预计推荐"重塑政府"行动的另一个重要变量是城市经理为政府服务的时间——任职时间越长，城市经理推荐政策创新改革的可能性越大。最后，那些位于阳光地带（南部和西部城市）的城市经理以及所服务城市具有许多全职雇员的城市经理更可能采纳重塑政府改革。

　　资料来源：Anirudh V. S. Ruhil, Mark Schneider, Paul Teske, and Byung-Moon Ji, "Institutions and Reform: Reinventing Local Government," *Urban Affairs Review* 34 (January 1999): 433–455; and Richard Kearney, Barry M. Feldman, and Carmine P. F. Scavo, "Reinventing Government: City Manager Attitudes and Action," *Public Administration Review* 60 (Nov.-Dec. 1999): 535–547.

　　从学术视角解释新公共管理的兴起、制度化和本质的最佳单行本著作，也许当属欧文·E·休斯（Owen E. Hughes）的《公共管理与行政》（第三版）。[①] 休斯教授是澳大利亚莫纳什大学商学院（Graduate School of Business at Monash University in

---

① Owen E. Hughes, *Public Management and Administration*, 3rd ed. (New York: Palgrave Macmillan, 2003).

Australia）的管理学教授和主任，他将新公共管理置于经济合作与发展组织（Organization for Economic Cooperation and Development，OECD）的国际背景之中，其著作引用了大量相关的美国文献，读起来很像其他传统的美国公共行政教材。

如同休斯所解释的，新公共管理模型基于以市场为基础的经济和公共选择理论——或如杰夫·吉尔（Jeff Gill）和肯尼思·J·迈耶（Kenneth J. Meier）所标称的"新保守主义经济学"[1]（neoconservative economics）。其基本主张是：为了高效利用稀缺资源，理性的个人将会追求利益最大化和成本最小化。但以市场为基础的经济模式并不总是抑制政府（一般称为"官僚制"）设置。更确切地讲，在缺少有效界定的工具（如利润）去衡量组织成效的情况下，官僚制总是倾向于通过机构权力、威望和预算将自身的效用最大化。如同公共选择理论家所声称的，更好的公共政策结果源于"市场力量的最大化和政府作用的最小化"[2]。

随着新公共管理模型进入学术界，大约在20世纪90年代中后期，各方开始采取行动。事实上，三个不同的阵营开始浮现出来：（1）喜欢新公共管理的；（2）不喜欢的；（3）以经验为主进行研究的。有关新公共管理模型的大量论述，在本质上都属于规范性的意识形态性研究——前述的阵营1和阵营2。政策与实践专栏1—1的案例研究显示，在过去10年里，大量的经验研究（由阵营3生产）从地方层面聚焦"重塑政府"/"新公共管理"的影响、关联性和因果关系。杰夫·布鲁德尼（Jeff Brudney）、迪尔·怀特（Deil Wright）、F·特德·赫伯特（F. Ted Hebert）提供的一项额外研究聚焦州政府的重塑努力。[3]

如果公共管理的新模型已经取代了传统公共行政模型，这种范式转换并非没有意义。新公共管理包含着"重要的文化转换，即在保留公共服务的核心价值的同时，用尝试将现代管理实践与经济学逻辑结合起来的新范式，来代替主要依赖程序和制度驱动的传统管理范式"[4]。新公共管理强调"结果、关注顾客（公民）、产出和成果，它运用目标管理、绩效管理，用市场和市场类型的机制取代命令—控制型规制、竞争和选择，依照更加匹配的权威、职责和责任进行授权"[5]。就"思想的规范性阵营"（normative camps of thought）来讲，有些人认为这种范式转换已经发生，也有些人持相反观点。[6] 考虑到量值的变化，存在这些争议并不奇怪（第11

---

[1] Jeff Gill and Kenneth J. Meier, "Ralph's Pretty-Good Grocery versus Ralph's Super Market: Separating Excellent Agencies from the Good Ones," *Public Administration Review* 61 (January-February 2001): 9–17.

[2] Hughes, *Public Management and Administration*, 11。这一讨论主要来自 Robert E. England, "City Managers and the Urban Bureaucracy," in *Cities, Politics, and Policy: A Comparative Analysis*, ed. John P. Pelissero (Washington, D. C.: CQ Press, 2003): 196–216。

[3] Jeffrey L. Brudney, F. Ted Hebert, and Deil S. Wright, "Reinventing Government in the American States: Measuring and Explaining Administrative Reform," *Public Administration Review* 59 (January-February 1999): 19–30; Jeffrey L. Brudney and Deil S. Wright, "Revisiting Administrative Reform in the American States: The Status of Reinventing Government during the 1990s," *Public Administration Review* 62 (May-June 2002): 353–361.

[4][5] Organization for Economic Cooperation and Development (OECD), as quoted in Hughes, *Public Management and Administration*, 5.

[6] In *Public Management and Administration*, 257。休斯引用了这两大阵营学者的大量学术观点。

章将会详解这些争议）。

1.4　系统分析与地方政策制定

系统理论

系统理论是基于这样一种信念，即政策是政治系统对来自环境的多方面的影响和压力的回应。根据"开放系统"框架，至少有两个原因表明理解如何制定地方政策这个概念十分重要。第一，只要不是极度诡异，对于理解现实中的复杂进程，系统理论是一种直觉上有益和有用的范式。这就是说，在有些公共政策情况下，重建从"观念、需求、问题和关注"到"实际执行"的通道，需要经由大量努力、花费大量时间。[①] 由于对一些个体和群体参与审议过程可能并不知情，我们不可能捕获政策过程的全部动态。因此，为了理解复杂现象，模型或对真实世界的抽象化是十分必要的。这些模型应当简单而且易懂，这样才能有助于洞察决策过程的神秘性。

第二，系统分析的重要性在于它要求我们去看大的画卷，并理解系统的各个部分是如何相互联系的。例如，了解一个大学城通过了一项新的法令来禁止"街区舞会"（几百大学生聚在一起，常常消费酒精饮料，直至凌晨），这本身并不够。这项政策有可能是为回应来自地方团体的压力（包括超党派的邻里居民和地方警察局）而通过的。简而言之，城市政府通过的政策，以及那些官员们决定不通过的政策，都是对来自地方政治系统中的各种支持和需求的回应。系统中某个构成因素的变化，常常触发系统中其他部分的变化。

政治学家戴维·伊斯顿（David Easton）在 20 世纪五六十年代出版的具有影响力的著作中，运用系统理论——最初源于自然科学——研究政治问题。[②] 他的开放的系统框架论证了地方环境如何塑造了政策过程，以及市议会议员、市长、城市经理和地方官僚等权威决策者是如何通过制定地方政策来回应环境变化的。

图 1—1 显示了城市政治系统由几个核心特征组成。[③] 支撑这些特征的是城市政府的外围环境。经济、技术、利益集团、政府间关系、自然和人为灾难、邻里群体、媒体以及其他环境因素，都可以影响政策过程。情况常常是，这些环境刺激作为支持或需求因素被输入到系统之中。重要且应当记住的是，一些环境因素，如邻

---

① 参见 Beryl Radin and Willis D. Hawley, *The Politics of Federal Reorganization：Creating the U. S. Department of Education*（New York：Pergamon, 1988）；Marc Reisner, *Cadillac Desert：The American West and Its Disappearing Water*（New York：Penguin Books, 1993）；Elaine B. Sharp, *The Dilemma of Drug Policy in the United States*（New York：Harper Collins, 1994）。

② David Easton, *The Political System*（New York：Knopf, 1953）；David Easton, *A Framework for Political Analysis*（Englewood Cliffs, N. J. ：Prentice-Hall, 1965）；David Easton, *A System Analysis of Political Life*（New York：Wilsey, 1965）。

③ 这一讨论主要出自 John P. Pelissero, "The Political Environment of Cities in the Twenty-first Century," in Pelissero, *Cities, Politics, and Policy*, 3–13。

里协会的代表，他们可能在市议会制定和表决市政决策时列席会议。同样，市民可能带着抗议或支持标志来到市政厅。在一项新法令颁布后，或者一项政策已经实施几个月后，地方建设者（local builder）可能游说市议会成员要求立即改变政策。概言之，环境因素在塑造政策过程中发挥着关键和枢纽作用。

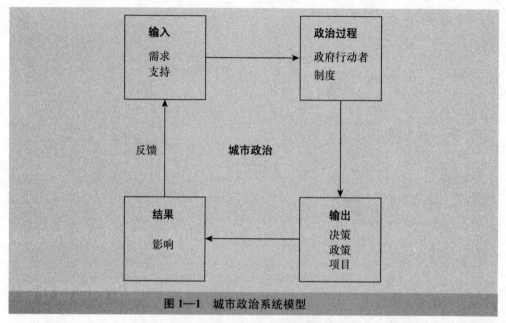

图1—1　城市政治系统模型

资料来源：John Pelissero, "The Political Environment of Cities in the Twenty-first Century," in John P. Pelissero, ed., *Cities, Politics, and Policy: A Comparative Analysis*, Washington, D. C.: CQ Press, 2003, 4。

来自环境的输入被传送给政治系统，在这里权威性行动发生了。在政策过程的这个阶段，诸如城市经理、市议会成员等政策制定者通过互动形成政策。对于一项政策如果有足够的支持，城市议会就会通过一项法令。这一输出，用戴维·伊斯顿的话来讲，表现为"价值的权威性分配"[1]。根据前面提及的案例，新政策宣布，"街头聚会"将被禁止。此类政策产生影响以后，接下来，个人和社区将有机会"消费"输出，并对政府政策的结果进行评估。反馈回路（feedback loop）是至关重要的，依据产生的重要信息，政治系统可以修改、校正或废除有缺陷的政策。就如同家里的温度调节装置允许调整温度一样，反馈回路允许政策制定者修改政策以适应社区的政治气候。在民主体制下，我们期待（要求）政治系统保持开放和回应性。

伊斯顿指出，来自环境的政治输入被提供给政治系统。这些输入以两种形式进入：（1）需求，它源于个人或群体；（2）支持，它起因于城市环境和资源。对政府产生"需求"的个人或群体，大致包括以下几类：

● 地方居民个人或游客可能写信或联系市政官员，表达他们对于某个问题的关

---

① Easton, *Systems Analysis*, 348.

注，或要求某些类型的政府行动。

● 各种不同组织形式的利益集团，它们在城市中普遍存在——尤其是在中等规模和大城市中——常常代表商业和法人部门（如房地产开发商、地方商业协会、市区商业协会）、邻里组织、劳工团体、环境主义者、种族和族裔团体等。在美国，利益集团被认为是政策过程中有力的参与者，公共政策常常被视为各种利益集团和政府官员之间讨价还价和相互妥协的产物。

● 政党代表着能够对城市政府提出要求的另一利益集团。在第 3 章中，我们分析了城市改革运动通过禁止地方候选人在政党标签下进行竞选，取而代之以超党派选举，进而在美国很多城市削弱了政党的影响。然而，在大多数城市，政党仍处于繁荣状态，即使在实行超党派选举的城市，政党仍很活跃，扮演着非正式的掮客角色。

● 最后，被称为第四权力的媒体，也是地方政治的强大参与者。很多政治家和城市政体都受制于有实力的媒体。在民主体制下，自由和开放的媒体被认为是必需的，纸质和电子媒体为维护公众利益担当着“忠实的看守人”的角色。报纸、政治脱口秀和晚间新闻广播影响着美国城市数百万的市民。

按照伊斯顿的观点，“支持”属于对政治系统的第二种类型的输入。来自环境的支持可以分为两类：积极的成分和潜在的成分。积极支持——如参与城市选举、遵守地方法律、支付税收和公共事业费——对于地方政府运行至关重要。撤销对地方政府决策者和制度的积极支持，将会侵蚀地方政治系统的稳定性。

来自环境的第二类“支持”本质上是潜在的。城市具有四种潜在的环境子系统：物质的、政治文化的、社会经济的和政府间的。

● 潜在的物质支持子系统包括地方气候、地理和建筑环境。气候和地理影响城市必须提供的服务的类型和范围。例如，与芝加哥不同，俄克拉何马城（Oklahoma City）很少使用除雪设备，但必须建立预防龙卷风的预警设施。道路、桥梁、地铁、公共建筑、污水处理设施等，都属于建筑环境的一部分，它们决定了城市的基础设施状况。自 20 世纪早期以来，城市就使用规划手段来管理土地使用，这显著影响了城市的建筑环境。

● 城市管理者理解城市的政治文化十分重要。这一概念尽管难以捉摸和衡量，但可通过捕获市民对于城市政府的角色和活动范围的态度和期望来把握。詹姆斯·Q·威尔逊（James Q. Wilson）和爱德华·C·班菲尔德（Edward C. Banfield）提出了常遭批评的“精神特质理论”（ethos theory），认为城市具有两种基本的政治价值系统——重视公共的系统和重视私人的系统——各自与城市不同的种族和收入群体相关联。精神特质支配着城市政治，两种价值系统互相竞争支配权。[①] 尽管这一理论研究遭到大量批评，并且很少发现经验性证明，它仍展示了城市文化竞争的一种有用的两分法。例如，美国一些大城市为征收为城市居民提供福利的地方性税收，而

---

① James Q. Wilson and Edward C. Banfield, "Public-Regardingness as a Value Premise in Voting Behavior," *American Political Science Review* 58 (December 1964): 876–887; James Q. Wilson and Edward C. Banfield, "Political Ethos Revisited", *American Political Science Review* 65 (December 1971): 1048–1062.

通过评估方式征收所得税，但美国其他很多城市的政治文化难以支撑这一税收。

● 在四个潜在的次系统中，社会经济情形是最容易辨认的。常识性判断告诉我们，如果一个城市的经济基础下滑，税收财政也将可能减少。与商业街区兴旺、体育设施健全、拥有设备良好的会议设施、人口年轻且受过高等教育、中心区居住条件良好的城市相比，拥有大量依赖性人口和老年人口的城市，其在经济基础上势必面临困难，公共服务需求也更具差异性。显然，城市的人口、社会和经济特征对地方政治、政策和管理具有深刻影响。

● 最后一个潜在的子系统是政府间关系。在第 2 章，我们分析了城市是如何在复杂的政府间关系下运作的。它们不仅依赖联邦和州政府给予财政支持，而且必须与大都市地区的其他地方政府进行讨价还价、相互妥协。

关注环境对于政治系统的输入，这是系统分析的基本特征，它为本书提供了基本逻辑关系。在本章的剩余部分，我们以市民参与和电子政务为案例，进一步阐明环境对城市政治和管理的重要影响。

市民参与政府管理

《重塑政府：企业精神如何重塑公营部门》的 10 项原则之一是"顾客驱动型政府：满足顾客的需求，而不是官僚机构"。我们完全同意这一原则。然而，美国公共行政学会（American Society of Public Administration）前主席罗伯特·登哈特（Robert Denhardt）声称，在顾客和公民之间存在巨大差别："总体上讲，顾客关注自身的心愿和渴望，以及如何使其迅速得到满足。而公民关注公共物品和服务给社区带来的长期结果。"① 根据我们以及其他很多学者的观点，"重塑政府"忽略了这一原则的目标：公民不仅仅是顾客——公民拥有城市政府。基于前面讨论的政治文化概念，城镇居民鼓励对所在地政府设置期望，并界定政府的合宜角色和职能范围。如果政府不能满足这些期望，不论这是一种事实还是一种想象，它都意味着政府失去了社区的支持。城市领导者的工作就是要：（1）理解社区价值的性质；（2）基于特定情形做出决定，并鼓励市民参与；（3）通过市民约定（契约）强化社区。作为扩大管理能力的一种途径，理解社区价值具有重要意义，在本章的随后部分我们将予以讨论。现在，让我们聚焦于何时以及如何引导决策过程中的公众参与问题。

对于一些分析者来说，认为公民不应被包括在决策过程之中的建议属于离经叛道。然而，尽管有些人在大声呼唤公民介入和参与，城市管理的真实状态显示，很多决策是通过自上而下的途径做出的。瑞尼·欧文（Renée Irvin）和约翰·斯坦斯贝利（John Stansbury）在一篇具有煽动性的文章中，以标题的形式提出了以下问题："公民参与决策：这值得努力吗？"② 以环境决策为例，他们在报告中提到，一

① Robert E. Denhardt, "Local Governments Learn to Put 'Citizens First'," *PA Times* (February 1997)：1-2.

② Renée A. Irvin and John Stansbury, "Citizen Participation in Decision Making: Is It Worth the Effort?" *Public Administration Review* 64 (January-February 2004)：55-65.

些环境主义者担忧以地方为基础的公众参与过程，有可能导致原先成功的环境管制政策被放松。该报告提出，公众参与如果被应用于不够理想的社区，那是一种潜在的浪费。这些批评者争论说，用于公民参与的资金，有可能会更有成果地被用于"实现更好的实际结果"①。在探索这一问题的过程中，欧文和斯坦斯贝利致力于向读者阐明公民参与的利与弊，教育读者识别公民参与的"理想"和"非理想"环境（见政策与实践专栏1—2）。

这一研究得到的教训是，公民参与并不总是适当的。在第8章，我们讨论了情景领导（situational leadership）的概念，以及在各种不同理论模型中管理者必须具备的能力。一种尺码并不能适合所有的人，一个模式也不能在所有情形下都有效。管理者有责任知道公众参与的好处和条件。如果可能的好处很大，公民参与的理想条件已经具备，当然，他们应该启动公民参与和互动。凯瑟琳·霍尔沃森（Kathleen Halvorsen）的研究认为，公民参与会对政府的回应性形成更好的公众感知，对那些持相反观点的人来说，公民参与会导致更大的容忍②——这二者都是值得称赞的结果。另外，如果公民参与的条件并不具备，或者潜在的不利因素大于有利因素，那么自上而下的决策途径可能是完全合适的。

固然，美国城市和乡镇在历史上就具有民主的根基，并将继续保持这一基础。城市执政者的重要任务之一是使公民参与程序便利化。在第4章，我们分析了市民影响城市政府的其他途径——投票，参加政党、利益集团、邻里协会等组织，通过投诉或要求提供服务等方式接触城市官员。

信息技术的产物——电子政务

信息技术是驱动现代城市的引擎，它提升了生产力，降低了成本，为市民提供了接触政府的更好途径。③ 然而迄今为止，城市和乡镇并没有普遍享受到这些好处，信息技术的远景和未来为我们展现了无限的可能性和机会。在21世纪初，信息技术的产物之一是电子政务，也称"电子村"。

政策与实践专栏1—2

公民参与政府决策

根据瑞尼·欧文和约翰·斯坦斯翰教授的研究，公民参与政策制定过程的不利影响，不论是对市民还是对政府都在增加，它们既发生在决策层面，也发生在结果层面，形成了2×2矩阵。由于市民介入决策过程，其不利因素在于参与

① Renée A. Irvin and John Stansbury, "Citizen Participation in Decision Making: Is It Worth the Effort?" *Public Administration Review* 64 (January-February 2004): 63.

② Kathleen Halvorsen, "Assessing the Effects of Public Participation," *Public Administration Review* 63 (September-October 2003): 535—543.

③ M. Jae Moon, "The Evolution of E-Government among Municipalities: Rhetoric or Reality?" *Public Administration Review* 62 (July-August 2002): 424—433.

过程需要花费时间，如果市民的关注没有被考虑，这种参与也是没有意义的；从结果层面看，如果政策制定受到对立的利益集团的深刻影响，它可能对市民产生更糟的结果。对于政府官员来说，市民参与的不利条件包括时间和成本，如果市民的意见被忽略的话，还可能对政府产生不满乃至敌对情绪。从政府的结果层面看，有三个不利影响是显而易见的：（1）地方官员失去对决策的控制；（2）由于一些政治原因，难以避免出现"糟糕"决策；（3）资金花费在促进公众参与的便利性上，而在实际执行项目方面则远远不够。

在公众参与的非理想状态方面，两位作者提供了两套考量因素：低收益指标和高成本指标。一般而言，低收益指标包括：对政府缺少敌意，政府过去在没有市民参与情况下的成功决策，通过市民参与程序实现的决策被忽略的可能性，以及认为政府与市民一样都会选择同样决策的认识。在上述情形下，市民参与的回报往往不高。相反，非理想状态的高成本指标包括以下可能性：（1）市民对参与行动并不情愿；（2）地理因素使得市民聚会和讨论问题面临困难；（3）存在很多竞争性派别和团体，因此有必要成立更大规模的协商性组织；（4）待决策的问题具有技术性和复杂性；（5）公众并不认为某个议题构成问题。

在一个简单的2×2矩阵中，市民参与决策过程的有利因素主要包括：（1）市民与政府官员之间能够互相教育；（2）市民能够劝说和教导政府官员；（3）作为积极参与者，市民可以改进自己。市民参与的潜在有利结果在于：（1）破除僵持状态；（2）市民能够介入并对决策过程具有一定的控制力；（3）更好地制定和执行政策。对于政府来说，由于官员既能够教育市民，也能从市民那里学到东西，这有利于提升决策水平，构建信任，减轻市民的担忧和焦虑感，以及在市民中发展联盟并获得合法性。从结果层面看，通过打破壁垒、避免诉讼成本、制定更好的公共政策及完善政策执行，政府能够取得更积极的成就。

最后，在市民参与的理想状态方面，有两类指标很重要：低成本指标和高收益指标。低成本指标包括以下因素：（1）市民乐于志愿活动和社会参与；（2）利益相关者在地理上比较集中，能够很容易地参加聚会；（3）市民志愿者收入状况良好，参与活动不会影响他们的生活；（4）社区具有同质性，团体规模不大；（5）要处理的问题并不过于技术性和复杂化。至于高收益指标，理想状态包括以下内容：（1）僵持状态必须被破除，并且需要有市民的授权委托；（2）对政府的敌对情绪很高，政府决策者需要获得市民团体的承认；（3）具有很强影响力和地位的社区领袖乐意提供服务；（4）社区促进者受到社区所有成员的尊重；（5）要处理的问题与市民参与者有高度的利益联系，并且处于必须解决的紧急或危机状态。

显然，在少数人参与其中的决策过程中，是否让市民作为参与者介入，这同样需要仔细分析。没有人会说管理美国城市是一件容易的事情。

资料来源：Renée A. Irvin and John Stanbury，"Citizen Participation in Decision Making：Is It Worth the Effort?" *Public Administration Review* 64（January-February 2004）：55-65。

根据公共行政和信息技术（IT）专家 M·杰·穆恩（M. Jae Moon）的解释，电子政务可被狭义地界定为"运用信息技术生产和提供政府服务"，也可被广义地定义为"运用信息技术改进政府与其他行动者之间的交往，并使之简单化，包括政府与委托人（选民）、工商业以及其他政府机构的关系"①。穆恩进一步解释说，电子政务包括四个主要的内在和外在要素：

1. 设置安全的政府内部互联网络和中央数据库，促进政府机构之间的有效互动和相互合作。

2. 基于网络的服务供给。

3. 应用电子商务，以提升政府事务和行动的效率，例如政府采购和合同。

4. 数字民主，建设更加透明和负责的政府。②

在 2001—2003 年《美国市政年鉴》的一系列文章中，记录了城市政府采用电子政务的这些内在和外在要素的最新情况。

2001 年，约翰·奥鲁尼（John O'Looney）报告了在居民超过 50 000 人的 145 个城市和县中，互联网被用于服务供给和市民参与的情况。③ 总体而言，绝大多数城市（96%）报告称其为行政部门提供了基本的、静态的网页。但只有 54% 的被调查城市允许使用者检索数据库，只有 9% 的城市提供了电子商务服务。在市民参与机会方面，回应的城市和县中，68% 发布了所有民选官员的电子邮件地址，60% 发布了专业人员电子邮件地址，58% 公布了相关部门工作人员的电子邮箱，66% 在互联网上发布了会议备忘录。与之相对照的是，只有不到 10% 的地方政府提供进行决策商讨的网络音频或视频（7%），允许市民在审议过程中与政策制定者辩论（5%），或促进市民与市民之间的商讨（4%）。

《美国市政年鉴（2002）》有关电子政务的报告，基于 2000 年的一项电子政务调查，该项调查的样本量非常大——在被调查的约 3 000 个城市和县中抽取了 1 500 个样本。④ 结果显示，绝大多数城市都有网址——占回应城市的 86% 和回应县的 75%。1997 年对城市的相应调查数据仅为 40%，从 1997 年到 2000 年，城市政府的网站增加了 115%。根据 1997 年的调查，当询问所调查城市是否有内部互联网时，只有 12% 的城市给予肯定的回应。在 2000 年的调查中，超过半数的城市和县（59%）报告说已建有内部互联网。

56% 的地方政府报告说聘有网络经理或管理者。设立这一职位的城市和县中，约 25% 为全职，约 68% 由其他职位代行其岗位职责，剩下的 7% 为合同制、兼职或志愿人员。一些地方政府（10%）报告说，已经制定全面的电子政务战略或总体规划。

---

① M. Jae Moon, "The Evolution of E-Government among Municipalities: Rhetoric or Reality?" *Public Administration Review* 62 (July-August 2002): 425.

② Ibid.，所述四点直接引自该文。

③ John O'Looney, "Use of the Internet for Citizen Participation and Service Delivery," *2001 Municipal Year Book* (Washington, D. C.: ICMA, 2001): 28-46.

④ Smith, "Electronic Village," 34-41.

当问及市民对地方网站的满意度时，城市和县的官员报告说，在市民对网站的满意率中，有 65％的市民表示"达到预期"，17％认为"超过预期"，18％认为"低于预期"。少数城市（11％）提供网上金融交易，但是 31％的被调查者表示，他们在网站上张贴市民的投标和建议等要求。

回应者表示，实施电子政务的主要障碍在于：缺少专门知识、财政资源不足以及存在安全问题。电子政务的主要影响在于：（1）对工作人员的要求不断提高；（2）重新设计流程；（3）改变了工作人员的角色；（4）程序变得更有效率。

在《美国市政年鉴（2003）》中，伊芙琳娜·R·莫尔德（Evelina R. Moulder）基于对 8 000 多个城市和县的调查，在《电子政务：趋势、机会和挑战》一文中总结了自己的主要发现。[①] 这项调查共有 4 123 个市和县做出回应，回应率为 53％。与之前的调查结论一样，这项大规模调查发现，大多数（75％）城市都提供网站服务。在人口超过 1 万人的地方政府中，这一比例更是高达 88％，比 2002 年增加了 4 个百分点。在我们看来，电子政务的一项影响值得特别关注：48％的城市和县报告说，电子政务加强了市民与民选以及委任官员的联系。

最后，我们注意到，当前的研究试图确定不同的治理结构、人口、社会经济和组织因素对使用和发展电子政务技术的影响。例如，阿尔弗雷德·德凯·霍（Alfred Tat-Kei Ho）分析了电子政务与重塑政府的关联性。[②] 他比较了传统的官僚层级模式与强调"起催化作用的政府"和"社区拥有的政府"的重塑政府模式。电子政务——城市政府运用互联网——为市民提供了接近政府服务和政府官员的更便捷的途径。基于对美国 55 个大城市网站的调查和分析，他针对这些网站的设计进行了类型学分析。两种不同类型的网站浮现出来：行政型和非行政型。非行政型网站包括两个基本的定位：资讯和使用者。基于对调查回应的分析，那些网站被归类为非行政型的城市，往往被评价为对外部输入和协作更加开放。这些城市"强调市民输入以及与非政府组织协作的重要性，这些城市的官员更注重以使用者为导向，他们相信网站是提升为市民服务的有效工具"[③]。

关于网站不同定位的解释显示，城市人口规模和人均收入水平不会改变网站的定位。但是，拥有大量少数族裔人口的城市，以及人均收入较低的城市，其网站往往创新性不足，与非行政型网站的差距较大。霍教授认为，这一发现表明，不同的社会经济背景影响对互联网和计算机的使用。根据他的研究，较低水平的社会经济状况，往往会导致更具行政导向性的城市网站。随着时间和实践的推移，城市网站的基本发展趋势是：从行政导向型转向资讯和使用者导向型。城市的内部组织特征也会影响到建设更具行政型或更具非行政型网站的决策。那些采用大量进步信息和使用者导向型网站的城市，其非信息技术部门的工作人员普遍支持通过网站提供公共信息和服务，并且有足够的资金和人员支持网站发展。最后，M·杰·穆恩的研究发现，议

---

① Evelina R. Moulder, "E-Government: Trends, Opportunities, and Challenges," *2003 Municipal Year Book* (Washington, D. C.: ICMA, 2003): 39-45.

② Alfred Tat-Kei Ho, "Reinventing Local Governments and the E-Government Initiative," *Public Administration Review* 62 (July-August 2002): 434-444.

③ Ibid., 439.

会经理制政府比市长议会制政府更重视网站建设、更早运用网络技术。[1]

如政策与实践专栏 1—3 的案例研究所示，电子政务行动是既有趣又很有用的帮手。

政策与实践专栏 1—3

人民的权力

市民们，你们希望拥有一座红色的桥还是绿色的桥？这是巴尔的摩市马丁·奥麦利（Martin O'Malley）市长最近提出的决策问题，他要求市民关心该城一座 70 多年的铁桥的修复方案。在 10 月的一周内，市民可以访问城市网站投票选择铁锈红或鲜绿色。尽管市长期待的是绿色，但超过 5 000 人投票选择铁锈红。奥麦利还把这个调查刊登在该周的新闻通讯上，通过电子邮件发给商业和社区领袖。

根据法学教授贝丝·西蒙·诺瓦克（Beth Simone Noveck）的观点，"我们正在从电子政务走向电子民主……第一代技术提供了诸如执照、许可等税收生成性服务。现在，我们讨论在政策过程中给予市民更大话语权的技术工具"（p. 40）。例如，自 1999 年开始，弗吉尼亚州就一直努力让民众更多地参与州政府的规章和政策的制定程序。就其本质而言，州的官员们试图"将评论程序变成类似于互联网聊天室的东西"（p. 42）。

在另一个电子政务的案例中，缅因州州长约翰·鲍尔达希（John Baldacci）要求民众访问州政府网站，帮助他"平衡预算"，解决 10 亿美元预算赤字问题。在屏幕的一侧，预算模拟显示缅因州政府要花钱的主要项目；在屏幕的另一侧，是作为财政来源的税收和其他资源。在屏幕的中间，是预算赤字——1 078 556 945 美元。随着个人削减项目或增加税收，预算赤字逐渐趋向零。当参加者点击"发送"按钮，其建议性预算方案就被发送到州长办公室。有 1 万多人参加了这一模拟活动，1 200 人点击了"发送"按钮。（截至 2006 年 3 月，缅因州州长的"预算平衡教育工具"仍可通过以下网址访问：www. maine. gov/governor/baldacci/issues/budget/index. html。）

克里斯托弗·斯沃普（Christopher Swope）的一项调查发现，10 个大城市——西雅图、旧金山、印第安纳波利斯、夏洛特、丹佛、波特兰（俄勒冈州）、菲尼克斯、圣何塞、波士顿和纽约——在运用在线调查、在线对话、在线论坛等参与性的互动技术方面处于领先地位。其他很多城市也都在追随这一趋势。

资料来源：Christopher Swope，"E-Gov's New Gear：Governors and Mayors Learn to Love the Give and Take of Governing Interactively," *Governing*（March 2004）：40-42。

1.5　不满足于良好的管理

今天的城市执政者必须既是政治家又是管理者。很少人会对重塑政府的支持者

---

[1]　Moon，"Evolution of E-Government," 430.

和新公共管理学者所描述的基本情形产生异议，即认为美国城市必须改善管理能力。但是，单纯改进管理技巧不能解决所有的城市问题。正如前面的系统理论所提出的，我们必须认清城市管理所面临的环境。特别地，我们需要对行政管理的限定因素保持敏感，如社区的文化和价值、组织惰性、政治环境以及上层领导者的个人品质。

社区价值

解决城市问题的技术手段和管理工具，既可通过私人部门获得，也可通过其他层次的政府而获得。为什么它们没有被例行地运用于城市政府呢？在关于城市政治的早期著作中，政治学家爱德华·班菲尔德和詹姆斯·Q·威尔逊提供了以下回答：

> 就犯罪、种族仇恨和贫困来讲，这些问题是能够解决的。在这些问题的解决过程中，障碍因素大多是政治性的。不是由于缺少信息导致这些问题难以解决，也不是由于组织安排有缺陷。主要是由于人们具有不同的观点和利益，因而会对应该采取的行动持反对意见。[1]

显然，城市管理者并不持续与犯罪、种族、贫困等大问题作斗争。城市管理中的行政、规划、预算、日常服务供给等活动，都很耗费时间。即使在这些非紧急领域，城市管理者也经常面临很多与问题的技术知识无关的障碍因素。市政预算就是一个例证。[2] 实际分析能够显示城市基础设施维护的哪些领域急需花钱以应对紧迫需求，哪些领域的支出并不紧急，但是大量预算经费往往被转移到那些能够延长政治斗争的资本项目。城市管理者的回应往往是在各个政治单元（行政区、选区）平等分配预算，他们知道当各个区域都获得类似的待遇时，容易争取到市议员的支持。

概言之，社区持有的价值因素常常决定政治的性质，不论是非常规的大问题还是日常的小问题。这并不意味着社区价值不能被改变，如果需要的话——城市执政者的工作之一就是通过其领导进而与社区价值相适应，并使之制度化。这些核心价值一旦被清晰表达、采用和适应，它们对界定和塑造地方政治价值就会具有积极作用。

制度惰性

在第4章，我们详细讨论了城市工作者（官僚）安于例行公事的状况。毫无疑

---

① Edward Banfield and James Q. Wilson, *City Politics* (New York：Vintage, 1963)：2.

② 摘自 Matthias E. Lukens, "Emerging Executive and Organizational Responses to Scientific and Technological Developments," in *Governing Urban Society*：*New Scientific Approaches*, ed. Stephen Sweeney and James Charlesworth (Philadelphia：American Academy of Political and Social Science, 1967)：120。

问，我们都愿意生活在不必持续被迫适应超越常规变化的环境里。随着组织的成熟，规则、规章和既定程序也会积累性生成。组织惰性、官僚混战、机构扩张、目标转移以及其他一些因素，致使扩大城市政府管理能力的任务变得复杂化。因此，一个成功的城市管理者必须是官僚政治的学生，必须理解作为治理结构以及人类行为网络的组织（第 8 章将分别从组织理论和行为的角度进行探讨）。

政治环境

查阅任何公共管理教科书，或询问那些既在政府也在企业工作过的人——二者中的任何一个都会直截了当地告诉你，公共管理和私人管理的重大区别在于，公共管理者在相当程度上必须在政治环境中进行运作：不论管理技术和方法有多好，也不论有多少钱可供支配，对于复杂的城市问题的解决办法都需要政治判断。[①] 城市管理者必须确定优先权，决定税收水平和种类，决定资源分配。在最后的分析中，这些决策包含着一个基本判断，即什么是民众最需要的。在我们的政府体制下，这些属于政治决策，管理能力的任何进步都不能改变这一事实。

冲突是城市政府经常面对的一种管理状态。毕竟，各级政府管理的两个基本任务之一是管理冲突。城市管理者必须准备好处理各种压力以及需求，其中有的来自市政组织内部，有的来自市政组织外部。为了幸免于难并生存下来，城市管理者必须具有政治敏锐性，掌握政治技巧。不论他们的管理能力多么出色，成功的管理者必须学习管理冲突的艺术——如何讨价还价、如何妥协、如何谈判以及在竞争性的利益面前如何缓解冲突。从最广泛的意义上讲，本书的目的在于：从技术和政治的视角改进城市政府管理。

领导品质

最后，我们必须考虑城市管理者的个人特性。任何管理技术都难以代替智力、毅力、适应性、渴望超越、幽默等领导力资源。[②] 我们可以通过直觉和巧合进行测度。如果一张列表给出了优秀的城市管理者必须具备的超人能力和一些特殊素质，那也并不为过。我们的城市存在大量问题，尽管改进管理技巧可以帮助解决这些问题，但我们也需要非同寻常的城市领导者。

1.6 本书安排

本书包括四个部分。第 1 部分是"城市管理环境"。其中，第 1 章提供了背景

---

① 摘自 Matthias E. Lukens, "Emerging Executive and Organizational Responses to Scientific and Technological Developments," in *Governing Urban Society: New Scientific Approaches*, ed. Stephen Sweeney and James Charlesworth (Philadelphia: American Academy of Political and Social Science, 1967): 121。

② 参见 Harold F. Gortner, Julianne Mahler, and Jeanne Bell Nicholson, *Organization Theory: A Public Perspective*, 2nd ed. (New York: Harcourt Brace, 1997), chap. 9。

分析，它阐述了财政和人口变化的重要性、管理实践和理论，以及市民参与和技术等环境因素对城市政治管理的影响。我们将系统分析置于整个研究之中。未来的城市管理者必须知道一个老练的职业人员应掌握的基本法则——只有理解政治系统，才能成为优秀的行政管理者。在地方政府的各种外部影响中，最显著的是各类政府实体——联邦、州和其他地方政府。第 2 章将美国城市管理置于府际关系系统之中。第 3 章从地方政府结构的视角分析了管理者所面对的政治世界。研究表明，在不同的政府结构下（包括不同的政府体制、投票类型、选举系统、自治规则及直接民主方式），对地方政治系统的支持和需求也不相同。民选和委任的地方官员要想了解怎样才能管理好地方政治系统，就必须理解这些不同类型的政府结构。

第 2 部分是"现代城市的冲突管理与物品（服务）供给"，它包括四章内容，对城市政府履行的两项主要职能进行了详细分析：冲突管理和物品与服务供给。这两项功能的实现都有赖于制定和执行公共政策。第 4 章和第 5 章从宏观视角分析了地方政策制定。第 4 章探索了地方政策是如何以及由谁制定的。我们从系统视角概括地讨论了政策制定，作为一个理性、有序的过程，政策制定存在多个可供选择的理论模型。该章分析了作为官员的政策制定者的角色和功能——城市执政者（包括城市经理和市长）、市议会议员和地方行政人员。考虑到官员们的作为最终是为市民谋利益，我们在本章稍前部分讨论了市民参与。第 5 章不再关注政策制定的概括性分析，而是侧重于城市规划和经济决策的政策发展。城市社区越来越认识到，社区进步在很大程度上依赖于城市战略规划和地方经济活力。

政策制定与另一项基本的管理功能密切相关，即决策。毕竟，管理者即是决策者。然而，政策制定的范围更宽广，就其实质而言，决策是更具可操作性、更微观的行为。为了某一具体政策，需要制定和执行大量决策活动。第 6 章首先分析了一些众所周知的决策途径；接下来，我们鉴别了一些决策"工具"或决策辅助系统，包括简单的和复杂的"工具"，以使决策过程尽可能系统化；最后，介绍了如何运用管理信息系统、地理信息系统等分析工具提高决策效率。接下来，回答了以下问题：政策过程和各种决策活动的产出是什么？在地方层面，答案是"服务"。市民需要并应得到卓越的服务供给。第 7 章探讨了在地方层面提供服务功能的范围和城市服务供给的主要特性。城市政府应当有效率地（efficiently）、高效益地（effectively）、回应性地（responsively）和公平地（equitably）提供服务。

第 3 部分是"内部管理过程"，包括三章内容，致力于分析城市民选和委任官员的基本职责：管理项目、人力资源和财政。第 8 章从三个方面讨论了一般意义上的项目管理。我们概述了现代组织理论和组织行为的基本内容。为便于理解现代的开放系统理论，我们介绍了组织理论的经典学派和行为学派。然后，我们讨论了管理行为，详尽分析了"重塑政府"和"新公共管理"的基本原则。在我们看来，这两个模型都强调地方政府项目管理的结果和责任，但从性质上讲"重塑政府"更有争议性。如果地方政府管理真像"重塑政府"鼓吹者讲的那么简单，就没有必要出版本书了。相反，"新公共管理"模型从学术视角分析重塑政府运动，较为平衡地分析了通过这一途径提升市政管理能力的优缺点。第 8 章还讨论了领导的概念，毕竟城市管理者必须担当领导者角色。

　　没有民众的支持，什么事情也做不了。第 9 章概述了城市人力资源管理和人事功能。我们讨论了人事管理中的一些问题，如平等的雇用机会、平等的支持行为、雇员选择与法律、参照价值、性骚扰、多样性管理、对丧失劳动能力者的照顾等。本章的最后部分还专门讨论了劳动管理关系问题。第 10 章关注城市财政和预算，研究的主要问题包括：城市项目管理的资金来自何处？扩大财政基础的前景如何？城市管理者普遍关心税收增长、财政支出以及资金分配的程序，并对预算增长忧心忡忡。

　　第 4 部分是"城市的未来"。在第 11 章，我们评估了 21 世纪美国城市的优势、问题和不确定因素。我们聚焦于城市管理者的工作，以及教育在改进城市管理中的作用。我们还进一步分析了城市管理的政治环境。在既定的政治环境中，城市管理者如何才能提高自身的运作能力呢？的确，管理技巧十分重要。但城市管理者要取得最终胜利，了解政治规则具有同等的重要性。接下来，我们分析了对重塑政府和新公共管理的各种批评性意见，并提出城市管理者应对那种提供"唯一最佳办法"的管理战略保持警惕。城市管理是一项平凡而辛苦的工作。在最后一章，我们还探讨了行政伦理问题。城市管理者既要了解其行为的重要性，也要懂得他们有责任在政府内部培育忠诚和正直的价值原则。不论在什么岗位，城市工作者是在"金鱼缸"（fish-bowl）环境中作业，他们必须当心不要失去其所服务的民众的信任。

　　最后，我们将 21 世纪的美国城市置于后"9·11"环境之中。城市是容易受到伤害的，同时也具有很强的复原能力。鉴于"9·11"恐怖袭击以及新奥尔良市遭受卡特里娜飓风的严重袭击，本书最后探讨了人为灾害和自然灾害的管理问题。

推荐阅读

Brookings Institution three-part series：

　　—Katz, Bruce J., and Robert E. Lang, eds., *Redefining Urban and Suburban America：Evidence from Census 2000*, Vol. 1, Washington, D. C.：Brookings Institution, 2003.

　　—Katz, Bruce J., and Robert E. Lang, eds., *Redefining Urban and Suburban America：Evidence from Census 2000*, Vol. 2, Washington, D. C.：Brookings Institution, 2005.

　　—Berube, Alan, Bruce J. Katz, and Robert E. Lang, eds., *Redefining Urban and Suburban America：Evidence from Census 2000*, Vol. 3, Washington, D. C.：Brookings Institution, 2005.

　　Easton, David, *A Systems Analysis of Political Life*, New York：Wiley, 1965.

　　Governing：The Magazine of States and Localities, 该杂志主要关注州和地方政府管理，可通过以下网址阅览：www. governing. com。

　　Harrigan, John J., and Ronald K. Vogel, *Political Change in the Metropolis*, 7th ed., New York：Longman, 2003.

　　Hughes, Owen E, *Public Management and Administration*, 3rd ed., New York：Palgrave Macmillan, 2003.

Osborne, David, and Peter Hutchinson, *The Price of Government: Getting the Results We Need in an Age of Permanent Fiscal Crisis*, New York: Basic Books, 2004.

Osborne, David, and Peter Plastrik, *The Reinventor's Fieldbook: Tools for Transforming Your Government*, San Francisco: Jossey-Bass, 2000.

Pelissero, John P., ed., *Cities, Politics, and Policy: A Comparative Analysis*, Washington, D. C.: CQ Press, 2003.

Public Administration Review，该学术期刊关注公共行政研究。

Urban Issues: Selections from the CQ Researcher, 2nd ed., Washington, D. C.: CQ Press, 2005.

第 2 章

城市与府际关系体系

现代城市管理并非一项简单任务。本书第 1 章曾提及，在制定地方政策时，城市官员需要对多方面的因素做出回应。系统理论基于这样的假定，即政府政策是对环境产生的各种力量的回应。在诸多环境因素中，最突出的当属联邦主义（federalism）。

联邦主义的历史与美利坚共和国一样长。美国宪法的制定者决心创设一种全国政府与州政府分享权力的政府体系。参加制宪会议的多数人都持此态度。强大的联邦政府对人们刚刚通过斗争摆脱英王乔治三世（King George Ⅲ）的统治而赢得的权利和自由构成了威胁。在新生的共和国成立之际，各州被看作"民主实验室"①（laboratories of democracy）。今天它们仍是如此。②

城市是什么状况呢？它们在哪些方面与美国宪法体系相适应呢？在美国历史上，我们今天所认知的城市的发展要稍晚些。例如，大部分大型工业城市诞生于 1860—1920 年期间。在美国宪法之下，不论是过去还是今天，城市都没有地位——它们是州政府的行政区。然而，现在城市既独立于州政府（尽管其权力来源于州政府），也独立于联邦政府（尽管城市从联邦政府那里得到很多资金）。本章从府际关系（intergovernmental relations，IGR）的视角概述了在联邦主义体系下城市的角色。首先，有必

---

① 对制宪会议上关于联邦主义性质的讨论，参见 David B. Walker, *The Rebirth of Federalism：Slouching toward Washington*, 2nd ed. （New York：Chatham House, 2000），第 2 章。

② David Osborne, *Laboratories of Democracy* （Boston：Harvard Business School Press, 1990）.

要简要讨论一下联邦主义的概念。

2.1 联邦主义

任何一本介绍美国政府的教科书，都会基于政府体系之间"分权"（shared power）这一概念对"联邦主义"一词进行定义。根据美国宪法，当然地，政府体系是指全国（或联邦）政府与 50 个州政府。在当今世界的近 200 个国家中，美国是实行联邦制的十几个国家之一。多数国家实行单一制，在这些国家，全国政府处于至高地位。

在美国联邦主义体系中，州政府从理论上讲属于单一制政府。这就是说，所有的地方政府（市、镇、特区、县、学区）都是州政府的创造物。美国有大约 87 500 个政府——每天都还在创设新的政府——其中包括联邦政府、50 个州政府、哥伦比亚特区和少量的海外领地。其他数万个政府是地方政府，它们对州政府负责。

联邦、州和地方政府之间的关系，随着时间的推移不断发生变化。政治学家和行政学者试图用"蛋糕"（cake）这一隐喻来把握政府间关系变化的复杂性质。[1] 例如，行政学家尼古拉斯·亨利（Nicholas Henry）在梳理文献的基础上，总结了四种类型的联邦制"蛋糕[2]。最初，美国实行"夹心蛋糕"（layer cake）或"二元联邦主义"（dual federalism），从 1789 年共和国成立到 1930 年大萧条时期（Great Depression），这一体制主导着美国政治。在这一模式下，根据美国宪法，蛋糕层主要是指联邦政府和州政府两个层级。在这 140 年间，基于宪法的授权和禁止性规定，全国政府和州政府分别在各自的职权领域独立运作。如果出现争议，美国最高法院或稍低层次的联邦法院扮演仲裁者角色。南北战争提升了全国政府相对于州政府的地位，但"二元联邦主义"仍继续发挥作用，各级政府的行为都遵循着亚当·斯密所界定的"自由放任"（laissez-faire）哲学。随后，1929 年发生了股市崩溃灾难。

为了应对国家面临的经济危机局面，富兰克林·德拉诺·罗斯福（Franklin Delano Roosevelt，FDR）总统制定了一系列摆脱萧条和刺激经济的财政政策，在此驱动下，第二种类型的联邦制蛋糕开始呈现出来。罗斯福设计了一种"大理石花纹蛋糕"（marble cake）[3] 或称"合作联邦主义"（cooperative federalism），在该模

---

① 在该领域中，其他所有文章都是以这篇经典文章为基础的：Morton Grodzins，"The American System," in *Classics of Public Administration*，5th ed.，ed. Jay M. Shafritz, Albert C. Hyde, and Sandra J. Parkes (Belmont, Calif.：Wadsworth/Thomson Learning，2004)，233—237。另参见 Deil S. Wright, *Understanding Intergovernmental Relations*，2nd ed.（Monterey, Calif.：Brooks/Cole，1982)，以及 Walker, *Rebirth of Federalism*。

② 关于不同阶段联邦主义的探讨，出自 Nicholas Henry, *Public Administration and Public Affairs*，9th ed.（Upper Saddle River, N. J.：Pearson Education，2004)，382—383。

③ 大理石是由石灰岩或白云岩变化而来的一种变质岩。——译者注

式下，联邦、州和地方等不同层级的政府，各自行动的界限不再清晰。[①] 这一阶段标志着府际关系的诞生，根据威廉·安德森（William Anderson）的定义，府际关系是指"在美国联邦制体系下，各种类型和不同层次的政府采取行动和相互作用的重要主体"[②]。府际关系的出现提升了地方政府在联邦体制中的地位。由于罗斯福支持并且国会通过的一些项目主要是为了解决地方失业问题，地方政府开始专职为联邦项目服务，并扮演积极合作者的角色。联邦政府通过实施政府项目，将联邦收入中的部分个人所得税转移给州和地方政府。类似地，州政府在向其法定产物——地方政府提供资源方面也扮演更积极的角色。不同层次政府之间的合作主义精神，是这种新型联邦主义环境的显著标志。

第三个阶段的联邦体制被称为"磅饼"（pound cake）[③] 或强制型联邦主义（co-optive federalism），它存在于从 1960 年约翰·F·肯尼迪当选总统到 1980 年罗纳德·里根就任总统期间。在这 20 年里，面向州和地方政府的专项财政补贴项目（一般称为"分类财政补贴"）的数量迅速增长，致使大量美元从联邦政府流向州和地方政府。然而，伴随着资金的流入，"磅饼"也来了，包括项目准则、援助条件，以及联邦政府对州和地方政府的各种指令。不仅如此，在这一阶段，很多地方问题变得全国化了。联邦政府创设了各种补贴项目，通过合法援助应对贫困、卫生保健、城市再发展、环境保护、就业、教育等问题。各类准则和规制措施，致使上层蛋糕（全国政府）俨然要压垮下层蛋糕（州和地方政府）。州和地方政府大声呐喊，要求放松管制，要求对府际关系程序拥有更多的控制权。地方政府认为它们被上层政府征用，为争取专项财政补贴而摇尾乞讨。

在理查德·尼克松总统的第二任期内，在"新联邦主义"（new federalism）的旗帜下，减少了对州和地方政府财政补贴的附加约束，在一定程度上缓和了沉重的管制环境。在新的综合性补助模式下，首先实施了一般税收分享政策（1972—1986），随即实施了专项税收分享政策。对于州和地方政府官员来说，一般税收分享政策好像是上天赐予的甘露，在这项政策下，根据国会规定的公式，联邦政府向州政府（直到 1980 年）和地方政府（直到 1986 年）转移一部分税收。该项目使州和地方政府在联邦经费支出上有了更大发言权。直到 20 世纪 80 年代中期，联邦政府大幅削减预算，该政策才停止实施。在"新联邦主义"的旗帜下，新的综合补助政策被称作"专项税收分享"，相较于过去的分类项目补助政策，它赋予地方政府更多的决策权。在新的综合补助模式下，最重要的两项政策是 1973 年的《全面就业与培训法》和 1974 年的《社区发展综合补助法案》（CDBG）。随后，罗纳德·里根总统提出了"碎屑面包"（crumble cake）型联邦主义。

---

① 关于不同阶段联邦主义的探讨，出自 Nicholas Henry, *Public Administration and Public Affairs*, 9th ed. (Upper Saddle River, N. J.: Pearson Education, 2004): 382-383。

② William Anderson, *Intergovernmental Relations in Review* (Minneapolis: University of Minnesota Press, 1960), 3, 转引自 Michael E. Milakovich and George J. Gordon, *Public Administration in America*, 7th ed. (Boston: Bedford/ St. Martin's, 2001): 109。

③ 用糖、奶油、面粉各一磅制成的糕饼。——译者注

在里根式联邦主义模式下，府际关系戏剧性地发生了变化。从联邦到州和地方层次的转移支付（补助资金）开始减少，或可用"碎屑"来形容这一状况。由于20世纪70年代末的经济滞胀，在承诺政府重新赢得人民信任的驱动下，里根总统提出了"新"的新联邦主义。在新新联邦主义模式下，综合补助成为引人注目的装饰品。在相当大程度上，特定政策领域（如就业与教育）的综合补助代替了分类项目补助。过去，在项目分类补助模式下，联邦机构有权决定哪些州和地方政府获得何种补助；今天，联邦经费按照国会或行政机构规定的公式分配给符合条件的州和地方政府。而且，在综合补助模式下，州和地方政府在使用联邦经费时有了更大的决策权。在上台的前两年，里根总统合并了77项分类补助，创设或修订了9项新的综合补助，清除了其他60项分类补助。[①]

概而言之，在里根总统和乔治·H·W·布什总统（1988—1992）时期，城市发现它们处于一种"碎屑"式的府际关系环境之中，与20世纪60年代到20世纪70年代末的繁荣时期相比，来自联邦的财政支持就像"碎屑"一样有限。这种逐渐缩小的支持也引起了"竞争性"或"自谋生计"型联邦制实践。[②] 今天，地方政府必须在高度竞争的府际环境中争取联邦资金。综合补助项目经费的增加，提升了州和地方政府官员的权力，他们有权决定联邦经费用于资助哪些项目。在克林顿总统的第二个任期内，在健康、教育、福利等领域，联邦政府出台了一些新的综合补助项目，移交权力给州和地方政府的做法得以继续发展。

在后"9·11"时代，联邦制有怎样的变化呢？最先做出回应的是应急部门——消防、警察和紧急医疗工作者——他们在城市、乡镇生活和工作。近年来，这些机构获得大量资助。作为"9·11"事件的结果，大量的联邦经费和项目被用于减少可能的恐怖袭击。联邦政府对受到"9·11"恐怖袭击影响的小企业和其他产业的贷款和补助等经费支出也在增加。小布什政府许诺对遭受卡特里娜飓风灾害的民众和城市提供数十亿美元的联邦资金援助。但应当牢记的是，历史地看，联邦转移支付是为州和地方政府而创设，它涉及教育、健康、社会服务、道路等广泛的政策领域。今天，随着联邦领导人将大量补助经费局限于回应人为和自然灾害，联邦政府对大部分州和地方政府的补助都被削减。在第11章，我们将进一步详细讨论这一问题。在界定了联邦主义的含义并梳理了它在不同时代的演进之后，让我们转而关注现代城市中与府际关系密切关联的广泛问题：财政联邦主义（fiscal federalism）、州与地方的关系、授权以及地方政府间关系。

2.2　府际关系

资深联邦主义专家迪尔·怀特曾于1990年提醒我们："在美国的历史、传统、

---

① Milakovich and Gordon，*Public Administration in America*，129.

② Henry，*Public Administration and Public Affairs*，383.

法律和实践中，联邦主义这一概念已经存在了两个世纪。府际关系这个概念的存在时间相对较短，它被运用于美国政治只是大约半个世纪的事情。"① 府际关系是联邦、州、地方等不同层次的政府的互动过程。前文曾提及，这种互动有可能表现为合作形式，也可能表现为强制形式。即使在联邦经费大大减少、州和（或）地方政府不得不"自谋生计"的环境下，州和地方官员仍可能认为他们受制于各种规则、管制和指令。不同官员的感受也不相同。现实情况是，府际关系已经成为现代城市领导者工作的重要组成部分，包括城市官员在"纵向"上与州和联邦官员之间的日常交往，以及在"横向"上与其他地方政府实体的官员之间的互动过程。转移支付的项目和资金常常与准许权发生联系。实际上，府际关系有时也被称为"财政联邦主义"。

财政联邦主义

　　前面曾提及，从 20 世纪 70 年代后期开始，联邦对城市的援助开始减少。在 20 世纪 80 年代和 20 世纪 90 年代早期，联邦补助下降呈加速发展。在里根总统的"新联邦主义"旗帜下，州和地方政府从联邦那里获取的资金遭受了空前削减，随后，老布什政府继续支持这一政策。从 1992 年到 2006 年，由于克林顿政府采取的一些救济政策，以及小布什总统为回应"9·11"事件实施的一些政策措施，使这一下降趋势有所减缓。尽管如此，与 20 世纪六七十年代相比，自从 20 世纪 80 年代以来，府际关系环境已经发生了巨大变化。不仅直接拨付给城市的资金已经干涸，很多项目也被削减。尽管一些评论家声称政府项目绝不会消失，实际情况是，在 20 世纪 80 年代，城市失去了广受欢迎、效果显著的两个援助项目：一般税收分享（General Revenue Sharing）和城市发展行动补助。1996 年 9 月 30 日，具有 36 年历史的府际关系咨询委员会（Advisory Commission on Intergovernmental Relations，ACIR）也关门歇业，被一个叫"网络墓地"（CyberCemetery）的网站所托管（见政策与实践专栏 2—1）。

　　在那些认为城市过于依赖联邦经费的观察者看来，联邦政府与城市政府间关系的上述深刻变化恰是期待已久的事情，基本上也是健康有益的。然而，城市为新得到的独立也付出了很高代价。很多城市都削减了服务项目——对于低收入和中等收入的家庭来说，这让它们倍感艰辛。为了补回失去的收入，城市转而求助于更多的回归性计算，各种收费性服务继续对经济困难者产生负面影响。尽管存在上述变化，但联邦对城市的重要援助项目仍在运作，克林顿政府和小布什政府时期不论是补助的项目数量还是经费额度都在增长。② 我们有必要认真梳理在政策设计上明确用于帮助城市的重要联邦项目的性质和特征。

---

① Deil S. Wright，"Federalism，Intergovernmental Relations，and Intergovernmental Management：Historical Reflections and Conceptual Comparisons," in Shafritz，Hyde，and Parkes，*Classics of Public Administration*，520.

② Milakovich and Gordon，*Public Administration in America*，117.

联邦补助项目

联邦补助是一项相互矛盾的混合福利。城市可以使用外部资金，但联邦政府很少提供在支出上没有附加约束的资金。实际上，地方官员经常抗议与联邦补助资金相伴的过多的约束条件。大约在 30 年前，加利福尼亚州奥克兰市的一位行政人员就曾抱怨说：

> 大多数联邦项目的附加控制都导致了很多麻烦。例如，为创造新的工作机会，去年实施了一项大型建设，大量宣传提升了社会的期望。但由于具有太多的附加约束，致使该项目难以按照我们预计的计划实施。有时候，太多的控制导致花钱都变成了一件困难的事情。[①]

政策与实践专栏 2—1

网络墓地

成立于 1959 年的府际关系咨询委员会履行一系列职责，包括就处理影响联邦、州和地方政府的共同问题，及如何调整联邦补助项目，向国会和总统提供建议。国会指定该委员会由 26 人组成：国会两院各 3 人；4 名市长、4 名州长；州立法者、民选县官、总统的内阁成员、公民个人各 3 人。该机构总计发布了 130 份含有建议的政策报告、140 份不含建议的信息报告、23 份关于府际关系问题的民意调查、22 份工作人员报告，并出版了《府际关系视角》杂志（季刊）。

在撰写本教材第五版时，我们高度依赖府际关系咨询委员会提供的各类出版物。特别是在 1976—1995 年期间每年出版的系列文集《财政联邦主义的显著特色》，为我们追踪各年的联邦补助信息提供了不可或缺的资料。现在，尽管府际关系咨询委员会已不再作为一个功能机构而存在，但只要点击几下鼠标，就可以看到该机构主办或赞助出版的各种文献。

美国政府印刷办公室（GPO）和北得克萨斯大学建立合作关系，为前联邦政府的各种委员会、理事会、机构等的各类出版物提供电子阅读支持。这些出版物可通过登录网络墓地阅览，网址为 http://govinfo.library.unt.edu/。30 多个前政府机构产生和拥有的信息被存档在该网址上，相关文献可供免费下载。在网络墓地里保存的最近被废止的机构有全国铁路客运改革委员会、哥伦比亚事故调查委员会、美国恐怖袭击全国委员会、消费者事务办公室和美国信息机构。

随着时间的推移，在政府储藏室和图书馆里，与这些机构、委员会、理事会相关的文件和报告越来越难以查找，它们或者破损或者丢失了。创设网络墓地将

---

① Jeffrey Pressman, *Federal Programs and City Politics* (Berkeley：University of California Press, 1975)：124.

会被证明是重要的智慧之举。在本书的稍后部分将会论及，有时候政府首创的事情并不成功，然而有的时候政府做得很成功。网络墓地的结果是，历史学家和社会科学家能够快速和便捷地获取与政府的失败和成功密切相关的重要文件。

　　资料来源：关于府际关系咨询委员会的信息来自 Bruce D. McDowell, "Advisory Commission on Intergovernmental Relations in 1996: The End of an Era," *Publius* 27 (Spring 1997): 111-127. 关于网络墓地的信息来自网址 http://govinfo. library. unt. edu/以及 http://www. gpoaccess. gov/cybercemetery. html。

　　有些事情从来不会变化——只是取决于人们是否注意到它而已。例如，2004年 4 月，纽约州亨普斯特德市（Hempstead）市长兼任美国市长会议主席詹姆斯·A·加纳（James A. Garner），就曾哀叹说，国土安全资金难以延伸到地方层面，地方政府缺少资金支付实施以不同颜色标记的联邦预警体系的成本。[1] 当预警从黄色升到橙色，地方政府必须加强对关键性基础设施站点的保护。地方官员认为联邦预警系统是一项没有资金支持的指令，城市执行它需要花费数亿美元。由于大量资金被配置于州政府层面，城市并没有得到联邦政府承诺的国土安全经费。加纳市长注意到："国土安全经由联邦快递（Federal Express）送达各州，但经由普尼快递（Pony Express）到达城市。"

　　为什么地方官员要玩这种府际游戏呢？答案在于仅靠自身难以承受高昂的资金支出。约翰·F·肯尼迪于 1961 年就任总统时，联邦政府大约有 45 个单独补助项目。[2] 八年以后，当理查德·尼克松就任总统时，联邦补助项目已经增加到 400 个。到 1981 年，联邦项目增加到 450 个，但在罗纳德·里根执政期间，到 1986 年联邦项目减少到 400 个。随后，联邦项目数量继续增加。1989 年在老布什执政期间，联邦项目增加到 478 个。2000 年比尔·克林顿政府的联邦项目进一步增加到 660 个。2003 年，小布什政府的补助项目达 716 个。[3]

　　1960 年的联邦补助约为 70 亿美元，1970 年该数额达到 240 亿美元，1980 年增长到 910 亿美元，1990 年达 1 350 亿美元。[4] 2000 年，联邦补助项目金额增至 3 000 亿美元[5]，到 2004 年联邦补助达到最高峰值 4 180 亿美元。[6] 补助占联邦政府费用的百分比，在 1960 年为 7.6%，2000 年增长为 15.9%[7]，2004 财年进一步增长为 18%。[8]

---

　　[1]　此讨论以及加纳市长的评论，转引自 Donald F. Kettl, "Unconnected Dots," *Governing* (April 2004): 14。

　　[2]　数据出自 Milakovich and Gordon, *Public Administration in America*, 116, 以及 Henry, *Public Administration and Public Affairs*, 385。

　　[3]　Chris Edwards, "Federal Aid to the States Ripe for Cuts," *Cato Institute Tax & Budget Bulletin* (May 2004): 1, at www. cato. org/pubs/tbb/tbb-0405-20. pdf。

　　[4]　Milakovich and Gordon, *Public Administration in America*, 116.

　　[5]　Michael J. Rich, "The Intergovernmental Environment," in *Cities, Politics, and Policy: A Comparative Analysis*, ed. John P. Pelissero (Washington, D. C.: CQ Press, 2003): 45.

　　[6]　Edwards, "Federal Aid to the States," 1.

　　[7]　Rich, "Intergovernmental Environment," 45.

　　[8]　Edwards, "Federal Aid to the States," 1.

联邦资金并非通过相同方式拨付，相关约束也不一样。根据经费分配方式不同，联邦援助可根据经费分配方式进行分类，也可根据接受者如何使用经费进行分类。联邦资金分配主要有两种方式：

1. **公式补助**（formula grants）。它根据行政或立法机关规定的公式自动地向地方政府提供资金。所有的综合补助项目和 30％左右的分类补助项目是根据事先确定的某个公式来配置资金的。由于受到欢迎，这种分配联邦资金的方式发展很快。在 1975 财年，大约 2/3 的联邦补助是通过公式补助方式进行分配的；到 2000 财年，这一比重已增长至 90％。[1]

2. **项目补助**（project grants）。即通过竞争性方式给予资金，接受方政府必须首先提出申请，然后由出资单位作出判断。项目补助的数量非常多，它在分类补助中约占 72％。[2] 就在各类补助中的百分比而言，在 1978 年，项目补助的比重为 65％[3]，此后该比例一直在增长。

从地方政府如何花钱的角度看，联邦补助也可分为两类：

1. **分类补助**（categorical grants）。它只能被用于规定的有限用途，经常要求接受方政府必须为联邦资金提供配套经费。州和地方政府从联邦政府那里得到的经费中，约有 82％属于分类补助形式。[4]

2. **综合补助**（block grants）。即在同一功能领域合并若干个分类补助项目，或在相关功能领域将多项补助整合为单一的补助项目。历史地看，尽管联邦政府在支出上提供一些指导，综合补助的接受者具有相当大的回旋余地，可在宽泛界定的相关领域中转移用途。现在，联邦补助中约 18％的资金通过综合补助方式进行分配。[5]

分类补助的优缺点

对于联邦财政援助的大多数批评都指向分类补助，尤其是分类项目补助。从城市管理的角度看，随着 20 世纪 60 年代联邦补助数额的大量增加，有关批评的内容主要包括：互相交叠、彼此重复、分类过多、信息不充足、变化的匹配、变化的行政需求、联邦专断性的中间管理决策、获得赞助的各种技巧和手法。而且，补助必须被（似乎是持续地）应用、执行和评估；很多补助需要公民参与及其他援助条件，这些都需要予以满足并进行管理。尽管有很多附加约束，但资金还是受到欢迎。各个城市都努力争取新近可利用的联邦资金。

除为那些处于窘迫状态的城市提供直接财政救助外，从经济学角度看，也值得为分类补助进行辩护。很多政府行为都具有"溢出效应"（spillover effects），能给并不居住在辖区内的人提供服务、带来好处。教育、污染预防、公园、休闲和娱乐

① Rich，"Intergovernmental Environment," 46.

②③④ Henry，*Public Administration and Public Affairs*，385.

⑤ Ibid.，386.

服务等都是例证。就对上述情形的认知程度而言，地方投票者往往不愿为那些给不付费者带来好处的行动提供资金支持。分类补助允许联邦政府去支持具有很强"外部效应"（external benefits）的地方项目。①

联邦对城市援助的变迁

尽管持续存在大量的分类补助项目，近年来联邦对城市的援助已经发生了很大变化。联邦越来越多地直接提供资金援助个人，而非援助州和地方政府。2006 年，联邦援助资金中，有 64％用于满足个人需求，如支付医疗费（公共医疗救助）和财政支持（失业补偿或福利）。然而，在 1980 年，只有 36％的补助直接用于个人而非项目。② 而且，从 20 世纪 70 年代末到 2000 年，在一些领域，联邦对城市的支援急剧下降。例如，1978—1992 年，联邦用于社区和经济发展的费用（以定值美元计算）下降了 63.9％，用于环境保护的费用下降了 54.0％，用于社区和社会服务的费用下降了 48.7％，用于就业和培训的费用下降了 57.1％。③

与削减联邦补助相伴随的是，城市在花费所获得的联邦资金时有了更多的弹性和自由行动权。里根总统不仅要求减少联邦对城市的支持，而且要求政府决策分权化。前文曾提及，在 1981 年，77 项分类补助被压缩或修正为 9 项新的综合补助，在克林顿政府时期又创设了一些新的综合补助项目。小布什总统的 2005 财年预算和国会相关立法提出，在健康、收入保障、工作培训和交通等领域，创设 10 项综合补助，其中有的是新项目，有的是替代现有的综合补助或分类补助项目。然而，正如政策与实践专栏 2—2 的案例分析所提出的，即使综合补助也难以摆脱对联邦资金使用设置附加限制的立法要求。

尽管如此，综合补助——尤其是社区发展综合补助——很受地方官员欢迎。用约克市（宾夕法尼亚州）市长威廉·阿尔萨斯（William Althaus）的话讲，社区发展综合补助是"我们的最后一个孩子"④。

政策与实践专栏 2—2

国会指定用途拨款

在 20 世纪 90 年代早期，谢丽尔·阿维德森（Cheryl Arvidson）提出国会已经开始了新的实践，它标志着"给予州政府更大行动自主权的哲学的终结，它曾是里根时代的显著标志"。这个新实践就是取消对拨款用途的指定——一定百分比的经费与多方面的综合补助联系在一起。这个"新实践的目的在于移走对联邦

① George F. Break, *Intergovernmental Fiscal Relations in the United States*（Washington, D. C.：Brookings Institution, 1967），chap. 3.

② Rich, "Intergovernmental Environment," 46.

③ Ibid., 51.

④ Gary Enos, "CDBG Program 'Ain't Broke'," *City & State*（June 17, 1991）: 3.

综合补助的附加限制……让这些经费的使用不再受限"。

增设此类限制的一个早期案例发生于 1988 年，时任众议员的亨利·A·维克斯曼（Henry A. Waxman，加利福尼亚州，民主党）推动了一项国会立法，促使各州将根据《酒类、滥用药物及心理健康综合补助法案》获得的药物费用的一半用于为静脉注射吸毒者提供服务。维克斯曼还推动了另一项努力，要求将联邦心理健康资金的 55％及与之相关的综合补助，必须用于支持新的或扩展的心理健康服务。在参议员克莱本·佩尔（Claiborne Pell，罗得岛州，民主党）的支持下，另一项提案要求将职业教育综合补助资金的 65％～77％用于高中职业教育项目。当前，法律准许州政府领导人根据自身愿望，在高中和职业教育项目之间分配资金。

为什么要给原本没有附加限制的联邦补助设置必要条件呢？这是由于国会议员们希望为家乡的一些专门的、看得见的项目提供资金支持，以获得好评。在分类补助和资金大大减少的时代里，这是很难实现的事情。而且，附加限制代表着国会的价值判断——毕竟，政治的特性决定着谁得到什么，在何时、何地以及如何获得。

资料来源：Cheryl Arvidson, "As the Reagan Era Fades, It's Discretion vs. Earmarking in the Struggle over Funds," *Governing*（March 1990）：21—27。

1974 年《住房与社区发展法案》

1974 年《住房与社区发展法案》（Housing and Community Act，公法 93—383）的通过，经常被认为是联邦支持城市的一项具有重大意义的发展。最初的三年期项目的预算达到 113 亿美元，这一行动把许多城市发展分类补助项目——样板城市、城市更新、邻里设施、公共设施贷款、供水和下水道设施、代码执行——合并成单一的综合补助。合宜的资助行为必须符合以下条件：（1）中低收入者受益于此；（2）预防或消灭贫民窟及城市脏乱问题；（3）满足其他紧急发展需求，仅靠地方当局本身无力投资于此。城市政府在一年、两年或三年期所获的援助资金，至少应让 70％的中低收入者直接受益。[①]

所有超过 5 万人口的城市及超过 20 万人口的城市化县——总计约 1 100 个管辖区——符合联邦资金支持的基本条件。最初，公式补助资金分配考虑社区人口规模、贫困人口数量、住房拥挤程度以及在 1940 年之前的建成住房数量。然而，现在主要通过两个公式来计算资助权利，大都市和城市化的县获得的补贴要更多些。第一个公式主要考量三个因素，它们的权重分别是：人口（25％）、贫困程度（50％）、住房拥挤程度（25％）。第二个公式也包括三个因素：增长滞后程度（从 1960 年到 2006 年的人口增长滞后情况）、贫困、住房使用年限，三者的权重分别为

---

① 关于社区发展综合补助的信息，摘自 *The Catalog of Federal Domestic Assistance*，见 http://12.46.245.173/pls/portal30/CATALOG. PROGRAM_TEXT_RPT 显示的资格补助项目，以及 http://12.46.245.173/pls/portal30/CATALOG. PROGRAM_TEXT_RPT 显示的小城市补助项目。另参见美国住房与城市发展部的社区发展综合补助项目，见 www.hud.gov/offices/cpd/communitydevelopment/programs/。

20％、30％和 50％。在 2005 财年，据估计该项目的资金约为 30 亿美元。

除了规定受补助资格的项目外，1981 年国会修订了最初的《社区发展综合补助法》，允许州政府而不是住房与城市发展部官员来管理社区发展综合补助项目的自由支配资金。根据州政府确立的优先资助条件和奖励标准，人口低于 5 万人的城市、人口低于 20 万人的县，以及少量居民个人，也可获得联邦资金支持。社区发展综合补助的这部分资金并非是一项权利，州政府在选择补助接受者时具有自主权。小城市和县并不需要提供地方资金以与联邦补助相配套。然而，对于权利性项目，州政府必须"最大限度地优先考虑"让中低收入者受益，防止或消灭贫民窟及城市脏乱问题。对于具有接受资助资格的城市和县来说，联邦按照前述的方法向各州政府分配资金：两个公式中，哪个能够提供的补助更多，就会使用哪种计算方法。当前，49 个州以及波多黎各（Puerto Rico）参与了由州政府管理的非权利性社区发展综合补助项目，2004 财年拨款总计约为 13 亿美元。只有夏威夷一个州选择不对小城市项目进行管理，因而，住房与城市发展部继续承担项目管辖权，2004 财年给三个县——考艾岛（Kauai）、毛伊岛（Maui）、夏威夷岛——拨付了约 600 万美元的补助。

社区发展综合补助促进了广泛的社会进步，从康涅狄格州纽黑文市整洁的店面、新粉刷的住房、崭新的人行道，到亚利桑那州斯科茨代尔市棒球场的灯光，我们可以见到社区的显著变化。① 克利夫兰市市长将社区发展综合补助称作"催化剂"（catalyst），它催化了银行、商业和各种基金的支持。他评论说，如果没有社区发展综合补助，克利夫兰将成为灾难性地区。

尽管如此，审计总署（General Accounting Office，GAO）对社区发展综合补助的一项评估对该项目的目标能力提出了质疑。该研究发现，城市政府常将资金扩展到广泛领域，从而冲淡了其复兴社区的实际效果。② 其他的批评者注意到，近年来支持经济发展的项目大量增加，他们抱怨说在商业中心实施了诸多行动，但并没有证据表明低收入人口能够从中受益。他们主张，城市有必要展示商业中心如何能够向社会地位低下者提供就业、商业和项目培训的机会。③ 尽管存在这些目标导向问题，大多数观察者认为社区发展综合补助项目非常成功。

城市企业园区

有必要将小片的贫困区从大城市中划分出来，并给予特殊税收优惠政策，以刺激经济恢复吗？这是竭力主张创设城市企业园区的各种各样提议的本质所在。1982 年 3 月，里根总统公布了其城市政策的核心内容：提议在美国 25 个大城市设立企

---

① 这些例证摘自 Neal Peirce，"CDBG Celebrates 10th Anniversary," *Public Administration Times*（January 15）：1985。

② U. S. General Accounting Office，*The Community Development Block Grant Program Can Be More Effective in Revitalizing the Nation's Cities*（Washington，D. C.：GAO，April 30，1981），i；另见 Enos，"CDBG Program 'Ain't Broke.'"。

③ Peirce，"CDBG Celebrates 10th Anniversary"。

业园区。这些城市的选择主要依据其在税收和放松管制方面的激励政策；这些地区可能提供地方税收减免优惠，放松城市规划、建筑法规、行政许可等约束。目标地区必须持续处于高度贫困、失业和困境状态。

尽管联邦立法确立了企业园区，但并没有通过国会设立。许多州变通地采取了这一做法。一般而言，这些项目并非根据里根提议的那样设立企业园区，而是高度依赖传统的税收激励政策，加上在相关领域提供的大量公共支持——基础设施投资、对贫困工人提供培训、商业贷款、技术援助等。①

最初的企业园区概念尽管引起了人们的广泛关注，但对此也有激烈批评者。一些人争论说，税收激励看起来很好，但小企业最需要的是风险资本。② 一项对若干个州的企业项目评估发现，减少税收是很多州保留的唯一重要政策供给，相对于传统的城市复兴途径来讲，减少税收并不能代表一种真实的备选方案。③ 然而，罗伊·格林（Roy Green）和迈克尔·布林特纳（Michael Brintnall）对州企业园区的负面新闻持反对意见。他们声称"各州又在搞企业园区了——实验、采纳，有时也有分歧，特别是根据适时的政策进行创新"④。

特许园区/企业社区项目

克林顿政府时期通过的 1993 年《综合预算平衡法》（The Omnibus Budget Reconciliation Act）创建了特许园区（Empowerment Zone）和企业社区（Enterprise Community）（EZ/EC）项目。1992 年洛杉矶骚乱后实施的这项 10 年期项目，为贫困的城市和乡村社区提供了 35 亿美元联邦补助，主要用于社会服务和社区再发展。另外，EZ/EC 项目还提供减轻税收政策和放松管制措施，以吸引商业和留住企业。

该项目的资金主要来自卫生和公众服务部（Department of Health and Human Services）的社会服务综合补助项目（Social Services Block Grant Program）。住房与城市发展部、农业部（U.S. Department of Agriculture）的官员具体承担授予特许园区和企业社区的职责。1994 年 12 月，上述两个部的部长分别批准了 9 个特许园区和 95 个企业社区。EZ/EC 项目的具体细节包括：

● 5 个大城市特许园区——分别位于在亚特兰大、巴尔的摩、底特律、纽约市、费城/康登县（新泽西州）。每个特许园区可获得总计 1 亿美元的联邦补助和 1.5 亿～2.5 亿美元的税收免除。

● 3 个乡村特许园区——分别位于肯塔基州的海兰兹（Highlands）、密西西比

①　Marc Bendick Jr. and David Rasmussen, "Enterprise Zones and Inner-City Economic Revitalization," in *Reagan and the Cities*, ed., George Peterson and Carol Lewis (Washington, D.C.: Urban Institute, 1986), 114.

②　Neal R. Peirce, "Enterprise Zones Open Urban Opportunities," *Public Administration Times* (February 1, 1981): 2.

③　Bendick and Rasmussen, "Enterprise Zones and Inner-City Economic Revitalization," 119.

④　Roy E. Green and Michael Brintnall, "Reconnoitering State-Administered Enterprise Zones: What's in a Name?" *Journal of Urban Affairs* 9, no. 2 (1987): 159.

州的中三角洲（Mid-Delta）、得克萨斯州的里约格兰德谷地（Rio Grande Valley）。每个乡村特许园区可获得4 000万美元的补贴和1.5亿～2.5亿美元的税收免除。

● 洛杉矶和克利夫兰被授权为追加的特许园区。洛杉矶获得了4.5亿美元的联邦补助和税收激励，克利夫兰获得了1.74亿美元。

● 在95个企业社区中，65个位于大城市，30个位于乡村地区。每个企业社区获得约600万美元的补助和税收激励。

● 4个"增强型企业社区"，分别位于波士顿、休斯敦、堪萨斯城和奥克兰（加利福尼亚州）。对每个企业社区的援助约为4 700万美元。[1]

追加2个特许园区和增强型企业社区的目的在于，应对这些地区由于在最初的分配资金决策中被遗漏而出现的"失望"情绪。这并不意味着政治支配选择过程。马克·华莱士（Marc Wallace）最近的研究支持了住房与城市发展部部长亨利·西斯内罗斯（Henry Cisneros）的主张，即"城市的需要程度及其复兴途径，是选择与否的极为重要的考量"[2]。1998年组织了第二轮竞争，从中选择了20个新的特许园区（15个城市园区和5个乡村园区）和20个新的乡村企业社区。[3]

更新社区/特许园区/企业社区：新一轮授权

基于此前的项目，2000年12月，国会通过了《社区更新税收免除法案》（Community Renewal Tax Relief Act）。根据该法案，联邦政府创设了40个更新社区（Renewal Communities, RCs），其中，28个位于城市地区，12个位于乡村地区；联邦政府还为8个新的特许园区提供了资金支持，其中6个位于城市，由住房与城市发展部批准，两个位于乡村，由农业部批准。[4] 与立法相伴随的是约170亿美元的税收刺激，它们被用于工资信用、税收扣除、资本利润免税、债券融资等。住房与城市发展部部长梅尔·马丁内斯（Mel Martinez）宣称："这些税收激励非常及时，公共部门与私人部门之间的这种伙伴关系，会推进贫困街区的地方经济发展，帮助驱动复兴、提供就业岗位，并为强大的社区奠定基础。"[5]

八个新的特许园区分别位于阿肯色州的普瓦斯基县（Pulaski County）、加利福尼亚州的弗雷斯诺市（Fresno）、佛罗里达州的杰克逊维尔市、纽约州的雪城

① "Effects of Urban Federal Grant Efforts Argued," *Tulsa World* (December 26, 1997): A23.

② Marc A. Wallace, "An Analysis of Presidential Preferences in the Distribution of Empowerment Zones and Enterprise Communities," *Public Administration Review* 63 (September-October 2003): 569.

③ U. S. Department of Housing and Urban Development, "Introduction to the RC/EZ/EC Initiative," at www. hud. gov/offices/cpd/economicdevelopment/programs/rc/about/ezecinit. cfm.

④ Ibid.；另见 U. S. Housing and Urban Development, "Welcome to the Community Renewal Initiative for America's Renewal Communities, Urban Empowerment Zones and Enterprise Communities (RC/EZ/EC)," at www. hud. gov/offices/cpd/economicdevelopment/programs/rc/index. cfm.

⑤ Brian Sullivan, "Bush Administration Announces Community Revitalization Efforts—HUD Announces Eight New Empowerment Zones," *U. S. of Housing and Urban Development*, *News Release* (January 15, 2002), at www. hud. gov/news/release. cfm? content＝pr02－008. cfm, 1.

（Syracuse）、纽约州的扬克斯市、俄克拉何马州的俄克拉何马城、得克萨斯州的圣安东尼奥市、亚利桑那州的图森市。40 个新的更新社区分别位于 20 个州。除了洛杉矶、旧金山、底特律、芝加哥等大城市外，许多县和教区（主要位于亚拉巴马州、肯塔基州、路易斯安那州和密西西比州）以及北达科他州的齐佩瓦龟山带（the Turtle Mountain Band of Chippewa）也参与了复兴社区项目。新的更新社区和第三轮特许园区的授权期限一直要持续到 2009 年 12 月。

各种联邦经济刺激/复兴项目的效果如何呢？玛里琳·吉特尔（Marilyn Gittell）及其同事调查了 6 个城市特许园区在第一年的经历，以测定该项目在多大程度上给城市带来了新机遇。[①] 他们发现，在这 6 个特许园区中，市民参与具有很大差异性——地方政治精英对项目的控制抑制了市民参与机会的扩展。研究者们呼吁扩大社区权利和市民参与，进一步提升社区能力。

特许园区所在城市的社区活动家们也提供了一份评估报告。[②] 在新泽西的康登县（Camden），伊冯·哈斯金斯（Yvonne Haskins）律师曾参与起草该市的特许园区规划，他发表意见要求关注参与者之间的斗争以及缺乏有形的真实成就。芝加哥市议会商业委员会（Chicagoland Chamber of Commerce）主席杰拉德·罗帕（Gerald Roper），兼任市特许园区委员会（由 39 人组成）成员，他提供了芝加哥的类似情况。底特律和巴尔的摩做出了肯定性评估。洛克菲勒政府研究所（Rockefeller Institute of Government）主任理查德·内森（Richard Nathan），就特许园区项目提供了较为合宜的分析：“总体上讲，我给该项目打分 B+，这是一个雄心勃勃的议程……这些事情不可能一夜发生。”

2004 年 3 月，审计总署就联邦在社区发展领域的复兴项目出版了一份全面评估报告。[③] 在该报告中，审计总署无奈地表示，在住房与城市发展部、农业部的材料中，缺少税收收益的具体数据，难以“执行和评价这些项目”[④]。审计总署的报告总结了关于特许园区、企业社区和更新社区项目的 11 项研究，其中好几项研究关注市民参与、市民介入、参与程度、参与的可持续性等问题。一些研究报告了最低限度的市民参与；一些报告显示，当项目从规划走向执行时，市民参与程度呈衰退状态；也有一些项目的市民参与是“适度的、真实的”。另一项研究显示，在 6 个特许园区中有 4 个的就业率增长高于人口统计情况类似的相邻地区，大型企业更希望利用这个项目提供的税收减免优惠，园区居民建立的企业数量也有增加。那些在可预知的未来仍可能是城市结构一部分的社区发展项目，值得深入调查以测定实际成效。毕竟，管理这些项目需要广泛的地方资源，包括时间、努力和资金。

---

①　Marilyn Gittell，Kathe Newman，Janice Bockmeyer，and Robert Lindsay，"Expanding Civic Opportunity：Urban Empowerment Zones," *Urban Affairs Review* 33（March 1998）：530-558.

②　这一段的信息来自 "Effects of Urban Federal Grant Efforts Argued," A23。

③　General Accounting Office，*Community Development：Federal Revitalization Programs Are Being Implemented，but Data on the Use of Tax Benefits Are Limited*（Washington，D.C.：General Accounting Office，March 2004）.

④　Ibid.，Highlights page.

地方对联邦援助的回应

前文已经提及，联邦援助是一项相互矛盾的福利。外部的资金总是受到欢迎，并竭力争取，但官样文章、不断拖延、联邦要求的不断变化，经常让地方具有挫折感。

地方对联邦项目有很多抱怨。例如，地方官员表示，执行补助项目的行政流程太复杂。他们提出，有必要改进联邦与地方人员之间的交流，提供关于新项目的及时信息，提供不同联邦机构管理的类似项目的相关知识。① 罗伯特·阿格拉诺夫（Robert Agranoff）提出，20 世纪 30—60 年代的合作联邦主义已经让位于更多的联邦控制和官僚制管理："国会、最高法院和总统的行动显示，更多的监管经由不断增多的指示性官僚制管理被引入。"②

在此，需要注意，面对联邦补助提出的条件和指令，地方并非像它们看上去那样缺乏能力。在不同层级的政府之间，常常伴随着大量讨价还价和谈判行为；联邦的强制能力常常很弱；不论联邦意图如何，城市经常能够使补助项目符合地方需要。公共行政学者简·马赛（Jane Massey）和杰弗里·施特劳斯曼（Jeffrey Straussman）指出，有些补助要求提供了一定范围的规则选择，或允许不同程度的遵从。因此，地方政府并不简单地顺从或违反补助指令；相反，它们会在遵从的方式和程度上做出选择。③ 稍后，我们将会进一步介绍联邦和州对地方政府的训令，但在对州政府和其法定产物的关系进行分析之前，有必要看看戴维·奥斯本在《重塑政府：企业精神如何重塑公营部门》中就革新府际关系体系提供的建议（见政策与实践专栏 2—3）。

政策与实践专栏 2—3

重塑府际关系

1993 年，戴维·奥斯本在递交给克林顿总统的一份报告中提道，"减少华盛顿当局对州和地方政府的年度补助中所附加的准则和红头文件，让州和地方政府更自由些"。这位《重塑政府：企业精神如何重塑公营部门》一书的作者建议将联邦的 500 多个补助项目合并成 15～20 个基于绩效评估的综合补助项目，他称之为"挑战性补助"（challenge grants）。

奥斯本确认当时存在的 14 个综合补助项目有效，但批评说根据公式配置资金没有考虑到质量问题："在资金补贴上，那些铺张浪费、低绩效的州和地方政府，与积极创新、成本收益显著的项目一样具有优先权。"与之相反，挑战性补助是一种竞争性的综合补助，它基于需求和质量配置资金。联邦政府官员设置清晰的方针、目标和绩效评价指标，州和地方政府根据自身需要、拟订战略的质量

---

① 沃克（Walker）在对美国联邦主义的历史概述中，对与府际关系相关的问题进行了卓越和全面的讨论。见 Walker, *Rebirth of Federalism*。

② Robert Agranoff, "Managing within the Matrix: Do Collaborative Intergovernmental Relations Exist?" *Publius* 31 (Spring 2001): 32.

③ Jane Massey and Jeffrey Straussman, "Another Look at the Mandate Issue: Are Conditions-of-Aid Really So Burdensome?" *Public Administration Review* 45 (March-April 1985): 292–300.

及结果，通过竞争方式争取补助。就像第 1 章所描述的那样，新公共管理的倡导者关注结果和成效，他们愿意支持这一政策方法。

这一提议如何才能在国会通过呢？分配联邦资金的哪种方案更可能获得好评呢？奥斯本建议采用关闭军事基地曾使用的办法：总统任命一个"联邦特权人物"（federalism czar）负责联邦契约委员会（New Federal Compact Commission），对于该委员会提出的建议，国会在 30 天内投票表决通过或否决，但不得修正。虽然克林顿总统确实支持创设了几个新的改革综合补助项目，但他并没按照奥斯本的创新途径进行改革。你怎么评价奥斯本的主意？这个规划能够有效运作吗？原因何在？

资料来源：David Osborne, "The Way to Help Governments Is to Set Them Free," *Governing* (January 1993)：65。

州与城市的关系

如同父母与孩子的关系一样，州与城市的关系总是爱恨兼有。州为城市地区提供财政支持，同时也是它们所受限制和管制的根源。作为州的法定创造物，城市受许多潜在的控制和规制所支配。在 19 世纪 60 年代后期，约翰·F·狄龙（John F. Dillon）法官宣布了一条著名法则，支持州对地方政府拥有全权。狄龙法则宣称，城市最初源于州，其权力也完全来源于州，州有权削减和控制这些权力。在狄龙法则下，城市仅拥有州宪法或立法机关授予的权力，或这些特别授权所包含的其他权力。尽管关于市政权力的这种狭窄解读在一些州仍很流行，但其他州的法院已经对市政府持更自由的立场，尤其是州宪法提供了家乡自治宪章的那些州（第 3 章将解析家乡自治和合法限制对市政府的影响）。虽然如此，城市在很多方面仍受州的支配。

尽管联邦补助项目引起广泛关注，事实上，州政府给城市提供的资金远远多于联邦政府。在 2001—2002 财政年度，州的援助在市政一般收入中的比重已经增长到 22%[1]，而 1960 年仅为 16%。大多数财政援助都流入了专用功能领域，其中，教育（62%）、福利（12%）、公路（4%）是最大的赢家。[2]

由于持续强调分权化，加之联邦资金不断减少，州不得不更多地介入以帮助城市。州是如何回应的呢？它们有能力应对挑战吗？当然，能力不仅限于经费，还包括管理技巧和政治意志。[3]

---

① 根据美国人口普查局的数据计算。U. S. Census Bureau, "Table 2. Local Government Finances by Type of Government and State：2001—2002," at www. census. gov/govs/estimate/0200ussl_2. html。

② Henry, *Public Administration and Public Affairs*, 403.

③ John M. DeGrove, "State and Local Relations：The Challenge of New Federalism," *National Civic Review* 71 (February 1982)：75-83。

在里根总统削减预算的早期，一些州介入帮助填平缺口，但它们所做的大多只是通过适当努力替代失去的联邦资金。① 到 20 世纪 80 年代中期，州开始为自身的预算缺口而打拼，州对地方的援助慢慢减少。② 直到 20 世纪 90 年代早期，州的财政问题一直在持续。直至 20 世纪 90 年代后半期，随着全国经济稳步增长，州财政也出现了反弹。新资金大多用于州的传统服务项目——教育、监狱、公共医疗补助。随后，进入 21 世纪，美国城市又面临新一轮的预算灾难。迈克尔·A·派格诺（Michael A. Pagano）在提交给全国城市联盟的一份报告《城市财政状况（2004年）》中谈道：

> 尽管经济学家于两年前宣布衰退已经结束，美国城市的财政困境仍在继续。正在发生的经济挣扎，连同猛增的卫生保健和养老金花费，使州对地方政府的援助大为减少，一些其他因素也导致在全国范围内出现了严重的城市财政问题……城市通过多种途径回应恶化的财政状况。最经常的回应是提高或设立新的服务收费项目。城市也提升了生产力水平，减少了政府雇员、服务食品和运作支出。③

在 2004 财政年度，派格诺提及"州政府补助的显著下降"，表现为城市流失了约 23 亿美元，州对城市的援助减少了 9.2%。而 2003 财年州对城市援助只减少了 2.1%，2002 财年还有 0.3% 的增长。克里斯托弗·霍恩（Christopher Hoene）在《美国城市与县》（*American City and County*）一书中提及："当财政问题来临时，针对地方政府的各种坏消息接踵而至。"④

当前，城市已经成为自 20 世纪 70 年代末期逐渐浮现的"自谋生计"型府际环境的一个例证——联邦援助锐减，城市在很大程度上必须自我谋生。毫无疑问，它们现在已变得更机敏、更加企业家化，很多大城市也做得很好。可是，一些贫困的市中心区还在挣扎之中。在 20 世纪 90 年代的经济繁荣时期，虽然一些城市得到很多好处，但一些老旧的大型中心城市仍面临大面积贫困、人口减少、中产阶级外迁三重威胁，这些在数十年前就已存在。⑤

资金永远是个问题，但它不是唯一的问题。虽然管理的议题还不很确定，但有迹象显示，在过去几年里很多州都提升了决策、规划和预算能力。城市与州的关系中尚待解决的一个大问题是政治意志。从历史上看，大城市特别容易遭到怀有敌意

---

① Richard Nathan, Fred C. Doolittle, and associates, *The Consequences of the Cuts* (Princeton, N. J.: Princeton Urban and Regional Research Center, 1983), 64.

② Steven D. Cold and Brenda M. Erickson, "State Aid to Local Governments in the 1980's," *State and Local Government Review* 21 (winter 1989): 15; 关于州对城市援助的文献解读，另参见 David Morgan and Robert England, "State Aid to Cities: A Casual Inquiry," *Publius* 14 (Spring 1984): 67-82.

③ Michael A. Pagano, *City Fiscal Conditions in 2004* (Washington, D. C.: National League of Cities, 2004), iii.

④ 这一段的数据和引文源自 Christopher Hoene, *American City and County*, October 1, 2003, 1-2, at http://americancityandcounty. com/mag/government_states_decrease_aid/.

⑤ U. S. Department of Housing and Urban Development, *The State of the Cities*, 1998 (Washington, D. C.: Office of Policy Development and Research, 1998).

的州立法机关的不公正对待，州议会常常受乡村地区的代表所支配。重新分配议会议席有可能改变这一状况，但在近几十年来人口不断向郊区迁移的背景下，它并不像所期望的那样对大城市有利。郊区议会和乡村议会的新型控制联盟，仍趋向于反对城市。克利夫兰市的前市长卡尔·斯托克斯（Carl Stokes）曾抱怨："就中心城市而言，一人一票并不能够带来任何改变。作为对农民及其守旧、冷漠的替代，现在，你遇到一个来自郊区的守旧派和冷漠者，有的时候他和农民一样对城市怀有敌意。"①

有些观察家并不悲观。现在已废止的府际关系咨询委员会——该机构曾被认为是"处理广泛的府际关系问题的最终资源"②——不断呼吁州政府在联邦制体系中扮演更突出的角色。在20世纪80年代早期，该委员会注意到州政府在过去25年里扮演的角色有了变化："州的思想倾向有了变化，它们期待改变并采取行动。"③佛罗里达大西洋大学环境和城市研究中心（the Joint Center for Environment and Urban Studies at Florida Altantic Unversity）主任约翰·德格罗夫（John De-Grove）也认同此观点，他解释说，随着联邦援助的积累性减少，地方政府和利益集团对州立法机构施加了极大的新压力：

> 尽管公民抵抗政府扩大开销，当遇到真正的财政危机时，人们仍然期望州政府更多地担当地方职能，通过一般税收分享或分类补助的方式增加州对地方的补助，准予地方政府具有更多的财政机动权。④

德格罗夫对州政府援助城市意愿的评估已被证明过于乐观。虽然州不会极度敌视城市，但州政府有自己的财政问题需要解决。城市在很大程度上被遗忘，成为了善意忽视的牺牲品。它们确实必须自谋生计。在分析大都市地区城市如何管理地方间的关系之前，有必要简要讨论一下联邦与州的关系。

联邦与城市及州与城市关系：指令问题

指令（mandate）是"一种宪法条款、法令、行政规制或司法裁决，它向政府提出一种支出需求，该需求来自政府之外，并迫使政府采取行动"⑤。在府际关系中，指令向下流动，从联邦到州和地方层级，或从州到地方层级。在指令程序中，法院也越来越活跃，要求州和地方政府采取各种各样的行动（如处理监狱或拘留所

---

① 转引自 A. James Reichly, "The Political Containment of the Cities," in *The States and the Urban Crisis*, ed. Alan Campbell（Englewood Cliffs, N. J.：Prentice Hall, 1970), 173。

② Bruce D. McDowell, "Advisory Commission on Intergovernmental Relations in 1996：The End of an Era," *Publius* 27（Spring 1997)：111.

③ ACIR, *State and Local Roles in the Federal System*（Washington, D. C.：Government Printing Office, 1982)：200.

④ DeGrove, "State and Local Relations," 77.

⑤ John L. Mikesell, *Fiscal Administration：Analysis and Applications for the Public Sector*, 6th ed.（Belmont, Calif.：Wadsworth, 2003)：531.

拥挤问题)。地方政府处于接受资助的末梢,它们总是需要经费支出,对它们来讲指令非常令人烦恼。处理各种社会问题的重担不均衡地落在地方政府身上,而它们的收入来源却受到严格限制。

尽管国会在 20 世纪 80 年代大幅缩减了对州和地方的援助,联邦立法者却不愿放弃对某些全国性项目的控制。结果是,随着资金逐渐枯竭,指令却迅猛增加——这令地方官员很不自在。“基本上,这属于推诿问题。”得克萨斯州诺克斯维尔市市长维克多·阿什(Victor Ashe)抱怨说:“国会可对它想做的任何事情施加影响,只要将目标写入法律之中,接着通过一笔费用,向下交给州和地方政府……将此逻辑推向极端,它将使我们都破产。”①

指令既适用于重大项目,也适用于普通项目。这些直接命令大多关注公民权利和环境保护。各种各样的污染指令要求州或地方在纯净空气、清洁饮用水、污水处理等方面遵守联邦标准。另一项指令要求保护残疾人的权利。1990 年《美国残疾人法案》(ADA)要求企业以及州和地方政府为残疾人提供平等的机会,它是当年颁布的 20 项指令之一。② 很多时候,有关指令的真正问题并不在于政策的吸引力,而是谁应为此付费。

1994 年,在共和党赢得对国会的控制之时,州和地方官员的请求得到了具有同情心的听证机会。结果是,国会通过了 1995 年《未备经费指令改革法案》(UMRA)。该法案不具有追溯力,它还豁免了包含公民权利的未备经费指令。③ 尽管如此,它仍代表了联邦政府与州和地方政府间关系的重要转变。该法案宣布,在未递交给国会预算办公室(Congressional Budget Office,CBO)进行费用概算之前,国会不得通过未备经费的指令。如果国会预算办公室发现该指令的估计成本超过 5 000 万美元(或私人部门支付 1 亿美元),国会必须将附加经费列入清单以支持该项立法。1995 年法案并没有终结指令,但至少在规则上,它实质性地减缓了国会将财政负担强加给下级政府的趋势。

2001 年,国会预算办公室提供了一个五年期(1996—2000 年)的国会行动报告,对 1995 年《未备经费指令改革法案》实施后的国会立法进行评估。该报告提及:“很多包含未备经费指令的立法条文被修改,或者是除去了指令,或者是降低了费用。在这些案例中,国会预算办公室提供的指令成本信息,在国会决策时明显发挥了作用。从这方面看,1995 年《未备经费指令改革法案》的第一条款已被验证很有效果。”④ 该报告进一步提出,在那五年期间,只有两个成本超过 5 000 万美元门槛的府际指令成为法律——分别是 1996 年的《增长最低工资法》和 1997 年的

---

① 转引自 William Tucker,“Cities Aim to Stop Federal Buck Passing,” *Insight* (September 6,1993)。

② John DiIulio Jr. and Donard Kettl,*Fine Print* (Washington,D. C.:Brookings Institution,March 1,1995):41-42.

③ John Kincaid,“Intergovernmental Deregulation,” *Public Administration Review* 55 (September-October 1995):495-496.

④ Congressional Budget Office,*CBO's Activities under The Unfunded Mandates Reform Act*,*1996 - 2000* (Washington,D. C.:Congressional Budget Office,May 2001):vii.

《削减联邦食品券项目资助法》。

2004 年 5 月，审计总署的另一项关于 1995 年《未备经费指令改革法案》效果的研究并不乐观。审计总署提出，"鉴定和分析联邦对州、地方政府及私人部门的指令，这是个复杂过程"[1]。在依据 1995 年《未备经费指令改革法案》标准检验一部法律或一项规章之前，需要经过多重步骤和检查："例如，1995 年《未备经费指令改革法案》并不要求国会预算办公室检查拨款议案中潜在的指令，它也不应用于行政机构不公开发布的决策及由独立管制机构发布的任何规章。"[2] 审计总署报告发现，由于遵守该法是接受联邦援助的前提条件，2001 年《不让一个孩子掉队法》不符合指令的定义。概而言之，只有很少的行动会触发 1995 年《未备经费指令改革法案》的检查机制，1995 年《未备经费指令改革法案》并不是州和地方官员期盼的万灵药。在该法实施的前三年，只有三项联邦行动被判定对州和地方政府的影响太多。[3] 2001 年颁布实施的 377 个法令中，只有 5 个法令被认为适用于 1995 年《未备经费指令改革法案》，2002 年联邦机构发布的 122 个重要法规中，只有 9 个被认为适用于 1995 年《未备经费指令改革法案》。[4]

州政府向其法定产物——地方政府——施加指令的情况是怎样的呢？有人可能会认为，既然州处于接受联邦指令的末端，它们在对地方政府施加指令时可能会"温和点"。遗憾的是，这并不是事实。尼古拉斯·亨利提及，"对州立法的几百项评估中，平均约有 1/5 的立法对地方政府的权威、程序和财政具有直接影响"，"对这一问题的一项谨慎评估认为，评估州指令的成本是一件'愚蠢的差事'（fool's errand）"[5]。

地方间关系

大约 80％的美国人口居住在大都市地区。[6] 然而，这些大都市地区只占美国土地面积的 20％。大都市地区存在大量的地方政府——县、城市、学区、特区。参见表 2—1。

表 2—1　　　　　　　　美国大都市地区的地方政府数量和类型（1997）

大都市地区	面积（平方英里）	1996 年人口（千人）	地方政府数量					每万名居民对应的政府数
			总计	县	城市和镇	特区	学区	
东北部								
巴尔的摩[a]	2 619	2.502	81	6	20	55	0	0.32

① General Accounting Office, *Unfunded Mandates*: *Analysis of Reform Act Coverage* (Washington, D. C.: General Accounting Office, May 2004): 3.

② Ibid. , 4.

③ David H. Rosenbloom and Robert S. Kravchuk, *Public Administration*: *Understanding Management*, *Politics*, *and Law in the Public Sector*, 6th ed. (Boston: McGraw-Hill, 2005): 125-126.

④ General Accounting Office, *Unfunded Mandatse*, Highlights page.

⑤ Henry, *Public Administration and Public Affairs*, 403.

⑥ John J. Harrigan and Ronald K. Vogel, *Political Change in the Metropolis*, 7th ed. (New York: Addison-Wesley, 2003): 25.

续前表

大都市地区	面积（平方英里）	1996 年人口（千人）	地方政府数量					每万名居民对应的政府数
			总计	县	城市和镇	特区	学区	
波士顿[a]	1 836	3 209	260	3	106	129	22	0.81
纽约[a]	1 145	8 643	201	3	80	65	53	0.23
费城[a]	3 870	4 953	845	8	354	296	187	1.71
匹兹堡	4 637	2 379	858	6	412	334	106	3.61
中西部								
芝加哥[a]	5 103	7 734	1 456	9	455	662	330	1.88
克利夫兰[a]	2 718	2 233	345	6	200	55	84	1.54
明尼阿波利斯	6 061	2 765	519	13	331	97	78	1.88
圣路易斯	6 396	2 565	788	11	300	357	120	3.07
南部								
亚特兰大	6 150	3 541	263	20	107	109	27	0.74
休斯敦[a]	5 961	3 792	802	6	79	669	48	2.12
孟菲斯	3 013	1 078	92	5	40	41	6	0.85
迈阿密[a]	1 955	2 076	36	1	27	6	2	0.17
西部								
丹佛[a]	3 755	1 867	430	4	31	378	17	2.30
洛杉矶[a]	4 070	9 128	378	1	88	196	93	0.41
菲尼克斯	14 470	2 747	215	2	32	105	76	0.78
波特兰[a]	5 019	1 759	282	6	56	163	57	1.60
总计								
所有大都市地区（人口超过100万）	254 490	132 355	15 844	295	5 540	6 902	3 000	1.20
所有大都市	707 211	211 231	35 024	780	12 915	15 310	6 019	1.66
全美总计	3 538 624	263 256	87 453	3 043	36 001	34 683	13 726	3.32

标注 a 为准大都市统计区。所有其他区域均为大都市统计区。经作者同意复制。参见 Michael J. Rich,
"The Intergovernmental Environment", in John P. Pelissero, ed., *Cities, Politics, and Policy: A Comparative
Analysis* (Washington, D. C. : CQ Press, 2003):39。

资料来源: Calculated from U. S. Bureau of Census, *1997 Census of Government*, Vol. 1, *Government Organization* (Washington, D. C. : Government Printing Office, 1999)。

　　例如，芝加哥大都市地区共有 1 400 多个地方政府单元——9 个县、455 个城市
和镇、662 个特区、330 个学区；比较而言，匹兹堡大都市地区平均每 1 万居民拥有
的地方政府的数量则更多些。这些统计数据展示了美国政治的基本状况：政治结构
高度碎片化。数以万计的地方政府之间的关系具有非正式和自由意志的倾向；在全
国绝大多数地区，没有一个单一的政治结构能够包含整个大都市地区。多年来，各
种各样的集团曾公开批评自治政治单元不断增生的现象，它们强烈要求形成统一、
集中的政治结构。

　　大都市地区地方政府的多样性到底有多严重呢？根据一些权威分析，大都市地
区的政治割据会导致以下问题：

　　● 由于管辖区交叠、服务重复、缺少规模经济，市政服务供给效率较低。

● 由于市民不清楚哪个政府该对哪项服务负责，降低了政治责任。

● 难以进行大范围规划——由于缺失辖区辽阔的政府，难以采取协调行动处理跨越地方边界的问题（交通、污染、住房）。

● 中心城市和郊区的财政不平衡。

● 大都市地区不同地方的服务水平差异很大。

● 大都市地区无力处理自身问题，迫使州和联邦干预地方问题，降低了地方的主动权和选择权。

概言之，改革者谴责大都市地区不完善的政治结构导致了很多问题。在稍早时候，地方改革派经常恳求创设包括整个大都市地区的某种政府形式，如实行市县联合或合并。但在美国，重大结构变化总是需要投票批准。多年来，投票者一直不支持在大都市地区彻底重塑政府的提案。少数市县联合努力取得了成功。1921—1979年，关于市县联合提案的 83 项公民投票中，只有 17 项获得通过，在 20 世纪 80 年代的 27 项提案中有 7 项获得通过，20 世纪 90 年代通过两项，2003 年通过了一项。自 20 世纪早期以来，只有 4 项大城市（人口超过 25 万）与县合并的提案获得批准：纳什维尔（Nashville）—戴维森（Davidson）县（田纳西州，1962）；杰克逊维尔（Jacksonville）—杜维（Duval）县（佛罗里达州，1967）；印第安纳波利斯（Indianapolis）—马里恩（Marion）县［印第安纳州（州立法机关批准），1969］；路易斯维尔（Louisville）—杰斐逊（Jefferson）县（肯塔基州，2003）。历史地看，通过投票表决的合并议案中，只有不到 1/4 得到投票者批准。①

重组成功和重组失败

为什么有些地方发生了深远变化，而其他地方却难以出现变化？这没有一个简单答案。或许只有在独特的危机环境下，投票者批准才会获得成功。或者，对于有些斗争来讲，危机是变革的必要而非充分条件。重组要取得成功，还必须集合其他多方面的力量——尤其是强大的地方领导力。②

在大都市地区改革问题上，哪些群体之间通常会互相反对呢？中心城市的商业精英、市政机构、大城市的报纸、改革群体常常支持重组行为，而郊区报纸、小镇行政首长和政府雇员、边缘区域的商业人员、中心城的黑人居民常持反对态度。尽管一些强大的地方群体支持重组行为，但重组过程非常费时。而且，改革反对者引起的混乱和不信任常促使投票者继续倾向于传统结构。对于许多投票者来讲，他们的经验是，"若有疑惑，就啥也别做"③。

集权对分权

并不是每个人都支持大都市地区的政府集权趋势。近年来，有些群体尤其是少

---

① John J. Harrigan and Ronald K. Vogel, *Political Change in the Metropolis*, 7th ed. (New York: Addison-Wesley, 2003): 259-260.

② Melvin B. Mogulof, *Five Metropolitan Governments* (Washington, D. C.: Urban Institute, 1972).

③ Scott Greer, *Metropolitics: A Study of Political Culture* (New York: Wiley, 1963): 196.

数族裔，迫切期待相反的事物——更多分权和扩大市民参与。这一运动源自约翰逊政府的反贫困斗争所提出的最大限度的参与需求。大体而言，传统的大都市地区集权化提议忽略了各种感受都是同等重要的需求：它为个人提供了一种机制，从而能对社区服务和设施实施更大程度的控制。

一些学者也支持大都市地区的分权化状况，他们秉持公共选择传统，支持公共服务竞争机制。他们认为，大都市地区的碎片化结构类似于一种市场体系，各个城市通过提供合适的全套城市服务，在争取顾客上与其他城市彼此竞争。理所当然地，在大都市地区，居民将选择那些提供的公共服务最贴近自身需要的社区。各城市不得不展开竞争，争相提供有诱惑力的服务和低税率。

根据大都市地区改革批评家的观点，分权在以下方面也具有优势：

● 相对于大规模辖区而言，由小规模的单位提供服务，常常能更讨辖区居民喜欢。①

● 更大的辖区并不必然具有规模经济效益。实际上，有些服务由小规模单位提供可能成本更低。②

● 存在多个地方政府，能给市民更多的接近政治权威的机会，从而减少冷漠、孤立和社会失范。③

即便如此，市县合并努力并没有被清扫出门，大都市地区地方政府间仍可建立一些协作机制。在分析政府理事会、大都市规划机构等协作机制前，我们有必要关注特区这种更加分权管理的地方政府形式。

特区：分权的特殊模式

在过去几十年里，特区是美国发展最快的一种地方政府类型。1962 年，美国有 18 323 个特区；2002 年，其数量增长到 35 052 个。特区占了地方政府总量的 40％④，它们不包括镇、城市和学区。其中，只有 1/10 的特区提供的服务超越县的边界（服务地域有限），90％的特区仅提供一种服务（服务功能有限）。它们高度依赖于联邦援助：其收入的 11％直接来自华盛顿，"在各类地方政府中，这一比重最高"⑤。这些地方政府单位也常常受到批评：

过于依赖单一功能的特区，致使地方服务供给缺少协调，公共资金被用于发展私人利益，这降低了公共责任，弱化了具有多方面功能的政府在广泛政策

① Elinor Ostrom, Roger Parks, and Gordon Whitaker, "Do We Really Want to Consolidae Urban Police Forces? A Reappraisal of Some Old Assertions," *Public Administration Review* 33 (September-October 1973)：423-432.

② Elinor Ostrom, "Metropolitan Reform：Propositions Derived from Two Traditions," *Social Science Quarterly* 53 (December 1972)：474-493.

③ Thomas R. Dye, "Metropolitan Integration by Bargaining among Sub-Areas," *American Behavioral Scientist* 5 (May 1962)：11-13.

④ *2002 Census of Government：Government Organization*, "Table 3—Local Governments and Public School Systems by Type and Size：2002," 18.

⑤ Henry, *Public Administration and Public Affairs*, 402.

领域的能力。①

特区提供一系列的行动和服务，包括公墓、住房和城市更新、水土保持、污水处理、供水、电力、运输、排水和灌溉。特区运作在很大程度上独立于具有多方面功能的政府和公共审查机制之外，这些"影子"政府单元使城市可以去做那些之前由于受到州在限制举债上的约束而不能做的事情。多数特区具有征税权，一些特区还可以发行债券。

那么，特区到底是"好"还是"不好"呢？答案取决于设置特区的政治系统。如果政治分配价值，如果我们珍视开放、参与型的政府，那么在农村地区发展由市民控制的、单一功能的供水特区，由它统一铺设管道，保障市民获得安全、清洁的供水，这将是很好的制度安排。相反，如果设置特区的目的在于政治排他，回避关于问题的公共对话，那么特区就会扭曲民主程序。南希·伯恩斯（Nancy Burns）在有关特区的重要著作《一种美国地方政府形式：公共机构中的私人价值》中，对有关特区的争论做了很好的总结：

> 特区的好处在于，它们能投资和提供服务及基础设施；在美国碎片化的政治组织架构下，它们能够办成事情。问题在于两个方面：除了有兴趣的发展商以外，它们从事的事情缺少监督；它们逐渐成为一个地方政治王国。在这里，地方政治变得很安静，不必通过多数同意或一致同意的方式，而是通过特区政治这种看不清的方式运作。②

协作机制：政府理事会和大都市规划机构

大都市地区的再组织化，只有少数成功例证，除此之外，在更大范围内推动政府集权化的唯一方式是建立某种志愿合作机制。地方间协议（特区、契约安排等）是在大范围的城市化地区提供某种服务的一种重要方式，而实现政府间协作的主要机制是设立政府理事会（council of government，COG）和大都市规划机构（metropolitan planning organization，MPO）。在 20 世纪 60 年代中期以前，一些此类安排就已存在。1966 年《示范城市与大都市发展法》（the Demonstration Cities and Metropolitan Development Act，DCMDA）对设立政府理事会起到了推动作用，它要求联邦对城市发展的各类援助都必须受跨辖区组织的评估所支配。在大都市地区协调联邦补助的跨区域评估政令中，最著名的是"A—95 评估权"③（A-95 review power，以该数字排序的预算机构文件）。虽然实际的 A—95 评估权在 1982 年里根政府时期就已到期，但在美国各个大都市地区（中心城市及周边郊区），都设立了

① Scott A. Bollens, "Examining the Link between State Policy and the Creation of Local Special Districts," *State and Local Government Review* 18（fall 1986）：117.

② Nancy Burns, *The Formation of American Local Governments：Private Values in Public Institutions*（New York：Oxford University Press，1994）：117.

③ Harrigan and Vogel, *Political Change in the Metropolis*，293.

类似的评估程序。它们有的以政府理事会为组织形式，有的以大都市规划机构为组织形态，二者有时也统称为"区域理事会"（regional councils）。

大都市规划机构与政府理事会一样，最初是联邦立法机关的产物，在最近才有所发展。在 20 世纪 90 年代早期，一些法律被修订以适应《清洁空气法》（the Clean Air Act）和《交通运输公平法案》（the Transportation Equity Act），基于 21 世纪的需求，在大都市地区发展整个区域的交通规划①，从而创设了大都市规划机构。大都市地区的交通规划功能通常在地方政府理事会之下发挥作用，因此，接下来我们主要关注政府理事会。

尽管受联邦需求的激励和滋养，区域理事会在本质上仍是志愿性组织。它们没有征税和立法权，不是真正意义上的政府。在组织上，政府理事会主要由市、县等成员政府的民选官员组成。在 20 世纪 70 年代早期，约 50% 的区域理事会实行一个政府一票的制度安排，尽管基于人口规模的投票机制越来越普遍。

政府理事会的行动和经费

区域理事会主要履行三项职能：准备计划；审查补助申请；对成员政府提供技术援助，尤其是申请补助的准备工作。跨辖区的评审角色，使政府理事会在推进大都市地区协作方面具有巨大的潜在影响力。在里根总统废除 A—95 评估权之后，州政府被要求发展自己的一套程序，以评估联邦补助行为。在该规则下，联邦机构仍需努力使州和地方的推荐与联邦目标相适应。现在，几乎所有的州都在实施自己版本的评估功能，就其实质而言，很多案例显示该系统仍在联邦的方针指导下运行。

当前，全美约有 500 个区域理事会。在 20 世纪 80 年代的艰难时期之后，很多政府理事会关门歇业或精减人员，现在这个数字已经稳定下来了。② 政府理事会制定的很多规划都是有关设施发展的，其中，供水和排水、土地利用、开放空间、交通、固体废弃物规划最为普遍。政府理事会也制定过一些经济发展规划。众所周知，政府理事会竭力回避可能涉及社会变迁的政治敏感问题，如大都市范围内的低收入者住房问题以及学校废除种族歧视问题。

过去，大多数区域理事会的规划和运作经费都主要来自联邦资源。近年来，这种情况发生了变化。在政府理事会预算中，受影响地区的州和地方政府出资所占比重更大。

评价政府理事会

在大都市地区的集中化运动中，政府理事会取得了多大成功呢？对政府理事会的评估有很大变化。联邦与政府理事会的伙伴关系在 1977 年达到最高点，此后，政府理事会一直致力于重新界定自身角色及与地方政府的关系。今天，即使这些组织比过去提供了更多的直接服务和管理支持，前政府理事会官员查尔斯·沙龙

---

① Harrigan and Vogel, *Political Change in the Metropolis*, 299.

② Henry, *Public Administration and Public Affairs*, 405.

(Charles Shannon) 认为，其重要性已然下降。在 1986 年的文章中，他注意到政府理事会已作为媒介物为渐进变迁服务，但"它们没能经受公正地重新分配资源的基本测试，包括与之相伴的大都市融资方式，它们也难以履行区域全面规划需求……25 年来对相关性、合法性和权威的寻求，所产出的只是一些碎屑和纪念品"[1]。在我们看来，20 年之后，他的这一评价仍然正确。

今天，区域组织面临的主要挑战是削减和重新界定其使命。大多数支持者对于政府理事会发展成为真正的大都市政府已经不抱希望。

本章小结

城市管理者行使职责时面临着复杂的社会、经济和政治环境。尤其是在较大的城市地区，近年来，城市治理已经变得越来越复杂、越来越费劲。随着人口的变化，对社会处境不利者的特殊需求的强调，使城市政府在满足城市居民不断增长的服务需求上面临困难。随着联邦政府持续削减联邦补助项目，为适应新的财政现实，城市经历了一段艰难岁月。一些观察者认为，城市越来越依靠自身资源——很多时候靠增加税收或收费以维持服务水平——城市已经比 10～20 年前更为强大。在"自谋生计"型联邦主义时代，城市不得不成长得更强大些。

城市管理者的府际关系环境并不受制于更高层次的政府。地方政府之间的竞争关系，实际存在于各种规模的大都市地区。大都市政府改革问题周期性地被提出，但美国人看起来喜欢碎片化政府和地方控制——这是美国政治不易变化的特征之一。处理大都市地区跨辖区问题最有可能的途径，或许是组建政府理事会或大都市规划机构。

正如第 4 章将会详细讨论的，系统管理要求城市管理者识别并管理"大幅图景"。很多因素被输入地方政治系统。其中，有些因素城市决策者能够控制，但多数难以控制。在这些输入因素中，那些不在地方控制范围的，是由其他政府垂直采取的行动（联邦和州政策），以及大都市地区其他政府实施的行动（横向府际关系）。政治权力是碎片化的。本书传递的基本信息是，地方官员不仅仅是"应对"这些因素，而是要"管理"它们。

推荐阅读

Burns，Nancy，*The Formation of American Local Governments*：*Private Values in Public Institutions*，New York：Oxford University Press，1994.

---

[1] Charles Shannon，"The Rise and Emerging Fall of Metropolitan Area Regional Associations," in *Intergovernmental Relations and Public Policy*，ed. J. Edwin Benton and David Morgan（New York：Greenwood Press，1986）：77.

Conlan，Timothy，*From New Federalism to Devolution：Twenty-Five Years of Intergovernmental Reform*，Washington，D. C.：Brookings Institution，1998.

Government Accountability Office（GAO）：various reports that are accessible online at：www. gpoaccess. gov/gaoreports/.

Government documents online，where they are readily accessible 24/7：

—*Census of Governments 2002* at www. census. gov/prod/2003pubs/gc021x1. pdf.

—*County and City Databook* at www. census. gov/statab/www/ccdb. html.

—*State and Local Government Finances* at www. census. gov/govs/www/estimate02. html.

—*Statistical Abstract of the United States* at www. census. gov/statab/www/.

Nice，David C.，and Patricia Fredericksen，*The Politics of Intergovernmental Relations*，2nd ed. Chicago：Nelson-Hall，1995.

O'Toole，Laurence J.，Jr.，*American Intergovernmental Relations：Foundations，Perspectives，and Issues.*，3rd ed.，Washington，D. C.：CQ Press，1999.

Publius：The Journal of Federalism：an academic journal devoted to the study of Federalism and intergovernmental relations.

Walker，David B.，*The Rebirth of Federalism：Slouching toward Washington.*，2nd ed.，New York：Chatham House，2000.

第 3 章

城市政治结构

在 21 世纪之初，地方政府结构仍是地方政府讨论的一项议题。欧洲和亚洲的新兴民主政府十分关注美国城市政治结构，试图从中发现能够提升政府效率和绩效的最佳实践。在整个 20 世纪，最重要的市政决策就是对政治结构的选择。希望政府变革的地方利益集团不断提出新的组织结构需求，尽管体制与功能的关系显然被过高估计了，但地方政治结构的确有问题。市政体制和市民参与决策的制度安排，在相当程度上代表着地方性的"政府博弈规则"。就像其他博弈一样，规则导致差别。① 它们关照了一些人，并将另一些人置于不利地位，尽管有时难以确定该结构在何等程度上给某个群体带来好处或坏处。

21 世纪的改革群体十分重视特定政府制度的效能。这些群体认识到，仅仅将政治流氓赶出政治系统并不足够。如果要持久地改进地方政府，必须改变基本的制度安排。于是，改革者以善治的名义，在城市结构领域发起了一场寻求变革的战斗，新世纪仍能感受到他们的影响力。

---

① 从博弈论视角对社区政治做出的煽动性分析，参见 Norton Long，"The Local Community as an Ecology of Games，" *American Journal of Sociology* 44（November 1958）：251-261；and Paul A. Smith，"The Game of Community Politics，" *Midwest Journal of Political Science* 9（February 1965）：37-60。

3.1 改革运动

城市改革运动在很大程度上是 19 世纪 80 年代晚期到 20 世纪 20 年代的"进步时代"的产物，当时的"扒粪者"（muckraker）[1] 和改革者通过揭发公共生活中的不忠、贪婪、腐败现象，唤醒了公共舆论的关注。城市政治一直声名狼藉，而 19 世纪后半期的城市发展需要铺设道路、安装路灯、建设供水和排水设施，这为购买和出售政府合约提供了大量机会。[2] 作为对渎职和腐败的回应，改革者寻求清除这种无节制现象的途径，将肆无忌惮的奸商驱逐出市政厅和州府。[3]

到 19 世纪的最后 20 年，腐败问题与政治机器简直混为一体。依靠政治组织，大城市的掌权者发现，他们有可能通过不确定的方式继续保持权力。于是，改革者不仅要与腐败作斗争，而且要与那些受政治老板操纵的、能自我延续的组织的长期控制潜力作斗争。

为什么许多大城市的政治机器能够成功运作呢？很多学者强调，政治机器之所以能取得成功，是因为它向支持者、追随者以及选民分配物质激励。[4] 显然，这架机器对问题和意识形态并不感兴趣，通过个人接触获得好处和保护是它们运作的基本规则。关于政治机器运作的非常生动和具有启示性的一个案例，出自赫赫有名的塔慕尼会堂（Tammany）的掌门人乔治·华盛顿·普朗凯特（George Washington Plunkitt）之手。在纽约市的塔慕尼会堂就职的 40 年里，他成了百万富翁。就该政治机器何以得到如此广泛的支持，他讲了以下一段话：

唯有一种途径可以掌控一个区域，即必须研究人性、人情和人的行为。不能仅通过书本来学习人性……为了理解真正的人性，必须走进人群之中，看到他们，同时也被他们看见……

例如，我是怎样在青年人中间聚集人气的呢？听到一位年轻小伙子说他对自己的嗓音很自豪，我想他可以唱得很好。

我让他去了华盛顿会堂，加入了我们的格丽俱乐部（合唱团）。他确实来了，而且，他终生都是普朗凯特的追随者。另一个年轻小伙子在一次棒球比赛中出了名。我叫他参加了我们的俱乐部，并提供合适的位置。你将会发现，在下次选举投票时，他将会为我的选票而努力奔波。接着，有个小伙子喜欢划船，一个年轻人在街区跳华尔兹舞出了名，一个年轻人擅长拳脚——我给他们提供展露自己的合适机会，把他们都笼络过来。我不会让他们卷入政治争议之

① 搜集并揭发丑事的人，尤指新闻记者。——译者注

② 这方面的讨论引自 Lawrence J. R. Herson，"Pilgrim's Progress：Reflections on the Road to Urban Reform，" in *Political Science and State and Local Government*（Washington，D. C.：American Political Science Association，1973）：7–9。

③ 关于改革运动的详细报告，参见 Richard Hofstadter，*The Age of Reform*（New York：Knopf，1955）。

④ 参见 Martin Meyerson and Edward Banfield，*Politics*，*Planning and the Public Interest*（New York：Free Press，1955）：69–70。

中。我只是研究人性和人的行为。①

今天，这种政治机器在很大程度上已经衰退了。进步时代的市政改革运动对 20 世纪的城市政治并非没有影响，相反，这一改革的遗产很不寻常。然而，有观点认为，政治机器的衰退实际上是其他一些更基础性影响的结果。例如，爱德华·C·班菲尔德和詹姆斯·Q·威尔逊指出，投票者逐渐对政治机器所提供的东西不太感兴趣了："随着移民逐渐被同化、公共福利项目大规模拓展、人均收入稳定增长，小恩小惠和区域领袖的价值不断下降。"② 他们强调，低收入人群被中产阶级同化，并逐渐接受中产阶级的政治气质，这一转变具有重要意义："中产阶级的中心价值是，政治应当基于公共目的而非私人动机，因而，应当强调忠诚、不偏不倚、效率等品德。"③

改革者也许并非机械地要打倒政治老板及其组织。史蒂文·伊利（Steven Erie）指出，政治老板在满足支持者需求上能够提供的报酬很有限。他声称，导致政治机器衰朽的因素中，对党派资源与提出要求者之间关系变化所做的回应，与改革者采取的行动发挥着相同的作用。④ 尽管如此，改革者追求的很多变化在全国很多城市变成了现实。

市政改革者的目标与预设

城市政府履行两项基本功能：提供服务和管理政治冲突。在很多情况下，后者远不及前者更具有正统地位。如果说进步时代的市政改革者希望将政治排除在城市政府之外，这一说法也许并不公平，但显然他们认为城市管理没有政党政治的位置。城市必须提供消防和警察服务、供水和排水设施及其他的基本服务，但这些功能都与党派的作用无关。正像一句谚语所说，"铺设道路没有什么'民主'或'共和'的方法"。在改革者看来，政党政治导致城市管理者和政治机器滥用权力，导致严重的城市腐败问题。如果不解除党派政治，似乎城市就难以摆脱政治机器，就难以排除渎职和腐败。改革者的基本目标是根除腐败，实现这一目标的基本手段是将政党排斥在地方公共事务之外。

消除腐败只是早期的城市改革运动的目标诉求之一。在进步时代的改革者看来，城市政府的基本使命是提供服务，它应当经济、高效地履行这一职能。根据劳伦斯·J·R·赫森（Lawrence J. R. Herson）的观点，"在'一战'之前，一种新理念进入了改革者的核心议程之中：城市政府的理性化管理……这一新改革混合了商业伦理和泰勒主义（Taylorism）——提高管理效率的科学方法"⑤。改革者从企业管理中寻求理想模型，促进市政管理过程的现代化和理性化。城市经理使得这一

---

① William L. Riordan, *Plunkitt of Tammany Hall* (1905; repr., New York: Knopf, 1948): 33–34.

② Edward C. Banfield and James Q. Wilson, *City Politics* (New York: Vintage, 1963): 121.

③ Ibid., 123.

④ Steven P. Erie, *Rainbows' End: Irish-Americans and the Dilemmas of Urban Machine Politics, 1840–1985* (Berkeley: University of California Press, 1988): 227.

⑤ Herson, "Pilgrim's Progress," 10.

需求成为现实：地方议会根据管理经验和技能水平，挑选一名外来的管理者负责行政事务。然后，城市政府不仅要从党派政治的恶劣影响中解脱出来，而且要重建构造以提高运作效率。这些城市改革者并非不关心政治，他们对政治也有强烈兴趣。实际上，关于城市改革运动的一种政治经济解释目前已被广泛接受。

　　在一篇经典文章中，萨缪尔·P·海斯（Samuel P. Hays）驱散了市政改革运动的迷雾。他指出，该运动并非是商业和职业群体驱动的结果，而是劳工队伍和中产阶级驱动的产物。① 根据政治学家丹尼斯·贾德（Dennis Judd）和托德·斯沃斯特姆（Todd Swanstrom）的研究，改革者推荐的结构和选举规则变革，其目的是试图削弱低收入群体的政治力量。② 的确，改革者意在约束腐败现象，提高城市政府的运作效率，但贾德和斯沃斯特姆激烈地争论说，高收入群体和商业领袖寻求一种有利于经济增长和发展的地方政治气氛。这些人并不是真正的社会改革者。真正的改革者期望降低公用事业收费、提供安全和买得起的住房、为改善穷人生活提供额外服务。相反，结构改革者主要对政府效率和低税率感兴趣，他们希望在政府议程中优先考虑商业发展。

　　班菲尔德和威尔逊认为，市政改革运动也关注于地方政府的民主性。③ 改革者意识到，更多的公众参与是削弱政治机器的基本途径。只有开放基层政治过程、摒弃密室政治，人民才能夺回对市政厅的控制权。最终，进步时代的改革者推动了公民提案和公决、罢免、直接初选等制度创设。

　　除了消除腐败、更有效率和更加民主这三个目标外，关于市政改革运动还提出了一个基本预设。改革者假定城市存在单一的公共利益，它应当超越竞争性利益、党派性利益和私人利益。④ 如果人们能够理性行事、能够超越狭隘的党派和地理约束，人们就能够发现并认同更大范围的社区利益。城市应当将"最合适"的人选出来，而不论他们住在哪个区域。因此，改革者基于地方政府的理性和高效运作考量，普遍支持不划分选区的全市性选举（at-large election）。他们认为，消灭选区体系能够使议会议员免受小规模选区政治的束缚。这样，选任官员将不再像政治掮客（political broker）一样以服务和好处换取投票，议会议员之间相互适应、互投赞成票的行为也将终止。

政府改革的特征

　　随着时间的推移，改革者就城市政府结构重塑提出了许多建议。尽管现代改革者关注的政府改革特性与进步时代有所不同，在 20 世纪二三十年代，市政改革的

---

① Samuel P. Hays，"The Politics of Reform in Municipal Government in the Progressive Era," *Pacific Northwest Quarterly* 55（October 1964）：157-189.

② Dennis R. Judd and Todd Swanstrom，*City Politics：Private Power and Public Policy*，3rd ed.（New York：Longman，2002）：99-101.

③ Banfield and Wilson，*City Politics*，138.

④ Ibid.，139.

一项持续关注就显现出来了：重视理性决策和提高服务供给效率。

罗伯特·波伊顿（Robert Boynton）就城市政府的改革模式与政治模式进行了对比。① 改革模式包括以下内容：议会—经理制政府；不分党派选举；不分区选举；市政选举与州、全国选举相分离；文官录用与考绩制度；公民提案、公决和罢免请求程序。我们检验了这些特征。需要注意的是，将市政选举与州、全国选举相分离是隔离地方选举的一种附加措施，从而可以减少政党和其他组织的影响。显而易见，文官录用与考绩制度是对政治机器成功运作所依赖的分肥制（spoils）和庇护机制的有力解决办法。通过实行公决，对立法和提议进行投票表决，是促使地方政府及时回应民众需求的一种尝试。经由罢免程序，一项获得充分支持的请求能够推动新的选举活动，并产生市议会的新议员。

当今城市的其他一些结构性特征也反映了改革者的理想。例如，对少数主要官员进行选举（short ballot）能够避免政府权威的碎片化。而且，改革者普遍支持小规模的议会，以避免潜在的分裂及麻烦的决策过程。最后，不对议会任期的重叠设置额外费用："而且，改革模式对任期的重叠给予支持，认为它有利于保持决策的稳定性和持续性。"②

波伊顿的政治模式——与改革模式相对应——许诺为各种社区利益提供最大限度的代表权，尤其是那些具有一定地理依托的利益。这种结构安排模式提升了城市政府的冲突管理能力。它具有如下特征：强市长—议会制政府；党派性选举；选区代表制；连贯的议会选举；规模较大的议会。在政治模式下，直接选举产生的强市长负责领导政策制定并控制城市行政机构。议会规模相对较大（由各选区的选民分别选举产生），各法定社区群体都有自己的代表。政党是聚集和表达竞争性地方利益的合法机制。

就像各种理想化类型一样，波伊顿提出的两种模式很少与现实完全吻合。常见的改革机制大多综合了上述特征。例如，在议会—经理制城市中，72％实行不分区选举，而市长—议会制城市中51％实行不分区选举。③ 而且，结构改革主要发生在某些类别的城市。首先，大城市倾向于抵制结构改革，这是一个显著的例外。如表3—1所示，大都市（人口超过50万）对议会—经理制结构的兴趣不大（约占25％）。议会—经理制城市常见于人口规模在25 000～249 999的小城市和中等城市。在人口规模更小的城市（2 500～24 999人）和稍大的城市（250 000～499 999人），情况超出常规，有些城市实行议会—经理制政府，有的实行其他政府形式，如市长—议会制。④如表3—1所示，大多数城市——不论规模大小——都实行超党派选举。这并不意

① Robert P. Boynton, "City Councils: Their Role in the Legislative System," *1976 Municipal Year Book* (Washington, D. C.: ICMA, 1976): 67-77.

② Ibid., 69.

③ Kimberly L. Nelson, *Elected Municipal Councils*, Special Data Issue no. 3 (Washington, D. C.: ICMA, 2002): 4.

④ Susan A. MacManus and Charles S. Bullock Ⅲ, "The Form, Structure, and Composition of America's Municipalities in the New Millennium," *2003 Municipal Year Book* (Washington, D. C.: ICMA, 2003): 6.

味着所有城市的选举都不受政党影响，其影响只是不太明显而已。

表3—1 依人口规模划分的市政改革特征，2001

城市人口规模 （被调查城市数）	议会—经理制（％）	超党派投票（％）
超过50万人（12）	25	92
250 000～499 999人（23）	48	78
100 000～249 999人（104）	72	86
50 000～99 999人（226）	71	87
25 000～49 999人（487）	62	76
2 500～24 999人（2 907）	51	75
总计（3 759）		

资料来源：Susan A. MacManus and Charles S. Bullock III, "The Form, Structure, and Composition of America's Municipalities in the New Millennium," *2003 Municipal Year Book* (Washington, D. C.：ICMA, 2003)：6；and International City/County Management Association, "Municipal Form of Government, 2001", 数据来自国际城镇管理协会（ICMA,777 N. Capitol Street, N. E., Suite 500, Washington, D. C. 20002），经ICMA同意复制。

城市所在的区域和类型（中心城、郊区或独立市）与改革选择也具有关联性。[1] 阳光地带（sunbelt）和太平洋沿岸城市更多地运用议会—市长制政府。除沿大西洋中部地区外，超党派选举在全国各地都较常见。与郊区城市相比（53％），中心城市更多地采用议会—经理制政府形式（63％）。[2] 相对而言，中心城市较少采用不分区选举形式。

研究显示，社会经济特征与城市政府形式之间具有很强的关联性。[3] 人口同质性较高的社区，其市政改革模式在偏好上更强调效率和企业化方式。尤其是正在成长的白人中产阶级城市、具有大量流动人口的城市，往往更倾向于议会—经理制改革方案。伦理和宗教具有多样性的城市、非流动的城市、工业城市更倾向于市长—议会制政府。

市政改革的影响

除规模较大、社会结构呈现多样性的城市外，肇始于20世纪初的进步时代改革，在相当程度上成功地促使城市政府去政治化。首先，某些改革安排——超党派选举、议会—经理制政府、对少数主要官员的选举以及非共时选举（non-concurrent elections）——降低了城市选举中投票者的产出。既然投票者参与程度较低常常对富裕群体和中产阶级有好处，城市政府改革可能对处境不利者的利益并不积极回应。与全市性选举相比，分区选举产生了较多的市议会议员。例如，运用分区选

---

① ② Susan A. MacManus and Charles S. Bullock III, "The Form, Structure, and Composition of America's Municipalities in the New Millennium," *2003 Municipal Year Book* (Washington, D. C.：ICMA, 2003)：6.

③ Robert Alford and Harry Scoble, "Political and Socioeconomic Characteristics of American Cities," *1965 Municipal Year Book* (Washington, D. C.：ICMA, 1965)：82—97. 另参见 Thomas Dye and Susan MacManus, "Predicting City Government Structure," *American Journal of Political Science* 20 (May 1976)：257—271.

举机制，非裔美国人就更可能当选市议员。① 对于拉美裔人来讲也一样，随着选区系统的变迁，他们已经收获了很多议会代表。② 一些研究发现，亚裔当选市议员好像与代表的产生方式关系不大。③ 还应值得注意的是，选举结构改革对女性议员的影响不大。④

结构改革还可能对市政政策结果产生影响。政治学家罗伯特·莱恩伯里（Robert Lineberry）和埃德蒙·福勒（Edmund Fowler）在这方面进行了杰出研究，他们分析了 200 个居民超过 5 万人的城市。他们假设已改革的城市政府的政策制定会不同于那些未实施改革的城市政府。的确，他们发现已改革的城市的税收和财政支出较低，即使考虑城市的社会经济特征，结果也是如此。而且，未改革城市的政策对所在环境的社会经济裂隙（cleavages）反应更为积极。两位作者得出结论："如果中产阶级改革者的理想之一是'寻求社区的整体利益'并将社会裂隙对政治决策的影响最小化，其制度改革大体上也会促成该目标。"⑤ 戴维·摩根（David Morgan）和约翰·佩利塞罗（John Pelissero）运用时间数列分析，对 11 个发生政治结构变迁的城市与 11 个未变迁城市进行比较。他们发现，税收和支出差别在很大程度上不受城市政府结构变迁的影响。⑥ 这一结论在相当程度上已被随后的一些同类研究所证实。

政治结构与公共政策之间的关联性有可能是经由市议员促成的。未改革的政治结构显然增加了少数族裔的议员数，研究显示议员确实对政策输出具有影响。案例研究发现，黑人当选市长会导致城市公共政策发生实质性变化。⑦ 阿尔伯特·卡内格（Albert Karnig）和苏珊·韦尔奇（Susan Welch）主持的一项大型系统研究发现，黑人当选市长会增加城市在社会福利项目上的支出。⑧ 其他研究也显示，少数

---

① Richard L. Engstrom and Michael D. McDonald，"The Election of Blacks to City Councils," *American Political Science Review* 75（June 1981）：344-354。另参见 Susan Welch and Timothy Bledsoe，*Urban Reform and Its Consequences：A Study in Representation*（Chicago：University of Chicago Press，1988）。

② 参见 Christopher L. Warren and Dario V. Moreno，"Power without a Program：Hispanic Incorporation in Miami," *in Racial Politics in American Cities*，3rd ed.，ed. Rufus Browning，Dale Rogers Marshall，and David H. Tabb（New York：Longman，2003）：281-308. Rodney E. Hero and Susan E. Clarke，"Latino's，Blacks，and Multiethnic Politics in Denver：Realigning Power and Influence in the Struggle for Equality," in ibid.，309-330；and Katherine Underwood，"Ethnicity Is Not Enough：Latino-Led Multiracial Coalitions in Los Angeles," *Urban Affairs Review* 33（September 1997）：3-27.

③ Nicholas O. Alozie，"The Election of Asians to City Councils," *Social Science Quarterly* 73（March 1992）：90-100.

④ 参见 Charles Bullock and Susan MacManus，"Municipal Electoral Structure and the Election of Councilwomen," *Journal of Politics* 53（February 1991）：75-89；and Nicholas O. Alozie and Lynne L. Manganaro，"Women's Council Representation：Measurement Implications for Public Policy," *Political Research Quarterly* 46（June 1993）：383-398.

⑤ Robert Lineberry and Edmund Fowler，"Reformism and Public Policies in American Cities," *American Political Science Review* 61（September 1967）：716.

⑥ David Morgan and John Pelissero，"Urban Policy：Does Political Structure Matter?" *American Political Science Review* 74（December 1980）：999-1006.

⑦ 参见 William Nelson and Philip Meranto，*Electing Black Mayors*（Columbus：Ohio State University Press，1976）。

⑧ Albert K. Karnig and Susan Welch，*Black Representation and Urban Policy*（Chicago：University of Chicago Press，1980）.

族裔当选官职会使城市政府增加对少数族裔的雇用。①

一般而言，那些认为城市政府对低收入和少数族裔不够关注的人，他们大多对市政改革遗产持谴责态度。这方面的批评大多指向在改革中获得更大权力的市政官员们。随着政治机器被终止，城市治理越来越受制于官僚机构和专门技能。于是，一些批评者抱怨文官录用和考绩制度，谴责专业化行政事务使城市政府失去个性，批评该系统自我隔离于市民之外。由于对公共服务的需求不多，所处社会地位较高，且能促使政治系统做出回应，城市中产阶级居民受损不大。然而，少数族裔居民面临难以解决的社会、经济问题，常常需要大量的政府援助。但官样文章、拖延、数不清的办公室和项目，使处于不利境况者寻求救助时面临重重困难。

对官僚机构的惰性、反应迟钝和官样文章的谴责，改革者是否应该置之不理呢？这是一个富有争议的话题。但相对于通过政治过程识别公共利益来讲，市政改革运动的确更信任官僚机制。当前，尽管市政府可能运作得更有效率，一些权威人士声称大城市的治理欠佳。批评者指出，现在，由于制度改革破坏了政党的非正式集权性影响，行政长官对自治机构缺少控制权力。尽管市政改革可能使城市管理更有效率，但它也付出了代价——对贫困群体缺少回应性、城市治理受制于自治的行政机构。②

3.2 城市政府的类型

在前述内容中，我们曾多次提到市长—议会制政府和议会—经理制政府。这里，我们有必要探讨这两类城市政府形式的主要区别。③

市长—议会制政府

我们可识别出两种类型的市长—议会制政府：弱市长制和强市长制。总体而言，这两种类型只有程度的区别，很少有城市会采取这两种类型的极端形态。在人口超过2 500人的城市中，市长—议会制政府约占43％，它在立法权和行政权之间保持分离。历史地看，由于对集中的行政权力持普遍怀疑态度，在城市政府中议会占据主导地位，但随着城市发展和政府越来越复杂化，行政首长逐渐获得了更多的集中控制权。今天，大多数权威人士支持强市长制，认为它对于政治领导力是至关重要的，对于大城市来讲尤为重要。而对于小城市来讲，弱市长制仍很普遍。

---

① Peter K. Eisinger，"Black Employment in Municipal Jobs：The Impact of Black Political Power," *American Political Science Review* 76（June 1982）：380-392；Kenneth R. Mladenka，"Blacks and Hispanics in Urban Politics," *American Political Science Review* 83（March 1989）：165-191。关于美国城市种族政治的最新研究，参见 Browning，Marshall，and Tabb eds.，*Racial Politics in American Cities*。

② Theodore Lowi，"Machine Politics—Old and New," *Public Interest* 9（fall 1967）：83-92。

③ 除市长—议会制和议会—经理制政府外，还有少数城市使用委员会制（约占2％）和乡镇大会制（约占6％）。参见 ICMA，"Inside the Year Book：Cumulative Distribution of U. S. Municipalities," in *Municipal Year Book*（1984—2002）（Washington，D. C.：ICMA，2002）。

弱市长—议会制

弱市长—议会制是杰斐逊式民主的产物，它意味着如果政治家只有很少权力，且对权力施加很多控制，他们只能造成很小的损害——当政治家变得腐败时，他们不至于侵蚀整个城市政府。这种分权型体制具有以下一些特征：

● 市议会对城市立法机关和行政机构都具有支配权，可直接任命若干重要的行政官员，并对市长委任的官员拥有批准权。

● 市长的任命权受到限制，他与市议会分享权力，有时还与由选任或非选任的市政官员组成的委员会或理事会分享权力。

● 市议会对市政预算行使基本控制权，常通过运作市议会的预算和财政委员会发挥影响。

图3—1阐明了弱市长—议会制政府的特性。其中，市长和市议会分别由投票者选举产生。在有些城市，少数其他官员也通过选举产生，如市政秘书、财务主管。此外，市议会具有不可忽略的任命权，市长对行政部门负责人及各种委员会、理事会成员的选择，通常都要经由市议会批准。显然，这一制度安排使城市政府缺少单一的行政首长：权力是分散的，市长也深受其束缚。之所以说市长"弱势"，是因为他缺少对城市日常公共事务的行政支配力。

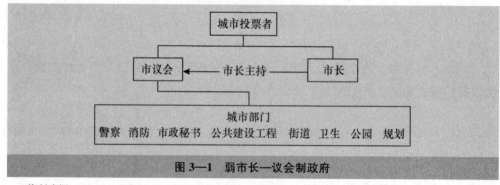

图3—1　弱市长—议会制政府

资料来源：John P. Pelissero, "The Political Environment of Cities in the Twenty-First Century," in John P. Pelissero, ed., *Cities, Politics, and Policy: A Comparative Analysis* (Washington, D. C.: CQ Press, 2003):15。经作者同意后复制。

弱市长制是较早时期的一种市政结构设计，当时的城市很小，政府也比较简单。现在看来，它很不适合大城市。对于大城市管理来说，政治和行政领导是至关重要的。由于注重外部的指导和控制，缺少行政集权化，19世纪的城市机器大多在弱市长制结构下进行运作。上层权威的碎片化使行政机构有了更大的独立性。拉娜·斯坦（Lana Stein）注意到，"尽管制度结构具有多样性，在既定的环境约束下，为了执行某项议程，市长不得不与重要参与者谈判并相互妥协。在美国分散化的政府体系中，选任的行政首长难以仅靠命令行事"①。自治的结果是，城市政府由一连串的"小政府"组成，而不是由单一的控制中心指挥。由于多方面的原因，

---

① Lana Stein, "Mayoral Politics," in *Cities, Politics, and Policy: A Comparative Analysis* ed. John P. Pelissero (Washington, D. C.: CQ Press, 2003): 150-151.

大城市纷纷寻求更集中的行政控制。

强市长—议会制

强市长—议会制政府与弱市长制的行政权力分散化形成了鲜明对照。它具有以下特征：

● 市长拥有几乎所有的行政权力，包括行政任命权和解职权，可不经议会批准，任命各部门行政首长或解除其职务。

● 市长负责编制和管理预算。

● 少数主要行政官员经由选举产生。

● 政策制定是市长与议会联合行动的结果。

在强市长制的制度安排下，市长对议会决定具有否决权。只有议会以 2/3 或 3/4 多数通过时，才可压住市长的否决权。由于这一法定的指挥权，市长对城市政府具有支配权（见图 3—2）。

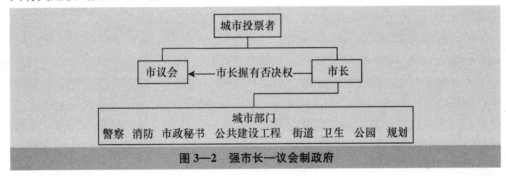

图 3—2　强市长—议会制政府

资料来源：Pelissero, "The Political Environment of Cities,"15.

强市长制常遭受批评。首先，它要求市长既是出色的政治领导者，又是卓越的管理者，市长候选人常常难以兼备这两种特性。而且，就像全国性政府一样，在具有政治雄心的强势市长与不顺从的议会之间总是周期性地爆发冲突。因此，立法机关与行政机关的僵局构成一种持续的威胁。在一些大城市，强市长制的上述潜在缺点——市长需兼具政治家和卓越管理者的双重品质——被一种新的制度发展校正：由市长任命一位首席行政官（chief administrative officer, CAO）。首席行政官负责监管各部门负责人，编制预算（在市长的指导下），在日常管理中协调各行政部门，向市长提供技术建议。由于首席行政官承担了大量的日常责任，市长有了充分时间从事其他两项重要工作：担负城市首长的礼仪性职责；提供广泛的政策领导。作为市长的代表，首席行政官只对市长而不对议会负责。市长对首席行政官的控制力，使得首席行政官的工作与城市经理具有显著不同。

大量的最新研究表明，我们需要拓展对各种类型的市长—议会制的理解。[1] 除传统的强市长制和弱市长制之外，现在，还出现了一种设有城市经理或首席行政官

---

[1]　Bill Hansell, "Reforming the Reform, Part 2," *Public Management* 81 (January 1999): 28; Victor DeSantis and Tari Renner, "City Government Structures: An Attempt at Clarification," *State and Local Government Review* 34 (Spring 2002): 1-10; and MacManus and Bullock, "Form, Structure and Composition," 3-5.

的强市长制政府（约占3%），以及设有首席行政官的弱市长制政府（约占17%）。①不论是否设有首席行政官职位，强市长制特别适合人口具有多样性特征的大城市，它需要形成强有力的政治领导，以在各种竞争性利益中安排妥协和做出决断。

议会—经理制政府

1913年，俄亥俄州的代顿市率先采用议会—经理制，成为第一个实行该制的城市。此后，在改革者群体的赞许和热烈支持下，议会—经理制快速扩张。今天，人口超过2 500人的半数以上的城市都实行该制。② 议会—经理制具有以下一些特点：

- 市议会规模不大，通常由5～7人组成，大多由超党派不分区选举产生。
- 市议会负责制定政策、通过法令、通过拨款，并对市政府的行政活动实施全面监管。
- 聘有全职的、受过良好训练的城市管理者，他对市议会负责，对城市日常运行负有全责（包括不经议会批准聘用和解雇各部门负责人）。
- 行政预算由城市经理编制并负责管理。
- 市长主要行使一些礼仪性职责，很少或不介入城市行政事务。

上述描述展现了理想化的议会—经理制安排（见图3—3）。在实际中，也会发现有的城市与上述情况稍有不同。议会—经理制在相当程度上背离了美国的政府传统，它放弃了执行与监督相分离及制衡的原则。行政权和立法权都最终归属于市议会。城市经理由议会聘请，并不直接对市民负责。最初，改革者担心，除非市长的权力受到严格限制，否则，市长可能会干涉行政事务。随着时间的推移，这一观点已经被修正，结果是，现在约65%的议会—经理制城市通过直接选举方式产生市长。③

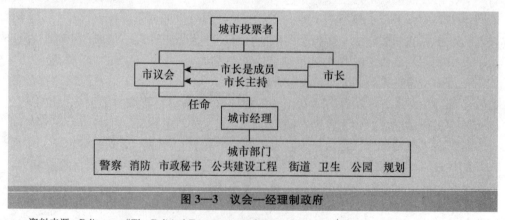

图3—3　议会—经理制政府

资料来源：Pelissero, "The Political Environment of Cities," 16.

---

① MacManus and Bullock, "Form, Structure and Composition".

② ICMA, "Inside the Year Book".

③ MacManus and Bullock, "Form, Structure and Composition," 9.

该制度的优点

议会—经理制的主要特点是将企业管理路径应用于城市管理，以最大化地提高管理效率和利用专业技术。实际上，在很多地方，这一体制都受到工商界的支持，他们鼓吹该制度有利于节约纳税人的钱。工商群体声称，职业化管理能够减少浪费和低效，因而能够节省大量开销。由于议会—经理制在效能上享有盛誉，在上层和中产阶级集中居住的郊区，它具有很大吸引力。在那些社区多样性不显著、人们对政府规模和功能具有高度一致意见的地区，议会—经理制政府已经取得了相当的成功。

采用议会—经理制的城市，似乎都更多地运用现代电子政务工具。如政策与实践专栏 3—1 的案例研究所示，相对于市长—议会制城市而言，议会—经理制政府更有热情去拥抱和发展"电子政务"。

该制度的缺点

尽管享有盛名，议会—经理制也具有一些潜在的缺点。例如，清晰区分政策制定和行政执行实际上是不现实的。在第 4 章，我们将透视城市经理与议会在政策制定过程中的关系，这里需要强调的是，全职的职业经理必然会给兼职的、非专业性的市议员提供很多政策建议。市议员也不确定他们与城市经理之间到底该是何种关系。市民也在疑惑谁在真正掌管城市事务。如果市议会仅仅是"橡皮图章"（rubber-stamp），完全按照城市经理的建议批准，那么城市经理看来就拥有很大权力，而他并不直接对公众负责。显然，这一紊乱情况难以改进政府的回应性。

议会—经理制的另一潜在弊端在于，它缺少正式的、强有力的政策领导供给：从理论上讲，议会是由地位平等的人组成的群体，市长受限于礼仪性职能，城市经理仅发挥提供咨询的角色。但实际操作中的情况常常不同于理论预设。市长或某位市议员可能会显露出政策领导者的角色，更经常的是，"市议会的政策功能漫无目标，或求助于城市经理"[1]。有时候，市长能帮助城市经理取得成功。市长作为一个"稳定器"（stabilizer），能够使市政系统运作得更好[2]，或与城市经理共同形成决策团队。[3] 新的研究显示，议会—经理制系统的发展趋势是，市长发挥更大的作用。例如，2001 年，在实行议会—经理制安排中，有 857 个城市（38%）通过直接选举产生市长，其中有 5 个城市事实上是"强市长制"[4]。政策与实践专栏 3—2的案例研究为这一趋势提供了典型例证。

---

[1] Heywood T. Sanders，"The Government of American Cities：Continuity and Change in Structure，" *1982 Municipal Year Book* (Washington，D. C.：ICMA，1982)：181.

[2] James H. Svara，"Mayoral Leadership in Council-Manager Cities：Preconditions versus Preconceptions，" *Journal of Politics* 49 (February 1987)：207−227.

[3] Nelson Wikstrom，"The Mayor as a Policy Leader in the Council-Manager Form of Government，" *Public Administration Review* 39 (May-June 1979)：270−276.

[4] MacManus and Bullock，"Form，Structure and Composition，" 4−5.

政策与实践专栏3—1

电子政务的发展并不平衡

发展电子政务的竞争不是短距离冲刺，而是马拉松式赛跑，美国很多城市都希望冲出起跑线后能够有所斩获。现在，一些城市政府已经发展了丰富的在线网站信息及政府、市民与企业之间的互动，而另外一些政府还在为保持信息更新而挣扎。

克里斯托弗·G·雷迪克（Christopher G. Reddick）在对全国范围内电子政务的发展情况进行经验性检验的基础上，解释了各城市发展电子政务的差异性。他综合了卡恩·莱妮（Karen Layne）和李廷佑（Jungwoo Lee）、詹妮·S·希勒（Janine S. Hiller）和法兰西·贝朗格（France Belanger）、理查德·T·沃森（Richard T. Watson）和布莱恩·蒙迪（Bryan Mundy）等研究者各自发展的电子政务模型。雷迪克试图测定各个地方政府的电子政务发展分别达到了什么阶段，以及地方层面的哪些因素对电子政务发展具有促进作用。他发现很多政府在发展电子政务上已经走了很长的路，但议会—经理制政府在发展电子政务上取得了令人惊讶的成功。

雷迪克应用莱妮和李廷佑的研究，展示了第一阶段的电子政务发展是对网站信息进行编目。编目阶段主要致力于展示政府活动的基本信息。这些信息是单向性的，缺少互动性。第二阶段的电子政务发展是拓展市民与政府进行电子互动的能力。在互动阶段，市民能够在线缴纳税款、罚款和费用。莱妮和李廷佑还鉴别了另外两种发展阶段：与其他层次政府的纵向整合，以及与同一层次政府的横向整合。

雷迪克分析了国际城镇管理协会于2002年组织的电子政务调查结果。该调查主要关注于人口超过2 500人的美国城市，询问地方官员对所在城市的电子政务发展能力的看法。根据希勒和贝朗格界定的电子政务关系——政府与市民、政府与企业、政府与政府，这些回答分别展现了不同的发展阶段。

雷迪克发现，在政府与市民的行动关系中，多数地方政府刚达到第一阶段的最低资格要求——有一个展示编目信息的政府网站。当然，也有一小部分地方政府的电子政务发展已进入第二阶段，即互动阶段。

根据调查结果，那些已经进入互动阶段的地方政府，大多具有以下特征：政府体制实行议会—经理制；位于美国西部；人口超过25万；具有独立的IT部门。这看来好像合乎逻辑，只有大城市（能够负担得起独立设置的信息技术部门）才能在电子政务上取得更大成功——这只是一个资源问题。然而，令人惊讶的是，在议会—经理制政府与成功的电子政务之间具有联系性。

雷迪克注意到议会—经理制或议会—行政官模式在发展电子政务上具有的优势，并得出结论，电子政务的发展取决于是否将技术置于突出地位。在电子政务水平较高的两个城市——弗吉尼亚州的罗阿诺克市、科罗拉多州的科罗拉多斯普林斯市——进行调研后他发现，在追求政府良治进程中，城市经理或行政官的领导作用十分重要。根据雷迪克的研究，城市经理的领导力提升了电子政务动议的影响力，并最终带来成功。然而，这一努力需要经历很长时间，成本、隐私、安全等障碍因素常常会使发展电子政务的很多努力脱轨。

资料来源：Christopher Reddick, "Empirical Models of E-Government Growth in Local Government," *E-Service Journal* 3, no. 2 (2004)：61—86.

政策与实践专栏 3—2

奥克兰的再改革

像美国其他许多城市一样，加利福尼亚州的奥克兰市在 20 世纪早期也擦出了改革的火花。1931 年，面对行政系统不断增多的腐败问题，在流行的议会—经理制改革运动中，该市放弃了市长—委员会制政府形式。新的城市议会对市长权力进行监督，同时任命一名城市经理负责城市日常运作。

到 1998 年，奥克兰的领导者们已经不再着迷于改革后的政府系统。在早期的市政改革中，曾经强烈主张实行议会—经理制的一个商业社团越来越发现，好争论却又缺少领导力的市议会在追求其所期求的经济发展政策上效率低下。尽管城市经理罗伯特·鲍勃（Robert Bobb）努力工作，试图打造"顾客友好型"城市，但城市进步很慢，而且他发现在市议员中间存在很多政治对抗。

在那年的市长选举期间，前加州州长杰瑞·布朗（Jerry Brown）提出了"再改革"（reform of the reform）理想，并将其整合入他的市长竞选纲领之中。布朗的规划是，政府需要强势领导以推进管理。他提出，奥克兰居民需要的是结果和责任，而当前的政府系统缺少这些特征。布朗提出了一个被称为"X 方案"的计划，并为之而奋斗。其核心内容是，修改城市宪章，创设 6 年任期的强市长制政府。这个系统给予市长足够的城市管理权力。选民同意并通过了"X 方案"，并将布朗送上了掌舵的位置。

奥克兰到底出了什么问题？难道选民们没从早期的强市长制系统中吸取教训吗？市长会不会利用城市政府去拓展自己的奋斗？市长干预日常工作会不会降低效率？市长使行政办公室具有政治性，会不会妨碍城市经理的工作？

不可思议的事情确实发生了。合并行政权力产生了强大的变革力量。布朗留用的城市经理鲍勃发现，他处理那些两人都一看便知的已确定之事时很是得心应手。鲍勃采取的行动之一是，给各部门负责人寄了一封直言不讳的信件。信中提及，"这是要通知你，城市有可能在近期让你停职"。最终，包括警察局长在内的三个部门的负责人被要求辞职，还有一个部门负责人被重新委派。在原来的议会—经理制安排下，市议会位于城市经理之上，如果鲍勃仅凭自身权威调整各部门负责人，市议会将会被这种行为激怒。但现在鲍勃只需向布朗市长汇报，而布朗并不惧怕战斗。在四年内，布朗与鲍勃携手工作，改善了奥克兰的财政状况和商业环境，降低了犯罪率。人们对这种新型强市长/强经理关系充满了期待。

然而，尽管这个新系统在最初几年运转顺利，故事还没有结束，其结果并非

72

皆大欢喜。到 2003 财政年度，由于新的收入难以满足新的支出需求，该市的财政赤字较为显著。最终，强市长与强经理的联盟走向破裂，两位领导者在一项重要政策提议上由于意见不统一，彼此的摩擦不断积累和升级，最终导致鲍勃被驱逐出奥克兰。很多观察者将二者关系的破裂归因于一项在中心城区建设棒球公园的发展提议。当时，布朗不顾鲍勃的强烈反对，在提议建设棒球公园的位置批准了一个住房项目。2003 年 7 月，布朗以需要变革为名，突然解雇了鲍勃。

强市长/强经理制度结束了蜜月期。政治天平开始倾向市长办公室，它制约了新任城市经理的实际作为。市长权力的加强在城市政府内部形成了新的不平衡，它给抵制留下的余地很小，并忽略了城市议会的作用。城市财政赤字像气球一样不断膨胀，学校的很多问题仍持续存在。

尽管如此，奥克兰市民认为，这一冒险很值得。在很多人看来，领导力和强势市长是提升城市政府责任意识的必要手段。2004 年 3 月，奥克兰市民投票确立了一种持久的新型强市长体制。

资料来源：Rob Gurwitt, "Mayor Brown & Mr. Bobb," *Governing* 13 (January 2000)：16—20；Anya Sostek, "The Big Breakup," *Governing* 17 (January 2004)：60；and "Oakland, California：Tax Secured, General Obligation," *Standard and Poor's*, *Ratings Direct* (July 15, 2003)，at www. oaklandnet. com/。

可以得出这样的结论，在清晰解释和说明社区需求方面，与市议会相比较，经验丰富的职业经理处于更加有利的位置，城市经理在政策制定中应当居于重要地位。那么，议会在政策制定过程中发挥什么角色呢？这是一个不易回答的问题，我们将在下一章继续探讨。

3.3　选举类型

进步主义改革者的目标是，排除政党对地方选举的影响。在 1910 年，没有城市组织超党派选举，但 20 年之后，人口超过 3 万人的城市中，一半以上都采用了超党派选举。[1] 今天，在改革者努力了近 100 年之后，77% 的美国城市（包括各种规模在内）都采用超党派选举。[2] 然而，在各种类型的市政改革中，都出现了未曾预料的情况。改革者期望将政党驱逐出城市政府，以废除城市管理者和政治机器。而且，他们认为政党与服务供给不相干，老百姓的公共服务需求应当由专家和职业人员决定。但是，证据显示超党派选举也会招致令人疑虑的结果。在探讨市政选举去除政党标签的结果之前，需要提及的是，实行超党派选举的城市，大多也实施了其他一些改革措施，如实行议会—经理制和全市不分区选举。因此，在一定程度上，很难将超党派选举的影响与其他因素的影响区分开来。

[1]　Welch and Bledsoe, *Urban Reform and Its Consequences*, 8.
[2]　ICMA, *Municipal Form of Government* (Washington, D. C.：ICMA, 2001).

一些早期研究提出，超党派选举对共和党也有一定的好处。① 然而，最新的证据显示，这一关联的轮廓并不清晰。基于对全国范围内 1 000 位市议员的问卷调查，政治学家苏珊·韦尔奇（Susan Welch）和蒂莫西·布莱索（Timothy Bledsoe）报告说，只有在小城市及同时实行超党派和不分区选举的城市，共和党才显现出微弱优势。② 超党派选举产生的官员，更多的是社会经济上层阶层的代表，而非普通老百姓的代表，尤其是在与不分区选举相关联的情况下。"当超党派和不分区选举并行时，低收入、低受教育群体和民主党都处于不利地位。"③

就改选议员来讲，尚未发现选举类型会导致差异性——不论采用哪种选举类型，具有优势的一方都会取得压倒性的胜利。国际城镇管理协会的调查显示，选举类型与议会中女性或少数族裔当选的关联性不大，尽管西班牙裔在超党派选举中稍占优势。④ 根据韦尔奇和布莱索的报告，党派选举的议员与超党派选举的议员之间的冲突没有什么差异。然而，党派性议会与超党派性议会的冲突程度则显著不同，"在党派议员之间，民主党与共和党的对抗是党派之争的普遍现象；而在超党派议员之间，极少会出现这种现象"⑤。

3.4 选举系统

城市应该组织全市性选举，还是该实行分区选举呢？这也找不到简单的答案。我们了解到，美国城市中有 66％实行不分区选举，只有 15％划分选区。⑥ 不分区选举的拥护者认为，这种做法有以下好处：

- 不分区选举产生的市议员能够超越选区的狭隘视野，关注整个城市的问题。
- 将投票交易和互投赞成票行为减到最少。
- 减少政治机器的操纵机会。
- 能够选出更高素质的市议员。

分区选举的拥护者则持相反观点。他们认为，分区选举具有以下优点：

- 分区选举使所有的合法团体，尤其是基于特定地理区域的团体，都有机会在市议会中获得代表权。
- 来自各选区的市议员对民众经常遇到的小问题较为敏感（如道路坑洼不平、停车标志）。
- 分区选举使政府贴近民众，降低了选民对政府的疏远感。

---

① Willis D. Hawley, *Nonpartisan Elections and the Case for Party Politics* （New York：Wiley-Interscience，1973）：33.

② Welch and Bledsoe, *Urban Reform and Its Consequences*，9—50.

③ Ibid.，53.

④ Susan A. MacManus and Charles S. Bullock，"Women and Racial/Ethnic Minorities in Mayoral and Council Positions," *1993 Municipal Year Book* （Washington，D. C.：ICMA，1993）：78—79.

⑤ Welch and Bledsoe, *Urban Reform and Its Consequences*，78.

⑥ Nelson, *Elected Municipal Councils*.

由于上述两种选举系统各有优缺点，大约 20％的美国城市开发了各种类型的混合选举系统。[1] 其中，一种混合形式是，市议员由各区提出候选人，然后在全市范围内投票产生。这一安排保证了地理代表权，同时要求当选官员必须考虑整个城市的需求。它也保证了较大的选区在挑选各区议员上具有更大的权力。然而，黑人反对这一安排，认为它会引发混乱并造成少数族裔社区内部的分裂。[2]

另一种混合形式是一部分市议员通过分区选举产生，另一部分议员由全市选举产生。例如，一个城市可能分为四个选区，每个选区选出一名议员。其他 3～4 名议员由全市选举产生。这一混合形式也受到了批评：全市选举产生的议员可能认为自己比分区选举产生的议员更重要，有时甚至把自己看作市长的对手。[3] 采用这种混合选举系统的城市，普遍而言，2/3 的市议员由分区选举产生，1/3 由全市性选举产生。[4]

市议员的产生方式——分区选举或全市性选举——会影响到谁会当选。前文曾提及，全市性选举对黑人及地理上集中的少数族裔不利。另一方面，研究显示，在不分区选举系统中，妇女稍微具有优势，尤其是在市议员人数较多的情况下。[5] 还有证据显示，不论种族如何，分区选举为低收入、低教育水平者提供了更多的当选机会。[6] 韦尔奇和布莱索注意到，在不分区选举中当选的市议员的受教育程度更高，他们"不大在意代表邻里、种族或政党的利益，而更注重城市的整体利益"[7]。他们还报告说，不分区选举产生的议员之间的冲突，要小于分区选举产生的议员之间的冲突。[8]

司法和立法干预

近年来，围绕着平等代表权的一系列法律斗争显示了选举结构的重要性，这些斗争大多涉及分区选举和全市性选举。[9] 经历了几十年的辩论之后，法院的一项判决要求斯普林菲尔德市（伊利诺伊州）改变原来的由不分区选举产生 4 名高官的制度安排，转而实行市长—议会制，通过分区选举产生 10 名市议员。[10] 为避免诉讼，

---

[1]　Nelson, *Elected Municipal Councils*.

[2]　William J. D. Boyd, "Local Electoral Systems: Is There a Best Way?" *National Civic Review* 65 (March 1976): 136-140, 157.

[3]　Ibid., 139.

[4]　ICMA, *Municipal Form of Government*, 2001.

[5]　MacManus and Bullock, "Women and Racial/Ethnic Minorities," 78; Alozie and Manganaro, "Women's Council Representation," 395.

[6]　Timothy Bledsoe and Susan Welch, "The Effect of Political Structures on the Socioeconomic Characteristics of Urban City Council Members," *American Politics Quarterly* 13 (October 1985): 467-483.

[7]　Welch and Bledsoe, *Urban Reform and Its Consequences*, 42, 77.

[8]　Ibid., 102.

[9]　参见 Tari Renner, "Municipal Election Processes: The Impact on Minority Representation," *1988 Municipal Year Book* (Washington, D. C.: ICMA, 1988): 13-14。

[10]　转引自 "At-Large Voting under Attack," *Governing* (November 1987): 8。另参见 "Election System Shot Down," *City & State* 5 (November 1990): 10。

俄克拉何马州的塔尔萨市决定从不分区选举产生的委员会制政府形式，转变为分区选举产生的强市长制政府形式。近年来，最受公众关注的城市也许是达拉斯市。经由一系列带有激烈种族争议的法院斗争，在 1975 年，该市的不分区选举系统被彻底扭转，取而代之以兼有全市选举和分区选举的混合体系。随后，在 1990 年，它又改为全部实行分区选举（市长除外）。2004 年，该市议会由 7 位白人、4 位黑人和 3 位西班牙裔议员组成。2002 年，劳拉·米勒（Laura Miller）当选为女性市长。①

政府结构尤其是选举系统的最新变化，得到了国会立法和最高法院立场转变的支持。最初，最高法院认为，少数族裔的公平代表权问题是一个难以捉摸的话题。在"莫比尔诉博尔顿案"（Mobile v. Bolden, 1980）中，最高法院以 6∶3 的投票结果，推翻了一个低等法院的判决结果——强迫要求莫比尔市（亚拉巴马州）放弃实施基于不分区选举的三人委员会体制，该体制从未产生过黑人委员。最高法院的决议要求抗议群体就不分区选举的目的在于歧视少数族裔提供证明——这意味着，起诉方必须证实存在"故意"歧视问题。这对于抗议该选举系统的人来讲是个沉重负担。

作为对莫比尔判决的回应，在里根政府的强烈反对下，国会于 1982 年修订了《选举权利法》（Voting Rights Act），要求法院不仅要考虑是否具有歧视意图，也要考虑政治结构的实际结果或影响。1986 年，美国最高法院在"桑伯格诉金格斯案"（Thornburg v. Gingles）中，去掉了莫比尔案判决所设置的司法约束。在撤销北卡罗来纳州一些多元化的立法区时，最高法院主要分析了以下几个因素：

历史性歧视的程度、种族极化整块投票的程度、在政治竞选演说中的种族呼吁、当选公职的少数族裔比例（尽管最高法院做出明确表示，少数族裔无权在被选职位中占据固定比例）以及城市公职人员对少数族裔做出回应的程度。②

金格斯案的判决表明，联邦最高法院乐于扮演更积极的角色。即使在那些没有发生司法诉讼的地方，少数族裔也一直试图促使城市改革不分区选举系统。

全市性选举和分区选举哪个更可取呢？司法案例和争议都还在继续之中。鲁弗斯·勃朗宁（Rufus Browning）、戴尔·罗杰斯·马歇尔（Dale Rogers Marshall）和戴维·泰布（David Tabb）在《仅有抗议是不够的》（Protest Is Not Enough）一书中，证实了黑人和拉美裔市议员能够与开明的白人合作，并建立成功的选举联盟。③ 少数派的政治联盟提升了城市管理的回应性。④ 在 20 世纪 80 年代早期，尽管有 2/3 的城市实行不分区选举，但基本趋势十分清晰，即走向分区选举尤其是混合选举。到 2001 年，只有 65％的城市实行不分区选举，15％的城市实行分区选举，

---

① 参见达拉斯市官方网站，www.dallascityhall.com/dallas/eng/html/dallas_city_council.html.

② Renner, "Municipal Election Processes," 14.

③ Rufus P. Browning, Dale R. Marshall, and David H. Tabb, *Protest Is Not Enough*（Berkeley: University of California Press, 1984）: 166.

④ Browning, Marshall, and Tabb, *Racial Politics in American Cities*.

另有 20％实行混合选举。①

创议权、公决权与罢免权

在政党操纵政治最兴盛的时期，改革者竭力避开政治老板操纵的地方立法机关，使政府权力回归人民。实现该目标的办法之一，就是让人民有权就各种地方提议申请组织全体投票。

创议权（initiative）使合法的选民有可能通过请愿途径，启动人民投票活动，推动修改宪章或城市法令。除非法院对请愿的合法性提出挑战，市议会并不介入这一过程，也不能阻止投票行动。**公决权**（referendum）允许指定数量或比例的符合资格的选民，在议会通过某项法案后，通过请愿途径推动对该法案的强行表决。如果没有附加的紧急条款（证明具有保护公共健康、安全和福利的迫切需求），城市法令不会立即付诸实施。这一迟滞给不支持的群体提供了机会，他们可收集签名促使对该法案进行大众投票表决。**罢免权**（recall）为投票者提供了一种机制，可将不受欢迎的议员在任期内罢免。当然，这需要经由请愿程序。

直接民主的支持者坚称，这些机制对于监督立法机关是十分必要的，它还为市民就地方政治问题直接采取行动提供了机会。持怀疑论者认为，大多数投票人并没有足够的能力对要投票表决的问题做出判断。一些付诸公决的项目复杂而深奥，投票者对它们实际上缺少兴趣。结果常常是，创议权和公决权常常沦为特殊利益的工具，因而有精力和资金去利用这些程序。一些批评者认为，这些程序对正常立法程序产生了有害影响。② 与此相反，拥护者则认为，不该因为偶尔误用就批评这些投票程序，它们是强化市民对地方政府控制力的有效方式。③

尽管存在正反两方面的争论，国际城镇管理协会的一项最新调查显示，城市坚定地支持直接民主。超过 62％的城市报告说提供了公决程序，61％的城市存在罢免程序。在 4 200 个做出回应的城市中，超过一半的城市（58％）允许市民提出创议权申请。④

3.5　家乡自治和城市的法律地位

尽管市政权力受制于狄龙法则，它规定城市权力全部源于州，州有权削减或控制这些权力（见本书第 2 章），但法院允许城市在家乡自治的宪章框架下，对严格

① Nelson，*Elected Municipal Councils*.

② Stanley Scott and Harriet Nathan，"Public Referenda：A Critical Appraisal," *Urban Affairs Quarterly* 5（March 1970）：313－328.

③ George S. Blair，*Government at the Grass-Roots*，2nd ed.（Pacific Palisades，Calif.：Palisades，1977）：85－86.

④ ICMA，"Inside the Year Book".

意义上的地方事务具有更大的控制权。城市的家乡自治权由州法律或州宪法所规定，它确保城市"无须特别授权，拥有对地方事务的决策权……限制州权对地方事务的干涉"[1]。该自治权可授予所有的城市，也可根据人口情况仅对部分城市授权。例如，在俄克拉何马州，人口达到或超过 2 000 人的一体化地区，可经由州宪法清楚阐明的特定程序，采用家乡自治宪章。伊利诺伊州的情况则大不相同，该州宪法对人口达到 25 000 人的城市授予家乡自治权，并允许较小的城市通过地方公决途径获得家乡自治权。家乡自治宪章允许城市自主决定政府形式、选举类型（党派或超党派选举）及市议员的选举方式（分区或不分区选举）。在实际中，家乡自治宪章成为了城市的基本法或宪法。在全国 48 个州中，城市都被授予了一定程度的家乡自治权，尽管被调查的 5 000 多个城市中只有半数在家乡自治宪章之下进行运作。[2]

家乡自治真的给了城市更大的自主权吗？显然如此，至少在某些领域确实如此。实行家乡自治的城市，可自由选择它们想要的政府形式。例如，伊利诺伊州的莫顿格罗夫市（Morton Grove），在 1980 年就运用家乡自治权颁布了地方强制管制法。[3] 从纽约州到加利福尼亚州，很多城市在家乡自治权之下制定了公共场所禁止吸烟的法规。在财政等其他领域，制定宪章的城市也可能比其他城市拥有更大的权力。例如，在宾夕法尼亚，家乡自治城市能设置财产税率，但州议会对不住在此的居民保留征税和设定税率的权力。[4] 当然，州总是具有优先于地方权力的权力，有权决定州和地方政府可能同时行使某些权力。家乡自治权力在很大程度上从属并受限于州立法机关。[5] 行政灵活性（适应性）只是家乡自治权的一个方面，其更大的必要性可能是心理上的。家乡自治鼓励州立法机关不参与地方事务，以免干预地方政府的自治权力——违背"家乡自治法则"[6]。

传统上，家乡自治的支持者担心州侵犯权利。然而，在过去的 20 年里，人们更多关注的却是联邦对地方法律的优先权。在一个影响州与地方政府关系的标志性判决中——"加西亚诉圣安东尼奥市公共交通系统案"（Garcia v. San Antonio Mass Transit Authority, 1985），最高法院以 5∶4 的投票结果，将联邦的每小时工资标准运用于州和地方政府。最高法院的理由是，国会制定法律的政治过程提供了

---

① David R. Berman, "State-Local Relations: Authority, Finances, and Cooperation," *2003 Municipal Year Book*, 52.

② Alan Klevit, "City Councils and Their Functions in Local Government," *1972 Municipal Year Book* (Washington, D.C.: ICMA, 1972): 17.

③ Bernard H. Ross, Myron A. Levine, and Murray S. Stedman, *Urban Politics: Power in Metropolitan America*, 4th ed. (Itasca, Ill.: F. E. Peacock, 1991): 82.

④ 参见 Charles Hoffman, "Pennsylvania Legislation Implements Home Rule," *National Civic Review* 61 (September 1972): 390−393。

⑤ 相关讨论参见 Samuel Gove and Stephanie Cole, "Illinois Home Rule: Panacea, Status Quo, or Hindrance?" in *Partnership within the States: Local Self-Government in the Federal System*, ed. Stephanie Cole (Urbana: Institute of Government and Public Affairs, University of Illinois; Philadelphia: Center for the study of Federalism, Temple University, 1976): 158−161. 作者的结论是，家乡自治导致了一些变化，但经过五年之后这些变化并不大（p. 167）。

⑥ Charles Adrian and Charles Press, *Governing Urban America*, 5th ed. (New York: McGraw-Hill, 1977): 142.

足够的保护，确保了州和地方政府不至于负担过重。尽管立法降低了加西亚判决的影响，批评者指出联邦在其他领域也干预了地方事务。

今天，地方官员常抱怨未备资金的指令，它要求城市遵从联邦法律，提供昂贵的特定服务。这些指令大多与环境保护相关——如需要强制实施《安全饮水法》。遵照1990年《美国残疾人法案》的要求提供服务，以及2002年《不让一个孩子掉队法》对公立学校的规制，地方政府都需要花很多钱。一般而言，多数地方官员都不会对这些联邦立法的意图提出质疑，但他们反对不提供资金而强行要求他们遵从指令。尽管地方官员正在通过政治途径表达抱怨，但需要很长时间才能看到效果。正如一位研究者所说，"存在一个铁律：当来得容易的钱没了，我们的联邦系统就不断地将事情向下推"①。随着联邦政府寻求减少财政赤字，在州政府应对预算不足的斗争中，真正的家乡自治可能会不断收缩。

本章小结

与历史上的市政改革者致力于将城市政府职业化的勤勉努力相比，今天的城市领袖欠账很多。我们看到的大多数城市政府的结构特征是：实行议会—经理制安排、超党派选举、不分区选举、不同时组织选举——这些都是进步时代改革议程的组成部分。尽管所有城市都有一定程度的改变，但研究发现，在一些特定类型城市中，尤其是以白人为主的、郊区的、中产阶级城市，改革者的作用空间更大，在那里容易就城市整体利益达成共识。但这并不是说美国大城市没有推进大规模的改革。

对城市政府体制及选举系统的仔细考虑，自然就会伴随着对改革运动的讨论。对于人口在25 000～249 999的城市来讲，议会—经理制政府最为流行，而对于特大城市和微型城市来讲，市长—议会制政府仍很普遍。关于不同类型选举安排的优缺点的争论一直在持续。不论城市规模大小，超党派选举都很普及，但不分区选举形式并没有取得压倒性的多数地位。城市政府结构的意义远超出了学术范畴：尽管结构本身并不决定谁能得到什么，但特定的结构安排能使某些群体受益，并将其他群体置于不利地位。

不管怎样，城市仍是州政府的创造物，当代经验表明家乡自治规定赋予城市更大的自由，它们可指定城市宪章、选择城市政府形式。地方官员和学者有理由担心联邦对地方事务越来越多的干预行为，以及未备资金指令对美国城市独立性和财政健康的影响。

推荐阅读

Bookchin，Murray，*From Urbanization to Cities：Toward a New Politics of Citizenship*，

---

① 转引自 Steven D. Gold，"Passing the Buck，" *State Legislatures* 19（January 1993）：37。

London: Cassell, 1995.

Browning, Rufus P. , Dale Rogers Marshall, and David H. Tabb, eds. , *Racial Politics in A-merican Cities*, 3rd ed. , New York: Longman, 2003.

Burns, Nancy, *The Formation of American Local Governments: Private Values in Public In-stitutions*, New York: Oxford University Press, 1994.

Ostrom, Vincent, Robert Bish, and Elinor Ostrom, *Local Government in the United States*, San Francisco: ICS Press, 1988.

Pelissero, John P. , ed. , *Cities, Politics, and Policy: A Comparative Analysis*. Washing-ton, D. C. : CQ Press, 2003.

Svara, James H. , *Official Leadership in the City: Patterns of Conflict and Cooperation*, New York: Oxford University Press, 1990.

Welch, Susan, and Timothy Bledsoe, *Urban Reform and Its Consequences: A Study in Repre-sentation*, Chicago: University of Chicago Press, 1988.

第 2 部分

现代城市的冲突管理与物品（服务）供给

- 第 4 章　城市政策制定
- 第 5 章　城市规划与发展
- 第 6 章　决策与分析
- 第 7 章　城市服务供给

经典教材系列
公共行政与公共管理经典译丛

城市政策制定

　　我们期望地方民选和委任官员制定、执行和评估城市政策。在本章中，我们首先对公共政策过程进行概述，我们观察到，公共部门的政策制定在性质上趋向于民主，以讨价还价和相互妥协为特征。这种趋势降低了该过程的"合理性"（企业部门定义为效率），但却提升了参与性和对政策过程的输入（责任和回应）。其次，我们审视了看待公共政策的三种方式：作为由连续步骤或阶段组成的稳定、有序的过程；作为无序的、在很大程度上是反应性的过程；作为由分配型、发展型和再分配型三类基本政策组成的"三叉型"过程。

　　本章第二部分识别并简单区分了地方政策制定者的职责。我们首先从行政长官——城市经理和市长——入手，在检视了对二者的现有研究之后，我们讨论了城市经理与市长之间的互动关系。接下来，我们介绍了美国城市议会，市议员出于公共利益考虑付出了很多。最后，我们考察了地方官员对政策过程的参与。总体上，美国城市和城镇雇用了 1 100 多万名政府工作人员，从事消防、垃圾清运、污水处理厂运行工作及提供其他诸多服务。

　　本章的第三部分关注市民在地方政策制定过程中的特殊作用，他们独自或通过团体和邻里行动发挥影响。这些活动有助于阐释民主的本质。第四部分提供了本章的简要概述。

4.1　城市政策的本质

　　首先，我们应该定义公共政策的概念。詹姆斯·安德森

(James Anderson) 将公共政策形容为一个 "行动者为处理相关问题所遵循的相对稳定的、目标性的行动过程"①。他接着补充说，公共政策由政府机构和官员所制定。当问及政府的故意不作为是否构成一项政策时，多数人会做肯定回答。例如，安德森指出："需要注意的是，公共政策不仅取决于政府所做的，而且也取决于它有意回避的。"② 因此，有意识地选择不采取任何行动可以被视为对现有政策的认可或维持。政治学家彼得·巴卡拉克 (Peter Bachrach) 和莫顿·S·巴拉兹 (Morton S. Baratz) 在《权力与贫穷》一书中，对政府决定不采取任何行动的过程有过这样的经典论述：它是 "一种手段，可使对现存利益和特权分配体系的变革需求，在其发出声音之前就被扼制，或者保持不公开，或者在其获准进入有关决策领域之前就被消灭，即使上述努力都没成功，也能在政策过程的决策执行阶段中致其受损或被终结"③。

政策制定 (policy making) 与决策 (decision making) 有何不同？引用巴卡拉克和巴拉兹的话来说，这两个词语常被用做同义词，但二者在范围或程度上确实存在差异。在狭义上，决策是在相互竞争的备选方案中进行选择；政策制定则超出了这些，用戴维·伊斯顿的话来说，它包括 "一个分配价值的决策和行动网络"④。因此，政策是一系列决策，它为处理某个问题而创造一套全面的标准和行动指南。在实践中，基本政策和那些不够全面的策略或规划性决定之间的分界线或许难以划清。但是，我们可以识别以下区别："对于那些有着广泛分支和长期远景、且需要大量信息和思考的活动，我们倾向于使用政策这一术语。"⑤ 简言之，正如第 1 章中所提到的，我们认为政策是政治系统对自身环境中产生的各种支持和需求的回应。⑥

关于政府政策制定，相当多的共识存在一个基本点：它并不总是高度理性的、建立在科学基础上的事业；相反，它在本质上是政治性的。这并不是说系统分析在决策过程中没有地位。从实践和阅读文献两个方面，我们知道各级政府花费了大量资源以提升明智抉择的能力——他们雇用分析人员、聘请顾问、资助各种复杂研究，以寻求更有效的政策。有时，研究结果会显著影响重大政策决定，例如，成本—收益分析可形成一项决策，从而决定是否继续推进某个大型公共工程项目。类似地，新公共管理的许多文献关注于怎样使政府政策更具效率和效益。

然而，由于受一些障碍和未曾预料的结果的干扰，很多时候，试图通过分析保证理性选择的努力总是毫无成效。例如，在 20 世纪 70 年代美国城市扩张和郊区化进程中，经济学家安东尼·唐斯 (Anthony Downs) 注意到，一旦一条高速主干道

① James E. Anderson, *Public Policymaking: An Introduction*, 5th ed. (Boston: Houghton Mifflin, 2003): 2.
② Ibid., 95.
③ Peter Bachrach and Morton S. Baratz, *Power and Poverty* (New York: Oxford University Press, 1970): 44.
④ David Easton, *The Political System*, 2nd ed. (New York: Knopf, 1971): 130.
⑤ Raymond E. Bauer, "The Study of Policy Formation: An Introduction," in *The Study of Policy Formation*, ed. Raymond Bauer and Kenneth Gergen (New York: Free Press, 1968): 2.
⑥ 参见 David Easton, *A Framework for Political Analysis* (Englewood Cliffs, N. J.: Prentice Hall, 1965), and *A Systems Analysis of Political Life* (New York: Wiley, 1965)。

建成，它就会迅速被汽车塞满，使得该社区并不比之前的状况有所改观。唐斯认为，这种尴尬的政策结果，并不是由于政策规划糟糕，而是因为高峰时期的司机做出了非常理性的反应。这些年来，这一未曾预料的结果已经成为一种必然现象，以至唐斯提出了"高峰时段交通拥堵定律"（the Law of Peak-Hour Traffic Congestion）：在市区通勤高速道路上，高峰时段交通拥挤会一直上升到公路的最大容纳能力。① 35 年之后，（这种状况）几乎没有什么改变，只要问问洛杉矶、芝加哥、俄克拉何马城或菲尼克斯的通勤者，你就会知道这一点。

政策学家查尔斯·林德布鲁姆（Charles Lindblom）和爱德华·J·伍德豪斯（Edward J. Woodhouse）认为，我们对合理政策和政治的影响力有着一种混杂的观念：一种深度冲突贯穿于对决策的普遍态度之中。一方面，人们希望政策是经过认真分析的，甚至是正确或科学的；另一方面，他们也希望政策制定是民主的，是对权力的必要运用。② 在制定经济发展政策时，这一冲突是显而易见的。有些人认为，有效的发展政策必须经由广泛的事实收集、规划和分析过程，且最终决定权必须掌握在与商业社会关系密切的精英小集团手中。另一些人则担心这一决策方式缺少公众参与。在本章后面部分，我们将介绍保罗·彼得森（Paul Peterson）——这一辩论的贡献者——对上述冲突的看法。他认为，制定经济发展政策对社区的良性发展至关重要，以至于地方领导会将此过程限定在少数支配性利益相关者之间，从而最小化竞争性集团之间的利益冲突。尽管如此，我们首先仍要考虑政策制定过程中的几个步骤。

政策制定：作为相对稳定、有序的连续事件

在本章前文中，我们提到了安德森的定义，他将公共政策制定描述为一个相对稳定的行动过程。林德布鲁姆认为，这一行动过程并不总是高度理性的，公共部门有时必须追求具有潜在矛盾的一些价值（如效率和回应性）。尽管如此，我们仍可识别这一过程的几个步骤或阶段。③ 简言之，制定政策的这些重要阶段，以及每个阶段所涉及的重要问题，可概述如下：

1. 问题产生：是什么引发了该问题？问题是如何被界定为公共问题的？
2. 议程建立：问题是如何到达公共决策者那里的？谁参与了议程建立过程以及是如何参与的？什么阻挡了问题进入公共议程？
3. 问题解决：公共官员是如何回应解决问题的要求的？最终政策选择是如何做

① Anthony Downs, *Urban Problems and Prospects* (Chicago：Markham，1970)：176.

② Charles E. Lindblom and Edward J. Woodhouse, *The Policy-Making Process*, 3rd ed. (Upper Saddle River, N. J.：Prentice Hall，1980)：7.

③ 关于政策过程步骤和阶段的讨论源自很多资料，包括：Thomas R. Dye, *Understanding Public Policy*, 11th ed. (Upper saddle River, N. J.：Pearson Prentice Hall，2005), primarily chap. 3；Anderson, *Public Policymaking*；James P. Lester and Joseph Stewart Jr., *Public Policy：An Evolutionary Approach*, 2nd ed. (Belmont, Calif.：Wadsworth Thomson，2000)；and B. Guy Peters, *American Public Policy：Promise and Performance*, 6th ed. (Washington, D. C.：CQ Press，2004).

出的？

4. 政策执行：在政策被通过并交付给官僚机构实际执行之后，发生了什么？是否需要制定一些规则、规章或者裁判机制以执行政策？政府官员在执行政策过程中是如何使用自由裁量权和"决策规则"的？政策的输出（产出）是什么？

5. 政策结果、评估和反馈：政策对个人和团体有什么影响？政策是否有效？政策达到目标了吗？政策需要更改或者应该被终止吗？

问题产生

政治问题有多种产生方式。罗杰·科布（Roger Cobb）和查尔斯·埃尔德（Charles Elder）强调，以发起者和触发机制之间的互动作为第一步。[1] 最常见的情况是，个人、组织或集团意识到一个对其不利的资源分配，并寻求政府帮助矫正这种失衡现象。该发起者可以通过寻找盟友或求助于媒体，以期扩大宣传他们的理由。他们可能会得益于一位官员的友好帮助，这位官员出于各种自利的原因，希望采纳和推动受到不公正对待方的理由。问题产生的关键步骤可能是问题的宣传（阶段），让那些已经意识到这些问题的（人或者组织）和那些一旦了解到该问题就会关注的（人或者组织）都注意到该问题的建议解决方案。

触发机制（triggering device）主要是指意外发生的事件，其所导致的问题要求政府做出回应。外部事件如技术变革、自然灾害或突发人为事件（骚乱、暴力犯罪激增或法院判决）等，可能会刺激受其影响的团体做出回应。触发机制和发起者（如受影响的团体）必须聚集起来，才会产生公共问题。

议程建立

一个问题或事件怎样才能进入公共议程，并得到官方回应呢？这不仅需要某些团体或者强大的利益集团将它视为一种合理关切，而且也必须将它视为政府行为的一个适当目标。这个要求看似简单，但是实际上，对于那些想回避政府行为的人来说，最有效的策略就是宣称该问题不在政府职责范围之内。[2] 例如，那些反对为强制开车系安全带或骑摩托车戴头盔立法的人，通常坚持认为这些属于"个人安全"问题，不应由政府政策规定。

在决定哪些问题能够进入公共议程时，有两个因素看起来最重要。第一，在决定哪些问题该被正式考虑时，地方官员拥有很大的自由裁量权，他们不只是对别人提出的各种政策问题被动地进行仲裁。民选官员，尤其是地方一级的，常常会就地方问题的性质形成自己的结论。正如我们稍后进一步讨论的，市议会议员倾向于认为，他们自己不是那些对利益集团的需求压力做出反应的"政客"，而是作为民选的、非政治性的、以追求自身认可的公共利益为目标的"受托人"或"志愿者"。

① Roger Cobb and Charles Elder, *Participation in American Politics: The Dynamics of Agenda-Building* (Boston: Allyn and Bacon, 1972): 84—85.

② Ibid., 86.

决定是否将问题列入公共议程的第二个关键因素，是提出问题的集团的性质。有些组织比其他组织更易于接触政府官员。正如人们所预料的，一个集团的政治影响越大和声望越高，其关注的问题就越有可能进入行动议程。民选官员也更可能与那些与其有共同价值和利益诉求的团体保持接触。自然地，政治上的强势集团及那些与市议员有着类似观点的团体，就属于此类集团。特别是商业利益集团，更有可能归入此类，因为它们对于增长率和投资的承诺经常被认为代表着更大范围的社区利益。

问题解决

问题解决阶段是一些最终结果出现的阶段。通过采纳新政策或调整现有政策，问题是否得到了解决？或以其他方式进行处理——正式拒绝、转交给其他层级的政府或推迟处理？这些决定是如何做出的？由于在后面章节中我们将详细讨论“决策”，在此我们只是简单地对这些选择的形成过程进行概述。

查尔斯·林德布鲁姆认为，政策在很大程度上是由相互竞争的利益之间的互动决定的。[①] 一个集团或者利益共同体是如何（在此过程中）占上风的？换句话说，如何施加足够的控制或影响以实现其目标？林德布鲁姆具体指出了以下处理方法：

说服（persuasion）：在许多情况下，一位参与者可以向另一位参与者展示为什么前者的期望会有利于后者。我们不应该低估说服的影响力。[②]

威胁（threat）：虽然并不常用，但是一些团体在必要时也会诉诸威胁的方式。威胁可能很简单，如告诉官员说如果他们采取特定的行动，该集团将不得不反对他们连任或者反对他们支持的某些行动。

交换（exchange）：互惠互利的安排是一种被广泛采用的政治策略。官员经常“互投赞成票”（logrolling，支持其他人的项目或建议，以直接换取其对自己项目的支持）。金钱或许是最常见的交换媒介，甚至在政治上——不是直接行贿，而是购买影响力、门路或服务。作为一种组织资源，金钱可以创造奇迹。

权威（authority）：公职人员占据的职位具有相当大的权威，这是一个重要的资源。他们的职位可以增强说服力、提供获取工作和金钱的机会，这足以影响他人的行为。

分析（analysis）：系统分析也可被列入影响最终决定的因素之中。它可以提供一方或另一方推动问题所需的“弹药”。当然，周密、准确、及时的研究可能使有争议的问题变得举重若轻。正如林德布鲁姆所说的，分析是政治上不可缺少的组成部分：“它成为了施加控制的一种方法。”[③]

政策执行

在执行阶段，行政官员和官僚开始介入。政策难免会受到行政执行过程的修

---

① Charles Lindblom, *The Policy-Making Process*, 2nd ed. (Englewood Cliffs, N. J.：Prentice Hall, 1980)：48-49.

② 关于说服的力量的经典讨论，参见 Richard E. Neustadt, *Presidential Power* (New York：Wiley, 1964)。

③ Lindblom, *Policy-Making Process*, 28.

改、定型和影响。我们在本章后面部分会更全面地探讨官僚行为，但在此我们应该注意到，在大型公共组织中，正如林德布鲁姆所说的那样，政策制定"大部分掌握在官僚手中"[1]。首先，行政官员在决定怎样执行政策时行使着大量的自由裁量权。其次，官僚也在通过开发决策规则，以简化决策、加速决策和减少不确定性，从而有效地影响政策。最后，行政官员经常对立法者及行政长官做出政策选择的分析和建议具有影响力。

政策执行过程的其他两个特征也值得考虑。首先，执行过程在相当程度上还会受到在多个行政机构之间进行协调的需求的影响，甚至受到要与员工群体进行谈判以保持政策成功所需要的合作需求的影响。其次，在系统理论看来，政策执行是政治系统的一项输出。在市议会通过一个法令后，要花费资金以提供物品或服务（输出），行政机关要制定规则或规章（输出）以确保与新法令相协调。

政策结果、评估和反馈

政策过程并没有随着执行而结束。由弗兰克·列维（Frank Levy）、阿诺德·梅特兹纳（Arnold Meltsner）、阿伦·威尔达夫斯基（Aaron Wildavsky）在奥克兰市，和罗伯特·莱恩伯里在圣安东尼奥市所做的经典案例研究，结合由马尔科姆·L·戈金（Malcolm L. Goggin）及其助手们提出的"第三代"（third generation）执行理论，以及最近由巴里·博兹曼（Barry Bozeman）和科尼利厄斯·克尔温（Cornelius Kerwin）所做的关于"官僚规则制定"的学术研究都表明：政策结果与政策执行相关。[2]

政策具有影响力，很多公共政策使普通公民的日常生活发生了变化。为获得关于政策属性的有益反馈，必须对其结果或影响进行评估。例如，官僚机构是以高效的方式在提供政策吗？如果没有，也许需要在行政实践或程序上有所变化；政策是否能实现其预定的立法目标？也就是说，是否有效？如果没有，或许应该对政策进行修改，以更好地实现这些目标。或者，如詹姆斯·莱斯特（James Lester）和小约瑟夫·斯图尔特（Joseph Stewart Jr.）所说的，或许政策终结是必要的。[3] 此类问题可通过适当设计和执行的方案评估来解决。最后，在民主国家，我们希望政府官员向公众负责，回应公众的需求。系统理论也认为需要一个反馈回路，以评估政策过程的各个阶段是否恰当。

尽管政策制定的一系列阶段可以被识别，但是政策过程往往没有像城市领导人

---

① Lindblom, *Policy-Making Process*, 68.

② 参见 Frank Levy, Arnold Meltsner, and Aaron Wildavsky, *Urban Outcomes* (Berkeley: University of California Press, 1974): 229; Robert L. Lineberry, *Equality and Urban Policy: The Distribution of Municipal Public Services* (Beverly Hills, Calif.: Sage, 1977); Malcolm L. Goggin, Ann O' M. Bowman, James P. Lester, and Laurence J. O' Toole Jr., *Implementation: Theory and Practice* (Glenville, Ill.: Scott, Foresman/Little, Brown, 1990); Barry Bozeman, *Bureaucracy and Red Tape* (Upper Saddle River, N. J.: Prentice Hall, 2000); and Cornelius M. Kerwin, *Rulemaking: How Government Agencies Write Law and Make Policy*, 3rd ed. (Washington, D.C.: CQ Press, 2003)。

③ Lester and Stewart, *Public Policy*, 155.

希望的那么稳定、有序和合理。这一点在考察大城市的政策制定时尤其准确，在那里有时会出现混乱的过程——它表现为政府对一系列不断变化的外部力量持续做出反应。

反应性政策制定

在 20 世纪 70 年代后期，政治学家道格拉斯·耶茨 (Douglas Yates) 提供了一个相当完整甚至带有娱乐性的城市政策制定描述，它强调了间断性和无序性的特性。[1] 耶茨的基本观点是，考虑到大城市官员的层次和范围要求，以及地方政治环境的不稳定，有秩序的议程建设、规划和执行的前景是非常渺茫的。为什么呢？耶茨坚持说，城市政府的一些结构性特征创造了一种独特状况，这种状况使全面、系统的政策制定变得不可能。耶茨强调，城市政府的基本职能是提供服务。服务是有形的、可见的，其影响具有个人性。在许多情况下，它们可以被分割，以便需要的人能获得比其他人更多的服务。但是，市民和一系列社会组织不断地向市长和城市行政机构提出服务需求，而二者中谁都没有正式的权力或资源以有效回应这些需求。在大都市地区，存在很多独立委员会、不合作和独立的管辖区，以及行政抵抗和自治，它们导致了行政权威的缺失。

耶茨进而强调了权威分散如何导致了城市政策制定的混乱，他将这种不稳定政治称为自由竞争的"多元混战" (street-fighting pluralism)。他将"多元混战"定义为"一种非结构化、多边冲突性的模式，其中，多个对手之间以各种不同的排列和联合方式，持续不断地相互战斗"[2]。由于这种无约束的战斗提出的要求没有任何过滤、引导或优先选择，除非有正式的政治代表居中斡旋，否则会源源不断地制造出令城市决策者意想不到的新问题。实际上，城市政策制定成为了一种反应性过程，领导者对那些最突出的、抱怨最多的问题进行回应，并列入政策议程。

这种反应性模型的目的在于描述一些大城市的实际政治状况，如波士顿、底特律、克利夫兰、芝加哥和纽约市。在小城市或中等规模城市，政策制定涉及的群体要少些，事件也不是那么紧迫，不确定性和不稳定性程度较低，反应性模型可能并不那么适合。但是，即使在一个慢节奏的社区，政策制定有时也被视为在本质上是反应性的。

三叉型政策制定：分配型、发展型和再分配型

在《城市限度》(*City Limits*) 一书中，保罗·彼得森既对前文述及的理解城市政策制定的传统的开放系统路径提出了质疑，也对耶茨的城市政策制定模型（强

---

① Douglas Yates，*The Ungovernable City* (Cambridge，Mass.：MIT Press，1977).

② Ibid.，34.

调政治碎片化和多元混战）提出了挑战。[1] 彼得森同意上述两个模型的基本假设：多个竞争性利益集团之间的谈判和妥协，决定了城市政府所采取的许多有形行动。但是，这些分配型政策（allocational policies）并不是城市政府采取的最重要行动。他认为，城市首先致力于保护和促进其经济福利。为此，城市必须追求彼得森所谓的发展型政策（developmental policies），以进一步增加和扩大城市的商业利益为决策诉求。这些问题一般并不受平常的压力政治所支配，相反，它们往往经由高度集中的、主要由商业和职业精英主导的决策过程加以解决，冲突被控制到最小化，且整个过程是对外封闭的。其结果是一幕静悄悄的戏剧，"政治领导人可以在整体上合理地关注城市的长远利益"[2]。

谋求改善城市经济基础可能会对某些群体产生不利的后果。例如，彼得森声称，用来让穷人受益的"再分配政策"（redistributive policies）并没有改善整个社会的长期经济福利，因此，地方官员应避免采用这一政策。他认为，再分配型政策应该由国家而非城市政府来处理。但是，诸如少数族裔或穷人等地方群体，他们会不会发起骚乱而让城市政府必须处理相关问题呢？在彼得森看来，这种情况并不会必然发生。他坚持说，在地方层次，由于政党和政治团体的活动很有限，城市精英有很大的自由致力于城市经济增长。实际上，彼得森的模型假定：当最重要的利益受到威胁时，地方政策制定者应采取行动增进城市的长远利益。

城市政治学者巴纳德·H·罗斯（Bernard H. Ross）和迈伦·A·莱文（Myron A. Levine）认为："彼得森关于城市政治局限的观点已被证实是非常有争议的。"[3] 该模型的经济决定主义在很多时候过于简单化。对地方官员行动的经验观察表明，他们关心和奉行有利于穷人和贫困地区的政策，也就是说，地方领导人确实致力于再分配政策。他们还注意到，在城市中商业社会并不是一个统一的整体，在发展项目的背后，商业群体并不总是团结在一起。在代表不同行业的经济群体中，如批发、零售、制造业和旅游业，也存在竞争；同样，在城市或大都市中，服务于不同地区的商业群体之间，如中央商务区、商业街、大型购物市场、社区商店等，也存在竞争。在最后的分析中，查尔斯·C·奥伊希纳（Charles C. Euchner）和史蒂芬·J·麦戈文（Stephen J. McGovern）认为，彼得森"夸大了……（他）的案例"[4]。不过，"彼得森的理论仍然有效，因为它指出了在市政事务方面非常强

---

[1]　Paul E. Peterson, *City Limits* (Chicago：University of Chicago Press，1981).

[2]　Ibid.，109.

[3]　Bernard H. Ross and Myron A. Levine, *Urban Politics：Power in Metropolitan America*，7th ed. (Belmont, Calif.：Thomson Wadsworth，2006). See also the critique of developmental politics offered in a three-article series in *Urban Affairs Quarterly* 22 (June 1987)：Heywood Sanders and Clarence N. Stone, "Developmental Politics Reconsidered," 521−539；Paul Peterson, "Analyzing Developmental Polotics：A Response to Sanders and Stone," 540−546；and Sanders and Stone, "Competing Paradigms：A Rejoinder to Peterson," 548−551.

[4]　Charles C. Euchner and Stephen J. McGovern, *Urban Policy Reconsidered：Dialogues on the Problems and Prospects of American Cities* (New York：Routledge，2003)：26.

大和重要的趋势：城市倾向于迎合商界和作为纳税主体的中、高收入居民的需求"[1]。

如果我们考察那些正式负责城市政策制定的角色——行政长官、市议会成员和地方官员，也许我们可以更好地了解政策制定过程。

4.2 行政长官

城市行政长官，不论是市长或城市经理，总是在政策过程中发挥主要作用。这些官员工作很努力：在采取市长—议会制和委员会制的城市中，市长平均每周工作62个小时，城市经理平均每周工作56个小时。[2] 尽管传统上对行政权威一直有所担心，但是大部分行政权力的增长还是无意识地出现了。削减联邦预算的需要和新公共管理模型下对城市更加企业化的要求，使得强有力的行政领导不可或缺。

在讨论不同类型的行政长官之前，我们有必要考虑一下21世纪城市中强市长的角色。正如巴纳德·H·罗斯和迈伦·A·莱文所说，在全国各地，一些市长如纽约的鲁迪·朱利亚尼（Rudy Giuliani）、洛杉矶的理查德·赖尔登（Richard Riordan）、费城的埃德·伦德尔（Ed Rendell）、印第安纳波利斯的斯蒂芬·戈德史密斯（Stephen Goldsmith）、密尔沃基的约翰·诺奎斯特（John Norquist）和泽西城的布雷·杉德勒（Bret Schundler）都因追求新公共管理（议程）而著名，他们寻求市政服务私有化并且引入私人部门的绩效实践。[3] 政策与实践专栏4—1展示了一位强市长的故事——鲁迪·朱利亚尼。

政策与实践专栏4—1

朱利亚尼市长拥抱新公共管理模型

在一个详尽阐述的案例研究中，林恩·维卡特（Lynne Weikart）分析了纽约市前任市长鲁道夫·朱利亚尼——一位新公共管理议程的积极倡导者，试图"在政治化环境中实施抽象的改革原则"并获得成功。

在检验市长的表现之前，维卡特教授回顾了新公共管理模型的五项原则：

● 精简：精简是为了减少政府活动的总体规模和范围。正如奥斯本和盖布勒所说的，政府应该多"掌舵"、少"划桨"。用里根总统（新公共管理的早期倡导者）的话说："政府是麻烦，而不是解决方案。"

● 管理主义：不论在宏观层面（组织）还是在微观层面（个人），管理主义的关注焦点是"责任"。战略管理使组织可以界定其使命，并制定定期监测其绩效

---

[1] Ross and Levine, *Urban Politics*, 72.

[2] David N. Ammons and Charldean Newell, *City Executives* (Albany: SUNY Press, 1989): 61.

[3] Ross and Levine, *Urban Politics*, 226.

情况的措施。在个人层面上，新公共管理认为，为了确保责任，应该对员工的工作效率加以衡量。通常，管理主义要求"管理竞争"——公共雇员与私营部门、非营利部门竞争提供物品和服务的权利。

● 分权：新公共管理原则主张，应该给政府机构中提供服务的人员授权，使他们可以成为一个自我决策者。街区层面的行政官员可根据自己的理性判断和专业性采取行动。此外，在市一级，分权意味着使社区居民拥有更多的服务供给权，其中涉及与邻里协会创设更多的伙伴关系，从而将权力从集权的官僚机构转移出来。

● 去官僚化：这一概念要求政府机构关注结果而不是过程。去官僚化需要结构上和程序上的变化：抹去等级，摒弃规则。一旦机构的目标和目的确定，城市工作人员应有权自主完成这些目标，而不受非必要的规则、政策和程序制约，这些东西给组织和个人生产率施加了相当多的限制。

● 私有化：在政府中，"私"字经常是充满争议的，但是新公共管理强调"减轻负担"，将政府服务外包给私人和非营利部门。例如，"减轻负担"要求将城市公有住房出售给私人业主。政府外包可能取代城市雇员提供的除雪服务，该服务一般由税款支付或者向使用者收费，而私人的、营利性的公司将利用自己的员工提供这种服务。

朱利亚尼市长对于上述新公共管理议程实施得怎么样呢？维卡特教授提供了一个毁誉参半的评价：

朱利亚尼当局的新公共管理已经取得了几项成功——削减税收、削减福利支出、大幅度减少市立医院预算以及改组城市劳动力队伍、引入更多兼职工人……但是朱利亚尼市长的私有化努力是功过参半的，他的政府迄今为止还没有从市工会获得大量的生产力盈余。

对于上述五项原则，维卡特认为，通过减税计划和减少城市劳动力队伍等措施，朱利亚尼确实精简了纽约市政府规模。但是朱利亚尼并不是与管理主义相关的商业协议的主要实践者。维卡特认为，他抵制使用绩效评价，而且"在与卫生工会及其他几个工会就契约进行谈判时，没能抓住机会提高生产力"（p. 371）。也许，他最不成功的地方在于分权和去官僚化，维卡特认为，朱利亚尼集权化的领导方式将他拉向了与这两项改革原则相反的方向。"市长不赞成分权，很多机构实行中央集权。"（p. 376）类似地，他"并没有成功地改变政府结构（去官僚化），以强调结果而非过程。在机构转型方面，他注重集权化和缩减政府规模，而在鼓励职员参与方面则没有兴趣"（p. 376）。朱利亚尼相当成功地促使一些地方服务私有化，尤其是在住房、公园和无家可归者服务领域。但是，在他试图"卖掉纽约市供水系统"和将"市立医院系统"私有化时，却遭到了司法机关的阻止（pp. 374-375）。

在最后的分析中，维卡特教授总结说，"为解决城市运行中的问题，朱利亚尼有时并不运用新公共管理的一些工具，而是采取了纽约市市长们的传统战略——

他们在开始任期时都标榜为改革者，但最终为了保留权力会撕毁与主要的利益相关者（包括工会）之间的协议"（p. 365）。"当符合他的政治议程时，朱利亚尼市长会拥抱新公共管理原则；而当在政治上不合适时则抛弃它。朱利亚尼市长妥协了，但他却赢得了连任。"（p. 377）

资料来源：Lynne A. Weikart, "The Administration and the New Public Administration in New York City,"*Urban Affairs Review* 36 (January 2001)：359-381。

市长

戴维·摩根和谢拉·沃森（Sheilah S. Watson）很好地总结了美国市长们的特点，他们写道：

> 每个美国城市都有一个市长，他们的相似性仅此而已。现任官员在个性、风格、能力和效果方面有着极大的差异性。另外，其职位也有相当大的差异。有些市长是由市民直接选举产生，有些则不是；有些拥有否决权，而另一些则没有；任命权也有明显差别。所有这些，有可能优化或者阻碍市长发挥有效政策领导的能力。[1]

正如在第 3 章所论述的，市长权力在议会—经理制体系中受到的限制最大，在这种体制中，市长办公室常常是（虽然并不总是）礼仪性的。在大多数市长—议会制安排中，行政长官并不是立法机构的正式成员，除为了打破僵局之外，市长是不能投票的。例如，国际城镇管理协会在 2001 年的一次大规模（涉及约 4 200 个城市）调查中发现：在市长—议会制安排中，市长是议员的只占 41%[2]，在 55% 的城市中，市长只可以投票打破平局，而在另外 17% 的城市中，他们不能参加任何投票。相反，在议会—经理制城市中，市长一般都是议会成员（占所有城市的 86%），能够在所有事务上进行投票（占所有城市的 73%）。在两种政府形式中，市长都主持议会会议。但在议会—经理制中，市长很少有否决权（仅占所有城市的 12%），而在市长—议会制体系下大部分市长（占所有城市的 58%）拥有这种权力。

在采取市长—议会制的城市，只有 28% 的城市聘任一位全职市长，而且这种情况常常在居民超过 25 万人的城市中发生。市长一般由市民直接选举产生（占所有城市的 96%），没有任期限制（94%），提供四年期服务（68%）。稍过半数（58%）的市长具有否决权。在 90% 的城市中，需要议会绝对多数投票才可以推翻这个否决。而现在，尤其在大中型城市中，市长越来越多地从一个或者多个首席行政官那

① David R. Morgan and Sheilah S. Watson, "Mayors of American Cities：An Analysis of Powers and Responsibilities," *American Review of Public Administration* 26 (March 1996)：121.

② 关于市长—议会制政府的统计来自 Susan A. MacManus and Charles S. Bullock Ⅲ, "The Form, Structure, and Composition of America's Municipalities in the New Millennium," in *2003 Municipal Year Book* (Washington, D. C.：ICMA，2003)：3-12.

里得到帮助来管理城市。例如，这些被任命的官员可以全权负责制定市政预算（占所有城市的28％），而在被调查的采取市长—议会制政府形式的城市中，25％的城市将该项权力直接赋予市长。大多数市长是男性（87％）、白人（96％）。不考虑性别、人种和种族因素，市长的受教育程度一般比其所代表的普通市民要高。① 最后，2003年，在全国范围内，市长的平均工资是24 336美元。在市长—议会制城市中，平均工资为38 786美元；在议会—经理制城市中，平均工资为每年11 000多美元。而在人口为50万人以上的城市中，市长的平均收入约为96 105美元。②

市长领导能力和政治企业家的先决条件

1972年，杰弗里·普雷斯曼（Jeffrey Pressman）发表了一篇关于美国市长在应对"城市危机"中所扮演的重要角色的开创性文章。他认为，正式权力仅仅是市长领导能力和政治企业家所需资源的基础。③ 他还列出了其他一些必须具备的制度特性：

- 城市政府拥有充足的财政和人力资源；
- 城市管辖权涵盖关键政策领域——教育、住房、再开发和就业培训；
- 在市政府内部，市长有权管辖这些关键政策领域；
- 市长有全职工资，在政策规划、演讲稿撰写等方面有足够的人员支持；
- 宣传渠道，例如友好的报纸和电视台；
- 政治支持团体，包括能够被动员起来支持市长的目标的政党。

如上述清单所示，制度障碍极大地影响市长的领导能力。通常，市长的个人素质也具有同等或更重要的作用。地方政府的多元、分散性质，要求政治领导人积累个人影响力以补充他们有限的正式权力。④

关于市长的最新研究

梅尔文·G·霍利（Melvin G. Holli）认为，历史上，我们是从"专著、城市传记……以及单个城市及其市长的研究中，了解美国市长这一职位的"⑤。这类文学作品通常具有丰富的细节和信息，有时还具有娱乐性、时效性、逸事性，令人印象深刻。但是，这些发现往往缺乏普遍性，难以超越所研究的单个城市和市长。近年来，越来越多的研究城市政治和管理的学者，从更实证、更系统和更强对比性的

① 统计数据来自 Susan A. MacManus and Charles S. Bullock III，"Women and Racial/Ethnic Minorities in Mayoral and Council Positions," *1993 Municipal Year Book*（Washington，D. C.：ICMA，1993）：70-84。

② Evelina R. Moulder，"Salaries of Municipal Officials，2002," in *2003 Municipal Year Book*，87，90。

③ Jeffrey L. Pressman， "Preconditions of Mayoral Leadership," *American Political Science Review* 66（June 1972）：511-524.

④ Terrell Blodgett，"Beware the Lure of the 'Strong Mayor'," *Public Management*（January 1994）：11.

⑤ Melvin G. Holli，"American Mayors：The Best and the Worst since 1960," *Social Science Quarterly* 78（March 1997）：149-150.

角度对美国市长职位进行研究。这些研究的发现更具普遍性，研究更具科学性，并减少了印象主义色彩。对这些研究进行简短回顾，可更好地了解关于美国市长的这些重要的、发展中的研究。

其中，P·爱德华·弗伦奇（P. Edward French）和戴维·H·福尔茨（David H. Folz）的研究颇为有趣，它试图探讨美国小型城市（人口在 2 500～24 500）的市长和城市经理在行政行为和决策方面是否存在差别。① 历史上，关于城市的研究大都关注大城市，如纽约、波士顿、芝加哥，以及由一组中心城市组成的所谓"大都市区"。这 600 个左右的中心城市至少要有 50 000 名居民，是绝大多数美国人的居住之地。但是，美国还有大约 5 000 多个人口少于 25 000 人的城市，关于这些城市，很少有系统研究。弗伦奇和福尔茨通过随机抽样，选择了 1 000 个城市进行两次邮件调查，建立了包括 500 个城市经理和市长的数据库。

他们的研究成果表明，无论在小社区还是大城市，城市经理在城市管理和政策制定上花费的时间都比市长要多。② 然而，这一发现并不适用于那些由首席行政官辅助市长的小城市。在这类城市中，市长花费在政策活动上的时间与城市经理几乎一样多。在没有首席行政官辅助的小城市，市长花费在城市管理上的时间与大城市的市长一样多。在政府管理过程的四个方面——使命、政策、行政、管理，市长和城市经理都认为，相比管理和行政活动，他们更广泛地参与使命和政策活动。但是，相关统计数字显示，无论市长有没有首席行政官的辅助，城市经理对政府管理过程四个方面的参与度明显比市长要强得多。研究结果还表明，在做出影响地方服务或工程的决定之前，"城市经理，而不是市长，更有可能咨询主要利益相关者的意见"；在市长和城市经理如何评价他们感知到的利益集团成员对其（在六大政策领域）形成决策的影响方面，似乎并没有显著的差异。③

佐尔坦·L·哈吉奈尔（Zoltan L. Hajnal）的研究关注黑人市长选举，"（这项研究可得出的）最显著结论是，黑人代表的确有影响"④。哈吉奈尔以 1984—1992 年间美国选举研究的混合样本为例，评估黑人市长领导下美国白人的态度变化和政策偏好。他的调查结果表明，虽然黑人市长任职对白人共和党人似乎没什么影响，但对民主党和独立人士来说，黑人市长却能减轻种族紧张局面、增进种族同情、增加对黑人领导的支持。⑤ 另外，约翰·P·佩利塞罗、戴维·B·赫利兰（David B. Holian）和劳拉·A·托玛卡（Laura A. Tomaka）运用断续的时间序列设计，研究首位少数族裔市长（黑人或拉美人）当选对城市财政政策是否有长期或短期影响。他们发现，选举少数族裔市长的城市，在 21 年内，城市收入和居民人均支出

① P. Edward French and David H. Folz, "Executive Behavior and Decision Making in Small U. S. Cities," *American Review of Public Administration* 34 (March 2004)：52-66.

② Ibid. , 57.

③ Ibid. , 59, 60-61.

④ Zoltan L. Hajnal, "White Residents, Black Incumbents, and a Declining Racial Divide," *American Political Science Review* 95 (September 2001)：613.

⑤ Ibid. , 603.

并无显著变化。①

城市经理

在议会—经理制城市，市长的正式权力极其有限，通常被要求通过推动和协调他人工作来行使政治领导。这一方案的最初理论暗含着这样的设想：城市议会在政策制定中占据主动权并集体行使领导权力，市政府日常行政事务在议会的全面监督下由专业化全职行政人员——城市经理——负责处理。这样，市政府的行政工作与政治相分离，而政策制定任务主要由民选市长和议会承担。但是，有迹象表明，即使在实施的最初阶段，该方案也没有以理想的模式进行运作。近年来，大量证据表明，城市经理在政府过程的四个维度中都发挥着重要作用，包括：帮助决定政府使命（包括目标和范围）；倡导和制定政策建议；通过政策和项目实施进行管理；对人员、财政、信息资源、技术资源的日常控制和管理。

公共行政学者约翰·纳尔班迪安（John Nalbandian）认为，当前复杂的城市环境迫使城市经理介入社区政治。② 然而，作为委任官员，城市经理最好避免直接介入地方选举之中。城市经理的政治角色出现了另外一种形式，它扩展并超越了仅是给议会提供建议的传统定位。现代城市经理已然成为全面拓展的经纪人，建立联盟，促使各竞争团体彼此谈判和妥协。

城市经理是什么样的人？

调查数据显示，地方经理是在性别、种族、年龄、教育程度和经验上具有相似性的精英团体。例如，2000 年，国际城镇管理协会对人口在 2 500 人左右的城市和县（共约 6 395 个）进行了一项调查，对象涵盖所有的地方政府经理，包括议会—经理制城市的经理、市长—议会制城市的首席行政官、县的执行官或经理、市镇行政官员等。51％的经理对邮件调查做出了回应。因此，尽管这些数据不完全是由议会—经理制城市的经理提供，但这项调查结果确实代表了在城市和县担任经理和首席行政官的各类经理们的总体情况。③

2000 年国际城镇管理协会的调查报告称，地方经理中有 88％是男性，这是一项重大变化，在 1989 年该比例为 95％，1974 年为 99％，这个变化显示城市和县经理这个职业正在走向性别多样化，尽管该过程比较缓慢。理查德·L·福克斯（Richard L. Fox）和罗伯特·A·舒曼（Robert A. Schuhmann）发表了一系列研究

① John P. Pelissero, David B. Holian, and Laura A. Tomaka, "Does Political Incorporation Matter? The Impact of Minority Mayors over Time," *Urban Affairs Review* 36 (September 2000)：84-92.

② John Nalbandian, "Tenets of Contemporary Professionalism in Local Government," *Public Administration Review* 50 (November-December 1990)：654-662.

③ 除非另有引用，这部分的所有数据都来自 Tari Renner, "Local Government Management Profession at Century's End," *2001 Municipal Year Book* (Washington, D.C.：ICMA, 2001)，35-46。

女性地方经理的文章，基于 1996—1997 年国际城镇管理协会资助的一项调查，他们提供了地方女性经理的人口构成情况。当时任职于美国地方政府总计 410 位首席行政官中，有 257 位回应了这项调查。[1] 其中 87% 的女性地方经理就职于人口在 25 000 或更少的城市。回应调查的女性经理的平均年龄为 47.9 岁，与其他女性同胞相比，这些女性经理的受教育水平更高。比如，女性经理拥有硕士学位的比率是普通女性的 9 倍（35%：4%）。大多数女性地方城市经理是白人（92%）。她们担任现任职务的平均时间约为 6 年，但过半（51%）的地方经理表示其任职时间只有 4 年或者更少。谈到政治思想时，37% 的女性表示是自由主义者，35% 表示是保守主义者，28% 表示是温和派。女性官员的最大激发因素是她们对公共事务的承诺——70% 的女性表示这种承诺是她们被选为地方经理的首要原因。

在另外一篇文章中，福克斯和舒曼指出，与男性相比，女性城市经理：（1）更容易将市民输入纳入到决策中；（2）在履行其职责时，更强调与市民、民选或委任官员沟通的重要性；（3）她们不大将自己看作政策企业家，而更多地把自身角色定位为经理和推动者。他们还指出，"参与这项研究的女性很重视市民参与，喜欢把自己置于互动'网络'的中心，而不是等级制度的顶部"[2]。

最后，福克斯和舒曼强调说，女性之所以介入城市管理的进程缓慢，部分原因是由于女性城市经理缺少受指导经历，她们比男性更倾向于依赖女性导师（mentor）。[3] 与男性得到男性教授的指导相比，女性得到同性导师指导的机会要低得多。这种性别鸿沟展示了一个障碍，女性具有较少的选择和机会接触高级职位和教育机构的女性。例如，在 20 世纪 90 年代末，公共行政和公共事务专业的本科毕业生中大约有 50% 是女性，但只有 24% 的教师是女性。

回到基于 2000 年国际城镇管理协会对地方经理进行调查的数据，我们发现：92% 的地方经理年龄在 30～60 岁，50% 在 46～55 岁；在 1989 年，99% 的首席行政官是白人，而 2000 年该比例降为 95%，另有 2% 为拉美裔，2% 为非裔美国人，剩余 1% 包括亚裔美国人、本土印第安人和其他少数族裔。

地方经理在当前职位的平均任职年限为 6.9 年，而在 1989 年为 5.4 年。任地方政府官员的总时间平均为 17.4 年，而在 1989 年为 10.1 年。这种职位任期增加 28 个百分点和行业任期增加 72 个百分点的现象，预示了地方经理这个行业前景很好。其工作稳定性越来越强，对年轻人进入城市管理行业应该具有很强的激励作用。然而，6.9 年的平均任职年限也显示，很少有城市经理在同一个城市待很长时间。道格拉斯·J·沃森（Douglas J. Watson）和温迪·L·哈西特（Wendy L. Hassett）对"长期任职"（在同一个城市至少工作 20 年以上）的城市经理的调

[1]　Robert A. Schuhmann and Richard L. Fox, "Women Chief Administrative Officers: Perceptions of Their Roles in Government," *1998 Municipal Year Book* (Washington, D. C.: ICMA, 1998): 16-22.

[2]　Richard L. Fox and Robert A. Schuhmann, "Gender and Local Government: A Comparison of Women and Men City Managers," *Public Administration Review* 59 (May-June 1999): 231-242.

[3]　Richard L. Fox and Robert A. Schuhmann, "Mentoring Experience of Women City Managers: Are Women Disadvantaged?" *American Review of Public Administration* 31 (December 2001): 381-392.

查显示，这些城市经理大部分任职于相对较小的城市（人口少于 3 万人），这类城市具有相似性，其政治稳定，奉行改革运动原则。[1] 这些城市经理受过良好教育，致力于公共服务，对"所在社区、员工和为之服务的民选官员"负责。[2]

2000 年的调查显示，大约 13% 的经理报告称在过去一年改变了职位，其中，10% 是自愿改变，3% 是非自愿。对于那些自愿改变职位的，61% 是为了职业发展。而被迫改变职位的，10% 是被解雇，20% 是被迫辞职，剩下 70% 是迫于压力而辞职。但是，后面这些百分比值得我们重视：调查样本的 3% 仅仅相当于约 100 名被迫离职的地方经理。

调查同时还发现，地方经理是受到良好教育的群体：89% 拥有学士学位（1971年为 69%），60% 拥有硕士学位（1971 年为 27%），3% 获得了博士学位（法学博士或哲学博士）。在过去几十年间，地方经理的学术研究领域已从工程领域转向了公共行政和商业管理。最后，2/3 的城市经理表示，对自身工作非常满意（22%）或比较满意（44%）。考虑到地方经理工作的烦琐和承受的压力，这个满意度似乎有些偏高，但他们的薪酬相对较好。2002 年，城市经理的平均工资约为89 000美元，首席行政官的平均工资约为 70 000 美元，县经理平均工资大约 74 000 美元。在超过 50 000 人的城市，城市经理的工资可达 125 000 美元，首席行政官为95 000美元。在大都市地区，县经理的平均工资约为 93 500 美元。[3]

城市经理做什么？

根据国际城镇管理协会的官方职位说明，城市经理主要有以下四大职责：
- 就全局问题制定政策；
- 编制预算，提交预算给议会，待议会批准后组织实施；
- 任免城市政府主要部门的负责人；
- 形成广泛的外部关系，处理城市运行的各方面问题。[4]

此外，许多城市宪章还要求城市经理执行市议会制定的政策。

在一项经典研究中，政治学家迪尔・怀特声称，城市经理的职责可以划分为三大基本类别：管理的、政策的、政治性的。[5] 执行政策、编制预算、通过任命和免职控制官僚机构，这是管理角色的几个关键要素。政策角色涉及城市经理与议会、市长的关系。就政治角色而言，城市经理不仅要与其他层级政府（尤其是州和联邦

① Douglas J. Watson and Wendy L. Hassett, "Long-Serving City Managers: Why Do They Stay?" *Public Administration Review* 63 (January-February 2003): 71–78.

② Ibid., 77.

③ 关于工资的统计数据来自 Moulder, "Salaries of Municipal Officials, 2002," 85–107; and Evelina R. Moulder, "Salaries of County Officials, 2002," *2003 Municipal Year Book*, 108–127。

④ Laurie Frankel and Carol Pigeon, "Municipal Managers and Chief Administrative Officers: A Statistical Profile," *Urban Data Service Reports* (Washington D. C.: ICMA, 1975): 3.

⑤ Deil S. Wright, "The City Manager as a Development Administrator," in *Comparative Urban Research: The Administration and Politics of Cities*, ed. Robert T. Daland (Beverly Hills, Calif.: Sage, 1969): 218.

政府）的官员磋商，还要与社区内许多民间团体和个人进行沟通。

在怀特对 45 个大城市的城市经理的调查中，受访者被要求说明他们实际上在三个基本角色中各自花费的时间，以及他们希望如何进行分配。调查结果表明，城市经理的时间花费情况是，管理角色占了 60%，政策角色占了 21%，政治角色占了 16%，另外 3% 的时间做了"其他"事情。然而，他们希望在行政管理角色上花费较少时间（46%），而把更多时间花费在政策角色（19%）、政治角色（19%）和"其他"角色（9%）上。大部分管理者显然想要花更多时间与议会及广大民众进行互动。

怀特的研究成果发表 20 年之后，查尔迪安·纽厄尔（Charldean Newell）和戴维·阿蒙斯（David Ammons）经过调查发现，城市经理在做什么和想要做什么之间的差距缩小了。[①] 他们 1985 年对人口在 50 000 人以上的城市中的 142 位城市经理的样本调查发现，城市经理花费大约一半（51%）的时间在行政事务上，32% 的时间在政策角色上，17% 的时间在政治角色上。此外，他们在这些角色上的实际时间分配几乎和他们所希望的时间分配完全吻合。研究还显示，城市经理对于自身角色重要性所持的态度，根据城市市政结构和人口特征的不同而有很大变化。[②]

最后，关于城市经理到底做什么，詹姆斯·什瓦拉（James Svara）认为，由怀特提出而后被纽厄尔和阿蒙斯采用的三种角色类型，应该被重新定义为四种角色：使命、政策、行政和管理。[③] 我们同意什瓦拉的这一观点，"政府过程的这几个维度"，我们将在本章稍后部分深入讨论。

现实中的美国城市显然并没有耶茨所描绘的"多元混战"那么混乱，即便如此，城市经理们必须扮演着极其复杂的政策角色，这种复杂程度是其先人们所不能想象的。事实上，很多人认为，现在城市经理的某些行为，是以前只有民选政治家才能做的事情。用詹姆斯·巴诺威茨（James Banovetz）的话来说，城市经理必须做"制定城市政策的'催化剂'，代理、妥协并满足众多相冲突的特殊利益团体的需求"[④]。也许，卡米尔·凯兹·巴尼特（Camille Cates Barnett）就是新型城市经理的最佳典型，她拥有公共管理硕士和博士学位，曾是得克萨斯州休斯敦市、奥斯汀市、达拉斯市的前任城市经理。她认为，作为一位城市经理，她是一个"促进者"和"谈判者"，她强调，"一位城市经理如果不告诉人们自己是如何想的，还不如干脆辞职。但你也不要想着抢你的议员们的镜头"[⑤]。

①　Charldean Newell and David N. Ammons，"Role Emphases of City Managers and Other Municipal Executives，" *Public Administration Review* 47（May-June 1987）：250.

②　Charldean Newell，James J. Glass，and David N. Ammons，"City Manager Roles in a Changing Political Environment，" in *Ideal & Practice in Council-Manager Government*，2nd ed.，ed. H. George Frederickson（Washington，D.C.：ICMA，1995）：53-67.

③　James H. Svara，"Dichotomy and Duality：Reconceptualizing the Relationship between Policy and Administration in Council-Manager Cities，" *Public Administration Review* 45（January-February 1985）：221-232.

④　James M. Banovetz，"The City：Forces of Change，" in *Managing the Modern City*，ed. James M. Banovetz（Washington，D.C.：ICMA，1971）：42.

⑤　转引自 Alan Ehrenhalt，"The New City Manager Is：（1）Invisible（2）Anonymous（3）Non-political（4）None of the Above，" *Governing*（September 1990）：43-45。

市长与城市经理的关系

市长与城市经理的关系，一直是城市学者和实际工作者相当关注的一个话题。[1] 最初的议会—经理制方案充其量将市长想象为一个谦恭的角色，但这个设想可能是不实际的。众所周知，即使是在一些小型社区中，市长们也能对一系列市政事务施加相当程度的影响。实际上，20世纪60年代早期出版的一项关于佛罗里达州几个小型社区的经典研究揭示，一个活跃的市长，尤其是经民选产生的，能对城市经理的任期施加巨大的压力。[2] 戈登·惠特克（Gordon Whitaker）和鲁斯·胡格兰·迪胡戈（Ruth Hoogland Dehoog）最近所做的更多研究证实了这一发现。[3] 这些研究人员断言，与一些发现相反，"冲突"经常是城市经理频繁更替的原因。他们认为，城市经理应该尝试更好地了解冲突在社区政治中的作用，应接受冲突解决技术的专门培训。

不过，通过合作，市长和城市经理之间的关系可以而且应该是互利的。例如，詹姆斯·什瓦拉主张，议会—经理制下的市长在城市事务中起着尽管含糊但却独特的作用。[4] 基于北卡罗来纳州市长们表现出的12种角色（活动）的组合，什瓦拉提出了市长领导力的七大类型。他得出结论，市长是议会—经理制的"稳定器"："他或多或少地处于核心，或多或少地保持公共性，或多或少地在条件许可时坚持己见……有效的（市长）领导立基于在政府过程中强化其他参与者，而不是控制或取代他们。"[5]

戴维·摩根和谢拉·沃森进行了一项全国性的调查，以分析市长和城市经理经常一起工作的方式。[6] 他们发现，尤其是在大城市中两类官员经常组成团队或创造伙伴关系，尽管在大多数情况下市长占据主动权。在小城市，市长与经理也存在合作，但并不经常。在这种情况下，城市经理更有可能成为"市长—经理"团队的主要领导者。最后，作者对流行的"看守政府"（caretaker governments）说法做出评论。在大约1/3的城市中，不管市长与经理的互动频率如何，二者都不具备足够的权力。因此，二者都没有决定性的权威以影响市政政策。然而，相对于小城市而言，实行议会—经理制的大城市的看守属性要弱得多。

---

① 关于议会—经理关系的资料主要引自 Robert E. England, "City Managers and the Urban Bureaucracy," in *Cities, Politics, and Policy: A Comparative Analysis*, ed. John P. Pelissero (Washington, D. C.: CQ Press, 2003): 200-207。

② Gladys Kammerer, Charles Farris, John DeGrove, and Alfred Clubok, *The Urban Political Community* (Boston: Houghton Mifflin, 1963): 197-198.

③ Gordon Whitaker and Ruth Hoogland DeHoog, "City Managers under Fire: How Conflict Leads to Turnover," *Public Administration Review* 51 (March-April 1991): 162.

④ James H. Svara, "Mayoral Leadership in Council-Manager Cities: Preconditions versus Preconceptions," *Journal of Politics* 49 (February 1987): 224.

⑤ Ibid., 225.

⑥ David R. Morgan and Sheilah S. Watson, "Policy Leadership in Council-Manager Cities: Comparing Mayor and Manager," *Public Administration Review* 52 (September-October 1992): 438-445.

4.3 城市议会

尽管对行政领导的需求非常迫切，代议制政府受立法部门委托扮演积极的决策角色。在市一级这些人是谁呢？他们又在做什么？

国际城镇管理协会在 2001 年的一个大规模调查报告有助于我们更好地了解市议会议员。[1] 美国市议会的平均规模是 6 个人。在回复调查问卷的 25 000 多名市议会议员中，22％是女性，在 1976 年这一比例为 10％。在所有被调查城市中，67％的市议会至少包含一名女性。国际城镇管理协会研究报告的作者、政治学家苏珊·麦克马努斯（Susan MacManus）和查尔斯·布洛克（Charles Bullock）认为，"女性当选的最大障碍是她们对参选的谨慎态度，女性参选率仍远远落后于她们的男性同行"[2]。大多数（87.5％）议员是白人，在 1986 年类似比例为 93.6％。非裔美国人约占市议员的 5.6％，西班牙裔约占 2.6％。美国原住民议员比例已经有了大幅度的增加，从 1986 年的 0.3％增加到了 2001 年的 4％。在年龄方面，市议会成员往往是年龄比较大的市民：87％的市议员年龄在 40 岁及以上，在所有议员中，27％是 60 岁及以上的，22％是退休人员。

在 2001 年的调查中，64％（1991 年是 59％）的市议员是通过不分区选举当选的，14％（1991 年是 11.7％）是通过选区或地区性选举当选的，而 21％（1991 年是 29.3％）则采用混合方式。正如第 3 章曾提及的，有研究表明，少数族裔在基于地区性选举和混合选举的城市中表现更好，而女性在不分区选举中表现略好些。

少数行政辖区（9％，1991 年为 4.2％）对议员的任期有规定，它们主要是人口超过 50 000 人的城市（即所谓的"中心城市"），以及位于被国际城镇管理协会定义为山脉地区的城市，包括亚利桑那州、科罗拉多州、爱达荷州、蒙大拿州、内华达州、新墨西哥州、犹他州和怀俄明州。在实行不分区选举的城市中，大约有 60％的议员实行 4 年任期制，22％实行 2 年任期制；在实行地区性或选区性选举的城市中，约 61％的议员实行 4 年任期制，31％实行 2 年任期制。多数城市（83％）实行交叉选举，以确保议会的连续性、稳定性以及组织记忆性。大多数议会每月举行一次（20％）或两次（69％）会议。与美国国会和各州议会类似，过半数（58％，1996 年为 53％）的城市设有常设委员会，在人口超过 25 万人的城市中，该比例为 75％。最后，城市改革者显然已经成功地通过推动超党派选举（至少在理论上）将政治排除在地方政府之外。在 2001 年，约 77％的城市通过超党派选举方式产生市议员。

在全国城市联盟 2001 年委托的一项研究中，詹姆斯·什瓦拉公布了一份对 664 名市议员（他们均在人口超过 2.5 万人的城市任职）的调查报告。[3] 什瓦拉的报告

---

① MacManus and Bullock, "Form, Structure, and Composition," 13−17.

② Ibid., 16.

③ James H. Svara, *Two Decades of Continuity and Change in American City Councils* (Washington, D.C.: National League of Cities, September 2003), at www.nlc.org/content/Files/RMPcitycouncilrpt.pdf.

提供了国际城镇管理协会研究没有涉及的有用信息。例如，他指出，相对于普通市民而言，议员们普遍受过良好的教育。在 2001 年，75％的市议员拥有学士学位，40％的市议员拥有专业或研究生学位。市议员的平均年龄是 54 岁。大约 40％的议员报告其职业是经理或者专业人士，21％为企业老板，21％是退休人员，3％是家庭主妇或主夫（house spouses），2％是蓝领工人，1％是文书人员，剩下的被列为其他。

　　尽管美国大多数城市的市议员实行超党派选举，但是，党派政治和政治意识形态仍是议会政治的组成部分。什瓦拉报告说，在所有城市中，38.3％的议员是民主党人，30.9％是独立人士，30.8％是共和党人。

　　根据调查数据，多数议会的竞争并非势均力敌。几乎一半（45％）的议员报告说他们以较大的优势赢得选举，19％的议员没有竞争对手。只有 11％的受访者表示选举很激烈。56％的议员计划参与下一届竞选，约 1/3（28％）表示有兴趣参选更高职位。

　　议员们相对平均地分布在该研究设计的服务年限分类中。24％的议员服务了 0～2 年，22％服务了 3～5 年，28％服务了 6～10 年，约 1/3（29％）服务了 10 年或更长。通常，市议员服务只能获得有限的酬金，根据城市规模和政府形式的不同，市议员工资也有很大差异。例如，在大城市（拥有 20 万及以上居民）中 73％的议员年收入为 2 万美元及以上，35％的议员年收入超过 4 万美元；相比之下，在小城市（拥有 25 000～69 999 名居民）中，年收入能达到 2 万美元的议员不足 2％。与议会—经理制城市的议员相比，市长—议会制城市的议员获得的报酬更高一些。依据城市规模的不同，议员服务的时间也有显著差别：在小城市，议员平均工作时间是每周 20 小时，在中型城市（拥有 70 000～199 999 名居民）是每周 25 小时，在大城市每周工作 42 小时，基本上是全职工作。

　　为什么议员要竞选公职？当向他们提供包含竞选公职的各种原因的列表并要求他们做出选择时，约 80％的受访者表示是"为了从整体上服务于城市"，第二位（51％）的选择是"服务于邻里"，只有 3％的受访者将服务市议会视为获得更高职位的基石。

　　什瓦拉的研究表明，在市长—议会制和议会—经理制两类不同的组织形式下，城市议会具有显著区别。如表 4—1 所示，蒂莫西·克雷布斯（Timothy Krebs）和约翰·P·佩利塞罗的研究捕捉到了这些主要差别。[①] 表中列示的多数特点很容易理解，但是有两个需要做些解释。第一，"代表类型"涉及政治学关于代表角色的经典讨论，即应基于自身判断（受托人角色），还是根据选民意愿行动（代理人角色）。第二个需要稍加解释的是"决策角色"。在议会—经理制城市中，议员们更可能是兼职工作且无工资或工资很低，他们往往听从或者回应城市经理和官僚专业机构的专业知识，因此，他们被赋予了"回应者—采纳者"（respondents-adopters）标签。大城市多采用市长—议会制，这样更可能设置立法委员会和专职、带薪议员。这些大城市议会的规模较大，因此，在制定政策过程中容易出现分歧。市议员

① Timothy B. Krebs and John P. Pelissero, "City Councils," in Pelissero, *Cities*, *Politics*, *and Policy*, 169-195.

可能选自不同地区或选区，他们认为有责任照管好所在地区的利益，这就出现了
"提倡者—采纳者"（advocates-adopters）的决策角色。尽管如此，我们仍要保持谨
慎，正如克雷布斯和佩利塞罗提到的，"如果我们能够从这项研究中学到什么，那
就是美国城市议会没有统一的模式"①。总结是可能的，但是在每次总结时，都会
有例外情况。

表 4—1　　　　　　　　　两种政府形式下市议会的一般特征

特征	市长—议会制政府	议会—经理制政府
议会规模	较大	较小
工作性质	全职	兼职
薪酬	较高薪酬	较低或不付酬
会议	较频繁	不频繁
政党角色	党派性和超党派性	超党派性
代表方式	区域性	不分区
委员会	较多	较少
人员	较多	较少
差异性	较大	较小
代表类型	代理人	受托人
选民服务	较多社会福利	较少社会福利
决策角色	提倡者—采纳者	回应者—采纳者
冲突	较高	较低

资料来源：Reprinted with permission from Timothy B. Krebs and John P. Pelissero, "City Councils," in John P. Pelissero, ed. , *Cities, Politics, and Policy: A Comparative Analysis* (Washington, D. C. ; CQ Press, 2003): 169-195.

议会与经理间关系

几乎从一开始，城市经理和市议会之间的合宜关系就是研究和争论的话题。例
如，《国家与地方政府评论》（*State and Local Government Review*）杂志最近推出
的"城市冲突管理及解决之道"专题，致力于研究"如何管理市议员和城市经理之
间的互动以培育合宜的工作关系"。②

虽然议会—经理制政府的出现在理论上支持了政策和行政的分开，即所谓的政
治行政二分法，但即使该原则的早期支持者也意识到决策同样需要管理的介入。约
翰·纳尔班迪安恰当地提醒我们："人们很早就意识到市、县经理在决策过程中发
挥了重要作用。"③ 现在，争论的焦点主要集中于市议会和城市经理各自的责任领

---

① Timothy B. Krebs and John P. Pelissero, "City Councils," in Pelissero, *Cities, Politics, and Policy*, 189.

② "Conflict Management and Resolution in Cities," *State and Local Government Review* 31 (Fall 1999): 158-213.

③ John Nalbandian, "The Manager as a Political Leader: A Challenge to Professionalism?" *Public Management*, March 2000, 7-12.

域。在 20 世纪 80 年代中期，詹姆斯·什瓦拉提供了一项经典研究来理清这个关系。[1] 在我们看来，该模型在今天仍具有指导意义。

通过对北卡罗来纳州五个大城市进行实地观察及其他研究，什瓦拉开发了一个议会—经理制城市政策和行政二分模型。他把基本的治理责任分为四类：使命、政策、行政和管理，然后，他用曲线图生动地描绘了议会和城市经理在各领域的职责划分。这个基本模型如图 4—1 所示。

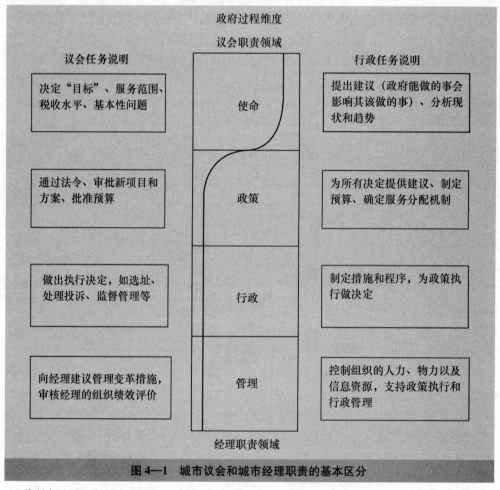

图 4—1　城市议会和城市经理职责的基本区分

资料来源："Dichotomy and Duality：Reconceptualizing the Relationship between Policy and Administration in Council-Manager Cities," by James H. Svara, *Public Administration Review*，1985，45，228. Reprinted with permission from *Public Administration Review* by the American Society for Public Administration（ASPA），1120 G Street NW，Suite 700，Washington, D. C.，2005。All rights reserved.

正如本章前文简略提到的，使命是指组织最广泛和最基本的目标。它包括提供

---

[1]　James H. Svara，"Dichotomy and Duality：Reconceptualizing the Relationship between Policy and Administration in Council-Manager Cities," *Public Administration Review* 45（January-February 1985）：221—232；另参见 William Browne，"Municipal Managers and Policy：A Partial Test of the Svara Dichotomy-Duality Model," *Public Administration Review* 45（September-October 1985）：620—622。

服务的范围、税收水平和基本政策取向等。如图 4—1 所示，使命是民选官员的最主要职责。当然，城市经理在此领域并非毫无权力，他要提出建议、进行研究、参与规划，但是使命主要是议会的职责范畴。

这里的政策仅限于中间层次的议题和问题，即保罗·彼得森所谓的"再分配"问题。无疑，年度预算属于此类中间层次的决策——哪些方案或者服务应扩大或缩减，是否外包给私人部门承担某项新的服务职责。图 4—1 中的曲线几乎平分了这个区域，尽管它赋予了城市经理略多的空间。确实，城市经理被期望在这方面发挥重要作用，应提出和推荐各种政策措施。当然，议会有权批准预算、通过条例、批准新的服务动议。但在许多城市，这些活动的主动权掌握在城市经理手中。

当我们向下移动到行政和管理区域时，城市经理的职能自然地扩展了。在什瓦拉看来，行政是指为实现政策目标所采用的特殊决定和措施。在这方面，议会仍具有一定的影响力。它可以选择特定的行政技术，或介入服务供给过程，以回应选民需求或确保议员所在选区的特殊需求得到满足。最后，该图的底部是管理领域，在这里我们看到议会参与较少。城市经理可以直接采取行动，控制和分配组织的人力和物资资源。议会在这里可能扮演监督角色，提供建议或者传递市民的抱怨，但民选官员和行政官员在管理领域的界限通常被清晰界定并被广泛认同。

如图 4—1 所示，二分法确实存在，但是只在使命和管理层面上。在政策和行政层面，职责的共同分担是必要的。什瓦拉欣然承认，上述示意图并不适用于所有议会—经理制城市。他界定了该模型的几种变体："强经理"类型，曲线将向左移动；"议会入侵"（council incursion）类型，议会经常涉足并主导行政领域。总之，图 4—1 代表了市议会和城市经理划分与分担城市治理和管理基本职责的一种合理的、典型的制度安排。

最近，什瓦拉声称政治行政二分法的"神话"应该由他提出的"政治行政互补"模式所替代。[①] 这个相互依存（而非两分法）的模型建议，民选官员（市长和议会议员）和行政人员（城市经理和地方官僚）应该共同承担决策职责，实际情况也是如此。萨利·科尔曼·塞尔登（Sally Coleman Selden）、吉恩·A·布鲁尔（Gene A. Brewer）和杰弗里·L·布鲁德尼（Jeffrey L. Brudney）的研究支持了什瓦拉的互补模型。基于对 1 000 名城市经理的调查，这些研究发现：虽然议员们能够通过评估、监督甚至终止等相当多的手段来控制城市经理的行为，但是大多数议员倾向于选择信任和角色共享等不太复杂的解决方案。[②]

需要牢记的一点是，城市经理经常发现他们被推入政策领域。其中可能的原因主要包括：

---

① 参见 James H. Svara，"The Politics-Administration Dichotomy as Aberration，" *Public Administration Review* 58（January-February 1998）：51—58；James H. Svara，"The Myth of the Dichotomy：Complementarity of Politics and Administration in the Past and Future of Public Administration，" *Public Administration Review* 61（March-April 2001）：176—183。

② Sally Coleman Selden，Gene A. Brewer，and Jeffrey L. Brudney，"The Role of City Managers：Are They Principals，Agents，or Both?" *American Review of Public Administration* 29（June 1999）：124。

- 市长和议会未能发挥理想的领导作用；
- 城市经理是全职工作，而议员们只是兼职工作；
- 城市经理具有问题解决方面的经历或专业训练；
- 有大量专家、技术人员和部门负责人协助城市经理；
- 城市经理在编制城市预算方面的角色；
- 城市经理处于信息网络的顶点，能够传递、控制和否决他人提供的方案。

城市经理在主导市政政策时会受到一些限制。首先，大多数城市经理都认识到使议会保持满意的必要性，以及议会通常反对过于激进的政策。其次，即使是在管理职位上，主导性的看法是，城市经理不应该公开支持与市议会意见相左的观点。最后，在大型议会—经理制城市，城市经理经常要和市长分享政策角色。如前所述，摩根和沃森报告说，大城市的市长和经理经常会结成执政联盟。这一情况发展到一定程度后，议会—经理制城市和雇用全职首席行政官的市长—议会制城市就没有什么区别了。

到目前为止，我们考察了市长和作为首席行政官的城市经理、市长—城市经理的关系、市议会—城市经理的关系。政策与实践专栏 4—2 的案例研究展示了在议会—经理制城市中，三类决策者——市长、城市经理、市议员——之间的互动，他们试图在新公共管理模型下重塑政府。

政策与实践专栏 4—2

市长和市议会对城市经理重塑政府动议的影响

2001 年，在对"重塑政府的影响、预测和结果"（政策与实践专栏 1—1）进行案例研究一年后，理查德·科尔尼和卡曼·斯卡沃提供了通过对地方重塑政府行动进行系统的比较分析得出的另一个调查结果。该研究试图回答议会—经理制（改革后）城市的两个问题："第一，城市经理、市长和议会推动的重塑政府行动之间有什么关联性？程度如何？第二，城市经理、市长和议会彼此之间进行重塑政府互动的实质是什么？"第一个问题的答案是，重塑政府行动是城市经理支持"重塑思想"的结果，这些城市政府具有以下特征：城市财力雄厚、拥有很多全职雇员、位于阳光地带。

当把市长和议会的特征引入分析（回归方程），作为市议员是否同意城市经理为重塑政府所做的预算方案的预测，一些新的变量就有了统计意义："一个大的、种族同质的市议会便于实施重塑政府政策，而一个强大、活跃的市长（根据其任命各部门负责人的能力衡量），及其与公民团体和整个公众不断增长的密切联系，使重塑政府很难发生。"（p.62）作者推测，种族多元化的市议会会比种族同质的市议会引发更多的冲突，并阻碍采纳重塑政府政策。或者，少数族裔议员会认为重塑政府动议在规模上属于全市性的，因此会对本地居民构成威胁。

在解释与市长相关的研究发现时，科尔尼和斯卡沃认为，"城市经理对市长任命的部门负责人所施加的影响，不如对经理自己雇用人员的影响大"（p.63）。对于各种公民团体和社会公众追求的与重塑政府无关的议程项目，市长也会很活跃，一些市长会主动介入决定政府"使命"的活动之中。

总之，虽然城市经理在理论上，甚至在行动上可能会很支持重塑政府，但是他们必须同议会和市长们进行互动，因为二者都可对执行重塑政府动议产生重大影响。用科尔尼和斯卡沃的话说，城市经理"只可以做其社区、政府和政治环境允许做的事"（p.63）。

资料来源：Richard Kearney and Carmine Scavo, "Reinventing Government in Reformed Municipalities," *Urban Affairs Review* 37 (September 2001): 43-66。

4.4 官僚系统与政策

管理系统，即城市公职人员和运行部门，是政策制定和执行过程中的主要参与者。关于官僚系统在决策方面的角色，查尔斯·E·林德布鲁姆和爱德华·J·伍德豪斯做出以下评论：

事实上，如果能统计不同政治系统的各类决策行为的话——作出抉择、努力说服、达成协议、威胁和承诺、发出或接受权威命令——我们就会发现，政策制定是完全掌握在官僚系统手中的。[1]

肯尼思·J·迈耶同意上述观点。他认为，如同立法机关一样，官僚系统对价值做权威性分配，并借此获得介入政治的机会。[2]

官僚系统之所以能成为关键的政策制定者，主要出于以下几个原因：首先，官僚系统是大量技术和高度专业化信息的主要来源，而这些信息对于决策是非常必要的；其次，立法机关逐渐发现，有必要把法律制定得尽可能宽泛以便于灵活应用。这一实践明显增强了作为法律执行者的官僚系统的权力；最后，官僚机构及其人员，尤其是在城市层次上，在很多时候都要与公众保持密切的联系，因此适度的判断和自由裁量权对于解决问题、纷争和抱怨是非常必要的。

尽管官僚系统处于"政策制定中的核心位置"[3]，但大多数观察者可能会同意官僚系统在政策执行阶段的作用更大。[4] 我们可以界定其发挥影响力的两个基本方式：一是通过制定指导行政行为的决策规则；二是通过在处理街区层次群众事务中行使自由裁量权。

---

① Charles E. Lindblom and Edward J. Woodhouse, *The Policy-Making Process*, 3rd ed. (Upper Saddle River, N. J.: Prentice Hall, 1993): 59.

② Kenneth J. Meier, *Politics and the Bureaucracy*: *Policymaking in the Fourth Branch of Government*, 4th ed. (Fort Worth, Tex.: Harcourt, 2000): 7.

③ Peters, *American Public Policy*, 63.

④ Dye, *Understanding Public Policy*, 52.

官僚系统决策规则

为理解官僚系统如何形成及为什么形成决策规则，我们必须了解官僚自身的心理需要。在一项对奥克兰市官僚决策的经典研究中，弗兰克·列维、阿诺德·梅特兹纳和阿伦·威尔达夫斯基发现，像我们大多数人一样，行政官员也希望在一个相对安全、稳定、有组织的环境中工作。为了尽量保持他们之间关系的有序性和可预见性，官员依赖于奥克兰研究提出的亚当·斯密法则。该决策规则坚持自由放任的基本定位，认为："在顾客提出一项'要求'时，以专业方式服务他，否则，就不要去管。"[①] 行政官员运用亚当·斯密法则并高度依赖专业化标准，作为例行的、稳定的决策过程的基本方式。

列维和他的同事从图书馆建设入手，以证明官僚决策规则是如何影响城市部门运作的。根据亚当·斯密法则，新获得的资金应被分配给流通量最大的部门：顾客所借的书越多，该部门获得的资金也越多。对于道路管理部门，该规则要求把资金花费在修理人们抱怨最多的道路上。表面上看来，这些决策规则是合理和无可厚非的，但正如奥克兰研究所指出的，这些行为常常包庇了一种潜在的分配偏差。以图书馆为例，某些流通量低的部门，尤其是那些服务于穷人和少数族裔的部门，因此而不能获得资源去提供新资料，以满足顾客不断变化的需求。在道路管理部门，证据表明，把资源集中投放在交通压力较重的道路倾向于服务富裕的上班族（包括生活在奥克兰市之外的人），而穷人使用的街道却无法得到改善。

行政自由裁量权

一些公职人员在处理日常事务时的自由裁量行为也会影响政策执行。迈克尔·利普斯基（Michael Lipsky）把这些人叫做"街头官僚"（street-level bureaucrats）——一个适用于执行巡逻任务人员、课堂老师和福利工作者的词汇。[②] 利普斯基指出，这些人缺少足够的资源，面对威胁（生理和心理）或对自身权威的挑战，工作预期模糊不清，承受的压力很大。他们会形成一些机制和防御措施以减轻工作压力。

对于那些与街头官僚进行互动的人（尤其是低收入和少数族裔群体）来说，这是很不幸的，官员减压的方式经常是对顾客和公众要求采取例行性反应。例如，某些成见及其他形式的种族、性别和阶层歧视，有可能对官员的行为产生显著影响。这种偏见和歧视可能不是公开或者故意的，也许仅仅是制度上的问题。[③] 解决问题

---

①　Levy, Meltsner, and Wildavsky, *Urban Outcomes*, 229.

②　Michael Lipsky, "Street-Level Bureaucracy and the Analysis of Urban Reform," *Urban Affairs Quarterly* 6 (January 1971): 391-409.

③　关于地方层次的学校系统制度歧视的讨论，参见 Kenneth J. Meier, Joseph Stewart Jr., and Robert E. England, *Race, Class, and Education: The Politics of Second-Generation Discrimination* (Madison: University of Wisconsin Press, 1989): 29-30。

的一个办法是构建代表制官僚系统，即公共部门的人员构成应该能够反映当地人口在种族、族群、性别、年龄、残疾等方面的状况。既然不同的社会群体有着不同的社会化模式、价值、道德、态度和行为方式，代表制官僚系统有助于克服种族、性别和阶层歧视。一些重要文献对代表性官僚系统的积极作用持支持态度。[①]　其他一些防御性的行政手段包括：将各种行为的责任推给当事人（顾客）；谴责受害者；或认为当事人是社会力量的牺牲品，向其提供服务也于事无补。

在街头层面上，没有比巡逻警察拥有更大自由裁量权的团体了。就像总统犯罪委员会（presidential crime commission）在 20 世纪 60 年代承认的："执法政策是由警察制定的。"[②]原因很简单，警察面对很多违规行为，他们不可能把每个牵涉者都逮捕；相反，他们使用自由裁量权，尤其是在维护秩序方面。

行政自由裁量权是街头官僚掌握的一项有力的政策执行工具。官僚的防卫性心理机制会滋生问题。制度性歧视、谴责受害者以及对工作环境的绝望，导致现实被扭曲畸变，使得官僚人员难以有效履行工作职责。另外，行政自由裁量权让街头工作人员在自身管辖范围内可以"网开一面"，或超越职责权限处理事情，甚至挑战那些需要变革的运作程序和组织文化。总之，自由裁量权是一把公认的"双刃剑"，至于使用哪一面则取决于街头官僚的判断。

4.5　市民对城市管理的影响

市民可以通过一些基本途径向市政厅反映自己的声音。最常见和最广泛使用的方式是投票，但也有其他一些可行方式，如组织或加入某个团体或政党，向城市官员提出抱怨或者服务需求。

投票和选举

首先需要提及的是，大部分美国人并不参与市政选举。而且，据我们所知，没有任何资源能够就城市选举提供准确的"平均投票率"。谁的平均数？大城市、小城市还是所有城市？由于美国 3 万多个城市和镇具有不同的选举间隔和选举时间，统计平均数是学术界不大愿意冒险去做的事。伊莱恩·夏普（Elaine Sharp）提及，最近一个全国性的调查报告说：被调查者中仅有 35％的人表示经常参加地方性选举[③]，而在全国大选相应的数字为 58％。同样，夏普指出，在 1991 年芝加哥地方性选举中投票率为 47％，在 1989 年克利夫兰市长选举中投票率为 53％。但学校董

---

① 参见 Julie Dolan and David H. Rosenbloom，eds.，*Representative Bureaucracy：Classic Readings and Continuing Controversies*（Armonk，N. Y.：M. E. Sharpe，2003）。

② President's Commission on Law Enforcement and Administration of Justice，*The Challenge of Crime in a Free Society*（Washington，D. C.：Government Printing Office，1967）：10.

③ Elaine B. Sharp，"Political Participation in Cities，" in Pelissero，*Cities，Politics，and Policy*，70~71.

事会选举的投票率可以低至 10％～15％，有时甚至更低。① 因此，关于地方性选举投票率的基本概括是：它低得令人沮丧。

　　显然，地方性选举并不像国家竞选那样令人兴奋和充满激情，而且利害关系也不大，能量不足的背后是缺少争议。查尔斯·阿德里安（Charles Adrian）和查尔斯·普奈斯（Charles Press）在多年前就做出了很好的表述：

　　　　事实上，人们对于市政选举冷淡的主要原因可能是由于普遍的共识：社区中对一些问题具有广泛的认同，如什么样的人该当选、经费支出水平和公共政策等。在这种情况下，除了那些尽职尽责的选民和顽固的反对者外，其他人对于投票就毫无动力了。②

　　选民投票率能带来什么变化呢？在民主国家，选举为政治系统提供了重要的控制机制，它对政策选择有约束作用，并表达了共同体的价值诉求。选举代表谁的利益呢？实际上，它并不以整个共同体的利益为诉求。研究一再显示，与选民中的积极分子相比，未参与投票者的受教育和收入水平往往较低。因此，投票率越低，选举就越有可能反映富人的意愿。一些人可能会认为，政治上的积极分子应该对社区事务具有更多的话语权。当然，地方官员对于细心公众的偏好往往尤为敏感。尽管如此，我们应该记住：选举过程仅仅揭示了整个城市的价值观和偏好的一小部分图景。

　　市政府自身特性将会对选民的参与产生重大影响。前文曾提及，政府改革之后的一些实践，如实行不分区选举和超党派选举、错开城市选举与国家和州选举的时间安排以及议会经理制的政府组织形式，这些都是付出代价后的产物。在实行了上述改革措施的城市中，地方选举的投票率通常低于未进行制度改革的城市。③ 在承认城市管理改革运动带来很多积极作用的同时，罗斯和莱文也哀叹这一运动的后遗症：它降低了低收入阶层和少数族裔选民群体的影响力。④

　　选举仅仅是市民影响当地政策的一种方式。参与党派或团体活动可能是一种更直接的影响方式。

政党和利益集团

　　如上所述，现在绝大多数城市的选举都是超党派性的。政党曾经一度在地方政治中充当重要角色，被比喻为地方政治机器的"侍女"（handmaiden）。但是随着城市经济和社会特征发生变化，再加上城市改革者的成功努力，多数大城市的政治机器遭受到致命打击。实现这一目标的主要手段是引入超党派选举制、直接初选制以

---

① Ross and Levine, *Urban Politics*, 207.

② Charles Adrian and Charles Press, *Governing Urban America*, 5ᵗʰ ed. (New York: McGraw-Hill, 1977): 104.

③ Sharp, "Political Participation in Cities," 71.

④ Ross and Levine, *Urban Politics*, 225.

及在人事管理中采用考绩制度。

多数普通市民可能将政党在地方政治中影响力的下降看成一种有利因素，但并非所有学者都赞成此种观点。用政治学家布赖恩·琼斯（Bryan Jone）的话说："政党是大众民主的主要动力。"① 政党不像很多其他组织那样关注公共事务，而是更多地致力于赢得选举。此外，每个政党都为解决问题做出一定努力，并在本党候选人中就一些问题达成某些共识。尽管如此，一直以来政党并没有成功地引导民选官员坚持其政纲和政策方案。但是，很多政治学家认为，另一种情况可能会使情况更糟，即民选官员受自身善恶观念支配而不考虑后果和不受团体影响力的约束。

市民可以通过一种普遍手段——互相组织起来或者加入一个活跃的利益集团，向城市官员表达他们的期求和意愿。在地方，哪些团体比较引人注目和重要呢？寻找答案的一个途径是询问当地代表的意见。在 2001 年全国城市联盟对市议员的调查中，议员们被要求确认他们认为需要代表的团体。按照认为代表某个团体很重要的议员在所有议员中所占的比例，可以将这些团体排序如下：邻里（68％）、老人（37％）、少数族裔（26％）、妇女（24％）、民族群体（21％）、商界（21％）、市政雇员、"其他"以及环保人士（各占 17％），工会（8％）、房地产经纪人和开发商（7％）、政党（4％）。② 当问及议员们认为哪个团体对议会决策影响更大时，排在第一位的仍然是邻里（54％），然后是商业团体（28％）、老人（24％）、房地产经纪人和开发商（16％）、市政雇员和少数族裔（各占 14％）、妇女和"其他"（各占 13％）、环保人士（10％）、民族群体（9％）、工会（8％）、政党（7％）。

关于团体的影响力，我们可得出以下观察结论：首先，尽管商业团体通常被认为是最强大的利益集团，但它在不同城市之间和某个城市的不同议题之间所发挥的作用并不一样。③ 相反，工会很少对城市政治产生较大影响，其兴趣点通常在于州和国家层次。从市议会的视角看，邻里社区不仅被认为需要代表其利益，而且也被认为是对市议会决策最具影响力的团体。历史地看，邻里群体和业主的需求仅是狭隘地关注于阻止那些严重影响本社区的政策和行动，"不要在我的后院"（Not in my backyard，NIMBY）成为经常使用的集会口号。

但是这种狭隘主义可能会发生变化。现在，邻里社区向市政府提出的要求越来越少。相反，它们正在寻求把政府当成合作伙伴。杰弗里·卡茨（Jeffrey Katz）报告说，在 1989 年，"美国以社区为基础开发组织建设了 125 000 套住房——主要为了低收入居民。他们开发了 1 640 万平方英尺的零售场所、办公场所及其他产业开发项目"④。社区开始向市政府申请授权，努力争取合作，而不再是对抗。例如，俄亥俄州的代顿市政府"通过市民权力进行运作"：七个区域

① Bryan D. Jones, *Governing Urban America：A Policy Focus*（Boston：Little，Brown，1983）：135.

② Svara, *Two Decades of Continuity and Change*，15−19.

③ Jones，*Governing Urban America*，159.

④ Jeffrey L. Katz，"Neighborhood Politics：A Changing World，" *Governing*（December 1990）：48−49.

性议会与城市官员一起工作，不仅决定联邦政府社区发展综合补助的支出，而且还要决定城市自身社区发展资金的使用。① 根据罗布·格威特（Rob Gurwitt）的研究，在 20 世纪 90 年代初，一些城市就已出现了类似的邻里社区授权行动，如圣安东尼奥市、丹佛市、菲尼克斯市、印第安纳波利斯市、里士满市（弗吉尼亚州）、圣克拉里塔市（Santa Clarita，加利福尼亚州）、明尼阿波利斯市和波特兰市（俄勒冈州）。②

市民与地方政府的接触

在每天的日常事务中，市政厅都会接到很多电话、信件或直接到访的人们，投诉诸如垃圾未能及时收集、流浪狗、附近街道上不寻常的坑洞等问题。有些人也可能是寻求某些信息，如哪里能得到医疗卫生服务、如何找到工作等。在过去几年里，学界投入很多精力关注这些与地方政府接触行为的实质。

哪些人试图与市政府接触呢？两个因素显著影响着个体市民与地方政府的接触行为：社会阶层和需求。与选举一样，受过良好教育和富裕的市民更有可能理解政治系统，更乐意为了各种目标与地方官员进行接触。而一些调查显示，人们对服务的需求可能具有更大的影响力。③ 一些地方机构根据观察到的需求分配服务，相对于收入和教育水平而言，对市民服务需求的感知（通过投诉方式）显然更具关联性。④

这些市民到底需要什么呢？城市学者伊莱恩·夏普关于堪萨斯城市民与政府接触的研究，揭示了市民对地方政府应该解决的问题抱有较高预期，尤其是在社区服务和公共安全领域。⑤ 当被问及"你认为所生活的邻里社区存在的最重要的问题是什么"时，市民提到最多的是夏普所说的社区服务（如洪水、垃圾成堆、狗吠），其次是安全问题（犯罪、夜间在街道行走的恐惧感），而社会问题（不受欢迎的邻居、无人监管的少年）却很少被提及。更重要的是，市民认为地方政府应解决这些问题，尤其是服务和安全问题。在夏普看来，美国已形成了一种公共伦理规范，它不仅鼓励把个人问题转变成对公共服务的需求，而且培育了一种期望，即城市政府确实应为解决这些问题中的大部分负有责任。夏普担心，一旦市政厅不能如市民期待的那样提供服务，这种过高的期望可能更令市民感到沮丧和失望。

① Rob Gurwitt, "A Government That Runs on Citizen Power," *Governing* (December 1992): 48.

② Ibid., 48-54.

③ 参见 John C. Thomas, "Citizen-Initiated Contacts with Governmental Agencies: A Test of Three Theories," *American Journal of Political Science* 26 (August 1982): 504-522; Elaine B. Sharp, "Citizen Demand Making in the Urban Context," *American Journal of Political Science* 28 (November 1984): 654-670; and Michael W. Hirlinger, "Citizen-Initiated Contacting of Local Government Officials: A Multivariate Explanation," *Journal of Politics* 54 (May 1992): 553-564.

④ Bryan D. Jones, *Service Delivery in the City* (New York: Longman, 1980): 89.

⑤ Sharp, "Citizen Demand Making," 664-669.

本章小结

任何层次的公共政策制定都具有一定的神秘性。它涉及很多潜在群体，外在状况更是千差万别，因此决策过程异乎寻常地难以理解。尽管如此，同其他神秘但重要的过程一样，我们仍要继续努力地去理解它。在本章中，我们分析了城市政策制定的几个基本阶段，强调该过程的政治特性。无论我们多么渴望得到合理和有效的政策，民主制定政策的属性——高度依赖谈判、协商和妥协——实际决定了这是一个棘手的过程，其结果很少让所有人都满意。一些学者将政策制定描述为强调公职人员和机构所扮演的反应性角色，该过程被一位专家称为"多元混战"。也有学者认为，在影响城市最根本利益的政策领域，商业精英主导着政策过程，以增进城市经济福利。

无论采取何种形式或产生什么影响，政策都是由公众制定的。城市的正式政策制定者包括：行政长官、城市议会和官僚系统，以及活跃在投票箱周围、利益集团和邻里社区的市民。政策动议和领导必须来自某个地方，无论采取何种政府组成形式，行政长官都扮演着显著和积极的角色。行政领导经常是必需的，这是因为立法机构，尤其是那些由兼职的业余工作者组成的议会，在获得相关专业知识上面临困难，也很难投入足够时间以应对复杂问题。在政策制定和政策执行过程中，公务员这个职业也发挥着重要作用。理解官僚政治影响和运作的不同方式已经越来越重要。

最后，我们不能忘记人民。市民可以有许多方式来影响地方政府。他们投票，但投票率与国家和州选举相差很大。市民还可以通过参加利益集团、邻里社区或者接触地方政府官员来参与政策制定。

推荐阅读

Ammons，David N.，and Charldean Newell，*City Executives*，Albany：SUNY Press，1989.

Bledsoe，Timothy，*Careers in City Politics：The Case for Urban Democracy*，Pittsburgh：University of Pittsburgh Press，1993.

Frederickson，H. George，and John Nalbandian，eds，*The Future of Local Government Administration：The Hansell Symposium*，Washington，D. C.：ICMA，2002.

Peters，B. Guy，*American Public Policy：Promise and Performance*，6th ed.，Washington，D. C.：CQ Press，2004.

Peterson，Paul E.，*City Limits*，Chicago：University of Chicago Press，1981.

Ross，Bernard H.，and Myron A. Levine，*Urban Politics：Power in Metropolitan America*，7th ed.，Belmont，Calif.：Thomson Wadsworth，2006.

Schneider，Mark，and Paul Teske，*Public Entrepreneurs*，Princeton，N. J.：Princeton University Press，1995.

　　Svara，James H.，*Official Leadership in the City*：*Patterns of Conflict and Cooperation*，New York：Oxford University Press，1990.

　　Yates，Douglas，*The Ungovernable City*，Cambridge，Mass.：MIT Press，1977.

第 5 章

城市规划与发展

一个多世纪以前，城镇规划师、社会科学家和城市工程师就认识到，城市发展需要规划。在 19 世纪中后期之前，美国城市无论大小，大都缺乏完善的基础设施。经历了专注于城市物质层面的发展阶段以后，现在的城市规划更体现为对城市和大都市地区的物质、社会、经济以及服务管理的综合方案。但是，认识到城市规划的重要性，并不意味着城市和市政官员们就能够做好。城市无序扩张、高速公路拥堵、地块划分和远郊区发展、交通设计等，只是现存问题中的一小部分，而这些仍需要靠城市规划与发展来解决。

在本章开始，我们将概述城市规划职能的性质和演进，然后进一步分析它所包含的具体行动和策略。在市政层面上组织规划会涉及什么问题？为什么经济发展总是在城市规划中占据主导地位？最后，规划、发展与政治是什么关系？规划和发展会遇到哪些政治阻碍？本章将就这些问题进行探索。

5.1 城市规划的本质

城市规划是关注于土地物质利用的一种特殊城市管理活动。许多规划师可能会快速回应说，其使命远不止于土地利用。尽管这一声明不失其真实之处，但大多数城市规划仍以不同方式影响着土地利用，而规划师的作用究竟应在多大程度上超越传统的对物质空间的关注，这一问题仍没有定论。

城市规划曾被定义为"一个预先准备的过程，以理性的系统方式，就具体行动项目和进程提供建议，以达到社会的公共目标"①。显然，规划必须在预期的未来发展之前准备好。但城市规划到底能有多么系统或者科学呢？每个人都同意这一点，即规划是一种咨询——遗憾的是，规划师们大概从来没有处于能够实施具体行动计划和进程的位置上，城市规划的最终决策是由选任的政府官员掌控的。但在任何规划进程开始之前，政治家和规划师们必须界定相关区域的共同目标。

在美国，城市规划的理念一直在不断演进之中。早期的理念始于20世纪之交的"城市美化运动"（city-beautiful movement），它强调城市物质外观设计，即"物质秩序等于社会秩序"②。在这一时期，环境决定论占据支配地位——早期的规划师希望改变城市生活的物质特性，试图通过这种方式治愈城市社会和经济的诸多痼疾。随着规划学科的发展，它吸收了市政改革运动的许多潜在预设。首先，政治在规划中无处容身。其次，由于社会公共利益的观念深入人心，规划必须立基于对社会整体利益的理性追求。尽管规划功能的其他概念已经有所发展，但这种传统观念仍影响巨大，它的许多原则至今仍被人们广泛接受。

回顾一个多世纪以来的城市规划，许多专家认为这种非政治的综合规划途径并不像设想的那样奏效。由于人们逐渐认识到政策对规划执行具有显著影响，传统模式的基础在很大程度上被侵蚀了。看着成型的完整规划被弃置在一边，规划师开始认识到，政策环境不容忽视。但迄今为止，这一认识并没使城市规划的基本状况发生根本变化。由于许诺致力于长远的理性目标，综合规划（comprehensive plan）仍是大多数规划机构的首选模式。

规划的新方法

尽管规划理论家放弃对传统综合规划的热衷已非昨日之事，但找到一个令人满意的备选方案却并非易事。城市问题专家苏珊·费恩斯坦（Susan Fainstein）近年来撰写的关于城市规划理论的"复兴"中，描述了已经出现的三种新方法。③

沟通模式（communicative model）

沟通模式是一种注重实效的规划方法，即规划师们和外界时常互相交流。费恩斯坦把规划师的角色描述为"利益相关者中的谈判者和中间人"④，他们掌握专

---

① Coleman Woodbury, ed., *The Future of Cities and Urban Redevelopment* (Chicago: University of Chicago Press, 1953), quoted in Anthony J. Catanese, *Planners and Local Politics* (Beverly Hills, Calif.: Sage, 1974): 43.

② John L. Hancock, "Planners in the Changing American City, 1900–1940," *Journal of the American Institute of Planners* 33 (September 1967): 263.

③ Susan S. Fainstein, "New Directions in Planning Theory," *Urban Affairs Review* 35 (March 2000): 451–478.

④ Ibid., 454.

业知识，既能指导规划，又能在相互冲突的利益中间扮演中间人的角色。朱迪思·英尼斯（Judith Innes）曾提及这一模式，并将它视作规划理论显现的新范式。①

新都市主义模式（new urbanism model）

费恩斯坦注意到新都市主义根源于早期的规划领袖的设计关注，例如弗雷德里克·劳·奥姆斯特德（Frederic Law Olmsted）。费恩斯坦将该模式描述为邻里社区的空间建筑途径。"新都市主义者呼唤这样一种城市设计，它包含多样的建筑形式、混合使用、不同收入群体的住宅混合在一起，以及对于'公共领域'的特别待遇。"尽管这一方法在建筑师和记者中很流行，但它缺少强有力的理论基础——它更强调规划，而对执行方法缺少手段。然而，费恩斯坦注意到，它已经成为一些新型社区和城镇的建设基础，如佛罗里达州的锡塞德镇（Seaside）。②

公平城市模式（just city model）

很多社会群体以多种方式支持"公平城市"模式：政治经济学家（如费恩斯坦）、新马克思主义者、激进民主主义者以及那些乐于被贴上"倡导式规划师"（advocacy planner）标签的人。这一模式强调在城市规划过程中扩大公众参与，它呼吁城市中的弱势群体参与规划，并关注在规划结果上促进更大程度的平等。③ 有些批评家可能将这一途径描述为"乌托邦"，但在实践中，这一途径也有一些具体案例，例如阿姆斯特丹市，在今天的地球村中它离我们并不十分遥远。迈克尔·瓦苏（Michael Vasu）以不太激进的方式提出，倡导式规划师应当向这一理想努力，即那些缺少寄托的城市群体——穷人和少数族裔——应当有机会挑战规划专家制定的统一规划。④ 这一目标需要资助独立的邻里规划职能，以便这些被社会疏离的群体能够在规划专家的帮助下提出他们的规划和建议以供参考。这一途径建立在社会多元化视角上，它将规划师置于公开的政治角色的位置上。保罗·达维多夫（Paul Davidoff）数十年前评论说："支持政治争论的多元主义描述了这一过程，倡导式规划描述了专家们在此过程中所扮演的角色。"⑤ 正如瓦苏所说，"实际上，倡导性规划运动用多元主义理念替代了综合主义理念"。这一模式为城市规划师扮演活跃的政治角色赋予了合法性。⑥

---

① Judith Innes，"Planning Theory's Emerging Paradigm：Communicative Action and Interactive Practice，" *Journal of Planning Education and Research* 14（1995）：183-189.

② Fainstein，"New Directions in Planning Theory，" 461-462.

③ Ibid.，468.

④ Michael L. Vasu，"Planning Theory and Practice in the 1980s，" *Urban Affairs Quarterly* 17（September 1981）：109-114.

⑤ Paul Davidoff，"Advocacy and Pluralism in Planning，" *Journal of the American Institute of Planners* 31（November 1965）：333.

⑥ Vasu，"Planning Theory and Practice，" 111.

政策规划

有些规划师主张，规划不是一种描述事情理想状态的方法，而是一个决策过程，并以形成政策陈述而告终。这种城市规划方法的基本目的，是能够更方便地实现特定区域的发展目标。逐渐地，认为规划可以把握更大范围的社区利益的传统观念，已经让位于一种更加开放和民主的政策过程，它以发展目的和政策战略陈述作为实现目标的手段。政策规划强调对各种政策陈述进行清晰表达，以引导城市规划，而不是通过单一的综合土地利用规划来控制增长和发展。如此，政策陈述应当成为在若干备选行动计划中进行选择的依据。它们不仅是人人都不会反对的对实际状况的简单命题。例如，"城市应当保存历史街区"并不是一个政策陈述，因为它几乎没有为决策提供什么指导。西雅图是在中心城区发展中使用了政策规划途径的大城市之一。①

一些政策规划师主张，在大都市地区的规划中采用总体化的区域性方式。在这一模式下，土地使用、交通、教育、住房、经济发展等被置于大的区域背景下进行考量，并努力在多级政府辖区内形成协调规划。一个出色的例子是芝加哥大都市区的 2020 年项目规划，该规划涉及的成员超过 200 个，除了地方和州政府代表外，还有商业、工会、市民和宗教组织的代表。②

规划的障碍

那些自称规划师的人，在他们决定该做什么的时候总会遇到困难。他们的利益应当扩展多远？他们应该采取什么样的方式？他们的委托人是谁？这一工作与政治环境复杂地纠缠在一起。正如萨德·贝勒（Thad Beyle）和乔治·莱思罗普（George Lathrop）所看到的，在我们的政治体系下，"规划难以很好地发挥作用"③。经常遇到的一些共性问题主要包括：

● 政府体系的碎片化和各个部门的职能自主性，难以给社会问题设计长远的、集中化的解决方案；

● 地方政府缺少足够的资金，难以对规划机构提出的大规模投资计划做出承诺；

● 持续政治领导的不确定性，导致对特定规划行为的持久支持受到挑战；

● 规划师处于左右为难的境地，既要考虑长期的综合规划，又要对决策者关注的短期政策议题做出回应。

---

① Charles J. Hoch, "Making Plans," in *The Practice of Local Government Planning*, 3rd ed. , ed. Charles J. Hoch, Linda C. Dalton, and Frank S. So (Washington, D. C.：ICMA, 2000)：25-27.

② Elmer W. Johnson, *Chicago Metropolis 2020：Preparing Metropolitan Chicago for the 21st Century* (Chicago：Commercial Club, 1999).

③ Thad Beyle and George Lathrop, "Planning and Politics：On Grounds of Incompatibility," in *Planning and Politics：Uneasy Partnership*, ed. Beyle and Lathrop (New York：Odyssey, 1970)：1-12.

基本的问题是："规划师提议，政治家拍板。"尽管存在上述障碍因素，规划还在继续，对规划师的需求也在增长。

5.2　政治环境中的规划

　　早期的城市规划支持者希望尽可能将政治排除于规划之外，这需要建立一个独立的、非政治性的委员会——规划委员会（planning commission）。这个机构由受人敬重的社区成员组成，其建议可直接送达选任的管理委员会手中。多年来，这个半独立的规划委员会一直主导着规划活动，今天，这一机制仍在一些城市发挥作用。规划委员会成员的任期较长且相互交叠，除非特殊原因很难解职。任期受保护使委员会成员具有政治独立性，其意志可不受城市政府左右。在理论上，委员会成员可直接提出规划方案和建议（在规划人员的协助下），最终决策权当然属于立法机关。然而事实上，几乎没有规划委员真正准备规划方案，他们的大量时间反而用于处理私人开发商和市民个人递交的开发提案。图 5—1 显示了半独立规划委员会的简化组织图。

　　规划委员会体制到底有多大用处？在一些城市，规划委员会非常政治化；在另一些城市，它又相当去政治化。对规划委员会的异议大多建立在以下假设上，即：规划应当是市政管理工作的一部分，而不是只有半自治性功能。建议者认为，规划涉及政策制定，这与市政管理职能范围相吻合，因此应当与政府彻底融为一体。而且，执行规划和实施政策也需要规划师和城市决策者密切合作。[①]

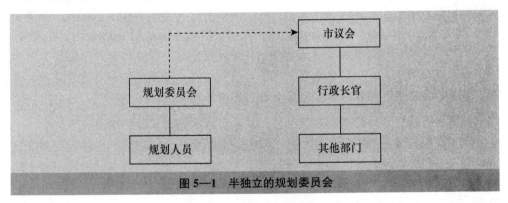

图 5—1　半独立的规划委员会

　　图 5—2 展示了在城市行政长官领导体制下规划职能的组织运作——今天绝大多数城市都实行这一体制。规划部门（规划局）直接对市长或城市经理负责。因此，从本质上看，设置的规划委员会不过是市民咨询委员会，在规划部门向市议会提出建议前，该委员会从专业技术和协助的角度关注着规划部门。这一体系赋予行政长官协调城市规划的职责。

---

① David C. Ranney, *Planning and Politics in the Metropolis* (Columbus, Ohio: Merrill, 1969): 57.

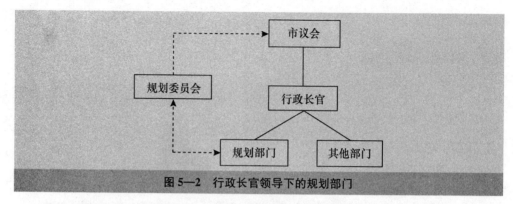

图5—2　行政长官领导下的规划部门

规划部门对行政长官负责，在规划决策中，市长或城市经理也可能并不发挥决定性作用。规划委员会处理日常规划事务（管制区划和地块划分），它吸纳规划部门工作人员的建议，然后向市议会提出自己的提案。因此，立法机构掌握两套规划建议——规划部门的方案和规划委员会的建议。通常，这两个建议是一样的。尤其是对议题没有争议时，规划委员会通常认可规划部门的建议。因此，在规划的日常事务中，行政长官实际上可能没什么需要做的。

不论何种组织形式，部门规划师和规划委员会都只是扮演顾问性角色，不论是向行政长官报告还是对市议会负责都是这样。

规划与政治

规划并不是没有价值取向的技术性事业。每项基本的规划决策都需要在互相冲突的价值取向中取舍。在这一意义上，城市规划无法逃避政治和政治影响。据罗伯特·林诺维斯（Robert Linowes）和唐·艾伦斯沃思（Don Allensworth）的观察：

　　规划是一种明显的政治活动……规划过程中的不同群体看待规划的方式和结果都各有不同。全体同意既不现实也不可能。一定程度的冲突是有益的，并且在民主制度下可以检验它是否合适。冲突形成政治。[1]

然而，有些规划师和规划委员会显然认为，政治妨碍了理性规划。

大多数规划决定并不会把整个社区卷入政治冲突。一些群体比另一些更关注城市规划；一些项目或规划活动更容易激起广泛的争议。分区制要求威胁独户住宅的利益似乎是最富争议性的问题。在中心城区，都市再开发也可能激起同样程度的争议。

规划的传统从根本上是反政治的。在较早时期，它与市政改革运动的联盟深化了一个理念，即规划超越机会主义、妥协、讨价还价和政治交易。它是一种职业：以一种技术理想指导寻求使整个社区受益的理性解决之道。但长期以来，被冷落的综合规划使规划师备受挫折，迫使他们更加关注规划的政策和政治过程。

---

[1]　R. Robert Linowes and Don Allensworth, *The Politics of Land Use*（New York：Praeger, 1973）：23.

规划师和政治角色

当社区舆论和治理理念支持规划时，技术性角色就能够胜任工作了。但在其他情况下，规划师若想让规划付诸实施，就必须扮演更为活跃的角色。政治学家弗朗辛·拉比诺维茨（Francine Rabinovitz）给规划师定义了两个积极角色：破冰者和动员者。[1]

破冰者（broker）出现于存在几个主要的竞争性利益集团的政治环境中。在政治竞争环境里，特别是当一个或多个大的团体反对某个提案时，有效率的城市规划前景可能并不乐观。

在这种决策高度分散的政治碎片化社区中，规划师就成为了**动员者**（mobilizer），显示出勇敢的进取心以战胜自然的惰性。动员者必须直面冲突，因为在这种环境中推动某些提议需要获得各方面资源的支持，有些方面无疑会持反对意见。在这一点上，破冰者能够有效缓解冲突的技能就变得十分重要。动员者不仅要维持联盟，还要激活足够的资源以支持变革——他们必须具有驾驭的艺术。平衡行为显然很冒险：反对者的抨击会损害他们作为没有偏见的专家的合法性。如果规划师经常失败，不仅规划项目可能会被严重影响，他们自己也得另谋职业。

受传统、训练、性格等因素影响，规划师常常缺乏作为有效的政治参与者必须具备的一些技能。他们需要什么技能？研究显示，首先，规划师需要一种社会过程能力。执行规划需要有能力营造利益相关群体之间的合作网络。成功的规划要求在专家和非专家、利益集团和具有领导力和资源的活动家之间建立一种联盟，以组织和维持脆弱而艰难的实施过程。[2] 建立联盟还需要其他一些能力——说服力和执行力、客户分析经验、信息和有效沟通。[3]

规划师应特别关注哪些群体呢？在一定区域中，各种不同的社区利益会周期性地浮现出来，这取决于哪些议题会受到特别关注。但在大多数社区中，就规划和发展决策而言，只有相当狭窄范围内的一些利益会持续地受到关注。

规划过程中的团体

尤其是在郊区和快速成长的社区中，有两类利益集团十分显眼：开发商和邻里协会。[4] 第一个集团——土地开发商、房地产经纪人、土地所有者、住宅建筑商——赞成促进增长和开发的政策。只要对他们有利，他们并不反对规划和土地使用控制。他们也支持促进开发的联邦补贴，例如对建设供水和排水设施的补贴。

房地产经纪人并不像这一集团中其他成员那样易受政治影响，因为他们服务于两个"上帝"：那些建造住宅的人和那些购买住宅的人。前者赞成更多的开发，而后者通常反对。房地产经纪人通常也关注增长给社区的社会、经济和种族带来的影

① Francine Rabinovitz, *City Politics and Planning* (Chicago：Aldine, 1969)：chap. 4.

② Richard Bolan and Ronald Nuttall, *Urban Planning and Politics* (Lexington, Mass.：Heath, 1975)：147.

③ Dennis Rondinelli, "Urban Planning as Policy Analysis：Management of Urban Change," *Journal of the American Institute of Planners* 39 (January 1973)：13—22.

④ 该讨论基于以下著作：Don T. Allensworth, *The Political Realities of Urban Planning* (New York：Praeger, 1975)：166—183.

响，而这种变化可能与客户利益相违背。最后，房地产经纪人常常是很谨慎地支持发展政策。

在许多领域，近年来，市民团体逐渐活跃起来，部分是作为 20 世纪 60 年代激进运动（the activism of the sixties）的必然结果。市民或业主协会最初出现于高收入地区，他们特别关注土地使用决策，尤其是重新划分区域问题和高速公路选址。如果被认为会给社区居住功能或不动产价值带来威胁，任何相关变化都会遭到强烈反对。

尽管很少人承认，大多数市民团体反对开发。他们也许支持同自家住宅相似的新建筑计划——特别是大块住宅用地——或赞成开放的空间和休闲项目，但在邻里社区中，他们几乎总是反对商业和工业利用、低收入住房、移动住房营地、新增道路甚至公用设施。最根本的担忧是出于经济考虑：他们不希望任何可能减少他们不动产价值的事情发生。这种担忧被描述为"邻避"效应——只有特定的土地利用"不在我的后院"，市民才倾向于支持。

有时，这两个主要的集团——开发商和市民协会——会发生正面冲突。这两个集团都属于比较独特的少数派，它们都只关注于如何保护和促进自身经济利益。规划师必须认识到，在土地利用决策上的大多数社区冲突，都涉及这两个群体的利益。理解这些群体的天性和诉求，可以帮助公共官员设计合宜的策略，以应对规划功能必须面对的政治环境。

5.3　规划行为

国际城镇管理协会 2000 年版规划教材安排了如下章节：人口、环境和经济分析；环境规划、交通和住宅；分区制和地块细分规制；增长管理；公用事业服务；社区和经济发展。[①] 尽管在该教材和其他教材中，涉及的主题数量都在增加，但多数城市规划仍然只是致力于很有限的行动领域。城市规划者将大量时间和精力花在全市性的和具体的项目规划上，包括综合规划和区域规划。就规划人员花费的时间看，分区和地块细分规制是紧随其后的重要运作。大多数规划师并没有在制定未来发展的规划和政策上花很多时间。他们主要的日常活动是评估别人提出的规划提议。

总而言之，规划过程包括如下步骤：

1. **研究**：列出详细目录、分析现有条件、收集原始资料数据等。
2. **目标确立**：可通过意见调查方式确定市民需求以及偏好。
3. **规划和提出政策**：准备一大堆计划、程序、土地利用项目、交通、社区公共设施及其他。
4. **规划执行**：设计工具和技术——规划法则、地块细分规制、房屋规范以及其他——以实施规划。

在准备社区综合规划过程的开始阶段，前三个规划步骤就要被实施。值得注意

---

① Hoch，Dalton，and So，*Practice of Local Government Planning*.

的是，尽管规划部门可以设置规划执行的工具手段和技术（步骤4），大多数规划机构并没有强制的权力或职责。尽管有批评认为综合规划概念是一个不可能实现的理想，大多数城市仍然致力于这项事业。实际上，在许多地方，综合规划、总体规划或全面规划仍是规划活动的主要形式。

综合规划

直到 20 世纪 60 年代早期，综合规划——当时被称为"总体规划"（master planning）——实际上是物质规划（physical planning）的同义词。阿兰·布莱克（Alan Black）这样描述其原因："地方政府需要一种工具，它可以为社区物质的协调和统一发展建立一种长期的总体政策，它可以指导每个星期的开发决策。"[①] 现在，许多规划师感到经济和社会规划也应是此过程的组成部分，但即使在 21 世纪，大多数综合规划仍然围绕着社区物质发展。在一些老社区，首要任务或许是保存和更新；在衰落中的城市，它可能是土地使用再开发；在新建的郊区，它更强调防卫；而在城市边缘区域，则是增长管理。

规划通常包含三个基本组成部分：土地使用、交通和社区公共设施。除关注物质发展之外，综合规划是长期的——经常是 20～25 年的项目——并且内容全面。它至少包括以下要素：

- 人口：关于人口特征、分布和趋势的研究。
- 经济基础：对社区经济特征进行分析，对税收基础给予特别关注。
- 土地使用：对现存和已立项的土地利用进行调查，绘制显示土地使用变化的彩色编码地图。
- 交通及流量：调查现存设施，预测未来需求。
- 社区设施：分析学校、消防和警务设施、图书馆、供水和排水设施等公共服务设施的现状及未来需求。
- 资金改善计划：确定在市政预算体系中支持和筹集规划项目资金的战略和策略。
- 规章措施：确定特定的法律工具以实施规划——至少，需要制定分区法规（通过地图）和地块细分规制措施。[②]

综合规划中的土地使用部分，需要在交通规划之前完成，也可二者一起完成，社区设施部分的文件可稍后完成。土地使用规划通常需要细心分析，并对城市现存土地使用状况进行描述。需要特别关注土地利用的强度、密度、排水系统及交通模式。在最低限度上，土地利用可以依据以下分类进行评估：住宅、商业、工业、公共建筑、空地或许还包括农业。每一类别都要区分密度等级。所有这些信息都要在

---

① Alan Black，"The Comprehensive Plan," in *Principles and Practice of Urban Planning*，ed. William Goodman and Eric Freund（Washington, D. C.：ICMA, 1968）：351.

② 改编自 Herbert H. Smith, *The Citizen's Guide to Planning*（West Trenton, N. J.：Chandler-Davis, 1961）：35-36。

一张大的社区地图上做出彩色编码。

除土地利用现状外，规划还应当计划未来土地如何使用——比如，为主干道和高速公路、大型商业中心、学校、公共设施、公园提供大致的或建议性的区位。显而易见，不管技能多么熟练，规划师都无法预测一个社区的动态发展状况。土地开发商的偏好可能与确定的土地使用规划不一致。另外，在决定土地如何被使用时，私有土地拥有者也会发出很大声音，这一因素对地方政府的土地使用规划构成严重制约。

政府可在多大程度上限制私有土地利用呢？政府可以谴责、征税，也可设置合理的规制束缚，政府仍可以公共卫生、安全和福利的名义，保持对土地利用的监管权力。在一些地方，政府试图通过拒绝发放建筑许可证或者建设公寓楼群以限制人口增长，结果是，公共部门与私人部门之间围绕土地控制的斗争不断升级。

只要向私有土地拥有者支付补偿金，政府就被允许基于公共目的占有土地。长期以来，这种权力使城市可获得发展交通所需的土地。在20世纪五六十年代，这一权力广泛应用于城市更新，近年来，它也成为兴建飞机场、体育场、商业中心等各种设施的基本手段。作为基于公共目的获取土地的一种有效而公平的方式，尽管征用权被广泛接受，许多城市经理仍报告说要谨慎使用。正如马修·赛弗（Matthew Cypher）和弗雷德·福格（Fred Forgey）所证实的，在对城市经理的一项全国性调查中，许多官员对土地所有人和经常涉及优先征用行为的开发商之间博弈的公正性表示关注。① 如政策与实践专栏5—1所显示，美国最高法院最近扩大了征用权的应用。

政策与实践专栏5—1

征用权的延伸

两个最高法院分别就新伦敦城的一项规划发表声明，要拆除一小块低质量的社区以吸引高层次的纳税人。去年，康涅狄格州最高法院和美国最高法院都做出了判决……是的，一个地方政府可以搬走任何阻碍它实现梦想的挡路石——只要不滥用征用权。

地方政府仍不断地策划像新伦敦这样的规划。那些住在此地的人都很忧虑。他们说，有政府的地方就会滥用征用权。

例如，新伦敦市认为辉瑞制药（Pfizer Inc.）将是该市的救世主，后者即将接受一块湖滨用地，兴建一座新的研发中心。辉瑞提出很多"要求"，包括周边环境要适合这个财力雄厚的大公司。1997年，在给辉瑞的一封信里，新伦敦开发公司总裁承诺该市将获得一定数量的周边土地，并"与你一起完善该提议以满足辉瑞的要求"。

现代新伦敦规划的一项内容是湖滨特朗布尔堡（the waterfront Fort Trumbull）邻里规划。以辉瑞取代这个规划意味着大量的工作机会，包括建筑承包商、

---

① Matthew L. Cypher and Fred A. Forgey, "Eminent Domain: An Evaluation Based on Criteria Relating to Equity, Effectiveness, and Efficiency," *Urban Affairs Review* 39 (November 2003): 254-268.

规划师、工程师、律师以及其他依靠城市拆迁和建设的人都会受益于此。土地将会成为开发商的画布。

地方官员乐于协助房地产开发商和大店面商业中心，在这一点上很难说康涅狄格州是否比其他州更糟。九个其他州的最高法院已经禁止单纯为了增加税收而使用征用权，此外，还有好几个州的立法机关已颁布限制性规定。

在最高法院判决以后，州长朱迪·雷尔（Jodi Rell）说立法机关"应当考虑"州的征用权。在最高法院之前，华盛顿司法学会（Institute for Justice）的斯考特·布洛克（Scott G. Bullock）便对新伦敦业主案例表示异议。最高法院判决几天后，布洛克质询雷尔女士："雷尔州长，你是否希望成为仅仅为了给私人开发商铺路而成为把 87 岁的老太太从她唯一的家里驱逐出去的州长？"

新伦敦市的前市长及市议会成员、州代表欧内斯特·休伊特（Ernest Hewett）在一次采访里表示，据他所知，不管他还是其他议员，都未曾对限制征用权提出议案。

对于那些想重塑城市的政府官员们来讲——哪个官员不是这样的呢？——法庭判决意味着他们不用再去证明想征用的土地已经衰落，尽管这是到处都行得通的借口。在新的许可下，"没有任何理由相信他们会实施限制措施"，司法学会的另一位律师唐纳·贝琳娜（Dana Berliner）说，"他们为什么要这样做呢"？

休伊特先生显得非常绅士。在最高法院判决后，他说在他作为市议会成员和市长支持此决定时，"这是我一生中被迫做出的最坏的决定"。

贝琳娜女士说，市议会在投票驱逐人们之前流下了"鳄鱼的眼泪"。她补充说，"我认为，人们不应当靠政府的内疚和良知来阻止把人们赶出家园"。

资料来源：摘自 Laura Mansnerus, "All Politics Is Local, and Sadly, Sometimes Personal," *New York Times* (July 3, 2005): sect. 14CN, 1.

不幸的是，许多案例显示，综合规划并没有产生预想的效果。部分原因在于城市规划赖以发生的政治环境——本章稍后将详细讨论。但综合规划本身也有许多问题和局限，具体包括：

● 就其实质而言，综合规划信奉单一目标（"公共利益"），不能真正适应多元社区的不断变化且相互冲突的利益。正如一个分析师评价的，"不同目标导致社会利益冲突，这些冲突通常只有通过谈判、讨价还价和政治施压才能得到解决"。

● 长期规划过于依赖外部力量以及不可控或不可预见的前提条件。

● 规划师缺少关于复杂局面的知识。他们的直觉和看法经常受到持强烈否决态度的社会群体的严峻挑战。

● 综合规划师假定有一种集权控制和协调，但实际上并不存在。

● 理性的、设置长期目标的规划逻辑，与常态的、势在必行的行动并不一致。日常行动要求关注有限的、短期的、机会性的目标，这与长远的目标相冲突。[1]

---

[1]　改编自 John Friedmann, "The Future of Comprehensive Planning: A Critique," *Public Administration Review* 31 (May-June 1971): 317-318。

这些缺陷致使对其他规划方法的兴趣不断增强，如本章前面所讨论的政策规划。一些作者称其为**连续规划**（continuous planning），一种相当综合的方法，但实现途径已然不同。① 这种方法每年审批、采用一项城市计划，它超越传统的对城市物质发展的关注，将预算、实施规划、远期目标、各行政部门的任务等整合在一起。这种连续的城市规划包含当前的数据、各种分析以及广泛的状况和事件等信息，并以此为基础制定中间层次的规划（intermediate-term plan）。

分区制

许多市民搞不清楚规划（planning）与分区（zoning）的区别。从技术上说，分区是执行规划的主要工具，它把相似用途的土地组织在一起，以管制私有土地的使用和开发。分区制的法律基础——来源于州的法律——由警务部门负责，使城市能够保护居民的健康、安全和福利。分区法规仍是土地规制的最普遍形式。除了休斯敦之外，美国不同规模的所有城市都存在分区制。实际上，如果不算规划部门，规划委员会一半以上的时间都花费在分区事务上。那么，分区制是否成效很大呢？

分区制的目的

分区制的基本目的是使私有土地的价值最大化。因此，分区制最初是作为一项有效技术，用以推进一个极其保守的目标：保护独户住宅社区。从这一视角看，分区只是要求将有害的土地使用（例如重工业）分离出来，以防止烦扰他人或导致财产贬值。分区制之所以能够成为市场力量的助手，是因为它能保护市场免受供需关系自然运转产生的内在缺陷的影响。②

反对意见认为，分区制试图调整和改变市场结果。大体上，分区制可用于促使土地分配与社区价值和目标相符合，这恰是不受限制的市场所忽略的。③ 与其他管理方法相结合——例如地块细分控制（subdivision controls）和建筑法规（building codes）——分区制可以用于保护环境、增强社区特色和保护重要地块（主要工业用地、机场用地、自然和人文景区）。

分区法规

城市使用精心制作的彩色地图和文本文件（或图例）来直观地显示某个地方的分区法规（zoning ordinance）。图5—3展现了一张简化的分区图，它用三种灰色的阴影表示了斯科奇村（Village of Skokie，伊利诺伊州）的发展规划。地图显示了该村三种主要的土地利用——居住（浅灰）、商业（灰色）和工业/办公（深

① Melville C. Branch, *Continuous City Planning: Integrating Municipal Management and City Planning* (New York: Wiley, 1981): 82-83, 96-101.

② Richard F. Babcock, *The Zoning Game* (Madison University of Wisconsin Press, 1966): 117.

③ Steven Maser, William Riker, and Richard Rosett, "Municipal Zoning and Real Estate Markets," *State and Local Government Review* 9 (January 1977): 7-12.

灰）——每一宗土地都被分配了用途。分区地图类似于土地利用地图，但不会反映出精确的土地利用。在特定的区划分类中，可发现一些被称作未确定用途的地方。那些土地在确定为特定的分区之前，已经存在土地利用活动。

依据规模和社区的复杂程度，分区法规可包括许多种类——住宅、商业、工业及其他。然而，在很多案例中，分区法则提供了更多的种类，以便对潜在土地利用做出更精细的划分。例如，如果用彩色地图来展现图 5—3 所示的斯科奇村规划，土地利用的种类可进一步被分解为：

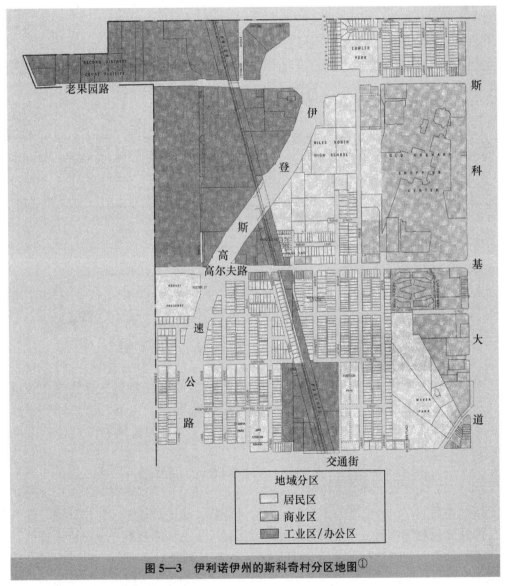

地域分区
☐ 居民区
▨ 商业区
■ 工业区/办公区

图 5—3　伊利诺伊州的斯科奇村分区地图①

资料来源：Village of Skolie, Illinois。

---

① Linowes and Allensworth, *Politics of Land Use*, chap. 3.

- 独户住宅和限定的其他住宅单元
- 双户住宅单元
- 整体住宅（包括三个或者更多家庭的住宅单元）
- 老年和残障人津贴住宅
- 服务业
- 商业
- 区域商店
- 市中心
- 医院
- 研究办公室
- 工业装配机构
- 轻工业
- 工业[1]

法规文本可能包括多种管制规定，它涉及前庭建筑后退线（front-yard setback lines）、侧院建筑后退线（side-yard setbacks）、后院要求（rear-yard requirements）、地块宽度（lot widths）、容积率（intensity of use, ratio of floor area to lot area，楼层面积与场地面积的比率）、商业和工业地产的临街停车需求（off-street parking reqirements）、高度要求、允许或禁止土地利用，等等。法规也包括规划管理的内容，并列出提起申诉的主要方法。

分区制的问题

在一定程度上，分区制试图违背私人利益强行做出决定，它与一股强大的力量相对抗。如果显著影响土地价格，分区制就强迫买家和土地拥有者接受不太有利的结果。数十年来的研究表明，分区制实际上对房地产市场没有什么影响，它事实上并没有改变私有土地利用的总供给量。当然，在一些特定情况下，分区制确实被用于改变土地利用决策，就像任何规划委员会或者市议会可以轻易证明的那样，分区制的变化会激起那些害怕产生不利结果的邻里社区的强烈反应。但是从大的方面看，分区制似乎对土地总体利用产生的影响较小。

那么，"势利分区制"（snob zoning，意指发达的郊区排斥不受欢迎的土地利用的努力）的结果怎样呢？仅就法庭案件而言，证据显示城市偶尔会将分区制用于排他性目的。一种典型的行为是，政府下令将大块土地用于住宅楼建设。这种排他性分区制争议很多。不仅是因为它会妨碍穷人和少数族裔——尽管激进的动机难以证实——而且它还导致了城市无序蔓延、土地利用效率低下以及交通系统成本高昂。一些批评者甚至指责说，大规模的分区制加深了阶层和种族之间的隔阂，因此从根本上动摇了规则公平和机会平等的民主价值观。有观点认为，所有

---

① Village of Skokie, "Zoning," at http://www.skokie.org/comm/zoning.html.

的分区制从根本上说都是狭隘的和带有阶级偏见的，设计的目的在于保护现状、消灭多样性。①

其他一些权威人士也认识到当前的分区制在实践中可能存在缺陷——管理和法规的失败反映了分区制的概念和技术存在问题——但是，他们仍为分区制辩护。他们辩解说，分区制比其他方案好，如私人盟约。

法规的应用

大多数城市都还制定有一系列法规（codes），它涉及建筑和电气设备、供水、供热以及空调安装的基本标准。住房法规也很普遍，它为居住者提供了最低标准的安全、健康和福利。这些规则对业主提供的设施结构（如厕所、浴室、水池等）、卫生情况和维护程度、使用率（生活在住宅单元和房间的人数）等具有约束性。然而，尽管存在这些标准，它们并没有被普遍实施。就像各种规划和条例一样，除非得到有效执行，否则就没有什么意义。尽管这是规划师最为人所诟病的领域，但由于住宅规范缺少强制性，看来责备它也不合常理。规划师是一个咨询者，政治家和行政长官是应该承担责任的行动者。

在大多数城市里，规划的一个关键方面是社区发展，尤其是经济发展。在这章的剩余部分，我们将进一步关注过去 25 年来经济发展战略在城市规划中扮演的重要角色。

5.4 城市经济发展

在社区、州和区域的经济发展竞争中，谁是赢者、谁是输者，为什么？这是 21 世纪之初最引人注目的城市问题。城市对经济发展具有强烈兴趣。保罗·彼得森在一部经典且富有争议性的著作中，认为这是所有城市的基本利益所在。② 由于所有社区都想在经济上分一杯羹，我们发现，地方官员和企业领袖都追求各种各样的规划和项目设计，以使地方在发展上更具吸引力。其主要目标有：创造更多和更好的就业机会、重振中心城区、老社区的再开发、强化税收基础。

作为过程的经济发展

经济发展是什么？为什么要追求经济发展？一般而言，区域经济发展是通过保持、扩展和吸引工商业，实现并且保持社区经济健康的过程。不同社区的经济发展目的也有所不同。发展专家罗伯特·韦弗（Robert Weaver）清楚界定了两种基本的社区类型的区别——"拥有"（haves）和"没有"③（have nots）。"拥有"型社区

① Linowes and Allensworth, *Politics of Land Use*, chap. 3.

② Paul Peterson, *City Limits* (Chicago: University of Chicago Press, 1981).

③ Robert R. Weaver, *Local Economic Development in Texas* (Arlington: Institute of Urban Studies, University of Texas at Arlington, 1986): 4-6.

把经济发展看作管理增长的工具；而"没有"型社区则启动项目以鼓励增长。"拥有"是指正在进行大规模经济或者住宅扩展的社区，如大都市地区的大型郊区社区，或是像奥斯汀市那样的高度受益于高科技产业的城市。"拥有"型社区的主要目标，是确立政策以引导社区发展与增长，确保增长对生活品质的损害最小化，同时带来地方税收净利最大化。

与上述情况相反，典型的"没有"型社区却遭受着人口、税基的下降或停滞。由于几乎没有新的增长和发展，此类社区主要关注于降低失业率、扩展地方经济并使其多样化的政策设计。此类地区经常受一些特定问题的困扰：产业发展或经济部门过于单一；缺乏交通设施和熟练劳动力储备；或者由于国内或国际贸易的变化而导致商业衰落。在许多时候，此类经济困难根源于社区难以控制的因素——海外产业活动、制造业就业岗位减少、世界油价下跌、失衡的进出口比重。

经济发展被提到市政日程的最前面，至少还有另外两个原因。一是近年来联邦政策发生了变化。在20世纪最后十年里，城市变得越来越靠自己供养自己。现在，联邦政府进一步推广这种方式，教导城市摆脱联邦援助并做好自由市场竞争的准备。[1] 在这种观念下，城市被要求自己掌控自己、努力招商引资、互相竞争、适应国内和国际经济趋势的变化。城市官员被要求善于争取捐款，他们被要求成为企业家。[2] 当今，这种"自谋生计"趋势正在迈向"自给自足"机制。地方关注经济发展的第二个原因在于，发展是不增加税收而提高地方财政收入的一种方式。当政府官员被要求压缩开支而又必须维持服务水平时，任何缓解财政紧张的措施都会受到欢迎。[3]

保罗·彼得森的案例研究表明，发展是三个相关变量的产物：土地、资本和劳动力。[4] 城市直接控制土地及其利用。政府可以影响资本和劳动力，但是这些要素受私人力量的控制。经济发展涉及制定有效的规划方法，最大限度地挖掘城市、大都市区或区域性的土地、资本和劳动力的经济潜力。

经济发展规划

规划是成功发展经济的必要手段。每个社区都必须有意识地做出决策，打造强有力的地方经济，并为经济发展提供社区支持。对于建立发展规划而言，以下一系列步骤是必不可少的[5]：

① Dennis Judd and Randy Ready, "Entrepreneurial Cities and the New Politics of Economic Development," in *Reagan and the Cities*, ed. George Peterson and Carol Lewis (Washington, D. C.: Urban Institute, 1986): 210.

② John P. Pelissero and Robert E. England, "State and Local Governments' Washington 'Reps': Lobbying Strategies and President Reagan's New Federalism," *State and Local Government Review* 19 (spring 1987): 68-72.

③ Roger L. Kemp, "Economic Development: Raising Revenue without Increasing Taxes," *Public Administration Survey* 34 (autumn 1986-winter 1987): 1-2.

④ Peterson, *City Limits*.

⑤ 关于发展规划的讨论引自 ICMA, "Strategies for Local Enterprise Development," *MIS Report* 18 (February 1986): 1-7; and *Making Sense Out of Dollars: Economic Analysis for Local Government* (Washington, D. C.: National League of Cities, 1978): 5-6.

步骤 1：分析地区特性

为了获得确定哪种经济发展战略最适合某个社区的必要知识，有必要采取以下三项行动：经济基础分析、企业调查、社区调查。鉴于大型社区的复杂性，大城市可能雇请一个咨询公司执行经济基础分析。其基本目标很明确：确定城市经济基础主要由哪些工商业构成，它们是输出型还是非输出型企业。输出型企业将商品和服务出售给城市之外的消费者，而非输出型企业专注于本地市场。输出型企业更有价值，因为它们给城市带来资金，并创造新的就业机会和经济增长。因此，出口行动具有乘数效应（multiplier effect）。

经济基础分析需要运用包括地方信息资源在内的调查数据，追踪地方产业随时间变化的绩效状况。这一工作可能需要对地方特定行业雇佣工人的比例与全国范围内该行业雇佣工人的比例进行对比。诸如增长率、工业类型多样性等因素，也应在考虑之内。国际城镇管理协会的一项研究宣布，"经济基础研究是制定卓有成效的地方经济发展战略的起点"[1]。

企业调查是收集现有企业计划和优先发展项目信息的有效手段。此类信息可通过入户调查、电话调查和邮件调查等方式收集，超过一定规模的所有企业都应被纳入调查。调查内容涉及企业类型、雇员人数、增长和区位计划、土地和建设需求以及对城市服务的满意度等。

社区调查的目的在于收集社区的信息。社区具有哪些有利于吸引工业和商业的特性？它存在哪些不利因素？很多研究都强调劳动力资源、交通设施、原材料及市场等因素的重要性。另外，生活质量、教育设施、可能的财政激励、社区的物质外貌等，也可能会影响工业选址或者扩张决策。

步骤 2：设置目标

目标和优先性可能由一个"行动小组"（action team）负责设立，该小组成员由来自地方政府、商界和金融界、社区组织的领导者，以及来自地方大学的专家所组成。国际城镇管理协会强调，让社区银行获得代表权具有重要意义，因为它们掌握社区商业活动的详细信息，可以通过检查贷款请求和存款趋势持续监控地区经济状况，它们经常和商界领袖进行交流，能够提供"一揽子借款计划、检查商业计划和评估企业家管理能力所需要的相关技术"[2]。

行动小组对收集到的当前本地区和全国的经济趋势信息进行研究和分析。在此基础上，可提出广泛的经济目标，随之而来的是制定引导城市发展的一系列战略和目标。尽管目标设置过程相对简单，但对优先目标和特定利益的异议也难以避免，需要经由谈判和妥协予以化解。

步骤 3：构想发展战略

大体而言，有三种主要战略可提升城市经济活力：保持和拓展现有产业、吸引

---

① ICMA，*Making Sense Out of Dollars*，6.

② ICMA，"Strategies for Local Enterprise Development，" 2.

外部企业、为新产业提供发展项目。过去，尽管许多城市致力于吸引外部的企业，但很多研究表明，现有产业扩展及创设新产业提供了大多数新的就业岗位。保持和促进现有产业发展，需要减少制约其扩展的障碍因素——如劳动力不足、缺少扩张场地、资本短缺——并且刺激对其产品的需求。

鼓励创立新产业可以采取几种形式。来自联邦补助的支持资金——如第 2 章讨论的社区发展综合补助——可扮演一个重要角色，资金支持对于刚起步的企业要比现存的企业更为重要。社区发展公司（通常是私人的、非营利性实体）被证明在帮助新企业起步方面效果显著。本章下一部分将进一步分析相关工具和战略。

很多专家都认为，吸引新产业不应成为经济发展规划的奠基石，但多数城市都将这种手段纳入经济发展总体方案，仅是由于其他地方都这样做，自己也想变得更有竞争力。这或许也是促进城市经济基础多样化的一种好方法。国际城镇管理协会强调，努力吸引外部公司对于构筑城市资产基础具有重要作用。①

步骤 4：识别和克服障碍

在经济发展的全面努力中，最后一个步骤是监控、反馈和项目调整。任何项目的执行都不会自动推进，亦不会一帆风顺。有些行为可能很快盈利，然而其他的可能会停滞或遭遇未曾预想的障碍。确保取得成功的最好办法是持续不断地对全面努力的进展和成效进行评估和再评估。社区的抵制是需要克服的最大和最难的障碍之一。国际城镇管理协会积极倡导在发展团队中树立一种"能够成功"（can do）的态度，以一种积极姿态促进城市发展。②

经济发展的战略和工具

在 20 世纪末，为促进经济发展，城市领袖和城市经理们开发了一系列战略、工具和行动。今天，这些安排涵盖了从建立社区发展公司到税收刺激、职业培训项目、州和联邦资金的杠杆作用。概而言之，我们可识别出社区追求的三类基本战略：财政刺激、改善公共服务及公共—私人伙伴关系。

为经济发展提供经费

如果一个社区努力追求经济发展，它必须创设一种机制，为各种项目和活动提供资金支持。这里，我们主要是指税收刺激或政府提供的其他财政津贴，从而推动项目上马，或吸引私人投资。财政刺激——尤其是税收减免——经常是极具争议性的，很多研究显示，在企业选址或扩张决策对州和地方特性的多方面考量中，财政诱因所占的权重很低。③ 尽管如此，地方政府仍一如既往地经常提供财政诱导。在

①② ICMA, "Strategies for Local Enterprise Development," 7.

③ 参见 Michael Kieschnick, *Taxes and Growth*：*Business Incentives and Economic Development*（Washington, D. C.：Council of State Planning Agencies, 1981）：87。

国际城镇管理协会 2004 年开展的一项全国性调查中，79％的城市反映使用财政收入支持经济发展项目。在过去 20 年内，该百分比一直在稳步增长。[1]

在商业决策中，税收优势和财政刺激并不被认为是决定性的，因为其他区位性特征的重要性总是超过它们。劳动力、交通和土地的供应量，能源成本，地区生活质量等因素的影响力往往比税收和货币激励政策更大。尽管如此，许多城市仍继续提供财政刺激，其中的最主要原因也许是害怕竞争。

因为别人都在这么干，为了不被置于不利地位，城市也必须遵循这个竞争规则。此外，证据还显示，如果一个企业在考量特定地理区域内的多个区位，税收和财政刺激的重要性就会增加。两种最常用的财政诱导方式是：财政刺激和使用公共资金支持大规模的私人投资。

财政刺激

在提供财政激励的几种可行方式中，一种常用的方法是发行地方产业收入债券（industrial revenue bonds，IRBs），也称产业发展债券。这些债券由地方政府发行，或由市、县政府创设的地方公共部门发行，无须经由公众投票同意。国际城镇管理协会的调查发现，在做出回应的城市中，约 9％发行了收入债券，另有 10％使用特别税额的地区收入为经济发展项目提供资金。[2] 这些手段的目的在于，提供一定资金购买土地、建筑物及固定设备。产业收入债券是免税的，传递给借款者的成本较低。[3] 产业收入债券的主要优点在于它是一种长期、低息的融资方式，并且对持有人所获利息免征联邦所得税。

由于美国财政部（U. S. Treasury）受发行地方产业收入债券的影响，联邦政府对债券的使用设立了一些限制条件。例如 1986 年《税制改革法》（Tax Reform Act of 1986）禁止在一些领域使用产业收入债券，并且设立了各州发行私人目的债券的总量限制。免税债券不能再被用于为体育馆、会议中心、停车设施及工业园区提供资金。

财政诱导的第二种工具是税收增量融资（tax increment financing，TIF）。税收增量融资观念最初起源于 20 世纪 50 年代的加利福尼亚州，大多数税收增量融资地区创设于 20 世纪 80 年代。[4] 国际城镇管理协会 2004 年的调查发现，在做出回应的城市中，28％使用了税收增量融资作为发展的一种手段。[5] 该工具需要建立一个特区，地方政府返还该地区经济扩展所增加的税收，专门用于为改善该地区公共服务提供资金。地方税收的增量部分，主要用于资助基于量入为出的服务改进行为，或

———————————

①②　ICMA，"Economic Development 2004，" at http://icma. org/upload/library/2005－06/｛F4E7D83C-3343-4128-A8D9-A33B5FC3B6AE｝. pdf。

③　关于 IRB 的讨论出自 Wardaleen Belvin，"Industrial Revenue Bonds，" in *Local Economic Development*，ed. Sherman Wyman and Robert Weaver（Arlington：Institute of Urban Studies，University of Texas at Arlington，1987）：52。

④　关于 TIF 的内容简介可参见 Richard D. Bingham，"Economic Development Policies，" in *Cities*，*Politics*，*and Policy*：*A Comparative Analysis*，ed. John P. Pelissero（Washington，D. C. ：CQ Press，2003）。

⑤　ICMA，"Economic Development 2004"。

用于偿还地方为改善投资环境而发行的长期收入债券。[①]

当前，有 48 个州允许城市使用税收增量融资手段。尽管税收增量融资对城市政府有利，但税收增量融资地区可能导致县和学区的收入损失，在偿清税收增量融资债券之前，县和学区不能分享新增税收收入。经济发展专家和政治学家理查德·宾汉姆（Richard Bingham）注意到，"现在，税收增量融资是大都市地区最流行的一种经济发展融资形式"[②]。

依照州法，城市也可以减轻（或免除）私人公司的税收。在许多案例中，税收减免优惠是城市授权园区项目的重要组成部分。值得注意的是，地方政府提供诱因刺激发展，常常是受潜在的社会经济状况所驱使。例如，保罗·刘易斯（Paul Lewis）对加利福尼亚城市经理的研究，揭示了城市为发展提供刺激的特性，与居民支付能力、通勤花费时间、就业率等 "过去的增长模式" 具有高度关联性。[③]

改善公共服务

作为支持经济发展的一项主要战略，城市经常资助一系列旨在改善公共服务的行动，从街道、下水道到停车库、休闲设施等。这些行动——也许是大多数——直接与私人资本投资相联系，并且其首要目的是减少私人发展成本。政府在与发展相关的基础设施上的公共支出，常常面临着其他潜在的吸引投资地区的竞争。对新的税收收入和扩大税基的期望，是城市政府决定支出公共资金、方便和援助私人发展的首要因素。新的税收收入可能以几种方式产生，它不仅来自建设新建筑，也来自创造了新的就业机会，促进周边产业升级，提升产业结构。人们普遍认为，创造工作机会本身也是对经济发展的一种公共支持。

改善公共服务的形式并不仅限于提供基础设施或组合一揽子用地。美国规划协会（American Planning Association）的研究显示，城市运用分区、征用权、实施法规、发展规制等权力，能够极大地鼓励或者打击私人发展。通过改革土地利用法规和条例，可推动和实现精明增长。[④] 现在，一些城市拥有一站式许可中心，许多地方开始复查规章设置，试图搬走障碍物、简化城市在发展过程中的角色。最近，密尔沃基市和代顿市完成了对主要城市法规和分区规章的修订，是大城市改善公共服务的两个典型例证。[⑤]

公共—私人伙伴关系

城市经济发展需要在公共部门与私人部门之间建立合作关系。当然，前述讨论

[①] 关于 TIF 问题和方式的一般讨论，参见 Don Davis，"Tax Increment Financing，" *Public Budgeting and Finance* 9（spring 1989）：63–73。

[②] Bingham，"Economic Development Policies，" 248.

[③] Paul G. Lewis，"Offering Incentives for New Development：The Role of City Social Status，Politics，and Local Growth Experiences，" *Journal of Urban Affairs* 24（April 2002）：143–157.

[④] 参见 American Planning Association，*Codifying New Urbanism：How to Reform Municipal Land Development Regulations*（Chicago：APA，2004）.

[⑤] ICMA，"Smart Growth and Code Reform，" issue summary paper，2005.

表明，公共部门与私人部门的合作程度对于成功的发展相当重要。这里，我们考察了不同形式的公共—私人合作关系，其中有些例子更具持久性。

经济发展公司

在全国范围内，准公共性的经济发展公司已经遍地开花，它们基本上都是为促进经济发展提供长期规划和融资体制。这种组织的基本职责在于为经济发展安排一揽子融资计划，由于有些州的法律禁止城市对商业发展提供直接资助，这使该组织大有用处。许多观察家称赞这种准公共性的经济发展公司，因为它们在筹集资金和加快发展方面很有能力。相反，批评者认为，尽管其管理层通常包括企业领袖和政府官员，但是它们并不受政府直接领导。政治学家罗伯特·斯托克（Robert Stoker）称其为"影子政府"（shadow government），一部分原因是它们在公众监管之外运行，并且限制公众参与。[1] 在本章最后部分，我们将会进一步关注这一话题。

就业和职业训练

公共与私人部门有效合作的另一个领域是就业帮助和职业训练。在公共与私人部门的合作努力下，城市追求一系列就业和培训战略。满足就业困难群体需求、处理公司兼并和工厂倒闭导致的停工失业、发展再培训项目、与新企业和小公司合作以创造或保留就业岗位，这些都是城市政府履行的诸多职责的重要方面。

基础设施发展中的公私合作

我们常常把改善基础设施看作公共部门的单独责任，但实际上没必要这么做。越来越多的城市意识到，它们提供的生活质量会帮助或阻碍经济发展，尤其是在它们打算吸引高科技产业并在众多合适的区位进行选择的时候。[2] 因此，作为经济发展战略的一部分，城市开始考虑改善"生活福利基础设施"（amenity infrastructure）——执行这一抱负需要公共与私人部门的密切合作。生活福利基础设施包括广泛的设备：市民中心和会议中心、运动场所、表演和视觉艺术场所、博物馆等。

公共与私人部门的合作也包括建立经济开发银行，通过该组织，公共资金可被用于非营利组织以促进发展。尽管这些银行鼓励私人部门利用公共资金实现公共目标，但其成功缺少担保。一项对洛杉矶成立社区发展银行（Community De-

---

① Robert Stoker, "Baltimore: The Self-Evaluating City?" in *The Politics of Urban Development*, ed. Clarence Stone and Heywood Sanders（Lawrence: University Press of Kansas, 1987）: 258.

② 摘自 Rita J. Bamberger and David Parham, "Leveraging Amenity Infrastructure: Indianapolis's Economic Development Strategy," *Urban Land* 43（November 1984）: 12。

velopment Bank）——目的是帮助 1992 年骚乱后处于困境的邻里社区——的研究揭示，该银行由于支出 4.35 亿美元联邦资金而遭受严重损失，且没能有效地刺激经济发展。[1]这一失败对公共部门与私人部门伙伴关系的智慧提出了严峻挑战。

5.5　组织和管理经济发展

城市一般通过两种基本方式组织经济发展。如前文所述，第一种方式是成立一个准公营的经济发展公司，由它负责运作，并与相关政府部门密切配合。第二种方式是由城市政府直接承担发展责任，尽管具体模式取决于地方条件和历史背景的差异性。芝加哥市将规划与发展部门合并为一个大部门，其网站首先宣传经济发展使命，其中提到的规划几乎是事后产生的想法。[2]

城市经济发展全国理事会（National Council of Urban Economic Development）研究主任艾伦·格雷戈曼（Alan Gregerman）认为，在政府将经济发展置于优先地位且私人部门活跃参与的城市，通过公共途径组织经济发展可能会发挥作用。[3] 相反，他说，在那些不把发展作为优先考虑的城市，或私人部门无法直接和地方政府合作的城市，半公营公司也许更为有效。格雷戈曼进一步指出，各城市大多追求半公营路线。然而，在芝加哥，被市长哈罗德·华盛顿（Harold Washington）任命为第一任经济发展委员会主席的罗伯特·密尔（Robert Mier），表达了对于把太多权力置于私有机构的关切。密尔认为，"主要问题是经济发展在多大程度上被私有化。城市必须为政策制定负责，并且对公共资源的使用负有责任"[4]。城市为经济发展投入的财政和人力资源确实相当可观。国际城镇管理协会 2004 年的一项调查显示，平均来说，城市每年为经济发展花费了 753 000 美元。[5]

领导和管理

不管政府的组织结构如何，积极的预见、规划和领导力都可清楚解释成功和失败的区别。既然如此，由谁负责提供领导力呢？密尔等学者认为，城市政府必须履行这一职责——尤其是市长和城市经理。不过，显然这并不常见。国际城镇管理协会的一项调查要求城市说明制定经济发展战略的主要参与者，结果是几乎

---

① Julia Sass Rubin and Gregory M. Stankiewicz, "The Los Angeles Community Development Bank：The Possible Pitfalls of Public Private Partnerships," *Journal of Urban Affairs* 23 （April 2001）：133－153.

② City of Chicago, Department of Planning and Development, at http://www. ci. chi. il. us/city/webportal/portalEntityHomeAction. do? entityName＝Planning＋And＋Development&entityNameEnumValue＝32.

③ 引自 Ruth Knack, James Bellus, and Patricia Adell, "Setting Up Shop for Economic Development," in *Shaping the Local Economy*, ed. Cheryl A. Farr （Washington, D. C.：ICMA, 1984）：43。

④ 转引自 ibid. , 43。

⑤ ICMA, "Economic Development 2004".

所有城市都把政府作为首要参与者。其他参与者却有很大差异，主要涉及商会（70%）、私有企业（45%）、开发公司（47%）、市民咨询团体（38%）和学校（38%）。①

若没有专人或者专门团体负责，协调就会被严重削弱。而当发展的主要责任摆在商业社会面前，将很难具备协调的条件。私人组织和公司——甚至地方商会——也在领导许多城市进行开发，市议会也欣然默许了这种状况。实际上，私有组织有可能成为各种公共与私人合作的聚焦点。例如，丹佛市长费德里科·皮纳（Federico Pena）于 1984 年 7 月宣布，市政府和合作伙伴将合作制定中心城区总体规划，提升和指导中央商务区及周边发展。丹佛的中心城区规划师解释说，丹佛合作公司将主导中心城区规划，因为"我们没有那些关键员工和资金能独立做这件事"②。

技术也对发展管理方法的革新具有贡献。近年来，城市政府的发展努力就包括创建网站、为提交许可申请提供在线服务、安装光纤网络、在许可和检查程序中使用手提电脑。③通过技术创新重塑政府，也是经济发展战略的基本特性之一。

在一些案例中，城市经理可能是促进经济发展的关键因素。很多文献提议，如此重要的政治位置最好应留给选任官员。鉴于经济发展涉及较高风险，在激烈斗争中也可能发现城市经理个人身陷其中。政策与实践专栏 5—2 展现了一项早期研究，它显示了城市经理在市中心再开发中所扮演的重要角色。

政策与实践专栏 5—2

辛辛那提市中心再开发中的城市经理

尽管许多大规模的传统中心城市出现内城衰退问题，但辛辛那提市的中心城区却仍然保持商业和金融中心的强大活力。在 20 世纪 70 年代早期，辛辛那提的发展变缓慢了，部分是由于货币市场紧缩，部分是由于缺少强有力的领导者。1975 年，在城市经理威廉姆·唐纳森（William Donaldson）到任后不久，辛辛那提市议会商务委员会和当地商会的代表找到他，希望他能够领导市中心最重要街区的再开发行动。

唐纳森的第一步工作是创立由精选的城市中层管理雇员组成的项目任务团队。随后，该团队为一个叫做"南方喷泉广场"的 8 000 平方英尺的街区制定了一项规划。由于州法律为开发商免除了财产税，这促进了计划中的写字楼和旅馆建设融资。开发商被允许以每年直接向城市"还本付息"的方式来替代支付财产税。唐纳森决定把"种子基金"（seed money）应用在其他开发，作为税收增量融资的一种形式。项目开发商认为，这一安排将为中心区再开发创造良好的商业环境。同时，市议会批准了一项总额为 440 万美元的市政债券，用以援助整个项目。在城市经理的推动下，包括财政、征用、拆迁、土地整理在内的最终方案在不到两年内完成了。

---

① ICMA，"Economic Development 2004"。
②③ 转引自 Judd and Ready，"Entrepreneurial Cities，"226。

　　唐纳森想要的是具有乘数效应的总体规划，他希望南方喷泉广场项目能够成为市中心整体发展计划的奠基石。他坚信，诸如南方喷泉广场的税收刺激方案是必需的，它使中心城市与郊区被置于同一个竞争平台上。他对市议会强调了如下理念："由于联邦政府的政策补助了郊区交通设备和设施……开发生地要比在现存城市再开发便宜。"唐纳森认识到减免税收具有争议性，但是他主张市中心的再开发至关重要，并且是一场长跑，它最终会创造更多就业机会和更健康的税基。

　　"这是一种交换。"城市经理承认，"我要考虑的是城市能提供的令开发商感到高兴和有用的最强刺激方案。遗憾的是，我们与郊区相比，处于竞争的不利地位，因此需要以（税收）刺激来克服这一劣势。我相信在这座城市的复兴中，短期的财产税损失是值得付出的不大代价。"市议会接受了这一立场。在税收增量融资实施6年以后，大约20个项目已经启动。开发者说，如果没有城市在财政上的扶持，这一切都不会有。

　　许多观察家相信，唐纳森强大的领导力是使该项目付诸行动的催化剂。诚然，一些批评或许认为这种领导超越了城市经理的职责，但是其他人坚决认为，唐纳森在很大程度上承担起了议会或市长所缺少的领导职能。

　　资料来源：改编自 David Sink，"The Political Role of City Managers in Economic Redevelopment Program：Theoretical and Practical Implications"，*State and Local Government Review* 15（Winter 1983）：10-15。

5.6　城市发展的政治考量

　　与城市规划实践一样，经济发展也面临争议，尤其是在减税和控制程序问题上。确实，政治争议也许是不可避免的。哈罗德·沃曼（Harlod Wolman）指出，经济发展的政治考量经常从系统模型的研究角度审视发展行动背后的力量、行动追求的主要目标及塑造发展政策变化的城市环境。[①]

　　至少有三个问题与经济发展的政治维度相关。一个是如何构建成功所需的政治一致性；另外两个是价值和思想观念方面的基础性问题——谁参与政治过程，谁会受益。

构建共识

　　成功的发展有赖于团队和协作。创建行动小组是使城市中具有利益关联的团体参与发展过程的一种方法。识别来自城市政府的关键团队成员也许并不困难——很

---

① Harold Wolman, with David Spitzley, "The Politics of Local Economic Development," *Economic Development Quarterly* 10（May 1996）：115-150.

可能是城市经理或者市长，再加上特定工作人员或技术专家，如规划主管、经济发展部门行政负责人。但政府之外主要包括哪些人呢？一部分答案有赖于这一思路最初源自何处。如果工商界起主导作用，来自这一领域的代表可能会邀请或是恳求政府官员参与这一努力。在这种情况下，相对于受商业利益驱动的大企业而言，城市政府的参与可能是第二位的了。当然，城市政府的合作仍是必要的——发行债券、改善公共建设工程、提供技术协助——但市政官员只限于扮演辅助性角色。

不论谁担负领导角色，即使各方就发展方向已经达成共识，但在特定行动上却经常难以达成一致意见。根据韦弗的观点，一个基本问题是"各种地方利益都很关注城市经济，他们对经济发展需求和目标得出非常不同的结论"[1]。因此，构建共识是一个艰难的过程，在此过程中，需要对各种各样的利益诉求进行协调。辛辛那提市的案例表明，城市经理可扮演这一角色，在某些城市中也许市长更合适作为中间人。不管是工商界还是城市政府担负领导角色，广大公众或受影响的邻里群体都有可能选择不听从指引，至少不是自愿遵从。

参与者和受益者

对经济发展的推动基于一个相当简单的模型：商业投资带来了更多的就业机会和扩展的税收基础，城市中每个人都会从中受益。正如政治学家丹尼斯·贾德和玛格丽特·科林斯（Margaret Collins）所观察的，"不难理解为什么市中心的工商业团体将其投资决策等同于一般的公共产品，并在'少数派'阻碍这一进程时会极为不满"[2]。正如《被遗忘的美国人：机遇之乡的三千万贫困劳动者》（*The Forgotten Americans：Thirty Million Working Poor in the Land of Opportunity*）的作者约翰·施瓦兹（John Schwarz）和托马斯·沃尔杰（Thomas Volgy）在《治理》（*Governing*）杂志上发表文章提出，"几乎没有证据显示州和地方每年在经济发展上花费数十亿美元会对提高工资或减少贫困者有所帮助"[3]。类似地，在对 212 个美国城市的一项实证研究中，理查德·费欧克（Richard Feiock）发现，"地方经济发展政策对资本投资有显著作用，但是对就业增长几乎没有作用"[4]。

实际上，人们看到的是一种不平衡的公共—私人伙伴关系，许多城市允许在商业上具有支配地位的精英主导那些影响深远的发展决策，在此过程中，大型社区基本上没有输入什么影响因素。基于对匹兹堡的邻里和公私伙伴关系的一项大规模案例研究，社会学家和城市事务专家路易斯·杰泽尔斯基（Louise Jezierski）对此过

① *Weaver*, *Local Economic Development in Texas*, 45.

② 引自 Dennis Judd and Margaret Collins, "The Case of Tourism: Political Coalitions and Redevelopment in the Central Cities," in *The Changing Structure of the City*, ed. Gary Tobin (Beverly Hills, Calif.: Sage, 1979): 183。

③ John E. Schwarz and Thomas J. Volgy, "Commentary: How Economic Development Succeeds and Fails at the Same Time," *Governing* (November 1992): 10-11.

④ Richard C. Feiock, "The Effects of Economic Development Policy on Local Economic Growth," *American Journal of Political Science* 35 (August 1991): 635.

程做出评价："伙伴关系通过限制参与来提高效率，它改变了社区治理结构。"① 简·格兰特（Jane Grant）参与了通用汽车在韦恩堡市（印第安纳州）的卡车工厂选址工作，他对这一过程的分析得出了相似结论：公共输入非常有限。② 也许，马克斯·斯蒂芬森（Max Stephenson）在关于公私伙伴关系的重要论述中更好地把握了这场争论的实质：

> 伙伴关系不会很快就从国家政治生活中消失。他们的承诺是如此伟大，而且城市是如此的渴求，以致官员们忽略了这些努力可能带来的真实经济和政治收益。这一问题仍有很大的不确定性：这种安排是否能够满足社区的长期需求，而不仅仅是完成了那些有效组织起来的团体的议程。③

一些人提出，之所以发展决策未得以广泛分享，其中是有合理原因的。例如，彼得森界定了在经济发展政策制定中限制公众参与的两个原因。首先，通过把公众参与控制在最底程度，城市可以避免在"有效经济政策"上出现冲突。他认为，发展对于城市福利是极其重要的，因此不应被异议和争执所阻碍。其次，当脱离于公众视线之外，依靠"经济精英参与的高度集中的决策过程"，发展过程能够有效地实现。④ 当需要取得一致意见时，就必须寻求广泛的支持。

彼得森关于发展政治的描述，与关于分配政治的本质形成了强烈对比。这种显著区别促使城市事务专家伊莱恩·夏普提出了政治"分叉模型"（bifurcated model），以更好地理解谁在掌管着美国大都市。⑤ 当然，不同社区的具体情况存在差异，但通常情况是，发展政治是相对封闭的、非冲突的、由精英主导的；参与者是重要的经济利益集团——银行家、土地开发者、公司领导者、市中心商业代表。相反，分配政治更加开放，也具有冲突和多元化特征。在此过程中，各种利益就与服务供给相关的日常议题和问题互相竞争。

此外，经济发展项目可能导致未曾预料的结果。例如，关于大西洋城开发赌场的一项分析指出，与工作机会和税收显著增加相伴的是大量的社会成本。⑥ 土地升值可能带来更高税收或租金，它有可能会威胁具有固定收入的居民。新的工作机会可能提供给了郊区居住者，而非中心城区居住者。高度开发会阻碍街头交易，而小的零售商主要依赖这种方式生存。政治学家克拉伦斯·斯通（Clarence Stone）提出，"为什么城市政府出台这样的政策，它帮助了一些人，同时却忽视或伤害了另

---

① Louise Jezierski, "Neighborhoods and Public-Private Partnerships in Pittsburgh," *Urban Affairs Quarterly* 26 (December 1990): 242.

② Jane A. Grant, "Making Policy Choices: Local Government and Economic Development," *Urban Affairs Quarterly* 26 (December 1990): 48-69.

③ Max O. Stephenson, "Wither the Public-Private Partnership: A Critical Overview," *Urban Affairs Quarterly* 27 (September 1991): 123.

④ Peterson, *City Limits*, 129-132.

⑤ Elaine B. Sharp, *Urban Politics and Administration* (New York: Longman, 1990): 261.

⑥ Cited in Clarence N. Stone, "The Study of the Politics of Urban Development," in Stone and Sanders, *Politics of Urban Development*, 7.

一些人?"① 至少，应让那些可能受到影响的人可以通过开放的论坛发表意见，这样并不妨碍什么吧？

还值得注意的是，那种认为商业利益集团之间存在某种共同利益的观念是不切实际的。由政策学家劳拉·瑞茜（Laura Reese）和雷蒙德·罗森菲尔德（Raymond Rosenfeld）实施的关于 350 个美国和加拿大城市的一项研究表明，开发与其说是受到私有商业项目团体的操纵，不如说是受主导社区的潜在市民文化的驱动。②

政治应在何种程度上影响发展过程，这最终取决于人们的思想观念。没有人期望将涉及公共资金使用的所有决定都付诸投票方式——这就是我们要实行代议制民主的原因。同样，几乎每个人也都认同，实质性的私人承诺对于实施开发是必不可少的。尽管如此，地方政府仍需履行职责。它是应当发起和指导开发进程，还是在闭门决策之外扮演侍女角色呢？能够达成一种真正的平衡吗？这些问题也许不易回答，但公共与私人部门之间的合适关系是对经济发展负有责任者应当关心的议题。

本章小结

许多市民和地方政府官员主张，规划是一项重要且必需的行动。同时，他们也承认发展及与之相关的规划常被各种困难阻碍。在 20 世纪的规划演进中，规划从业者一直在为对该角色的认同而苦苦挣扎。在早期，与城市美化运动相伴随，城市规划强调环境决定主义。城市规划也与市政改革运动具有密切联系，市政改革者强调理性、效率及整体公共利益。这两个运动都是反传统政治的，其信条是：规划师是咨询者，而非实践者。

作为对传统综合规划的取代，一些新型规划途径被开发出来，新的规划思想也影响了规划结构的组织。独立的、非政治性的规划委员会逐渐具有顾问性质，而规划职能变成了直接对城市行政长官负责的专业规划部门。

规划部门的功能涉及综合规划（土地利用、增长控制、区域规划）、分区规划及其他许多管制活动。然而，它们的角色仍是顾问性质的，规划执行取决于选任的立法机构。这并不意味着规划部门是非政治的，要想使规划变为现实，政治行动必不可少。

经济发展——企业家和竞争意识——在许多城市几乎已经变成了规划的同义词。这是对规划在城市地区所应发挥的作用的一种狭义解读。是什么导致了这种狭义理解？在应对 20 世纪 80 年代开始的联邦补助削减的过程中，一些社区比另一些社区更为艰难——它们失去了很多人口和工作机会，市中心衰落了，税基受到严重

---

① Cited in Clarence N. Stone，"The Study of the Politics of Urban Development," in Stone and Sanders, *Politics of Urban Development*，8.

② Laura A. Reese and Raymond A. Rosenfeld，"Reconsidering Private Sector Power: Business Input and Local Development Policy," *Urban Affairs Review* 37（May 2002）：642–674.

侵蚀。为了改善经济基础，使城市对新的私人投资具有吸引力，经济发展成为首选战略。简言之，在许多城市，经济发展占据了重要地位，或者说成为城市政府优先考虑的议题。

尽管来自联邦的补助减少了，但城市继续把从联邦和州获得的资金用于支持私人投资开发。各种战略和技术也被广泛使用，包括利用 21 世纪的新技术，使城市在发展上更具创新能力。这些战略包括地方财政的融资刺激、运用地方资金改善公共建设工程。大多数行动发生于"公共—私人伙伴关系"模式之下。大多数观察家都认同，很多项目的成功有赖于公共—私人部门的携手参与，一些人也对公共与私人部门的适当关系提出质疑。一个研究团队声称，私人开发减少了延误和繁文缛节，使开发过程更加有效率。也有人担忧商业主导，其运作过程脱离了公众监督。在不久的将来可确定的是，城市规划将继续致力于支持城市和大都市地区的经济发展行动。

推荐阅读

Blair, John P. , *Local Economic Development：Analysis and Practice*, Thousand Oaks, Calif. : Sage, 1995.

Blakely, Edward J. , *Planning Local Economic Development：Theory and Practice*, Thousand Oaks, Calif. : Sage, 1994.

Hoch, Charles J. , Linda C. Dalton, and Frank S. So, eds. , *The Practice of Local Government Planning*, 3rd ed. , Washington, D. C. : ICMA, 2000.

McGowan, Robert, and Edward J. Ottensmeyer, *Economic Development Strategies for State and Local Governments*, Chicago：Nelson-Hall, 1993.

Peterson, Paul, *City Limits*, Chicago：University of Chicago Press, 1981.

Stone, Clarence N. , and Heywood T. Sanders, eds. , *The Politics of Urban Development*, Lawrence：University Press of Kansas, 1987.

第 6 章

决策与分析

　　决策，决策。公共组织面临着无休止的决策活动，城市经理在决策过程中不可避免地起着主要作用。学习管理的学生一再地将决策和计划、组织、人事、控制和预算列为基本的管理职能之一。① 实际上，决策是核心过程——它将其他职能联系在一起。广泛的共识是，首先，人们对城市经理的评判主要依据他们做出的决策行为。

　　关于决策过程已经有大量研究，多年来，也有许多技术被建议用来改进决策。有好几个学科——商业管理、社会学、政治学、心理学和公共行政学——都关注在组织情境中的决策是如何做出的。显然，我们不可能对这些文献涉及的所有理论和议题都进行评述。在本章第一部分，我们聚焦于在政治学和公共行政学领域中普遍涉及的四种决策路径。接下来，我们将检视一些定量的和非定量的决策工具。第三部分讨论项目分析，对分析过程及政治可行性进行综合讨论。之后，我们将考虑分析的应用，包括对地理和管理信息系统及计算机在地方治理层面的应用进行概述。本章最后就分析的贡献和局限得出一些结论。

---

　　① 可参见以下文献的各章标题：Donald F. Kettl and James W. Fesler, *The Politics of the Administrative Process*, 3rd ed. (Washington, D. C.：CQ Press, 2005)；Grover Starling, *Managing the Public Sector*, 7th ed. (Belmont, Calif.：Thomson Wadsworth, 2005)。

6.1　决策的路径

概而言之，主要有四种基本的决策路径——理性决策、渐进决策、混合扫描和垃圾桶模型。在某种程度上，上述四种路径中的每一种都声称是在描述现实、合理反映进行决策的实际过程。同时，每一种路径都有规范的含义，尤其是理性综合决策路径。

理性综合决策路径

理性综合决策路径（rational-comprehensive approach）——也称经济决策途径，或经典决策途径——是一种为人们所广为知晓和接受的决策途径。它正是管理学教科书所谓的决策方式。决策过程的观察者尤其是参与者经常将理性模型当作理想模型，以将实际决策过程与之进行比较和评价。

在第4章的讨论中，我们将决策过程看作一个稳定和有序的系列事件，理性决策过程经常被描述为需要相续行动的过程。例如，决策可通过以下步骤做出：

1. 认定问题；

2. 就事实和整体目标达成一致；

3. 确定备选方案，分析备选方案，以及评估每个备选方案的结果（包括短期和长期结果）；

4. 选择；

5. 实施；

6. 评估。

尽管决策过程通常并非如此有序，但总体而言，理性路径的追随者确实相信通过认真收集实际信息和精确分析，能够改进决策质量。

实际中的理性决策

布莱恩·拉普（Brian Rapp）和弗兰克·帕提图西（Frank Patitucci）描述了一个强市长为提升市政绩效而实施的决策过程。[①] 假设你是一位市长，并按照以下顺序开展工作。

第1步：界定机会。让工作人员根据你在竞选期间产生的信息和思路，列出一个提升城市政府绩效途径的列表。你亲自指导工作人员探寻观察到的状况背后的原因，预估不作改变的后果。三周之后，工作人员向你提交他们进行初步研究的

---

① Brian W. Rapp and Frank M. Patitucci, *Managing Local Government for Improved Performance* (Boulder, Colo.：Westview, 1977), chap. 16.

结果。

第 2 步：确定责任。工作人员认定可能的改进之处，但是你可能会吃惊地发现他们提到的许多地方并不是在市长职权范围内能办到的。各类外部群体，从公民组织到州和联邦政府都会广泛介入进来，或者是作为融资的来源，或者作为可能的否决威胁。你决定集中精力关注你相信自己能够改变的地方，于是，你要求工作人员标出每个项目是否是市长的直接或间接责任所在。你也要识别其他可能的参与者，包括市议会、市政联盟、商业企业领导人等。当然，你也会认识到你不能命令其他人合作，劝说、谈判和妥协都是必需的。

第 3 步：依据对绩效的影响对各种机会进行排序。接下来，根据对市政绩效的潜在影响，对各种机会或者需要的变革进行先后排序。这可通过回答一个简单而重要的问题做到，即"那又怎样？"。你指导工作人员将活动的影响分为三类：重大、中等和低度。

第 4 步：根据可利用的资源重新进行优先排序。重新评估进行优先排序的列表，你很快会发现，在既定的资源限制下，许多认定的机会难以付诸实施。因此，你必须区分什么是想要的、什么是可行的。与工作人员一起，根据你对哪些拥有最佳实施机会的认知，重新对问题进行排序。

第 5 步：形成实施计划。现在最终列表完成了，你要求工作人员将那些处于一级分类的机会（最重要和最可行的）转换成明确的行动计划。每一个计划都要回答特定的问题："要达到什么目标？什么时候能够实现？将会产生什么样的结果？需要动用什么资源？哪里能够找到这些资源？谁对将资源转化成结果负责？"[1]

正如拉普和帕提图西所建议的，除非你知道完成它需要的步骤，需要耗费多少成本，谁将负责以及什么时候要完成，否则，采用新的预算体系或者修建一个市区购物中心都将收效甚微。

战略规划和战略管理

上面列出的决策规划清晰地反映了理性决策需要做什么以及怎样做。实际上，这个过程可能并不那么正规，这取决于决策者的风格和问题的复杂性或重要性。然而，有人主张，那些重要决策应该通过更有意识的系统化方式进行，这较多地依赖于正式的规划过程。

一般而言，规划就是要弄清楚想做什么和怎么做的问题。在市政层面，正如第 5 章讨论过的，规划经常与土地利用决策和分区联系在一起。从历史上看，城市规划部门已经制定了综合规划或总体规划，它为社区经济基础、交通网络和资本需求，以及土地利用决策和分区等相关后续决策奠定了基础。这种无所不包的规划由于其静态特性、比较狭隘地关注物理开发以及在实施中遇到困难而遭受批评。因

---

① Brian W. Rapp and Frank M. Patitucci, *Managing Local Government for Improved Performance* (Boulder, Colo.: Westview, 1977), chap. 329.

此，近年来，人们对规划过程越来越感兴趣，而不只是将规划当作制定综合性文件。一些人称其为"政策规划"，但最常用的术语应该是战略规划（strategic planning）。

战略规划是从私人部门中发展出来的，尤其是在 20 世纪 50 年代末 60 年代初的通用电气公司。战略规划是"一种审慎努力，其目的在于形成基本决策和行动，以形塑和指导一个组织（或实体）是什么、做什么、为什么做"[1]。正如第 1 章所概述的，战略规划的管理技术建立于系统论的基础之上。系统论要求"组织的目标和达成目标的步骤应在组织环境所界定的资源和约束条件下有所体现"[2]。

战略规划包括以下几个特定和相续的行动阶段：

1. 确定组织的使命；
2. 建立能够实现的一套目标和优先次序；
3. 评估组织环境，包括能够提供重要支持的个体和群体；
4. 开发出一套衡量实现目标的可测指标；
5. 设计实现目标的多种战略或者行动计划；
6. 就实施的时间表达成一致；
7. 设计用于监督和评估进程的信息系统。[3]

这些步骤与前面提及的理性综合决策路径的基本内容十分相似，但有必要专门指出战略规划的几个要点。二者关于决策过程应如何发生的看法并不一致。公共行政学专家罗伯特·登哈特认为，在没有帮助的情况下，许多城市缺乏足够的内部专家进行战略规划，因此他建议引入外部顾问。[4] 很多人也都认同，除非拥有高水平的管理能力，否则，地方政府官员不应该在技术上进行大规模投资。[5] 登哈特也赞成设立某种规划小组来推动这一过程。依据要考虑的目标范围，该小组可由高水平的市政府职员组成，也可超出市政府的范围，把商业、金融、劳工和邻里组织的代表纳入其中。托德·斯沃斯特姆也随声附和这一包容性路径。[6] 出于对精英性、技术性的决策过程导致经济增长偏差的痛惜，他主张战略规划不应忽视民主参与价值及相互约束和制衡的需求。此外，在公共部门，人们不能忘记政治。

---

① John M. Bryson, *Strategic Planning for Public and Nonprofit Organizations* (San Francisco：Jossey-Bass, 1988)：5.

② Robert B. Denhardt, "Strategic Planning in State and Local Government," *State and Local Government Review* 17 (winter 1985)：175.

③ 战略规划过程的这些阶段改编自 John J. Gargan, "An Overview of Strategic Planning for Officials in Small to Medium Size Communities," *Municipal Management* 7 (summer 1985)：162；另参见 Gregory Streib and Theodore H. poister, "The Use of Strategic Planning in Municipal Governments," 2002 *Municipal Year Book* (Washington, D. C.：ICMA, 2002)：18–19。

④ Denhardt, "Strategic Planning in State and Local Government," 176.

⑤ Gregory Strieb, "Applying Strategic Decision Making in Local Government," *Public Productivity and Management Review* 15 (spring 1992)：341.

⑥ Todd Swanstrom, "The Limits of Strategic Planning for Cities," *Journal of Urban Affairs* 9, no. 2 (1987)：137.

政治科学家约翰·加根（John Gargan）坚持认为，规划议案必须是"技术可行、财政可行和政治可行的"①。由于战略规划最终包括对稀缺资源利用的价值判断，一些分歧、冲突和政治战争是不可避免的，而且最佳规划永远是不可能实现的。怎样才能改变过程以制定出更有用的规划呢？

根据新公共管理运动的支持者欧文·休斯的论述，作为 20 世纪 80 年代新公共管理运动的组成部分，战略管理开始替代战略规划。与战略规划集中于做出"最优战略决策"不一样，战略管理关注于战略结果——"在组织文化中，由于人的因素及其对管理的影响，更多的注意力集中于执行方面"②。休斯认为，战略管理模式在本质上比战略规划更具有政治性，因为它是建立在"必须认知政治权威的运作"这一假设之上。③ 它同时更强调洞察组织的外部因素——称为"环境扫描"（environmental scanning），因为它"以外部视角为指导，其强调的不是适应环境，而是预测和塑造环境变化"④。

正如保罗·C·纳特（Paul C. Nutt）和罗伯特·W·巴克奥夫（Robert W. Backoff）所界定的，战略管理的六个步骤包括以下行动：

1. 依据组织的环境、总体导向和规范性理念描绘组织的历史背景；

2. 从当前的优势、劣势、未来的机会和威胁几个方面来评估形势；

3. 开发一个可管理的当前战略问题议程；

4. 设计战略选项以管理优先性议题；

5. 根据受影响的利益相关者和所需要的资源状况评估战略选项；

6. 通过调动资源和管理利益相关者来实施优先战略。⑤

如果将战略管理包括的步骤与前面概述的传统战略规划的要点对比分析，你会发现，虽然战略管理模型中的第二点、第三点和第四点与战略规划类似，但是其第一步和最后两步在性质上更加政治化和情景化，需要将更多注意力集中于组织内部和外部的环境扫描及利益相关者分析。由于注意到"组织是有历史和文化的，在制定战略时这二者都要被考虑"，休斯宣称，两个模型的真正区别是"认识到利益相关者以及在实施战略中利用他们"⑥。

《市政年鉴（2002）》（*2002 Municipal Year Book*）关于在地方层次运用战略规划的一项调查研究表明，关注战略管理有助于提升规划的可行性。⑦ 对居民达到或超过 25 000 人的美国城市的委任或选任高官的一项调查发现，在 511 个做出回应的城市中，超过 1/3（45%）的城市在过去 5 年中已启动了全市性的战略规划过程。

---

① Gargan，"Overview of Strategic Planning，" 166.

② Owen E. Hughes，*Public Management and Administration*，3rd ed.（New York：Palgrave Macmillan，2003）：135-136.

③④ Ibid.，142.

⑤ Paul C. Nutt and Robert W. Backoff，*Strategic Management of Public and Third Sector Organisations：A Handbook for Leaders*（San Francisco：Jossey-Bass，1992）：152；Hughes，*Public Management and Administration*，143.

⑥ Hughes，*Public Management and Administration*，143.

⑦ Streib and Poister，"Use of Strategic Planning in Municipal Governments，" 18-25.

但是作为战略规划过程的组成部分，很多城市并未评估内在的优势和劣势（41%），未评估内在的威胁和机会（44%），或未确定所提出的战略的可行性（63%）。概言之，正如格雷戈里·斯特莱布（Gregory Streib）和西奥多·波伊斯特（Theodore Poister）观察到的，调查结果表明一些城市使用战略规划来"帮助制定更清晰的路线进程，增强社群内部联系，但并未与正在进行的管理过程建立直接联系"①。上述分析表明，通过环境扫描和利益相关者分析，可将规划过程与管理过程联系起来，这是战略管理的一个基本目标。②

显然，战略规划有将理性路径纳入决策过程的企图。但当问题复杂、信息匮乏、时间有限、多元竞争性利益都很关注决策结果时，这一过程又能达到怎样的理性程度呢？即使是战略性规划的两个最热情的支持者——他们把战略规划看作"前瞻性政府"（anticipatory government）的一种形式——也意识到它具有局限性。在《重塑政府：企业精神如何重塑公营部门》一书中，戴维·奥斯本和特德·盖布勒指出，"战略规划是政治学的对立面。它假定了一种彻底的理性环境——一种在政府过程中从来就不存在的东西"③。

查尔斯·林德布鲁姆同意这一点。他多年来一直争论说，理性决策路径遭遇了许多局限性。④ 第一，他相信人类的智识（或解决问题的能力）太有限了，难以将理性路径产生的所有备选方案的潜在结果都包括进来。而且，在任何情况下，充分搜寻信息对所有选项进行评估也是不可能的。进而，在林德布鲁姆看来，综合分析需要太多的时间，太昂贵了。最后，他认为事实和价值也不像综合路径要求的那样可以截然分开。林德布鲁姆坚持认为，实际的决策者认识到了这些局限性的许多部分，并且不可避免地寻找更简单、更具现实性的问题解决办法。

渐进主义

林德布鲁姆超越对理性综合决策路径的批评，进而提出了一个替代的决策理论，该理论被人们赋予不同的名称，包括"渐进主义""渐进决策科学""连续有限比较""边际决策"。概言之，渐进主义（incrementalism）包括以下几个特征：

● 在分析之前，目标并非孤立的且已确定的。目标的确定与分析紧密相连，甚至同时进行。手段通常会影响结果，反之亦然。

● 决策者通常只考虑有限数量的备选方案，通常只是那些与现行政策有细微差异的方案。

● 所有的结果都没有得到评估，甚至那些受到严格约束的备选方案的结果

① Streib and Poister，"Use of Strategic Planning in Municipal Governments," 18.

② Hughes，*Public Management and Administration*，142.

③ David Osborne and Ted Gaebler，*Reinventing Government*（Reading，Mass.：Addison-Wesley，1992）：235.

④ Charles E. Lindblom，*The Intelligence of Democracy*（New York：Free Press，1965）：138-143. Copyright © 1965 by The Free Press，a division of the Macmillan Company.

亦如此。所有的结果都是不可预知的，综合评价所需的时间和努力都是不可知的。

● 既然手段和目标是不可分的，问题的重新界定是无穷的过程；分析是永无止境的，政策永远不是一次性制定的，而是无休止地重新制定。[①]

渐进的问题解决极大地缩减了决策者进行调查的范围，极大地放松了综合评估的认知约束。它的基本假设是许多公共政策问题太复杂而难以理解，很少被掌握。因此，管理者必须寻找应付问题的策略，而不是解决它们。如果原来的办法没有解决问题，或原本的解决办法又引发了新的问题，那么就需要后续行动来应对。

林德布鲁姆就渐进路径提出了几个论点。第一，非渐进决策的结果是不可预测的，特别是当决策与现存的政策偏离较大时。第二，当决策是连续和有限的时候，错误更容易得到纠正。最后，渐进决策比综合分析导致的深远变化在政治上更易于为人们所接受。

政策与实践专栏 6—1 的案例研究表明了城市层面工作的渐进主义性质。

政策与实践专栏 6—1

什么类型的街灯？

渐进决策是建立在统治的多元主义理论基础之上的。基本上讲，多元主义认为，政治——政府产品和服务的分配结果——是城市中竞争性团体之间互动的结果。因此，政治是一个讨价还价和妥协的过程，以便在竞争性利益之间达成均衡。有的时候决策是理性的，可以用效率这个价值来评估，有时候则不是。这个案例展示了关于圣迭戈的街灯服务的效率是如何经过长时间被渐进提升的。然而，人们必须记住，最后的决策可能就像 6：3 的投票决定采用高压钠汽灯那样容易，而这对城市运作而言却是高成本的，该投票所促成的并非效率最大化，而是其他价值。

在 20 世纪 80 年代早期，圣迭戈市议会的成员以 5：4 的投票决定将 10 000 个水银蒸气灯换成高压钠汽灯，后者采用了一种新技术，在花费更少的同时，能够提升能源效率。9 个月之后，在一次 6：3 的投票中，市议会决定修正早些时候的决议，用低压钠灯替代高压钠灯，这一次同样是因为据说新灯更便宜且使用成本低——更节能。

尽管这些决策看起来是纯理性的，也就说追求效率最大化。然而，这一事项真正的政治背景却是帕洛玛天文台（世界第二大光学望远镜基地）的研究者与圣迭戈市兰乔·伯纳（Rancho Bernardo）地区的居民们处于势不两立的境地。前一个群体认为，高压灯产生的光污染会严重干扰天文台，最终会使天文台"瞎了眼"。而居民们却投诉说，低压灯的低强度灯光看起来就像"萤火虫"，灯光下的

[①]　这些特征改编自 Ibid.，143-148；and Charles E. Lindblom，"The Science of 'Muddling Through'，" *Public Administration Review* 19（spring 1959）：79-88。

行人看起来像行走着的尸体一样，并且增加了犯罪。

市议会在支持天文台群体和支持效率最大化群体的两种竞争性利益之间建立了一种平衡。然而，竞争使得这一议题变成了高度政治化和易引起争论的事件。

资料来源：本案例摘自 Robert J. Waste，*The Ecology of City Policymaking*（New York：Oxford University Press，1989）：98-99。

在最初的文章发表 20 年之后，林德布鲁姆对渐进主义进行了重新评价，文章题目为"仍在调适，尚未通过"① （Still Muddling，Not Yet Through），在这篇文章中他推荐了一些修正和改进，但继续坚持基本的路径。他的后续著作提出了连续的决策结构，一端是"极不完整的分析"，另一端是"综合与科学分析"（见图 6—1）。尽管他继续争论认为综合（或总体）分析是不可得的，在回顾中，他声称决策者可立志去做他所称的"战略分析"。他将战略分析界定为使复杂问题简单化所进行的任何计算或审慎的战略选择，也即综合性"科学"分析的快捷途径。林德布鲁姆坚持认为，通过走向战略分析和避免模糊界定的、权宜之计的问题解决办法，可以改进决策。然而，他认为，即使对于复杂问题，使用系统分析、操作研究、计算机模型等正式分析技术，也只应集中于战略层次上，而非理性综合层次。

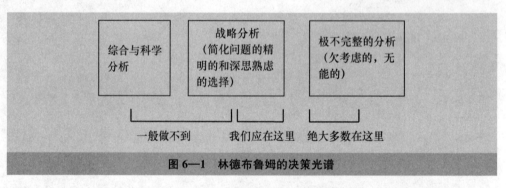

图 6—1　林德布鲁姆的决策光谱

城市政府的决策者很快就懂得很多因素和利益会影响决策结果。民主有可能（或应该）用另一种方式运行吗？答案很可能是否定的。例如，最近一个关于密歇根州范围内医疗保健管理项目的非渐进政策变迁案例研究表明，尽管将全州所有医疗补助客户都纳入保健管理这一雄心勃勃的目标取得了成功，然而这一成功是有代价的，那就是利益相关者不满意、犯错和缺少公众参与。②

在林德布鲁姆最初开始批评理性决策的几年之后，社会学家阿米泰·埃特兹奥

---

① Charles E. Lindblom，"Still Muddling，Not Yet Through，"*Public Administration Review* 39 （November-December 1979）：517-526。图表 6—1 改编自这篇文章。

② Carol S. Weissert and Malcolm L. Goggin，"Nonincremental Policy Change：Lessons from Michigan's Managed Care Initiative，"*Public Administration Review* 62 （March-April 2002）：210，206。

尼（Amitai Etzioni）对渐进主义提出了一个为人们所广为引用的批评。[1] 尽管他同意林德布鲁姆所宣称的理性决策具有局限性，埃特兹奥尼认为，渐进主义亦如此。首先，作为在多个群体中进行妥协的结果，决策必然反映着最有权势者的利益诉求，下层社会和政治上非组织化的人群通常未能被充分代表。其次，渐进主义没有为组织创新和变革提供任何方向，它是没有方向的行动。埃特兹奥尼写道，渐进主义者甚至也认识到这一路径不适合做出重大或根本性决策，例如宣战等。他坚持认为，影响深远的决策的数量和作用要比渐进主义者所承认的更大。

混合扫描

埃特兹奥尼提出了针对理性和渐进路径的替代分析路径，那就是混合扫描途径（mixed scanning）。这一路径融合了前两者。他将决策类比为一个人拥有两个照相机，一个具有广角镜头，用来拍摄大画面，另一个带有长焦镜头，能用来聚焦被前者忽略的细节。埃特兹奥尼不否认渐进主义对边际发生的细微变化的关注，但是他反复强调，至少需要对更大范围的情境采用广角扫描，以免与预期目标相距太远。

在埃特兹奥尼最近对混合扫描的辩护中，他确认这一路径可适用于许多案例。他提及的一个例子是在法院系统，高级法院（像高级执行官一样）保留了基础性决策，并期待低级法院奉行渐进主义。[2]

混合扫描路径是将理性决策和渐进决策两个方面的最好特质进行结合的一种努力。就实质而言，它是在理性路径和渐进路径之间进行妥协的产物，并提供了怎样和什么时候使用这一路径的指导原则。

垃圾桶模型

垃圾桶模型（garbage-can model）超出了林德布鲁姆的渐进主义，反映了一种更强的非理性意向。垃圾桶模型认为，理性路径描绘是不真实的连贯有序的决策世界，渐进主义也一样，这两种方法都错误地认为在决策中有太多的确定性和知识。实际上，许多决策情景被各种模糊性困扰，包括目标不清、组织偏好无序、因果关系模糊、关键行动者的注意力和参与不确定，以及结果不可预料等。[3] 打个比方，垃圾桶模型把选择机会看作"一个垃圾桶，参与者将各种问题倒入其中"。垃圾桶中垃圾的混合程度部分取决于备用垃圾桶上所张贴的标签，但也取决于当时生产了

---

① Amitai Etzioni，"Mixed-Scanning：A 'Third' Approach to Decision-Making," *Public Administration Review* 27 (December 1967)：385-397.

② Amitai Etzioni，"Mixed Scanning Revisited," *Public Administration Review* 46 (January-February 1986)：8-14.

③ Harold Gortner，Julianne Mahler，and Jeanne Nicholson，*Organization Theory：A Public Perspective*，2nd ed.（Fort Worth，Tex.：Harcourt Brace，1997）：239.

什么垃圾，取决于可用垃圾桶的相容性，取决于垃圾收集和清理的速度等。①

　　组织理论学者迈克尔·科恩（Michael Cohen）、詹姆斯·马齐（James March）和约翰·奥尔森（Johan Olsen）提出了该模型，称这一情景为"有组织的混乱"②（organized anarchy），他们认为决策在本质上是通过如下三种方式之一做出的：通过疏忽大致做出决策，对存在的问题缺少关注，用最少的时间和精力做出决策；通过回避做出决策，拖延或者推诿责任；或通过解决问题做出决策，这大概只是在回避受到严格限制、问题相对较小或不那么复杂时才会发生。③

　　根据垃圾桶模型，疏忽和推诿主导了组织决策。杰伊·斯塔林（Jay Starling）同意这一点，他做的关于奥克兰市的决策分析给这一路径提供了坚实支撑。④ 斯塔林观察到，只有在极其需要或紧迫环境逼迫他们必须做出决策时，决策者才会放弃回避和拖延策略。接下来，他们通常只是做出有限回应，建立在惯例、过去经验和培训的基础上，即使这些积极策略还包括选择那些对局外人来讲十分模糊、容易可逆或二者兼具的行为过程。

　　关于垃圾桶模型最后还要讲一点。垃圾桶模型这一名称并不意味着决策就是"垃圾"或必然是坏的。即使成功的组织也在通过这种随意性方式进行决策。实际上，垃圾桶模型仅仅是反映了大规模组织文化的特性而已，这种"无形的、很少写下来或讨论的东西在形塑和控制（组织）行为方面威力很大：它是可观察和感知的现象，反映了组织所共享的哲学、意识形态、迷思、价值、信念和规范"⑤。

　　在了解了决策的各种路径之后，我们应该深入了解城市管理者的决策"工具箱"，以便发现那些有助于做出更好（更有效率、效果、回应性或公平性）决策的有益方法和办法。

6.2　决策工具

　　城市管理者首先是问题解决者：管理问题情境意味着在备选的解决方案中做出艰难选择。资源有限、时间紧迫、备选方案模糊、目标没有界定，但还是必须要做出决策。过程可能是反应式的、不稳定的和无法预测的，是渐进调适的，而不是在清晰界定的备选方案中做出理性选择。无论公共还是私人部门的管理者，都对改进管理过程进行了长期探索，并且发展出了各种各样的工具——定量和非定量的方法——来帮助城市行政长官做出更有效的决策。

---

① Michael Cohen, James March, and Johan Olson, "Garbage-Can Model of Organizational Choice," *Administrative Science Quarterly* 17 （March 1972）：1-25，引自 Gortner, Mahler, and Nicholson, *Organization Theory*，239。

② Cohen, March, and Olson, "Garbage-Can Model of Organizational Choice."

③ Michael Cohen and James March, *Leadership and Ambiguity* （New York：McGraw-Hill, 1974）：83-84。

④ Jay D. Starling, *Municipal Coping Strategies* （Beverly Hills, Calif.：Sage, 1986）：22-27。

⑤ Florence Heffron, *Organization Theory ＆ Public Organizations* （Englewood Cliffs, N. J.：Prentice Hall, 1989）：212。

定量工具

根据西奥多·索伦森（Theodore Sorenson）的说法，决策并不总是一个高度理性化的过程："决策不是一门科学而是一门艺术。它需要的是判断而不是计算。"[1] 正像埃特兹奥尼和其他学者所说的那样，分析是有帮助的。实际上，商业管理的大批文献就是致力于研究一系列工具和技术，以帮助管理者做出更好的决策。这些工具中有些很复杂，但我们可以简要概述几种对于公共、私人决策都适用和有用的基本技术。例如，支付矩阵和决策树都列出了备选决策和可能结果，都属于简单的图形分析。

支付矩阵

支付矩阵（payoff matrix）是一种展示选择和结果的适用于简单决策的分析方式。例如，假定城市正在计划建造一个新的游泳池，应该建一个多大的游泳池呢？未来的游泳者希望它尽可能地大，但是太大的游泳池会超出城市应当花费的成本范围。尽管这类设施很少能维持收支平衡，但是纳税人不希望给其提供太多补贴。小游泳池尽管建造和运作都比较便宜，但是却不能满足需求。图 6—2 中的支付矩阵描绘了两个可能的选择——建一个大游泳池或者小游泳池——以及这些选择的结果，主要是根据两种选择和两个层面的使用给出了四种可能的结果。如果建造大游泳池，并且充分使用，那么每个人都会满意；如果建造大游泳池，但是使用率比较低，那么城市就得负担额外成本。如果建造一个小游泳池，并且使用率比较低，那么每个人也都会满意；但是，如果建造了一个小游泳池，但是使用者很多，那么游泳者不会满意，城市也不能获得建造一个大泳池所能得到的收入。

	可能的结果	
	低使用率	高使用率
大游泳池 选择	游泳者高兴； 收入低，成本高	游泳者高兴； 收入高，成本高
小游泳池	游泳者高兴； 收入低，成本低	游泳者不高兴； 收入低，成本低

图 6—2 支付矩阵

决策树

作为正式决策理论的一部分，决策树（decision tree）建立在**效用理论**（utility theory）和**概率论**（probability theory）的基础上，前者将给决策者的偏好赋予数量值，后者则是根据事件在未来发生的可能性向其分配特定的数值。[2]

---

[1] Theodore C. Sorensen, *Decision-Making in the White House* (New York：Columbia University Press，1963)：10.

[2] Jack W. Lapatra, *Applying the Systems Approach to Urban Development* (Stroudsburg, Pa.：Dowden, Hutchinson and Ross，1973)：46.

　　我们可以通过向游泳池问题中加入一些财政数据来看看决策树是如何使用的。首先，我们必须考虑泳池的各种使用状况的可能性。假定城市管理者向公园和娱乐方面的负责人进行咨询。根据那个地区要服务的对象的潜在增加状况和其他城市游泳池的使用状况，他们可以估计出泳池的使用状况。在他们的估计中，可以使用诸如"有可能"和"不太可能"等词语，也可以使用更精确的词语，诸如"60％的可能性"或者"60％的机会"等。

　　通过在游泳池决策中使用数字概率分析，我们可以形成一个决策树（见图6—3）。同样，存在着两种基本的选择：花30万美元建造一个大游泳池，或者花15万美元建造一个小游泳池。图中的方框通常表示决策树中的决策点，而圆圈或者树的节点表示可能的选择，这个案例是基于使用水平进行决策。每一个可能的选择的使用水平的概率，都是沿着决策树的每一个树枝用线条表示出来的。在这个案例中，城市管理者和休闲娱乐部门负责人估计建造大游泳池高使用率的概率是60％；如果建造小游泳池，他们估计低使用率出现的可能是性是70％。

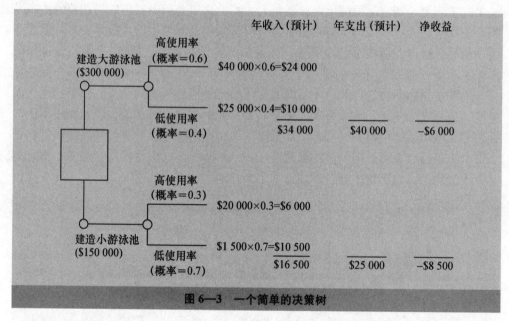

图6—3　一个简单的决策树

　　但是，这些不同状况之下的成本和预计的收入又是怎样的呢？这些信息在树的右边进行展示，例如，大游泳池的高使用率带来的年收入预计是4万美元，而低使用率状况下的收入预计是2.5万美元。但是在估算总体收入时，必须将使用的概率纳入计算值内，如下所示：

$$\$40\,000\times0.6+\$25\,000\times0.4=\$34\,000$$

　　在建造小游泳池的决策中，可运用同样的程序计算如下：

$$\$20\,000\times0.3+\$15\,000\times0.7=\$16\,500$$

　　注意，对小游泳池的决策而言，概率和预计收入都是不同的。当把预计的年度成本计算在内，我们可以得到下面的结果：

	年收入（预计）	年支出（预计）	净收益
大游泳池	$ 34 000	$ 40 000	－ $ 6 000
小游泳池	$ 16 500	$ 25 000	－ $ 8 500

在这个案例中，城市管理者将会向市议会建议建造一个大游泳池，因为它每年损失的额度要小于建造一个小游泳池。

出于演示的目的，我们已经尽量使得这一案例保持简化。除游泳池的大小和使用率之外，我们也可以再添加新的中间选项。每添加一个选项，分叉将会大幅度延展。

决策树有明显的局限性：概率仅仅是根据人的判断做出的估计，而且对个体偏好进行量化也一直是难以处理的麻烦事。但是，这种形式仍有助于决策者在计算方面更精确，对一系列选择和可能结果的考虑会更周密些。詹姆斯·沃佩尔（James Vaupel）认为，"'80％的机会'这一短语，即使它仅仅意味着'大概 80％的机会'也比'可能'这一草率和模糊的词汇传达的信息要多得多，因为后者可表达从 51％到 90％以上之间的任何可能性"[1]。

支付矩阵和决策树只是用来帮助进行决策的诸多定量技术中的两个简单例子。后面，我们将会讨论一些复杂模型，如项目分析和成本收益分析等。

非定量方法

正如赫伯特·西蒙（Herbert Simon）提示我们的那样，我们应当将定量方法的潜在效用当作一个分析视角："中层和高层管理中不得不处理的许多（也许绝大多数）问题，并不适合数量化处理，可能永远也不适合。"[2] 在这种情况下，城市行政长官在不同备选行动中进行选择时，就可以使用各种非定量方法。

德尔菲法

德尔菲法（delphi technique），最初源于人们用来预测未来事件的一种分析工具，它结合了运用专家和委员会系统这两种方法，常被行政长官用来收集信息。它一般要求使用专家组，专家组被要求对包括一系列问题和特殊问题的相关叙述在内的调查做出回应。当问卷返回后，这些回应将会由一个控制委员会进行整理并列表，然后该委员会通过编辑现有条目和向表单中添加新条目而尽力阐明专家的回应意见。[3] 接下来，一般会向专家发放第二轮和第三轮问卷，以便获得更大的一致性。在有些情况下，可能要找到一个最佳推荐方案；在其他情况下，则可能仅仅是期望对选项做出排序。

使用德尔菲法的基本思想是，专家可能思考他们以前从未想起的办法，同时，他们也受益于其他权威提出的观点。要保持专家组的匿名状态，以避免委员会活动的负

① James W. Vaupel, "Muddling Through Analytically," in *Improving the Quality of Urban Management*, ed. Willis Hawley and David Rogers (Beverly Hills, Calif.: Sage, 1974): 187–209.

② Herbert A. Simon, *The New Science of Management Decision*, rev. ed. (Englewood Cliffs, N. J.: Prentice Hall, 1977): 63.

③ Kenneth L. Kraemer, *Policy Analysis in Local Government* (Washington, D. C.: ICMA, 1973): 127.

面效应，如避免从众效应（bandwagon effect）或群体被一两个固执己见的成员支配。

脚本法

脚本法（scenario）实际上是通过书面叙述的方式对一些未来事件的状态进行描述。在决策者想要探索的任何领域，它需要对当前趋势做出推断，对未来发生概率进行预测。专家组可能准备一个或多个脚本，并且提供几个不同的版本。有时候，这一方法与其他分析技术联系起来一并应用，特别是那些具有定量特性的方法。脚本法可能通过以下途径应用：

> 脚本法可以用于开发和分析交通政策或者交通系统。它从各种哲学假设和引入技术的、社会的、政治的、经济的、物理的因素和事件开始，然后可能发展出不同的城市未来……这些环境可能描绘了偏好的或理想的城市未来，最坏可能的未来，或者二者兼有，以及二者之间的很多其他状态。根据达到理想未来的效果，人们会对各种政策或系统进行测试。[1]

6.3　项目分析和决策的其他系统路径

这里考虑的决策方法中的大多数（包括定量的和非定量的），都是在与国防相关的企业或者私人部门中发展出来的。其中，有些方法比其他方法更适合于公共部门。无论如何，在当前新公共管理运动将结果和绩效测评以及提升效率和效果的决策作为口号的情况下，公共管理者比以前有更多的压力去采用私人部门的模型和方法。分析只是"游戏"的名称，现代管理者有一大堆系统决策方法可资利用。

项目分析只是这些用于改进公共决策的方法中的一种而已。通过提供一种根据其成本和结果对备选方案进行系统比较分析的方法，项目分析有助于决策者在可能的行动方案之间做出选择。从方法论角度讲，项目分析是系统分析的一种形式，它本身更是"一种复合性方法，而非特定的分析技术"[2]。通常，"管理者和分析者会使用'系统分析''政策分析''成本—收益分析'以及其他词语，其实这些都是同义语"[3]。就我们目前的目标而言，我们使用由迈克尔·E·米拉科维奇（Michael E. Milakovich）和乔治·戈登（George Gordon）关于系统分析的定义：任何"被设计用来对改变特定系统的一个或多个因素的影响进行综合调查的分析技术"[4]。这一定义与我们在第 1 章中关于系统理论的讨论最贴近。

---

[1]　Kenneth L. Kraemer，*Policy Analysis in Local Government*（Washington，D. C.：ICMA，1973）：131.

[2]　Startling，*Managing the Public Sector*，290. 另参见 Harry P. Hatry，"Can Systems Analysis Be Institutionalized in Local Government?" in *Systems Analysis for Social Problems*，eds. Alfred Blumstein，Murray Kamrass，and Armand B. Weiss（Washington，D. C.：Washington Operations Research Council，1970）：52–79。

[3]　David I. Cleland and William R. King，*Systems Analysis and Project Management*，3rd ed.（New York：McGraw-Hill，1983）：83.

[4]　Michael E. Milakovich and George J. Gordon，*Public Administration in America*，8th ed.（Belmont，Calif.：Thomson Wadsworth，2004）：175.

　　大多数分析的目标是，向决策者提供在众多可选行动之间做出选择的科学基础，以降低组织决策过程中的混乱和不确定性。① 尽管正如前文所提及，最常用于描述公共部门决策过程的两个词语经常可以交替使用，但政策分析更常用于涉及各种外部利益和群体（例如修订城市总体规划文件）的宽泛或复杂的问题，而项目分析的范围则较小，它涉及包括较少的外部行动者的狭窄问题（如决定在城市什么地方建造三座政府补贴的出租屋）。我们也要注意，项目分析与项目评估并不一样：分析是在做出了某种选择之后所做的关于未来会发生什么的推断；评估则是测评一个已经实施的特定项目在达成其既定的目标方面的效果。

分析过程

　　任何形式的分析都包括一系列步骤或者一组行动。尽管图 6—4 的方框中展示的组成要素不一定在每一个事例中都能出现，但一般而言分析的程序包括如下步骤：

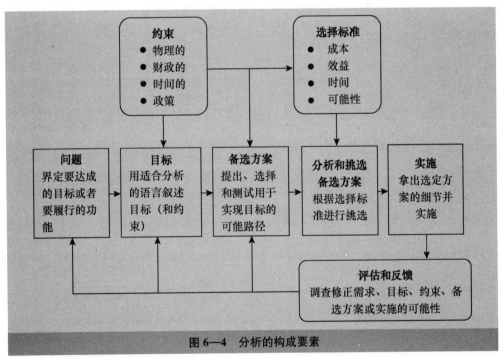

图 6—4　分析的构成要素

　　资料来源：转载自 "Introduction to Systems Analysis"，by J. K. Parker，Appendix C to *Applying System Analysis in Urban Government*：*Three Case Studies*（Report prepared by the international City Management Association for HUD，March 1972），5。

1. 清晰界定问题或者需要；
2. 叙述正在追求的特定目标；
3. 确定那些可能制约提议行动的限制因素；

---

　　① Richard Rosenbloom and John Russell，*New Tools for Urban Management*（Boston：Graduate School of Business Administration，Harvard University，1971）：6-7。

4. 确定和描述用来实现目标的各种备选方案的关键特征；

5. 设计合适的选择标准以在备选方案中进行选择；

6. 分析备选方案，并根据被接受的标准挑选最适合的备选方案；

7. 实施选定的备选方案；

8. 评估结果和决定目标实现的程度，向前面步骤提供反馈，如有必要，进行修正。[1]

界定问题

界定问题看起来是分析中最容易的部分，但是实际上却很少如此。正如决策中最艰难的任务是确保项目目标的一致性一样，项目分析中最困难的步骤是界定要满足的需求。包括国际城镇管理协会在内的三项实验研究表明，城市官员有将问题一般化的倾向，从而难以通过非常清晰的形式陈述分析目标的需求。[2] 那些没有从事项目分析的专业人员的地方政府，可能就不得不雇用外部专家以协助界定问题。

由于问题界定这个任务很困难，并且对后续行动十分重要——解决一个错误问题不会有什么助益，因此，很有必要准备问题文件（issue paper）。问题文件是在能够获取的数据允许的情况下，对当前所知的问题或议题尽可能地做出的完整评估。[3] 它可能包括如下类型的问题：

● 问题的根源是什么？什么力量导致了问题的发生？

● 问题的严重程度如何？多少人或者群体受其影响？问题在将来的发展程度会怎样？

● 哪个特定群体（客户）会受问题影响？如果不是普通公众，那么受影响群体的独特特征是什么（年龄、少数族裔情形、地理位置、收入及受教育水平等）？

● 其他哪些群体或机构（特别是公共部门）正在致力于该问题？

● 问题是否有政治上的弦外之音？

一个问题文件可以超出问题界定的范围，而包括目标、评估标准、备选方案以及对后续行动的建议等。但其基本目标是呈现问题的情形，并通过审慎思考和通情达理的陈述进行分析。

无论是否要准备问题文件，问题必须尽可能明确地得到界定。例如，社区中可供中低收入家庭居住的房屋很少有这个普遍问题，可以用更加明确的条款进行叙述，即以每年建造 1 500 个标准品质的出租单元房为目标。[4] 或者，如果问题是不断上升的犯罪率，那么目标可能是在两年内将青少年重大犯罪率降低 20%。

---

① 这些步骤稍加改编自 John K. Parker, "Introduction to Systems Analysis," in *Applying Systems Analysis in Urban Government：Three Case Studies*（Report prepared by the International City Management Association for HUD, March 1972），Appendix C, 4—10；and E. S. Savas, "Systems Analysis-What Is It?" *Public Management* 51（February 1969）：4。

② Parker, "Introduction to Systems Analysis," 3。

③ E. S. Quade, *Analysis for Public Decisions*（New York：American Elsevier, 1975）：69。

④ 改编自 Carter Bales and Edward Massey, "Analyzing Urban Problems," in Rosenbloom and Russell, *New Tools for Urban Management*, 280。

关于问题界定我们还要强调另外两点：第一，问题应在城市政府的控制范围之内，这一点很重要。尽管这一点看起来很明显，但实践中却很少引起重视。例如，城市失业这一普遍问题，让城市政府独自担当实际上并不现实。第二，问题界定是高层管理者的责任，不应该丢给技术专家。这并不是说分析专家不可以帮忙，有经验的分析专家在帮助决策者缩小问题范围和界定问题方面具有相当大的价值。但最终的问题界定仍是高层官员的责任所在。

以下是关于问题或议题的一些案例，它们可以通过运用项目分析这种系统分析形式而得以成功处理：

- 部署有限警务人员的最有效方式是什么？根据地理位置？根据一天的具体时段？根据报告的犯罪率？
- 需要多少个消防站？它们应该分布在哪里？
- 某个特定客户需要怎样的健康治疗项目？
- 固体垃圾收集和处置应该使用什么样的设备和路径？
- 社区中需要配置什么类型和规模的娱乐设施？应在社区什么地方放置？[①]

叙述目标和约束性

在第二步，问题或者需求要转化成一套可测量的目标，当这些目标实现了，问题就可以得到解决。公共政策的目标叙述有可能是模糊和相互冲突的[②]，因此，有必要将它们转换成可测量的目标，一般使用量化术语。以下是一些可能的目标：

- 交通死亡率降低 10%。
- 消防公司的平均反应时间减少 10%。
- 小学毕业学生的阅读理解水平提高 20%。
- 错过垃圾收集的投诉数量降低 30%。

这些清楚、直白的目标规划，或者来源于分析专家的经验，或者来源于与决策者的广泛讨论以及与主题相关的其他知识。非常重要的是，目标不能先入为主地提前确定哪个备选方案会被用来解决问题。对于那些复杂的问题而言，是否能有效地区分手段和目标，还是有争议的。同样，目标不应该涉及手段（被用于实现结果）的内容。

在分析中，必须对客户的需求进行明确的考虑。如果项目分析对政治环境敏感，那么就有必要对项目实施的获益者和潜在受损者给予特殊关注，这使我们对结果的有效程度能进行有效判断。纽约市市长管理咨询委员会（Mayor's Management Advisory Board）前主任雅各布·尤克尔斯（Jacob Ukeles）将这一过程称为**客户分析**（client analysis）。他认为，应根据受决策影响的程度对群体进行区分，"对高度受影响的群体，有必要在其净收益和净损失的基础上建立平衡"[③]。包括其

---

① Harry Harty, Louis Blair, Donald Fisk, and Wayne Kimmel, *Program Analysis for State and Local Governments* (Washington, D. C.: Urban Institute, 1975): 16–17.

② Quade, *Analysis for Public Decisions*, 103.

③ Jacob Ukeles, "Policy Analysis: Myth or Reality," *Public Administration Review* 37 (May-June 1977): 227.

他的可能收益，关注项目的不同影响可能带来的另一个好处是，让分析专家注意到那些在政治场域中没有特别发言权的群体。客户分析应当是一个连续的过程，在界定目标的时候就应该启动。市民调查可以作为从客户那里收集信息的一种有效工具，下一章将会讨论这一内容。

在此阶段，也必须考虑制约因素。诸如时间限制、财政和物理状况以及过去的政策形成的约束性等因素，都必须被纳入考虑。用于分析和执行的时间可能有多长？有哪些类型的人事需求？分析和解决的预算怎样？物质结构是否需要另起炉灶或重新设计？过去的市政政策或承诺是否对当局构成限制？在设立目标的时候，所有这些问题都必须纳入分析的考虑之列。

提出备选方案

各种各样潜在的行动方案都必须在既定的约束条件下提出。分析专家怎样提出备选方案呢？有许多可利用的资源：高层官员的指导、头脑风暴（brainstorming）、向面临同样问题的其他城市咨询、与在该领域有见识的政府部门进行讨论、从感兴趣的社区群体那里获取建议、通过专业文献和供应商获取建议。例如，如果目标是降低青少年汽车盗窃案犯罪率，分析专家可以通过咨询警察部门、法院法官、社会福利部门和其他社会服务机构以及学校系统甚至青少年自身，来提出备选的行动方案。[1]

开发选择标准和分析备选方案

在提出了足够数量的备选方案之后，就需要使用合适的评估标准对每一个备选方案进行评估。这是一个相当简单的步骤，包括根据每一个评估标准对每一个备选方案可能的结果进行测评，根据评估标准，对每一个备选方案的绩效进行比较。在项目评估中，至少有四个广泛应用的评估标准：有效性、成本、时间和可行性。

要判断有效性，我们必须要设计能揭示备选方案实现项目目标程度的指标。例如，它是否促进了市民的健康和安全？是否改善了街道的环境？是否提升了市民对娱乐机会的满意度？在开发衡量项目效果的指标时，分析专家可以挑选反映物理容量或者变化的工作负荷指标：收集垃圾的吨数、服务的顾客数、医院床位使用数、公园土地的英亩数。这些指标在对政府绩效进行初步测评时是有用的，但是它们很少甚至没有提供有效性信息——项目目标的实现程度怎样，或市民对公共设施和活动的满意程度如何。以下是关于城市服务有效性的一些潜在衡量指标：

● **公共安全指标**（public safety measures）：警察回应的平均时间；犯罪率；犯罪破案率；交通事故、伤害和死亡率；最先到达的消防公司的平均反应时间；火灾损失，包括财产、伤害和死亡的损失额度。

● **公共健康指标**（public health measures）：传染病率；婴儿死亡率；空气质量水平。

---

① Parker，"Introduction to Systems Analysis，" 7-8.

● **市政工程指标**（public works measures）：每次总体收集中的遗漏垃圾量；街道清洁度；街道通畅程度。

● **休闲娱乐指标**（leisure and recreation measures）：图书馆图书流通量和每千人参加娱乐项目人数。[①]

在评估备选方案时，估算成本是必不可少的。这听起来简单，就是把人事、物资和管理费用相加。然而，其实不然，分析要对几种类型的成本进行估算——简单提几个，包括机会成本、间接成本、资产成本、运营成本等。在估算备选方案的成本时，需要遵循以下指导原则：

● 将资产和运营成本分开。在那些必须投入资产成本的地方，这些成本可能要在几年期间内按比例分摊。

● 确定直接和间接成本。间接成本很容易被忽视，但是员工支持、补贴、维护和空间利用的支出等都应当算在总成本内。

● 忽略沉没成本——以前已经承担的成本。在这方面，分析要严格地与成本账目进行区分。

● 考虑多年度需要投入的资金，以便获得备选方案成本支出的完整面貌。

● 指明资金来源。一个备选方案可能有几种确定的资金来源渠道，例如，州或者联邦项目资助。有些类型的资金较其他类型更容易获得。[②]

机会成本和外部成本很重要。资源用于一种特定的方式，就排除了用于其他目标。因此，被放弃的机会成本也必须计算在内。尽管并不完美，衡量机会成本的一种方式是，比较城市从一个项目获得的收益与将同样资金用于其他项目（如津贴等）时得到的收益，尤其是对于城市投入资金在其中的发展政策来讲，这种方法很具应用性。至少，应当核算多年度项目的真实成本。例如，一个 100 000 美元的项目每年产生 10 000 美元的收益，这并不表明该项目在十年内可以收回成本。

在完成对备选方案的测评之前，有必要把成本与收益联系起来。如果能把所有的成本和收益换算成货币，那么就可以进行成本—收益率核算。通常，真正的成本—收益核算超出了市政工作人员的能力范围，因为这需要更多地应用经济学知识，它超越了市政职员的知识视野（在后面的部分我们会详细讨论）。

评估备选方案的最后两个标准是时间和可行性。当然，时间可以被当作成本。此外，一些备选方案可能比其他方案需要更多时间才能实现目标。如果官员面临快速产出结果的压力，这一因素就显得十分重要了。

考虑可行性就意味着仔细评估在实施过程中潜在的否定性因素（veto point）。例如，这一提议必须得到谁的同意？哪些群体会反对这一方案？市议会是否买账？面临哪些政治陷阱？如果不能实施，那么再好的想象出来的解决办法都于事无补

---

① 地方政府服务指标的详细列表，参见 Robert Lineberry and Robert Welch Jr.，"Who Gets What：Measuring the Distribution of Urban Public Services," *Social Science Quarterly* 54（March 1975）：700–712. 另参见 Harry Harty, Louis Blair, Donald, John Greiner, John Hall Jr., and Philip Schaenman, *How Effective Are Your Community Services?* 2nd ed.（Washington, D. C.：Urban Institute and ICMA, 1992）。

② Bales and Massey, "Analyzing Urban Problems," 286–287.

（考虑到项目的政治可行性对于成功十分重要，我们将在对"分析过程"的总体讨论的结尾单独予以专门讨论）。

执行选定的方案

在任何可能的情况下，在方案被采用并持续或长期执行之前，都应该对预选的备选方案进行实验性执行。[①] 在不可能的情况下，备选方案应该在仔细和有计划的基础上执行，经常进行监督和评估。一旦做出决策，执行并非是自然而然的事情，相反，执行经常是一个艰难和产生挫折的过程，其中充满了陷阱。

分析有助于我们发现潜在的陷阱，它对可能影响方案执行的各种事项和问题进行识别和界定。[②] 在此过程中，需要提出的问题主要有：

- 为了确保执行成功，多少个机构（城市内部和外部的）必须参与或合作？
- 选定的方案是否会以相反的方式显著地影响特定客户群体？（例如，是否会缩减服务？）
- 方案是否会威胁重要官员的权力或特权？雇员的工作是否会受到威胁？如果这样，雇员组织会有哪些预期反应？
- 是否涉及复杂的法律问题？
- 公开辩论会激起何等程度的支持和反对意见？[③]

当新项目实施时，分析专家未能觉察的潜在执行困境可能会出现，一些权威专家建议城市要准备一份执行可行性分析。执行的问题绝非夸大其词，缺乏对执行可行性的关注是项目分析失败的基本原因。

评估和反馈

分析过程的最后步骤是对执行的方案进行仔细、连续的评估。项目是否偏离了原来的问题？执行并不意味着分析的结束，分析是一个动态的过程，需要对结果进行持续测评。图 6—4 的反馈箭头生动地表达了这一理念。实际上，反复的路径是决策分析的一个基本特征："如果原初的备选方案都不能实现目标，就必须寻找进一步的方案，如果还是失败了，那就必须重新检视、降低目标。"[④]

分析和政治可行性

尽管可行性被认为是评估备选方案的关键标准之一，但前面的讨论和其重要性并不相称。乍一看，考虑谁可能或者不可能支持某一政策选项，或者哪个群体有足够的能量阻止特定行动过程是一件相当简单的事情。但是项目分析的历史却清楚地反映出相反的判断，许多项目永无出头之日的首要原因并不是技术质量太差，而是

---

① Parker，"Introduction to Systems Analysis，" 9.
② Quade，*Analysis for Public Decisions*，259.
③ 改编自 Harry et al.，*Program Analysis*，100-101。
④ Quade，*Analysis for Public Decisions*，20。

缺少政治上的可行性。政策分析专家阿诺德·梅特兹纳认为，在考虑政治可行性方面的困难之一是缺乏方便可行的方法。他提供了如下一个三步分析法[①]：

第一步需要界定相关环境。分析专家从界定政策空间或者政策议题场域开始入手。议题场域不仅涉及需要什么或者问题是什么，它还包括主导该场域的公众和行动者。如果议题场域是经济发展，社群的财政利益就不得不纳入考虑范围之内。或者，如果城市对固体垃圾的私人收集比较感兴趣，那么很明显受到影响的群体必然是市政雇员，他们可能会失业。

确定政治可行性的第二步是组织政治信息。梅特兹纳推荐把纸和笔的脚本记录作为一种组织工具。正如我们在前文提及的，准备关于未来的脚本更多的是一种艺术，而非科学，它需要基于可得的最优信息进行思考和推测。通过对需要的信息进行基本类型分析，包括行动者（actors）、动机（motivations）、信念（beliefs）、资源（resources）、场所（sites）和交换（exchanges）等，任务会变得容易一些。

● 行动者是最可能受政策问题影响或对政策问题感兴趣的个体、群体和联盟。最初，有三种行动者可能出现：朋友、敌人和骑墙派（fence-sitters）。很快，动态进展会促使骑墙派选择立场。一些行动者当然会比其他人获益或损失更多，但是要断定特定行动者的关注强度却不是一件容易的事。

● 各类政策行动者的动机是什么？他们真正想得到的是什么？什么会使他们满足？动员骑墙派需采取什么措施？问题是，聪明的政治行动者越是能掩盖其政策偏好，在许多情况下，他们在讨价还价中就越能处于有利位置。

● 与行动者动机密切关联的是信念、价值和态度。人们通过特定的参照结构和信念系统来认知政治世界，这些可能被概括在一些主导性短语之中，诸如"地方控制"或"竞争优势"等。

● 几乎所有政策行动者都拥有其他行动者想要获得的东西。这些诱因被看作资源，它们被用来满足其他行动者的动机。资源包括从物质的（如高工资的工作）到象征性的（如被任命为有声望的委员）。对一些政策活动家而言，信息甚至政治技巧也都是可资利用的资源。分析专家必须尽力确定哪些特定资源可被老练的行动者用以聚集支持和建立联盟。

● 梅特兹纳将最终决策的场所看作政治分析的另一个重要因素。他所指的不仅是场域（如市议会委员会），还包括时间点。

● 最后，我们要谈及交换。分析者必须根据所有可得的信息预测或估计可能出现的结果。特别是，他必须识别一致或冲突的可能场域，以便考虑那些能够获得必不可少的政治支持的备选方案。从这个角度看，提出备选方案包括预测围绕特定方案形成联盟的类型。这些联盟大多建立于一系列的交换基础上——边际支付、权衡交换及政策修改。分析者试图弄清实现某种结果需要怎么样的交换。哪个群体需要什么？这个群体将接受多大数量？特定行动者的政治支持在何等程度上对于成功至关重

① 本部分改编自 Arnold J. Meltsner，"Political Feasibility and Policy Analysis," *Public Administration Review* 32 (November-December 1972)：859－867。

要？没有什么是现成的，要想收集各种相关事实，分析专家必须依靠经验和判断。

政治可行性评估的第三步（最后一步）是将政治过程的知识融入分析之中。应该怎样去做呢？当然，它主要取决于地方情况，但有两种普遍的可能性。分析者可在定量或经济推理的基础上做出决策，然后按照政治考量修改答案。更困难、也是更有效的策略是，在分析的每一阶段都引入政治因素。这样，分析者可在问题界定、确定备选方案和推荐偏好的政策方案等各个阶段都考虑政治可行性。

分析应用

分析不一定非要高度复杂才有用。通常，城市管理专业的学生和实践者都能清晰驾驭分析，这是因为他们对"变异系数"（beta coefficients）、"线性模型""要素分析""时间序列分析"等术语耳熟能详。尽管许多统计技术需要花一段时间才能掌握，但是仍有许多内容仅需要一点耐心和实践就可以很快掌握。例如，前城市官员、现任公共行政和治理教授戴维·N·爱蒙斯（David N. Ammons）在其著作《决策工具：地方治理的实践指南》（*Tools for Decision Making：A Practical Guide for Local Government*）[1] 一书中，列举了超过 30 种可用于解决真实世界中城市日常问题的分析技术。这些分析工具包括从图表技术——需求分析（demand analysis）、项目评核技术（Program Evaluation Review Technique，PERT）、关键路径模型（critical path model），到作业流程（work-flow）、工作测评方法（work measurement methods）（如工作分配分析，会使用绩效标准），以及比较分析（成本效果分析、租/购分析、计算民营化决策节省的成本等）。此外，对每一种技术的讨论都结合一个案例，并且，对于许多决策工具而言，使用流行的电子制表软件（microsoft excel）可实现"电子化处理"。政策与实践专栏 6—2 提供了改编自爱蒙斯著作的一个案例研究，它展示了美国城市每天都在发生的分析类型。

更高级的分析是收益—成本分析。尽管除特大城市外，很少有城市可能进行正式、全面的收益—成本分析，但在外部咨询专家所做的研究中，这种分析并不罕见。并且，这一方法长期以来被运用于大规模公共工程的改善分析，特别是水资源项目。因此，地方公共管理者有必要了解收益—成本分析。这一分析要求对预期的所有收益和所有已知的和估算的成本的比率进行计算。如果收益超过了成本，大体而言，项目就值得实施；如果没有，就有充分理由反对实施该项目。

尽管在理论上，收益—成本分析看起来有效，但在实践中它也存在许多问题，至少有两个基本的局限性被普遍认同。[2]第一，该过程可能变得很主观，尤其是当给该提案带来大量无形收益时：忽略这些潜在的收益，那么比率可能就有很大的偏差；如果将其计算在内，你就要冒武断的危险。因而，分析者在决定将什么纳入计

---

① David N. Ammons, *Tools for Decision Making：A Practical Guide for Local Government* （Washington：D. C.：CQ Press, 2002）.

② Michael J. White, Ross Clayton, Robert Myrtle, Gilbert Siegel, and Aaron Rose, *Managing Public Systems：Analytic Techniques for Public Administration* （North Scituate, Mass.：Duxbury, 1980）：292.

算时必须要使用常识，特别是涉及潜在收益的时候。第二个问题涉及谁支付成本、谁获得收益。将分配纳入收益—成本分析是非常困难的。例如，如果一个计划涉及收入再分配，关于成本和收益的简单加总往往难以揭示项目的真实影响。

关于解除管制的一个简短案例可以阐明这方面的问题。① 几年前，国家公路交通安全管理局（National Highway Traffic Safety Administration, NHTSA）宣布，该机构有意要么取消关于汽车前保险杠撞毁的标准，要么将其从 5 英里/小时降低到 2.5 英里/小时。作为理由，管理局引用了收益—成本研究，表明取消保险杠标准，由于汽车更轻，将在十年间因减少油耗而为消费者节约 65 美元。但管理局的计算漏掉了许多因素，其中之一就是如果做出这样的变化，一定会导致汽车保险费用的增加。根据一家保险公司的测算，因保险杠更轻而节省了 65 美元，但却导致五年间增加 110 美元的保险费用。

这个故事的寓意及对地方决策者的告诫是，实施收益—成本研究必须小心谨慎，确保将所有可能的收益和成本都考虑在内。

政策与实践专栏 6—2

计算雇员因素

许多地方政府提供的服务并不局限于每周运营 40 小时。城市游泳池可能一周要开放 56 小时。警务和消防服务必须不间断地提供，一周 168 个小时。为了决定填满岗位、提供延时或不间断服务所需要的雇员人数，必须"计算"雇员人数，包括休假、病假、节日等因素。雇员因素是指提供全覆盖岗位所需要的雇员人数。

假设你是公园和娱乐部门的政策分析专家。城市经理想知道新建的室内游泳池需要多少个救生员服务岗位。你被告知游泳池会按照年度运行，每周开放 7 天，每天开放 8 小时，随时要有两个救生员值班。一个全职的救生员每年可以有一周带薪休假，允许休 5 天病假；非全职救生员根据他们工作的小时数，按比例享受上述同等待遇。为了避免加班费，假定没有员工每周工作超过 40 个小时。那么，你需要多少个救生员呢？

计算雇员人数的第一步建立在以下公式的基础上：

$$E = P - A$$

这里的 E＝普通员工实际工作的小时数（有效工作时间），P＝每年每个员工付酬的小时数，A＝每年每个员工带薪休假的平均小时数（休假、病假等）。在上述的例子中，P＝40 小时/周×52 周/年＝2 080。A＝40 小时休假＋40 小时病假＝80。$E = P - A = 2\,000$。

第二步利用上面计算的 E 来估算雇员人数：

$$雇员人数 = \frac{每年运营的小时数}{E}$$

---

① 此案例来自 "Tales from the Cost-Benefit Wonderland," *Consumer Reports* (June 1981)：338。

根据上面提供的信息，每年运营的小时数＝8 小时/天×7 天/周×52 周/年＝2 912。

$$雇员人数＝\frac{2\ 912}{2\ 000}＝1.45$$

为了给救生员职位配备人员，一个全职和一个半天上班的雇员，或者非全职雇员的相当组合，才能保证提供延时且不间断服务。但由于两个救生员必须同时值班，你需要 2.9 个雇员，或者

$$雇员人数＝\frac{每年运营的小时数}{E}$$

16 小时/天×7 天/周×52 周/年＝5 824 小时

$$雇员人数＝\frac{5\ 824}{2\ 000}＝2.9$$

资料来源：此案例根据戴维·N·爱蒙斯著作中的信息和公式改编而成。参见 David N. Ammons, *Tools for Decision Making*: *A Practical Guide for Local Government*（Washington, D. C：CQ Press, 2002）：chap. 20。

信息系统和计算机：分析伙伴

精确分析需要精确的信息。但是信息不仅是有成本的，也是不容易获取的。获取用于解决问题的可靠、连续和系统的信息，需要有意识地致力于信息收集过程或者信息收集系统。

电子数据处理（electronic data processing）和自动数据处理（automated data processing）这些名词指称的是同一个实践活动：使用计算机处理特定类型的信息。处于更高水平的就是信息系统，这包括两个基本类型：城市信息系统（urban information system）和管理信息系统。城市信息系统实质上是覆盖整个城市（或大都市地区）的广泛信息数据库，其基本目标是为规划和社区发展提供帮助。该系统可提供各种人口普查数据，一些是在街区层面的数据，它基于地理系统，包括城市多方面的统计数据。

地理信息系统

地理信息系统是一种日渐流行的城市信息系统，它是一种计算机化的绘图系统，可帮助进行空间分析。正如博伊斯·汤普森（Boyce Thompson）指出的，"当你发现地方政府收集的信息中至少有 80％会与某个特定地点有关联，地理信息系统的管理前景就会引起关注"[1]。在佛罗里达州布莱福德县（Brevard County），一个

---

[1] Boyce Thompson，"The Dazzling Benefits（and Hidden Costs）of Computerized Mapping," *Governing*（December 1989）：43.

地理信息系统被用来展示地块、道路、水和排水管线、区划及地势地貌。此外，该县官员也可将这个地理信息系统用于其他管理目标。可以用地理信息系统寻找地图上的一个点，并且可用它来确定道路维护的计划。决策者可以应用地理信息系统技术来优化校车路线、消防分站选址、重新划定选举的政治边界以及标示疾病暴发区域等。

在 1995 年评估地理信息系统在地方政府的应用情况时，史蒂芬·文图拉（Stephen Ventura）注意到，地理信息系统的销售者和近期研究都说明，应用地理信息系统技术的"进展相当快"。[1]但是，在许多情况下，应用地理信息系统技术仅仅限制在地图查询和地理显示应用方面，而没有整合到更广泛的信息分析和管理系统中去。在将地理信息系统与其他信息交流技术进行整合的城市，文图拉认为：

> 处理业务的新方式正在形成。地理信息系统和相关技术已经创造了新的结构需求，以在机构内部和机构之间充分利用信息。地理信息系统已经为"一站式服务"打下了基础——许多部门或机构的服务和产品可通过单一接触点实现供给。如果把地理信息系统当做实现这一目标的手段，而其本身不是目标的话，那么地方政府将会更容易接近、更有效率，也更有效果。[2]

最近，在 1999—2000 年组织的两个全国性调查中，对地方层面的地理信息技术使用情况进行了评估。[3]地理信息技术包括三个"截然不同但逐渐一体化的技术"：**地理信息系统**、**全球定位系统**（GPS）以及**遥感**（remote sensing）。前两种技术都相当简明易懂。遥感包括"使用不与目标或环境接触的传感器来获取关于目标或者环境的数据的方法。这些方法包括卫星成像、航空摄影以及使用其他空中数据收集设备"[4]。全国"影像调查"（imagery survey）的回应率（12％）相当低，因而调查结果只能被当作基础性工作。另一个全国范围的调查是"协调调查"（coordination survey），它将问卷发给使用地理信息系统的目标群体。邮递了 529 份调查问卷，完成并且返回了 245 份，46％的回应率还是比较可观的。

影像调查结果表明，"已经利用这一技术资源的政府数量很少。这些技术和数据中的许多都还没有制成地方政府可使用的形式。大多数地方政府也没有充分地利用它们的能力"[5]。然而，调查结果证实了以前研究提出的建议，即规划和发展是地理信息技术应用于地方政府的先导领域：76％的回应者表示，他们在规划时使用

---

①　Stephen J. Ventura, "The Use of Geographic Information Systems in Local Government," *Public Administration Review* 55 (September-October, 1995): 462; 另参见 Jeffrey L. Brudney and Mary M. Bowen, "Do Geographic Information Systems Meet Public Managers' Expectations?" *State and Local Government Review* 24 (Spring 1992): 84–90。

②　Ventura, "The Use of Geographic Information Systems," 467.

③④　Timothy Haithcoat, Lisa Warnecke, and Zorica Nedovic-Budic, "Geographic Information Technology in Local Government: Experience and Issues," *2001 Municipal Year Book* (Washington, D. C.: ICMA, 2001): 47. 2002 年国际城镇管理协会关于地方应用电子政务的一项大规模调查发现，在做出回应的 2 969 个地方中 63％使用了地理信息系统技术；参见 Evelina R. Moulder, "E-Government: Trends, Opportunities, and Challenges," *2003 Municipal Year Book* (Washington, D. C.: ICMA, 2003): 45。

⑤　Ibid., 56.

影像（imagery）或地理信息系统，或者二者兼用。地理信息技术也被用于一般管理和财政管理（如财产税评估）、市政工程和公用设施（如道路建设和维护、道路使用权管理和维护）、环境和自然资源（如公园管理、污染消除）、公共安全和管理（如车辆和危险材料导航、服务和设施选址）等领域，在人类、健康和社会服务（如根据公共协助接受者的位置创制服务供给系统、利用社会经济和环境数据预测疾病发生率）等领域中使用程度要小一些。

关于地方政府协调应用地理信息技术方面，第二个调查得到的回应表明，地方政府的确在彼此共享地理信息技术数据。然而，结果也是"令人不安的……在使用地理信息技术方面，地方政府组织内部和组织之间的合作水平相对较低"[1]。更为复杂的合作形式更可能在行政辖区的组织内部发生，而不是在多个组织之间。组织之间经常会联合签署理解备忘录、府际协议以及合同等正式文件（70%）共享地理信息技术。组织内部的合作安排则较少使用这些文件（24%），而是倾向于使用共用规则和程序、部门主管政策等非正式程序。

很显然，地方政府官员在采用和实施地理信息技术以及在政府部门及与周边辖区之间加强地理信息技术协调方面，还处在起步阶段。地理信息技术花费高昂，这不仅是因为初始购买支出较大，而且其维护和相关人员培训费用也很大。研究也发现，除了财政考虑之外，在采用地理信息系统方面，"人的因素"也是一个重要影响因素。具体讲来，认识到的相关收益，包括个人的有形收益（如增加薪酬、提升）或无形收益（如个人满足感）、较强的计算机背景和经验、对地理信息系统技术的了解，以及活跃的网络，这些都是雇员愿意使用地理信息系统技术的重要因素。[2] 人的因素对采用和实施地理信息技术具有影响这一点并不奇怪，因为正如第9章将要讨论的，是人而不是技术在驱动着城市管理。技术只是人力资源所使用的一个工具。

管理信息系统

管理信息系统是另一个重要的信息系统，它是用于内部决策和控制的工具。例如，在20世纪80年代早期，密歇根州迪尔伯恩市（Dearborn）安装了一个微型计算机系统，叫做公共服务网络，包括分布在机构中接受服务请求的12个终端。当一个操作者键入了特定的信息，系统将会把问题导入适当的结构，删除重复的请求，同时通过集合数据得出每个服务请求所要花费的时间。这样，在做预算时，迪尔伯恩市市政工程副主任就能说，"市长先生，在我们收到的40 000个服务请求中，

① Timothy Haithcoat, Lisa Warnecke, and Zorica Nedovic-Budic, "Geographic Information Technology in Local Government: Experience and Issues," *2001 Municipal Year Book* (Washington, D. C.: ICMA, 2001): 57。2002年国际城镇管理协会关于地方应用电子政务的一项大规模调查发现，在做出回应的2 969个地方中63%使用了地理信息系统技术；参见 Evelina R. Moulder, "E-Government: Trends, Opportunities, and Challenges," *2003 Municipal Year Book* (Washington, D. C.: ICMA, 2003): 45。

② Zorica Nedovic-Budic and David R. Godschalk, "Human Factors in Adoption of Geographic Information Systems: A Local Government Case Study," *Public Administration Review* (March-April 2001): 206—218.

27％是关于公园的。我们可以确凿地说，去年我们花费了 100 000 美元用于树木移植，50 000 美元用于设施维护"①。

戴维·兰斯伯根（David Landsbergen）和乔治·沃尔肯（George Wolken）指出，在过去 50 年间，计算技术已经从大型真空管计算机演变成了个人台式计算机，它使政府机构中每个人都可以收集和存储数据。② 计算机联网让兰斯伯根和沃尔肯激动不已："从理论上讲，联网使这些台式机、中央处理机以及巨型计算机的信息和处理能力对于每个个体的台式计算机而言是可得的。"③ 更重要的是，联网使互动操作成为可能——各个系统可以一起工作和共享信息。互动操作具有三重好处：效果、效率和回应性。更有效的治理要求在机构间和（或）政府的行政辖区间整合政策途径及信息、知识和技术杠杆。一旦实现了数据的电子化采集和存储，就可以通过联网的电脑非常容易地实现复制和共享，进而提升效率。最后，更容易的信息获取途径有助于政府工作人员更迅速地界定和回应公共议题和问题，进而提升回应性。

兰斯伯根和沃尔肯认为，计算机网络和互动操作促进了新公共管理运动，"注重简化规则，鼓励对目标和措施负责的企业型管理者，赋予管理者运用其企业家的智慧、创造力和信息来自主设计实现目标的路径"④。最后，他们注意到，涉及政治（隐私、法定权威、公众监察）、组织（信任、缺乏经验、缺乏对共享信息机会的意识）、经济（缺乏资源、低价投标采购条件）和技术（不相容的软件或硬件、公共或私人知识产权问题、数据共享标准）的许多问题和因素对互动操作具有影响。

巴里·波兹曼（Barry Bozeman）和斯图尔特·布列彻奈德尔（Stuart Bretschneider）向管理信息系统的公共使用者提供了几条指导原则。⑤ 第一，管理信息系统的规划应当采用渐进方式，主要是因为它对外部控制和政治变化很敏感。第二，信息技术的公共使用设计应预期到额外的组织间联系，否则，管理信息系统有可能变成内部使用者的知识专属地，从而被用来向高层管理者施压。第三，管理信息系统主管不应对组织的最高层负责。高层官员关注于政治圈子和快速产生结果，这可能损害系统的长远发展目标。第四，管理信息系统不应普遍被用来提升管理控制能力，因为此类努力极可能招致反抗，这会使管理信息系统管理工具的价值大打折扣。第五个原则认为，不应将节省劳动力当作论证管理信息系统合理性的理由，尽管有时候的确如此，但该系统能够大规模节约劳动力的好处还未得到证明。最后，鉴于公共部门在吸引受过良好训练的专业人员上不及私人部门，管理信息系

---

① Quoted in Steven Vignet，"Computers and Productivity," *Public Administration Review* 8 (spring 1994)：76.

② David Landsbergen Jr. and George Wolken Jr. ，"Realizing the Promise：Government Information Systems and the Fourth Generation of Information Technology," *Public Administration Review* (March-April 2001)：206-218.

③ Ibid. ，207.

④ Ibid. ，208.

⑤ Barry Bozeman and Stuart Bretschneider，"Public Management Information Systems：Theory and Prescription," *Public Administration Review* 46 (November 1986)：475-487.

统规划必须对人员配置问题保持敏感。人员配置不会自我运转，人事部门必须对管理信息系统领域的人才招聘和保有问题给予关注。

计算机应用

计算机在地方政府的应用相当广泛。例如，在 1993 年国际城镇管理协会进行的大规模调查中，超过 2 500 个在全美城市中具有相当代表性的城市做出了回应，肯尼思·克拉伊墨（Kenneth Kraemer）和唐纳德·诺瑞丝（Donald Norris）报告说，97% 的美国城市都在使用计算机，与 1975 年的 51% 形成了鲜明对比。[①] 大多数政府的计算系统（95%）采用内部组织安排：计算机由行政部门拥有，由政府雇员进行操作。61% 的城市使用大型机，几乎所有城市（92%）都使用微型计算机，平均每个城市有 34 台计算机。85 000 台微型计算机中，大约 91% 都是 IBM-PC 机和兼容机。回应城市中几乎有一半报告说，它们拥有本地局域网（LANs），人口超过 250 000 人的所有城市都有局域网。此外，2/3 的局域网已经联网，能实现数据和电子信息交换。这一发现是前面讨论过的互动操作的良好预兆。

有 50% 或更多的城市现在使用计算机处理文档、制图、预算分析、电子制表及数据库管理。40% 的城市已经计划在以后两年把计算机应用于地理信息系统管理。绝大多数城市都在一些职能领域使用计算机，包括财政、公用服务、人事、行政/办公支持、执法等领域。在未来两年，城市已计划在更多领域应用计算机，包括土地登记管理、市政工程、规划与发展等。

毫无疑问，回应者对计算机带来的好处都非常满意。超过 90% 的人相信计算机能提高工作绩效（98%）和运行质量（92%）。80% 或更多的城市官员认为，计算机提升了雇员的创造力（89%），使决策中的深度分析成为可能（85%），提升了运行时效性（85%），改善了决策（83%）。最后，至少有 7/10 的回应者相信，计算机降低了成本（70%），提升了雇员士气（71%），改进了交流（70%）。已经意识到的计算机使用中的问题主要有：缺少培训（57%），潜能未充分利用（55%），以及大型计算机使用者可用的软件较少（40%）。也可在这一问题列表上添加一条，到 20 世纪 90 年代中期，很少有地方政府制定了长期技术规划。根据 1995 年组织的覆盖 1 000 多个市和县的大规模调查，只有 13% 的地方政府报告说制定了长期技术规划。[②]

分析的贡献和局限性

根据各个地方政府多年应用分析的经验，可得出以下影响成功分析的条件：
- 高层管理者的承诺很重要。

---

① 该讨论来自 Kenneth L. Kraemer and Donald F. Norris, "Computers in Local Government," *1994 Municipal Year Book* (Washington, D. C.：ICMA, 1994)：3–11。

② Evelina R. Moulder and Lisa A. Huffman, "Connecting to the Future：Local Governments On Line," *1996 Municipal Year Book* (Washington, D. C.：ICMA, 1996)：30。

● 需要财政支持；分析通常很昂贵且需要借助外部咨询专家。

● 如果需要咨询专家，用户组织也要显著参与到项目中。

● 问题的挑选和界定十分重要，但即使高层官员在确定定量目标和界定约束因素时也经常面临困难。

● 项目界定得越狭义，社会或政治牵涉越少，就越有可能取得成功。

● 获取高质量的数据（尤其是历时数据）总是个问题。

● 在分析者所关注的完整研究目标和决策者所追求的迅速见效之间，总是不可避免会出现冲突。

由于这些限制和约束，怀疑者常常批评说，分析并不像它应发挥的作用那样有用。辛辛那提市前市长威廉姆·唐纳森指出，"城市政府的核心问题是不知道能做的事情是什么……获得执行能力的技术远比获得想法要困难得多"[1]。

分析不能替代判断、消除价值冲突，或排除政治过程中的讨价还价和妥协。正如一位实践者在多年前提醒的那样：

> 大多数复杂城市问题的最终解决和决策都涉及价值判断。哪些问题被排在何等优先的位置，可以并且应该征收的税收水平，以及在这些问题之间如何分配可利用的财政资源，所有这些都需要进行决策。无疑，管理科学正在帮助政府关注城市问题，并能够更好地识别和界定这些问题……然而，关于这些问题的最终决策都涉及判断问题，即对民众来讲什么才是"最好"。在我们的政府形式下，这些属于政治决策，尽管管理科学发展了，这些问题依然如此。[2]

尽管存在问题和局限性，分析在城市的未来仍将扮演越来越重要的角色。渐进调适并不足够。

在最后的分析中，或许分析的缺陷是抵制变化。正如戴维·爱蒙斯指出的，"在一个项目上花费了几百个小时的分析专家，看到他们的建议被拒绝，一定会感到相当失望"[3]。对于处于那样境地的人，爱蒙斯认为失望是自然而然的事情，但他告诫说失败不应导致泄气。对分析的抵制往往来自那些受益于当前的政策或无效率运作的人，来自害怕新技术或新的操作方式的人，来自那些对动态性技术带来的结果不适应的人，来自那些依靠个人魅力或掮客能力而主导决策并且不愿意因引入新元素而威胁其主导地位的人。[4]

没有人认为分析是一件容易的事。变革处在分析的核心位置。然而，幸运的是，正如本章所表明的，美国城市管理的决策者拥有大量可资利用的分析工具。

---

① 　William V. Donaldson，"Donaldson on Policy Analysis," *The Bureaucrat* 10 (fall 1981)：57.

② 　转载自 Matthias E. Lukens，"Emerging Executive and Organizational Responses to Scientific and Technological Developments," in *Governing Urban Society：New Scientific Approaches*, ed. Stephen Sweeney and James Charlesworth (Philadelphia：American Academy of Political and Social Science，monograph no.7，1967)：121。Copyright © 1967，by the American Academy of Political and Social Science. All rights reserved.

③ 　Ammons，*Tools for Decision Making*，221.

④ 　Ibid.，4.

本章小结

决策是一个复杂活动，无论它是发生在个体层面、组织层面或社区层面。它是理性的过程吗？来自各学科的很多专家对这一问题进行了探讨。结果是，我们得到了几个用来描述决策真实面目的模型。理性综合路径、渐进主义、混合扫描以及垃圾桶模型，都有各自的拥护者，每一种模型都有吸引人的特质。也许，正如渐进主义者所主张的那样，许多决策都是凭借习惯、惰性以及渐进调适或诸如此类的方式产生的。但即使渐进主义之父查尔斯·林德布鲁姆也认为，政府决策可以也应该被改进。

办法也有很多。这些年来，各种各样的工具被开发出来，包括定量的和非定量的，以帮助那些想以更理性的方式进行决策的人。支付矩阵和决策树有助于决策者从更系统的视角审视备选方案。非定量方法，包括德尔菲法、脚本写作及撰写指导原则，则提供了可为公共官员提供有用信息的决策途径。

分析是对城市决策超越渐进路径需求的一种回应，它建立在理性综合决策模型的基础上。无论所选择的特定方法是系统分析、政策分析或项目分析，它都是依据基本相同的程序进行运作：界定问题、清晰陈述目标、界定限制因素、根据合宜的选择标准提出备选方案、进行分析和选择、执行已选方案。而且，整个过程并没有完，因为被执行的项目必须进行评估，以便反馈信息并进行必要的修正。

关于分析在城市管理中所处的位置，我们能得出什么结论呢？第一，好的分析不是件容易的事，但很值得做。鉴于分析所面临的环境的复杂性，可以预料分析失败有各种可能原因，但是我们必须对分析成功保持期望。第二，在有些情境下，分析比在其他情境下更容易取得成功，那就是，较容易的问题取得成功的机会较大。第三，对公共部门分析而言，政治可行性相当关键。成功执行的关键因素是分析专家具备辨别问题解决所面临的复杂的政治环境的能力。

我们知道城市政策制定过程十分琐碎繁杂，但不应当放弃分析。尽管这些困惑中有些可能难以避免，但能给决策者提供更大、更综合的图景的任何技术都是有所裨益的。系统路径代表着这个方向的一步。公共官员面临花费更少而得到更多结果的持续压力，也需要根据理性和系统的方式来处理一些问题。分析和计算机技术是促成变革所需的工具。

推荐阅读

Ammons, David N. , *Tools for Decision Making: A Practical Guide for Local Government*, Washington, D. C. : CQ Press, 2002.

Banovetz, James M. , ed. , *Managing Local Government: Cases in Decision Making*, 2nd ed. , Washington, D. C. : ICMA, 1998.

Managing Local Government Finance: Cases in Decision Making, Washington, D. C. : ICMA, 1996.

Fleming, Cory, ed. , *The GIS Guide for Local Government Officials*, Washington D. C. : IC-MA, 2005.

Hatry, Harry, Louis Blair, Donald Fisk, and Wayne Kimmel, *Program Analysis for State and Local Governments*, 2nd ed. , Washington, D. C. : Urban Institute, 1987.

Macfie, Brian P. , and Philip M. Nufrio, *Applied Statistics for Public Policy*, Armonk, N. Y. : M. E. Sharpe, 2005.

Meier, Kenneth J. , Jeffrey L. Brudney, and John Bohte, *Applied Statistics for Public and Nonprofit Administration*, 6th ed. , Belmont, Calif. : Thomson Wadsworth, 2006.

O' Sullivan, Elizabethann, Gary R. Rassel, and Maureen Berner, *Research Methods for Public Administrators*, 4th ed. , New York: Addison Wesley Longman, 2003.

Wholey, Joseph S. , Harry P. Hatry, and Kathryn E. Newcomer, *Handbook of Practical Program Evaluation*, 2nd ed. , San Francisco: Jossey-Bass, 2004.

第 7 章

城市服务供给

出色的决策实践和有效的分析技术对于好的城市管理而言是必不可少的。然而，城市政策制定的内容要远多于决策。决策仅仅是城市政府更进一步行动——项目发展以及服务供给（service delivery）——的前奏。提供服务（providing services）一向是地方政府的主要职能，但是预算压力迫使城市官员重塑或者结束项目并且寻求更有效的解决方式，因此，近年来关注的焦点更多地放在了服务供给上面。

一些由任何层级政府提供的重要服务是自治市的职责所在，这些活动消耗了城市管理者大量的时间和精力。城市服务供给并不特别地令人激动——收集和处理固体垃圾、街道维修以及供水都不是城市生活中最引人注目的事情。但是，当发现自己被挤在相反的压力之间的时候，城市比以前更关注服务的效率以及责任。都市必须对高度发展的城市化带来的问题做出反应，尽管它们面临着紧缩的资源、严峻的财政限制以及公众对高税收的抵制等。

在这一章，我们关注服务供给的几个特性，我们将从城市在提供常规服务过程中必须面对的基本问题开始。正如我们所看到的，牵涉其中的不仅仅是经济和效率。市民希望城市服务能响应他们的需求，他们也希望城市服务能够按照公平的方式分配。那么城市是如何评估它们的服务绩效呢？它们怎样执行和评估新项目？可以采用的其他服务安排是什么？

7.1 服务供给的目标

权威专家几乎一致认可的城市服务供给的四个主要目标是：效率、效果、公平和回应性。

效率（efficiency）是指在给定投入或者资源的前提下，追求产出的最大化。达到预期结果需要花费多少钱？效率是一个过程导向的概念，评估的是投入如何转化为产出，它与目标实现程度无关，与市民对提供服务的反应也无关。[1]

效果（effectiveness）则相反，主要关注目标，它反映了实现目标的程度。它是结果导向的概念，关注接近预期结果的程度怎样，而与投入的成本或使用的资源无关。[2]

公平（equity）有许多维度。服务的目标可以包括为同等水平的服务提供相同的机会，在一个人为服务付出多少税收方面保持公平，或者相似的结果或产出。本章后续部分将会对此深入探讨。

回应性（responsiveness）是城市政府提供的服务符合市民的要求和预期的目标。这通常是难以完成的任务，但是许多城市政府致力于提供回应性的服务供给。我们也会在本章后续部分深入探讨。

城市在服务供给计划中试图实现的绝不仅限于这些目标中的某一个。正如一个全国范围的关于固体垃圾处置和回收政策的调查所揭示的，服务供给创新可以通过一定的途径追求效率、效果、公平和回应性。政策与实践专栏 7—1 提供的案例研究就反映了许多城市服务项目的多元目标。

政策与实践专栏 7—1

为垃圾付费？

面对不断增长的预算赤字和人们对于大量废弃物对环境影响的关注，全国许多城市都在着手实施让市民在倾倒垃圾时付费的措施。支持这种"扔即付费"（Pay-as-You-Throw，PAYT）政策的人宣称，该项目有诸多好处——放弃通过税收为垃圾收集筹集资金的办法，代之以按照市民扔掉垃圾的数量支付相应比例的费用。关于这一项目的持续研究不断地称赞这些政策，因为它们能减少固体垃圾的收集，降低社区垃圾处理成本，减少家庭生产的垃圾量，提高固体垃圾回收和堆肥化的水平。

"扔即付费"政策只是政府利用市场力量实现环境目标可资利用的众多工具中的一种。最近的其他例子还包括回收利用领域的投资税收抵免、对饮料瓶罐和电池的押金/退款项目、污染分担（pollution share）、排放交易（emissions trading）、合用汽车专用道（carpool lanes）等。

---

[1][2] David Greytak and Donald Phares，with Elaine Morley，*Municipal Output and Performance in New York City*（Lexington，Mass.：D. C. Heath，1976）：11.

但问题仍然存在，"扔即付费"政策是否真的具有创造环境友好型社区的效果？到目前为止的结果是，成功和失败的情形并存：一些社区研究发现，在垃圾处理或回收行为方面没有变化，但其他研究则发现在这些方面有极大改观。戴维·H·福尔茨和杰奎琳·N·贾尔斯（Jacqueline N. Giles）认为，这种不确定性主要是由于对单个辖区或较少数量社区的研究，对于建构关于全国"扔即付费"政策的分析而言并不足够，同时，相关文献没能对成功或失败的"扔即付费"政策进行独立分析。两位作者试图通过对全国范围的"扔即付费"政策进行经验分析，以求能够弥合已有文献中的不一致。利用全国范围内使用固体垃圾回收项目的数据，他们测评了"扔即付费"项目对结果的影响——家庭垃圾处理行为（在一个社区中每个家庭每年扔掉固体垃圾的吨数）、回收行为（每年每个家庭收集可回收材料的平均吨数）、回收再利用（地方回收再利用全市固体垃圾的百分比）。

福尔茨和贾尔斯发现，地方政府主要实施了三种"扔即付费"政策：（1）客户必须购买批准的袋子、标签或胶贴（用于粘贴在垃圾桶上，以等待路边收集）；（2）他们可以订购垃圾收集服务，该服务根据垃圾数量或等待路边收集的垃圾桶的尺寸而收取不同的费用；（3）收集人员可对扔在路边的垃圾称重，然后基于该信息向客户收费。

作者们发现，这些"扔即付费"政策对每个家庭扔掉的垃圾的数量具有很强的独立效果：不考虑其他回收项目的特征或者地理位置特性，采用这样的政策使每个家庭每年少丢掉1.6吨固体垃圾。此外，他们发现在实行"扔即付费"政策的城市，家庭每年平均回收大约300磅的垃圾，这就证实了"扔即付费"政策可激励家庭回收更多材料这一说法。

福尔茨和贾尔斯验证的最后一个因变量是回收再利用率——地方回收再利用占全市固体垃圾流量的百分比。当控制了回收再利用公众参与类型的效果、市民对项目的支持水平以及其他人口特性时，这个数据进一步支持了"扔即付费"政策有助于促进社区回收再利用的观点。实行"扔即付费"政策的城市比没有实行该政策的城市的垃圾回收再利用水平平均高出2.49个百分点。这就是说，不考虑其他因素，一个平均垃圾回收水平在26.4％的城市，在实行了"扔即付费"政策后，其回收水平有望达到29％。

两个作者得出结论认为，在实行"扔即付费"政策的城市，不考虑其他政策或人口状况时，家庭通常会减少固体垃圾的丢弃量，增加回收量。这些政策也会促进通过回收达到更高水平的再利用。从结果来看，垃圾收费很可能会更有效率，因为减少了丢弃量可能带来更持久的服务，并且能减少这项工作需要的人员。并且，垃圾填埋场的使用寿命也将会延长，因为垃圾处理的比率将会下降。回收项目也会更有效率。更好的回收和更少的垃圾丢弃带来的环境变化，都是社区应当追求的积极目标。

资料来源：David H. Folz and Jacqueline N. Giles, "Municipal Experience with 'Pay-as-You-Throw' Policies: Findings of a National Survey," *State and Local Government Review* 34（spring 2002）：105-115。

在城市服务供给的研究中，可以通过多种方式考察宽泛的目标。例如，公共管理学者戴维·爱蒙斯把城市服务研究归为四类：

1. 服务供给系统分类，考察城市服务的性质和质量（效益）或用来管理或供给服务的途径（效率），例如政府间或公私部门间签订合同。

2. 服务供给模式研究，它倾向于通过考察政治结构、领导力及社区人口特征等因素对城市服务配置的影响，来关注服务供给的政治和社会经济特性（回应性、公平性）。

3. 服务管理机制分析，包括研究用于供给服务的工具，例如重塑（reinventing）、重造（reengineering）、全面质量管理，以及志愿精神（效率与效益）。

4. 服务供给评估，主要关注服务供给策略的成本和质量，例如警察巡逻或合同安排（效率与效益）。①

很明显，一项研究可能覆盖几个服务供给目标。我们从检视城市服务的效率和效果两个目标开始我们的讨论。

7.2　测量城市服务的效率和效果

私人部门使用各种标准进行绩效测评：利润、销售量、投资回报，等等。公共企业就没有如此幸运了，用于告知管理者、政治领导和市民相关的市政服务的进展情况、可资利用且普遍认可的绩效测评标准要少得多。缺乏市政绩效测评指标的原因有两个：城市所做的提升社区生活质量的许多事情是无形的，而且政治领导抵制建立用以衡量他们所负责任的指标。正如两个实践者对该情形所归纳的那样：“缺乏被认可的绩效测量指标导致不能建立可实现的目标，而这些目标又是确定优先次序、分配资源、组织人事以及评估项目实施的基础。”② 他们进一步提出，缺乏认可的测量指标致使难以确定哪些投资能获得最大的税收回报，或给市民带来最高满意度，例如，更多的警力、更多的街道保洁人员，或更多的垃圾收集者。

当然，城市的确依赖一些城市服务指标。例如，**投入指标**（input measures）表明了投向某一特定活动的资源水平。在警察服务中，这些指标可能包括配置到一个区域的全职警务人员数量，或者在预定时间段内可以利用的巡逻车辆数量；在市政工程领域，可计算使用柏油的吨数、倾倒混凝土的立方数，或喷洒涂料的加仑数等。投入指标通常因其与产出或绩效水平关系不强而受到批评，但它们对于管理者需要展示所有社区都接收了大致相同的资源（或待遇）来讲是很有用的。当强调公平这个主题的时候，其价值就会凸显出来了。

---

① David N. Ammons, "Urban Services," in *Cities, Politics, and Policy: A Comparative Analysis*, ed. John P. Pelissero (Washington, D. C.: CQ Press, 2003): 254-255.

② Brian Rappand frank Patitucci, "Improving the Performance of City Government: A Third Alternative," *Publius* 6 (fall 1976): 73.

与投入指标紧密相关的是**工作量指标**（workload indicators），这可能是在服务供给中使用最广泛的衡量标准。这些指标用提供服务的数量或容量来表示，尽管这些简单的工作量计数——收集的垃圾吨数、逮捕的人数、处理的水的加仑数——向我们传达的信息很少。如果引入比率，我们就获得了更有用的信息：每逮捕一个人查出的案件数或每10 000人中图书的流通数。最有效的指标也是比率：它们在服务产出量和必需的投入量之间建立起联系。效率指标通常采用每个工人每小时的产出量（每个工人每小时收集的吨数）或每美元支出的产出量（每美元的加仑数）来表示。在可获得比较信息的地方，效率指标是比较跨时段绩效或跨辖区绩效的有用办法。

但是效率指标并不反映一个项目实现目标的程度。因此，我们使用效果指标或服务质量/结果指标，例如警察呼叫回应次数或预防性警务巡逻频率。这些指标也能够反映非预想的相反结果发生程度或测度公共服务的公众满意度。

生产率指标（measures of productivity）也能被用来评估服务的充分性。一般而言，生产率既包括效率（每个工人每小时收集垃圾的吨数），也包括效果（市民投诉遗漏垃圾的次数）。生产率指标与效率和效果指标的区别不明显——它试图包含后两者。对生产率的强调鼓励使用多元指标，而不是用单一指标来测评服务质量。

下图显示了测评的大致过程：

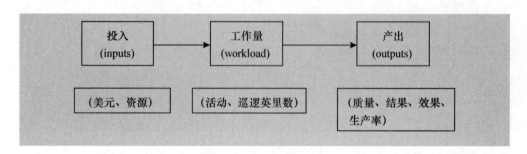

标杆管理

确立市政服务合适的效率和效果标准的另一方法是与其他城市实践进行比较。一些城市主要关注"最佳实践"，树立一个标杆（benchmark）并通过它去对你所在城市的服务和其他城市服务进行比较，这是绩效测评的一个重要工具。[1] 有时候获取其他城市服务绩效的可比较数据是困难的，尽管调查和在线调查问卷有助于获取这些数据。常用的调查研究信息资源是《市政年鉴》，这是由国际城镇管理协会根

---

① 参见 David N. Ammons，*Municipal Benchmarks*：*Assessing Local Performance and Establishing Community Standards*，2nd ed.（Thousand Oaks，Calif.；Sage，2001）。

据数据资料发布的。① 戴维·H·福尔茨建议，城市首先应建立一个"市政服务质量框架"（quality of service framework for municipal services），然后，挑选"最佳实践"城市，也就是那些已经展示出值得绩效借鉴的城市作为绩效标杆。② 一项针对 46 个城市的 11 项服务的最新研究提议，运用一种"数据包络分析"（data envelopment analysis）方法进行服务绩效比较，这种方法是一种效率测评方法，用来预测最低水平的投入所带来的最大产出。③ 数据包络分析曾被用于研究私人企业实践，最近被应用到政府服务绩效分析之中。

绩效测量

许多权威专家认为，城市严重依赖于可获取的信息，至少在它们改进绩效评价和绩效报告的初始阶段是这样的。这一实践的一个显著优势是，能够最大限度地降低信息收集成本和文书工作负担，但现有的行政部门记录对于需要提供的评价范围而言是不够的。尤其是质量指标（包括市民满意度），不可能轻而易举就获得。同时，我们必须认识到，如果我们在采用指标时没有选择性的话，那么绩效评价可能是难以完成的任务。显然，我们不可能对一个项目的各个方面都进行测评，但更多的信息更有助于完成测评工作。哈里·哈特里（Harry Hatry）的研究指出了四种绩效信息资源：观察物理特性、社区抽样调查、相互联系的报告、对已有数据重新分类。④

观察物理特性

观察物理特性可用来补充投入指标或工作量指标。例如，除了计算收集的垃圾吨数之外，城市还可以评估街道的清洁度。华盛顿特区已经测试了这样做的程序：训练有素的观察员随机选择市内的街道和小径进行观察，然后根据一套描述不同清洁度的图片来对街道的清洁度进行排序。

对街道维护项目而言，对已维修道路的英里数和投诉数据的传统测评，可辅以应用粗糙度测定仪——一种用来评估街道表面粗糙和光滑程度的仪器。在城市社区，粗糙度测定仪的读数可用来与测试市民群体的舒适度评价进行比较。

这些测量不能精确地测度质量。然而，它们确实代表了一种具有想象力的尝试，即超越通常的物理产出指标进行评价——这些指标与普通市民实践中感受到的服务质量有较大距离。

---

① 《市政年鉴》由国际城镇管理协会每年出版。该协会网站上（http：//icma.org）提供了对城市和县政府及其实践进行调研的数据资料和研究总结。

② David H. Folz, "Service Quality and Benchmarking Performance of Municipal Services," *Public Administration Review* 64 （March 2004）：209-220.

③ Adrian Moore, James Nolan, and Geoffrey F. Segal, "Putting Out the Trash: Measuring Municipal Service Efficiency in U. S. Cities," *Urban Affairs Review* 41 （November 2005）：237-259.

④ Harry Hatry, "Measuring the Quality of Public Services," in *Improving the Quality of Urban Management*, ed. Willis Hawley and David Rogers （Beverly Hills, Calif：Sage, 1974）：50-54.

社区抽样调查

为了测量消费者满意度、市民参与水平、公众对雇员礼貌度的感受，市民随机抽样调查几乎都是必不可少的。在稍后部分，我们会详细地考察这些调查是如何进行的。这里我们简要地指出它们作为评估服务绩效的一种方式是很有价值的。调查可以指出总体印象中的扭曲部分，这一总体印象是官员单纯依靠投诉记录或通过个人与利益团体或选择的部分市民接触所形成的。调查也可以界定服务使用者和非使用者各自所占的比例，以及不使用的原因。

相互联系的报告

哈特里探讨了通过一个或多个机构跟踪政府客户以评价几个相互关联的服务效果的可能性。例如，他提出，在警察、法院和行政系统之间建立更丰富的数据联系，这对相关各方都有利。相互联系的报告被用来研究纳什维尔市涉及被忽视或需要扶养的儿童的案件宣判过程。从这个入口开始，到各种短期收容所，再到法院，儿童进入青少年系统的过程一直被跟踪观察。这些数据可用来评估拖延的时间和照顾的质量。

对已有数据重新分类

通过特定方式（按照地理分布、经济阶层、教育背景）重新分类数据，可以确定项目对选定的邻里或客户群体的影响。这一过程允许服务机构更明确地强调目标群体的需求。例如，按照地理区域收集服务数据是改进公平性的必要方式。

绩效测评被广泛地应用于执法过程，部分是因为警察长期以来向联邦和州的机构提供了与犯罪相关的信息。同样，警察的行为一般也通过报告的形式进行了记录，这有助于数据收集。表7—1描述了几个犯罪控制效果指标，采自城市研究所和国际城镇管理协会的联合报告。在界定了综合性的宏观目标之后，表格列举了更详细的目标（预防、逮捕、回应及其他）和依据这些目标确定的质量特征（例如，作为总体目标一部分的已破案犯罪或已恢复财产）。接下来，详细的指标可以用来代表效果水平（例如，以报告的已结案的犯罪的百分比作为犯罪破案的衡量指标），并详细描述每一个提议指标数据的收集程序。该报告的扩展版本是《你的社区服务效率如何》，由国际城镇管理协会和城市研究所出版。它不仅包括犯罪控制指标，还包括固体垃圾收集、娱乐服务、图书馆服务、防火、交通和供水等服务效果的类似绩效指标。[①]

正如表7—1所揭示的那样，许多关于效果的重要指标（例如伤害率和市民安全感以及总体满意率）并非从现存记录中就可以获得，必须通过市民调查方式收集。一般而言，服务质量的指标比产出效率的指标更难获得。

---

① Harry Hatry et al., *How Effective Are Your Community Services?* 2nd ed. (Washington, D. C.: Urban Institute and ICMA, 1992).

表 7—1 警察犯罪控制效果指标的例子

总体目标： 通过打击、预防犯罪和逮捕罪犯，提高社区安全和安全氛围；以公平、诚实、迅捷和礼貌的方式提供服务，以满足市民需要。

目标	质量特征	具体指标	数据收集程序
预防	犯罪率	每 1 000 人中报告的犯罪数（按类型）	一般会有数据，尽管存在界定和收集问题。犯罪分类有许多方式。一个建议的分类方法是：（a）暴力犯罪；（b）财产犯罪；（c）导致直接伤害的其他犯罪（如微小的故意破坏行为）。
	家庭受害	因一个或多个犯罪受害的家庭比例	遗漏报告的原因也应被征集。用未报告的百分比推断报告部分，从而估计真正的犯罪率。
	财产损失	每 1 000 人因犯罪损失的财产数量	数据来自基本的事故报告（尽管并不都能精确地通过货币估价）。
逮捕	已解决犯罪	按犯罪类型已办理举报罪案的百分比	已在普遍使用。
	财产恢复	被盗财产后续恢复的百分比；（a）找回汽车（及其价值）的百分比；（b）找回其他财产价值的百分比	当前通常可获取，"价值恢复"一般要扣除损害部分。
回应	回应时间	紧急或高度优先呼叫在 X 分钟内回应的百分比	当前许多部门根据派出时间获取数据。
安全感	市民恐惧	夜间在邻里社区行走时感到安全和不安全的公众的百分比	对市民代表进行抽样调查。
市民总体满意度	市民/用户对总体绩效的满意度	根据不满意/满意的原因，市民/用户对警察总体绩效评价为优/良/中/差所占百分比	对市民中的代表性样本进行抽样调查。尤其要将那些有直接接触和没有直接接触的进行区分。

资料来源：改编自 *Measuring the Effectiveness of Basic Municipal Services* （Washington，D. C.：Urban Institute and International City Management Association，1974），40-44。经同意后复制。

使用测量数据

测量市政服务质量和效果在以下领域中是很有用的：项目规划和预算、运营管理、项目分析和评估、建立绩效目标、建立员工激励计划、改进市民对政府决策的反馈机制。[1]

---

[1] 以下部分改编自 *Measuring the Effectiveness of Basic Municipal Services* （Washington，D. C.：Urban Institute and ICMA，1974）：9-15。

项目预算

效果测量对于项目预算来说是必不可少的，这也是其在那些使用预算系统的城市的主要应用领域。这些测量能揭示哪些服务领域没有达到目标，并帮助界定问题领域或者那些值得优先配置资源的领域。

服务效果数据本身并不能表明为什么情况低于预期，或者在那些案例中做了什么，但是分析这些数据可以指出挽救行动的出路和方向。尤其是，市民对各种各样服务的排序——娱乐、图书馆和运输——可以发现那些由于人们没有意识到它们而未被使用的设施。这些信息有助于推动一个城市考虑提升市民意识的办法。

运营管理

效果数据是管理者做决策和分配资源时可以使用的重要补充信息。当数据被用于运营性目标时，相较于用于年度项目规划和预算而言，必须更加注重收集这些数据的频率。当绩效指标可以建立在周度或月度基础上的时候，它们有助于界定问题、修正优先次序，或重新配置人员。例如，街道保洁排序可用于重新配置街道清洁队伍和设备。或者，如果日常的供水测试发现危险化学物品过量，就可指派人员采取紧急行动。在服务区域能够获得信息的地方，只要有必要，就可以对工作人员的相关绩效进行监督和调整。

项目分析和评估

项目分析关注于拟订的政府行动的备选过程；项目评估关注于当前项目的效果。对这两种过程而言，绩效数据都是必需的。然而，我们应该知道，常规的绩效测量不能替代这些活动中的任何一个。相反，它是进行分析和评估必不可少的构成要素。

建立绩效目标

确保效果指标在市政运作过程中发挥作用的一个办法就是建立绩效目标，以支持对迈向特定目标的持续过程进行管理和监督。这些目标也为雇员树立了标杆，它们甚至能鼓励创新。绩效目标可以纳入正式的目标管理系统（MBO），在这个系统中，目标被确定，并且运用一套效率和效果指标确定过程的走向。

建立员工激励计划

绩效指标可以成为管理者和非管理者员工激励计划的一个重要部分。这些指标应当是综合性的，因为这样员工就不会被鼓励以其他活动为代价而强调某一种活动了。例如，如果激励系统中没有包含适当的绩效指标，警官可能强调颁发嘉奖令，而排斥了工作中更具质量性的某些方面。一个更有趣、也更有争议的员工激励计划是，加利福尼亚奥兰治县开发了根据城市犯罪率降低情况向警官进行金钱奖励的政策。[1]

---

[1] 参见 Paul D. Staudohar, "An Experiment in Increasing Productivity of Police Service Employees," *Public Administration Review* 35 (September-October 1975): 518-522。

尽管报告总体犯罪率的确下降了，我们可能会质疑，这个项目是否会简单地鼓励警察在街道巡逻的时候尽可能少抓罪犯。因为，当记录和处理的犯罪较少时，犯罪率自然就下降了。

改进市民的反馈

绩效指标可以通过两种方式刺激更多和更好的市民反馈。第一，收集一些有质量的信息实际上需要市民调查。如果正确收集的话，这些信息应该在相当程度上代表着社群的感觉，而不仅仅是投诉数据或有限的雇员和官员的个体观察。第二，普通市民对信息的性质要比对通常使用的工作量指标更清楚。对政府做什么了解得越多，市民就会更多地参与地方公共事务。这一观念显然认为，绩效指标应是城市官员向市民所做的年度进程报告的重要组成部分。

使用绩效指标的问题

在关于城市官僚制的重要著作中，迈克尔·利普斯基（Michael Lipsky）对绩效测量的有用性提出了疑问。[1] 他认为，第一，工作绩效，特别是在工作中有大量自由决策权的街头官僚的工作是极难测量的。目标不是相互冲突，就是模糊不清，并且绩效受到许多外部因素的影响。第二，他认为，测量出来的增加或减少与表明绩效更好或更坏之间的关系还不明确。犯罪统计就很好地显示了这个困难：逮捕率增加是代表警务绩效的改善？还是意味着由于犯罪活动增加而出现警务绩效恶化？

第三，利普斯基注意到，官僚会根据测评内容改变其行为。社会学家彼得·布劳（Peter Blau）最先强调了这一点，他观察到当根据就业安置率对招聘顾问的绩效进行测量时，他们将其注意力转移到那些更容易招聘的职位，而不是那些最难安置的职位，这种实践叫做"选择"（creaming）。利普斯基坚持认为，这一行为体现了普遍的规则特性：组织行为倾向于转向与对其评价方式相一致的方向。最后，他宣称，太多的指标也不能真正地反映服务质量。他说，对数量乃至效率的强调可能对服务质量具有负效应。对服务质量缺乏关注可能导致"服务贬值"（debasement of service），如果基于错误的生产力改进而提升员工的报酬，这种情形可能会激怒公众。

如果利普斯基的观点是正确的，城市是否应该放弃测量城市服务的任何努力呢？或许还不能，但是地方官员在思考是否以及如何建立绩效指标时，应当牢记他所说的这些。至少，在设计针对其位置允许很大自由裁量和自主判断权的市政人员的测评计划时，应当格外注意。

提高员工绩效

提升生产力通常关注提升员工绩效，或者通过创造能够诱使员工付出更大努力

的激励，或者通过找到完成任务绩效的更有效方法（技术）。我们在第二部分检视第二点，这里我们先看第一点，即激励。

激励和生产力之间是什么关系？丹尼尔·扬克洛维奇（Daniel Yankelovich）是一位私人社会研究公司的老板，他有一段时间对改变美国工作伦理很感兴趣。他引证了一个为全国广播公司做的盖勒普研究，这一研究得出结论认为，员工中蕴含着巨大的潜能，经理人员可以动用这些潜能以改进绩效和提高员工生产力。[1] 看起来，员工有更多产的潜能，并且正如调查显示的那样，他们愿意更多产。然而，许多人承认他们不愿意尽其所能地努力工作。为什么不呢？

根据扬克洛维奇的研究，可以在已经实行的奖励系统中找到基本的答案。这里可能包括两个因素。第一，财金奖励可能是误导的。扬克洛维奇又一次引用盖勒普研究：当工人们被问到如果他们提高生产力，谁将会受益时，只有9％的人感到他们将会受益，大多数认为消费者、管理者或者股东将会获得益处。很清楚，员工们不更加努力或者更有效地工作的一个原因是，他们明白个体从其努力中获益的机会微乎其微。第二个因素是心理方面的——员工在工作方面被怎样对待。又是盖勒普研究，当被问到如果能够更多地参与到与其工作相关的决策中，他们是否会更加努力工作和更出色地完成工作时，84％的员工给出了肯定的回答。根据扬克洛维奇的研究，我们社会生产力的根本问题源于"有缺陷的奖励系统，包括心理和财经两个方面，而该系统现在却规范着美国的职场"[2]。因此，我们对激励诱因（motivational incentives）的考察必须集中在两种形式上：金钱的和非金钱的。

金钱诱因

正如其应当的那样，金钱仍然对人的行为具有很强的影响。公共部门的员工应当因其努力工作而得到奖励。因此，我们发现对使用金钱诱因（monetary incentives）来激励和刺激市政工作人员产生更大产出的兴趣与日俱增。

奥斯本和盖布勒在《重塑政府：企业精神如何重塑公营部门》中热烈地论辩道，个体，尤其是雇员群体，应当根据他们的绩效得到相应的奖金。[3] 他们也相信公共雇员应当被允许保留组织生产力或者预算的结余，以供本机构使用。例如，在加利福尼亚的维萨利亚（Visalia），雇员群体保留了生产力剩余的30％。该城市的机械师认为，他们需要新工具，但是没有可用的收入来购买。通过各种节约成本活动削减了能源消费之后，机械师被允许保留相应百分比的节省预算来购买他们的新工具。

非金钱诱因

非金钱诱因（nonmonetary incentives）涉及的项目主要是用于满足雇员自身成

① Daniel Yankelovich, "The Work Ethic Is Underemployed," *Psychology Today*（May 1982）：5-8.

② Ibid., 6.

③ David Osborne and Ted Gaebler, *Reinventing Government*（Reading, Mass.：Addison-Wesley, 1992）：117-124, 158；另参见 John M. Greiner, Harry Hatry, Margo Koss, Annie Millar, and Jane Woodward, *Productivity and Motivation：A Review of State and Local Government Initiatives*（Washington, D.C.：Urban Institute, 1981）：113.

长和职业发展或更多休闲时间等方面的需要。家庭和工作研究所（Families and Work Institute，一个建立在纽约的非营利组织）进行的一个五年期研究，为员工较少愿为工作做出牺牲和更强调自身生活这一命题提供了新的证据。"当与其上司有较好的关系时，员工最愿意努力工作和关注他们公司的成功（及其工作质量），而不必在工作和个人责任之间选择，并且感觉到他们有机会进步。"① 根据这个研究，雇主可以通过向员工提供灵活性、控制权以及高质量的工作环境等来提升员工的生产力和忠诚。这种非金钱诱因可以通过多种方式建构。

工作丰富化（job enrichment）包括让工作对员工而言变得更有趣以及提高组织生活质量。这一类包括团队参与（team participation），它鼓励合作、提供关于工作过程更综合的视域；工作重新设计（job redesign），给予员工关于如何工作的更大控制权或者赋予其完成某项完整工作的责任而非任务；工作轮换（job rotation），给予员工广泛的工作经验，以增强其对组织的不同部分相互联系的理解，减少厌倦。②

质量环（the quality circle，QC）强调雇员参与。它认为如果人们能直接参与影响其工作的决策中，他们就会为改进工作方法贡献有用的建议，会更关注他们的工作质量。质量环概念归功于日本人，且已经在美国工业以及公共部门中广泛应用。正如我们在下一章要讨论的，质量环或对应的东西，是全面质量管理（TQM）必不可少的构成部分，后者按照《重塑政府：企业精神如何重塑公营部门》中的术语来讲，就是允许组织是"顾客驱动的"（customer-driven）。

弹性工作时制（flexible work schedules）继续流行，但是这种诱因的使用并不像有些人预言的那样具有扩张性。在 20 世纪 90 年代早期，超过 20％的劳动力按照弹性工作时制工作或者分享工作（job sharing）。③ 但是，根据人力资源管理协会（Society for Human Resource Management）2005 年的一份报告，现在更少的雇主允许实行弹性工作时制。人力资源管理协会的调查发现，"1992 年到 2002 年间，进入弹性工作时制的人从 29％猛升到 43％，然而，2005 年，一个对将近 500 个公司的调查发现，这一比例下降了"④。弹性工作时制允许员工在符合组织需要的时间框架内安排自己的时间。工作分享允许个人工作少于正常的周工作量（通常是 40 个小时），而与另外一个希望工作时间少于全职工作时间的人分享其职位。这两种项目在个人满足其供养家属的需要，或者一般地讲，在员工对其生活有更多的控制方面特别有用。研究发现，弹性工作时制具有增强士气和生产力的正面效应，同时能减少缺勤和散漫。⑤

---

① Barbara Vobejda, "Survey Says Employees Less Willing to Sacrifice," *Washington Post* (September 3, 1993): A2.

② *Employee Incentives to Improve State and Local Government Productivity* (Washington, D. C.: National Commission on Productivity and Work Quality, 1975).

③ Richard C. Kearney, *Labor Relations in the Public Sector*, 3rd ed. (New York: Marcel Dekker, 2001).

④ As reported in Ergoweb, "Flex Time under Pressure in Tight Economy," (May 20, 2005), at www. ergoweb. com/news/detail. cfm? id=1108.

⑤ Kearney, *Labor Relations in the Public Sector*.

绩效目标（performance targeting）实质上意味着让员工——单独地或者群体地——明确在特定时期内对他们的绩效类型和水平的要求。[1] 绩效目标通常会纳入更具综合性的员工绩效指导和评估系统中，例如目标管理或者全面质量管理。绩效目标通过向员工明确其要达到的特定的目标、目的或者配额，从而有助于激励员工更有效率地或者更富成效地工作。

供养者相关活动（dependent-related activities）越来越重要，部分是因为美国劳动力队伍的新成员中有 2/3 是妇女。[2] 低价出售的儿童照顾项目、将税前专列资金用于儿童照顾的供养者照顾账户、家长请假、自助式福利受益项目，这些对于男女职员都很重要，特别是对妇女。例如，一个妇女离婚了，如果她的孩子在其父亲的健康照顾政策覆盖范围内，她可以选择额外的带薪休假而不是健康保险。[3]

技术性改进

许多权威专家认为，城市生产力的客观增长可能主要源于采用更多的新技术，历史地看，这也是工业和农业产出中获得重大进步的原因所在。城市代表着新技术应用的多产地，因为大多数城市职能都是劳动密集型的。同时，许多操作包括对硬件和设备的应用，而这又导致了变革和创新。例如，在 20 世纪 70 年代的一个 3 年期内，密尔沃基市报告由于引进新设备和技术节省了如下预算[4]：

● 市政工程局由于安装了新的视频系统来监测生活污水导致的地表水渗透点而节省了 325 000 美元。发现的渗漏点通过一种喷镀技术从污水管内部进行密封处理。

● 花费了 167 000 美元在 29 个地点安装了由处于较高水平的雨水进行驱动的电子自动水泵，省去了每年由于派遣携带便携式水泵的紧急队伍而需要花费的 50 000 美元。

● 由于担保准备工作计算机化及增加了一个特殊的担保分支项目，警察部门每年增加了 100 万美元收入。

在过去几十年间，在防火和固体垃圾收集等领域取得了许多设备方面的改进。尽管这些改进通常都带来了成本节省和生产力提升，但是也可能由于员工认识到技术变革可能对其工作构成威胁而造成了劳方和管理者之间的紧张。一个代表性的案例是阿肯色州的小石城，在那里，节约劳动力的相关程序和设备引进过程缺少员工参与。[5] 以前，4 人一组为一辆卡车服务，在房子附近收集垃圾。根据外部顾问的

---

[1] 该讨论源自 Greiner et al. , *Productivity and Motivation*，119-120。

[2] Norma M. Riccucci, "Affirmative Action in the Twenty-first Century: New Approaches and Developments," in *Public Personnel Management: Current Concerns - Future Challenges*, ed. Carolyn Ban and Norma M. Riccucci（New York: Longman, 1991）: 91.

[3] 参见 Barbara Romzek, "Balancing Work and Nonwork Obligations," in ibid. 。

[4] Frederick O'R. Hayes, *Productivity in Local Government*（Lexington, Mass.: D. C. Heath, 1977）: 62-64.

[5] 该信息来自 James F. Lynch, "The People Equation: Solution to the Solid Waste Problem in Little Rock," in *Public Technology: Key to Improved Government Productivity*, ed. James Mercer and Ronald Philips（New York: AMACOM, 1981）: 201-209。

建议，管理方单方面采用了一种新的侧面负载卡车，这种卡车可以只用一个人进行单独操作，即司机。环卫工人因没有咨询他们而进行这种重大变革而被激怒了，他们拒绝使用新卡车。劳方和管理方之间停止交流，工人们举行了罢工。争议最终解决了，环卫部门的改进带来了每年超过 366 000 美元的经费节约。此外，城市官员汲取了宝贵的技术革新政治教训。

许多城市已经开始开发一种绩效"平衡指标系统"（balanced measures systems）。① 亚特兰大市市长雪莉·富兰克林（Shirley Franklin）在 2002 年当选的时候，就打算改变城市较差的服务绩效。在其推出的政府创新中，有一个叫做"亚特兰大仪表板"（Atlanta Dashboard）的绩效测量系统。② 这个系统是一个与市民需求相关的服务效率和效果的计分卡——市民关心的是服务产出。例如，城市官员能通过比较市民对街道清洁的满意度调查结果与城市清扫的街道里程，来评估街道清洁质量。任何一个结果的变化都可以通过其对其他指标的影响而检测到。③

但是，效率指标和效果研究仅仅是评估服务供给的两种方式。接下来，我们要根据公平和回应性两个目标来评价服务供给。

7.3　服务公平：一个政治目标？

在关于城市服务的经典著作中，弗兰克·列维、阿诺德·梅特兹纳和阿伦·威尔达夫斯基提供了三种关于公平的界定方式。④ 首先是**机会平等**（equal opportunity），所有市民都接受相同水平的服务。第二是**市场公平**（market equity），市民接受的服务应当大致上与其缴纳的税收成比例。第三个路径就是**结果平等**（equal results），机构分配其资源，在资金支出以后，使人们基本上处于相同的境况。就街道部门而言，机会平等要求机构对城市所有部位花费同样的资金去维修街道或重铺路面，而市场公平则是根据每个邻里社区支付的税收情况分配街道维护资源，结果平等则要求那些街道状况低于平均水平的社区受到更多的照顾，直到其与城市其他社区的街道水平相当为止。

列维、梅特兹纳和威尔达夫斯基建议，这些标准可以根据大致的比例排序，这个序列中每一个都比前一个需要更多的资源再分配。一般而言，当前最广泛接受的路径是机会平等这一概念。市场公平是关于公平的更保守定义，结果平等更具有变革取向，或者在本质上是自由的。毫无疑问，人们采用的公平标准在他们判断机构

① 参见 National Partnership for Reinventing Government，"Balancing Measures：Best Practices in Performance Management，August 1999," at http://govinfo. Library. unt. edu/npr/library/papers/bkgd/balmeasure. html.

② David Edwards and John Clayton Thomas，"Developing a Municipal Performance-Measurement System：Reflections on the Atlanta Dashboard," *Public Administration Review* 65 （May-June 2005）：369-376.

③ Ibid. , 373.

④ Frank Levy, Arnold Meltsner, and Aaron Wildavsky, *Urban Outcomes：Schools，Streets，and Libraries* （Berkeley：University of California Press, 1974）：16-17.

绩效时发挥着重要作用。

在分析奥克兰市的学校、街道和图书馆时，这些调查者发现不同的服务领域有不同的公平诉求。部分是由于联邦的资助，学校有点超出了机会平等的范围，走向了结果平等的方向。街道部门则相反，远没有达到机会平等，在市场公平方面走得较远。图书馆则更倾向于市场公平。列维和其同事们得出结论认为，不止一个机构遵循亚当·斯密法则，即认为需求频率决定了服务水平，资源分配程序越来越走向市场公平。例如，在图书馆方面，作者们发现新的资源往往配置给具有最高流通量的部门。"主动权掌握在消费者手中，正如图书馆的顾客用他们的借阅卡'投票'。他们借出的书越多，相应部门得到的钱就越多。"①

根据一些影响因素来分配服务，一些社区得到的可能要比其他社区多。但是，是否有证据表明低收入和少数族裔群体在服务资源分配中被系统地剥夺了权利呢？研究结果是混杂的。在一个针对圣安东尼奥市公园和消防的研究中，发现"低阶层假设"（underclass hypothesis）并不一路通行，也就是说，公园和消防服务并非系统地歧视穷人。②学校会怎样呢？一些研究表明，处于黑人街区和低收入社区的学校得到的钱较少，雇用的教师水平较低，拥有的设备质量较差，但也有研究发现，联邦资助的补偿项目给这些学校提供的资源要多于中产阶级学校。娱乐设施分配方面的研究结果也是混杂的，有时候在有些地区偏爱富人社区，但在其他时候和地区，贫穷社区则受益更多。③概言之，服务供给模式产生了一种罗伯特·莱恩伯里所称的"非模式化的不公平"（unpatterned inequalities）现象，或如肯尼斯·R·穆拉登卡（Kenneth R. Mladenka）所讲的，"谁得到什么依服务的不同而不同（并依城市的不同而不同）"④。

无论不良的服务分配是否有意的，一些群体将会诉诸法院，以求在服务分配方面进行变革。如果能够证明服务提供方面的歧视是种族歧视的结果，法院可能提供救济补助金。在"霍金斯诉肖镇"（Hawkins v. Town of Shaw）一案中，第五巡回区上诉法院（the Fifth Circuit Court of Appeals）认为，密西西比州的肖镇通过城市服务数量的不公平分配，一贯地剥夺了黑人市民享受法律平等保护的权利。其他类似案件的结果却是混合的。⑤只有当不良的服务分配十分严重时，才会导致法院介入，在那些案例中，几乎毫无疑问会被证实存在种族歧视。

---

① Frank Levy, Arnold Meltsner, and Aaron Wildavsky, *Urban Outcomes: Schools, Streets, and Libraries* (Berkeley: University of California Press, 1974): 233.

② Robert L. Lineberry, "Equality, Public Policy and Public Services: The Under-Class Hypothesis and the Limits to Equality," *Policy and Politics* 4 (December 1957): 67-84.

③ George Antunes and Kenneth Mladenka, "The Politics of Local Services and Service Distribution," in *The New Urban Politics*, ed. Louis Masotti and Robert Lineberry (Cambridge, Mass.: Ballinger, 1976): 160.

④ Robert L. Lineberry, *Equality and Urban Policy: The Distribution of Municipal Public Services* (Beverly Hills, Calif.: Sage, 1977), 142; Kenneth R. Mladenka, "Citizen Demands and Urban Services: The Distribution of Bureaucratic Resonse in Chicago and Houston," *American Journal of Political Science* 25 (November 1981): 708.

⑤ 参见 Daniel Fessler and Christopher May, "The Municipal Service Equalization Suit: A Case of Action in Quest of a Forum," in *Public Needs and Private Behavior in Metropolitan Areas*, ed. John E. Jackson (Cambridge, Mass.: Ballinger, 1975): 157-195.

一个城市怎样能够调查服务公平方面的问题？萨凡纳市（佐治亚州）开发了一个用于测评市政服务公平性的项目，见政策与实践专栏 7—2 案例研究所示。

政策与实践专栏 7—2

测量服务的公平性

认识到城市不同社区在生活水平方面有极大差异，萨凡纳市市长亚瑟·曼多萨（Arthur Mendonsa）推出了一个应对差异性的项目。这个项目被称为"回应性公共服务项目"，它有两个目标：开发一套反映不同社区生活质量重要差异的指标；通过系统的努力，向那些超出一般需求的社区提供更多的公共服务，以缩小社区之间的差异。

整个城市划分为 28 个规划单位或社区，对每个社区从如下方面进行测评：

- 犯罪水平：每千人发生的基本财产和暴力犯罪数量（例如盗窃、抢劫和盗车等）。
- 火灾水平：每千人发生的建筑火灾数。
- 清洁状况：根据 0～5 级划分地段、街道和小巷的清洁排名情况。
- 供水服务：每英里渗漏的水量，没有供水服务或者存在水压问题的已开发建筑数量。
- 污水服务：每英里污水堵塞数量和没有污水服务的建筑数量。
- 住宿：不合格的住宅单元的百分比。
- 娱乐服务：使一个地区达到城市平均水平而需要配置设施的数量。
- 排水状况：两年和十年一遇风暴中遭遇洪水冲击的建筑数量，以及在同样风暴频率中，街道被毁掉的段数。
- 街道状况：没有硬化的街道的英里数，以及根据从好到坏分级对街道表面状况测量的结果。

社区之间在这些方面的差异程度不小，如以下例证所示：

- 最低社区犯罪率是每千个居民中有 5.6 个案件；最高是每千个居民中有 320 个案件。
- 最低的社区火灾率是 0；最高的是每千人中发生 7.47 次。
- 最低的水渗漏率是每英里 0.4；最高的是每英里 22.7。

项目目标是将那些排名最差的社区提升到与整个城市相比还可以接受的水平。每两年进行一次社区调查。为缩小差距，城市向不达标社区提供如下帮助：

- 清洁：提高街道清扫频率，增强环境执法。
- 供水服务：实施替换水管侧线项目，开始水系统管线改进规划，以消除压力和流动问题。
- 街道状况：启动持续的街道路面硬化（或者再硬化）项目。
- 消防水平：着手实施集中的消防检查项目。
- 犯罪水平：实施犯罪预防项目，包括特殊巡逻。

萨凡纳市的管理者承认，在追求公平的过程中，"我们可能需要通过不公平的服务供给达到公平的效果"。例如，城市对某些街道一周清扫一次，另一些街道则两周清扫一次。这样做的目的当然是实现平等的街道清洁水平。

资料来源：改编自 Arthur A. Mendonsa, "Yardsticks of Measuring the Success of Service Programs in Savannah," *State and Local Government Review* 18 (spring 1986): 89–92。

7.4　服务供给的回应性

服务供给的第四个目标是回应性，它反映了市民的偏好和需求得到满足的程度。由于大多数市民并不就服务供给与市政机构接触，因而确定这些偏好是困难的。例如，20 世纪 70 年代在密尔沃基市所做的一项研究发现，在抽到的样本中仅有 1/3 的白人和 6% 的黑人曾经与城市政府官员有过联系。[1] 十多年后，政治学家迈克尔·海林格（Michael Hirlinger）发现，俄克拉何马城的联系率是 64.2%。他注意到，"总体联系率比以前的市民联系研究要高得多"[2]，后者通常在 30%～40%。

市民是否满意城市服务？许多调查数据表明他们满意，尽管变数也存在，尤其是因阶层和服务领域而发生变化。托马斯·米勒（Thomas Miller）和米歇尔·米勒（Michelle Miller）通过大量定量研究所做的经验分析提供了一些详细信息。[3] 他们分析了 10 年间对全国范围内 261 个市民的调查。他们用 0～100 标尺对不同的调查结果进行了标准化处理，其中 0 代表"非常差"，25 代表"差"，50 是中性（不好也不坏），75 是"好"，100 代表"非常好"。在八类社区服务中，修正后的平均得分为 67.2，接近 75 分"好"的标杆。对 60 个或更多行政辖区的服务评估显示，排名最好的三类服务是消防（81%）、图书馆（79%）和垃圾收集（78%）。排名最差的三类是动物控制（60%）、街道维修（58%）和规划（57%）。

大多数城市管理者都同意人们愿意多享受服务，而不愿意为其缴纳更多税收这一观点。这种矛盾反映的一个原因是许多市民感觉他们交税不值。一个更普遍的解释与服务供给和服务付费分离有关。只要他们不直接向每一项服务付费，大多数人都偏好于更多的服务。但是由于服务和税收之间的关系是间接的，人们仍希望保持低税收。一些权威专家认为，服务收费（使用者付费）机制，或对私人部门供给市

---

[1]　Peter K. Eisinger, "The Pattern of Citizen Contacts with Urban Officials," in *People and Politics in Urban Society*, ed. Harlan Hahn (Beverly Hills, Calif.: Sage, 1972): 50.

[2]　Michael W. Hirlinger, "Citizen-Initiated Contacting of Local Government Officials: A Multivariate Explanation," *Journal of Politics* 54 (May 1992): 558.

[3]　该讨论来自 Thomas I. Miller and Michelle A. Miller, "Standards of Excellence: U. S. Residents' Evaluations of Local Government Services," *Public Administration Review* 51 (November-December 1991): 503–513.

政服务的更多依赖，有助于更清楚地展示服务与成本之间的联系。

研究表明，至少在大城市，服务供给对公众要求的回应性不尽相同。大城市的服务供给已经十分规范，主要由官僚决定的决策规则主导。这些规则可能有几种形式。前面，我们提到了亚当·斯密规则，讲的是需求频率决定了某种服务的水平。同样是关于奥克兰市的研究引申了这一规则，发现专业规范和技术考虑在塑造官僚在特定领域的回应性方面也有重要影响。另外一个影响市政官员如何处理公共服务需求的考虑是：问题有多难。通常，问题越简单，就越有可能被令人满意地处理掉。[1]

强调客户服务确实重塑了城市服务供给和市民对更好的服务的需求的路径。互联网使得城市能够应用新的工具，这些工具对市民的需求具有更多潜在的回应能力。电子政府，特别是通过网站和电子信箱，提供了更好的服务回应，这在当今城市已很普遍。并且，尽管这些变化可能在实际上提高了服务的效率和效果，但是它们的基本目标似乎集中于对市民需求和服务要求给予更多回应。[2]

一些城市创造社群受益区（community benefits districts，CBDs）作为提升回应性的新路径。根据政治学家苏珊·贝尔（Susan Baer）和文森特·马兰多（Vincent Manrando）的说法，这些区基于州法而设立，它允许城市在其辖区内创设一定区域，在其内可进行追加税收评估以为额外服务筹集资金——例如安全、经济发展或垃圾收集等。[3] 社群受益区允许城市地理上的亚区域通过征收额外税收支持额外服务活动，从而满足居民在服务方面的特殊需求。贝尔和马兰多的研究表明，至少在 12 个美国城市中发现了类似于社群受益区的亚区域。[4]

关于社群受益区的一个关注点是，它们可能加大社会经济差距，也就是说，穷人和少数族裔可能没有支付能力，不能生活在需要征收额外税收用于增加服务的区域。这一点是拥有许多族群的城市所不能忽视的，有相当多的研究已经表明，不同种群、族群以及经济收入群体之间，在服务满意度方面的差异性相当大。这些群体在服务满意度方面的差异，似乎既和对服务质量的理解有关，也与对政府的信任程度有关。[5]

尽管行政系统不易察觉市民的需求，它们也不通过十分复杂的方式评估这些需求。它们使用罗伯特·莱恩伯里所称的物体计数途径（body count approach）来进行测量。[6] 通常这种实践涉及毛总量的指标统计——收集垃圾的吨数、捡到狗的数量、图书流通的册数，等等。然而，这些粗略的需求指数很少能揭示市民的实际偏好。

---

① Mladenka，"Citizen Demands and Urban Services," 693-714.

② 参见 Alfred Tat-Kei Ho，"Reinventing Local Governments and the E-Government Initiative," *Public Administration Review* 62（July-August 2002）：434-444。

③ Susan E. Baer and Vincent L. Marando，"The Subdistricting of Cities：Applying the Polycentric Model," *Urban Affairs Review* 36（May 2001）：721-733.

④ Ibid.，723. This cities are Baltimore, Chicago, Cincinnati, Detroit, Great Falls, Houston, Louisville, Minneapolis, New York, Philadelphia, San Jose, and Seattle.

⑤ 关于此研究的最新总结和新的分析结果，参见 Gregg G. Van Ryzin, Douglas Muzzio, and Stephen Immerwahr，"Explaining the Gap in Satisfaction with Urban Services," *Urban Affairs Review* 39（May 2004）：613-632。

⑥ Lineberry，*Equality and Urban Policy*，163.

　　莱恩伯里进而认为，官僚制缺乏回应性的一个更重要原因在于，它们是垄断性的。这就引发了服务供给的替代性安排这一问题。是否存在替代性的城市服务提供方式，从而可在服务供给中引入更多竞争，因而可获得更好的服务呢？有些人认为存在。例如，在奥斯本和盖布勒的著作《重塑政府：企业精神如何重塑公营部门》中，竞争型政府是核心议题之一："这不是公对私的问题，而是竞争对垄断的问题。"[①]

7.5　替代性服务供给

　　开发市政服务垄断的替代性方案的逻辑依据很简单：经济学家长期以来一直认为，垄断是低效和无回应性的，而竞争能强迫生产者为了能留在业内而竭力提升效率。替代性服务供给安排的基本思想是，通过在地方公共部门中引入竞争而激发更高生产力。奥斯本和盖布勒坚信，重塑政府过程的关键点是在服务供给中引入竞争。[②]

　　尽管萨瓦斯界定的替代性服务供给安排多达 10 种，包括与私人和非营利组织签约、政府间签订合同、特许经营、政府补贴、凭单制、志愿服务、自我服务等[③]，国际城镇管理协会进行的一项关于城市和县使用的替代性服务供给途径的分析发现，在整个市政服务范围中广泛使用的只有两项，即与私人部门签约（平均有18％的地方政府在实施）和府际协议（平均有 16.5％的地方政府在实施）。[④] 城市和县偶尔使用特许经营，大多用于公共设施。政府补贴也不常使用，主要用于人员服务（如老人服务项目）和文化、艺术活动。非营利组织平均提供了城市和县签约服务 8％的份额。[⑤] 相比于特许经营和政府补贴，地方政府较多地依赖志愿服务，且大多是在公共安全和文化项目上。鉴于被广泛应用，这里对合同外包和府际协议这两种替代性安排给予特别关注。

合同外包

　　支持者宣称，合同外包（contracting out）有很多好处：最明显的是控制成本，接着是减轻外部财政压力。因为竞争和利润驱动的假设，私人部门服务可能花费较少。例如，关于洛杉矶市地方服务合同外包的一项大规模研究发现，从街道维护到工资处理，在不降低质量的前提下，私人部门能够比市政员工更廉价地提供服务。[⑥] 签

　　① Osborne and Gaebler, *Reinventing Government*, 76.

　　② Ibid., chap. 3.

　　③ 最初论述参见 E. S. Savas, *Privatization: The Key to Better Government* (Chatham, N. J.: Chatham House, 1987), 62; 最新论述参见 E. S. Savas, *Privatization in the City* (Washington, D. C.: CQ Press, 2005).

　　④ Mildred Warner and Amir Hefetz, "Pragamatism over Politics: Alternative Service Delivery in Local Government, 1992–2002," *2004 Municipal Year Book* (Washington, D. C.: ICMA, 2004): 8–16.

　　⑤ Ibid., 11.

　　⑥ Eileen Brettler Berenyi and Barbara J. Stevens, "Does Privatization Work? A Study of the Delivery of Eight Local Services," *State and Local Government Review* 20 (winter 1988): 11–20.

订合同也可以允许政府获得专业性服务（否则很难得到），它避免了大量初始成本，并且在调整项目规模方面具有更大的灵活性（不必担忧与倔犟对抗的市政员工之间的谈判）。当然，合同外包也存在弊端。有些人认为，既然包含了利润追求，而且私人签约者还必须纳税，所以，从长期来看，民营化会增加成本。此外，历史地看，政府签约的好处会被回扣和腐败问题所困扰。

决定合同外包是否能节约成本的过程不是一件容易的任务。通常，政府实行项目预算，这种方法关注支出目标，而不是政府部门实施的活动。如果提供一种特定服务要花多少钱的成本这一信息不可获得，城市就不能与私人经营者进行精确的成本比较。此外，签约之前，外包公共服务的全部成本都应确定下来，包括间接成本、合同管理成本、机会成本等。

幸运的是，在比较和确定各种成本时，城市官员可得到一些帮助。公共行政专家劳伦斯·马丁（Lawrence Martin）提供了用于比较政府服务供给和合同外包服务供给成本的五步法。[1] 简而言之，模型包括如下五步：

1. 确定政府服务供给的所有成本；
2. 界定那些通过合同外包可以避免的成本；
3. 估计通过投标来进行合同外包供给的成本；
4. 计算合约投标的附加成本（市政合同管理）——使用管理和预算办公室的合同管理指南人事配置公式；
5. 比较合同外包服务的整体成本（第三步和第四步确定的）和通过合同外包能避免的政府成本（第二步确定的）。

如果避免的成本大于导致的成本，那么根据马丁的说法，合同外包服务"如果其他条件相同，是合理有效和可行的"[2]。

接下来，地方官员应该进行"黄页查询"（yellow pages test）。[3] 有多少个私人卖主可能成为竞标者？一个大规模的都市化区域可能有非常多的公司能够承担繁杂任务，然而，在小社区，这样的公司即使有也很少。

起草合同可能也是一件棘手的事情，可能会漏掉重要的细节。如果计划书不是很清楚，各种麻烦都有可能发生，包括可能的诉讼。这一步对双方都很关键。当然，大多数卖方都想做好工作，但他们需要确切地知道所要竞标的内容是什么，以及在合同期内必须要完成什么。城市也必须准确知道其期望的是什么，以便有效地监督合同的实施。实际上，认真监督合同实施是必要的，服务质量有赖于它。如果城市没有与签约者密切协调，那么如果出了差错就只能自我责备了。

大多数研究发现，合同外包有两个基本的弊端或障碍。第一，市政员工可能会强烈抵制，害怕失去工作，丧失附加福利。签约者通常同意雇用城市下岗员工，但

---

① Lawrence L. Martin, "Proposed Methodology for Comparing the Costs of Government versus Contract Service Delivery," *1992 Municipal Year Book* (Washington, D. C.：ICMA, 1992)：12-15.

② Ibid. , 14.

③ Inge Fryklund, Vivian Weil, and Harriett McCullough, *Municipal Service Delivery：Thinking through the Privatization Option* (Washington, D. C.：National League of Cities, 1977)：12-13.

是这种保证不能满足大多数市政工人。第二，管理阶层有时害怕失去对服务的直接控制。[1] 公众控制着城市，而不是私人签约者，公共服务绩效应对公众负责。因此，一些管理者为了能在紧急状况或环境变化的情况下做出快速反应，想要保持对工作的直接监控。

除了赞成和反对的意见之外，有些服务本身就比其他的更适合合同外包。一般而言，那些适合合同外包的服务具有如下特性：（1）它们是新的，这就避免了城市雇员的问题；（2）它们的产出易于界定（例如固体垃圾收集），这就使得合同的准备和监督容易些；（3）它们需要专业化技术（例如工程或法律）或者专业设备，特别是那些小城市不能有规律地支付或永久支付的技术和设备；（4）它们需要大量低技术工人（例如固体垃圾收集），由于公共和私人部门的报酬和收益差异，这些领域更能兑现节约成本的承诺。

为了使与员工之间的摩擦最小化，城市官员应该让相关部门参与外包的早期讨论过程中。部门应当有在降低操作成本方面进行改进的机会。如果仍欲推动一项合同外包决策，管理者应严肃地思考是否允许市政部门竞标这项工作（参看竞争性合同部分）。

关于合同外包或者其他任何版本民营化的最后一点是：成功需要强烈的政治声援，特别是当努力遇到争议时。首席行政官当然是扮演这一角色的合适人选。经理或市长是否应在议会—经理制城市中发挥领导作用，取决于他们两个是怎样一起工作的，以及取决于市长的领导风格。政治学家安尼路德·卢西尔（Anirudh Ruhil）的研究表明，城市经理是那些选择服务合同外包城市的催化剂。[2] 关于加利福尼亚城市替代性服务安排的一项 15 年期研究发现，议会—经理制城市比其他城市更多地采用合同外包，尽管大多数城市在这段时期内没有改变服务提供者。[3]

固体垃圾收集似乎特别适合采用私人合同的方式，消防则不然。但是消防的合同外包并不是不可能，只要看看亚利桑那州斯科茨代尔市的私人消防就会明白，如政策与实践专栏 7—3 案例所示。

政策与实践专栏 7—3

亚利桑那州城市消防民营化

自从 1948 年开始，一个名叫乡村麦德龙的私人公司就为斯科茨代尔市和菲尼克斯地区的其他几个社区提供消防服务。乡村麦德龙在斯科茨代尔市的消防站拥有包括 24 小时全职工作的员工。但是这个公司所需员工要少于传统的市政部门所需员工，这是因为他们可以利用具有交叉训练经历的城市员工，这些人被称作"游牧者"，他们是兼职消防员。社区服务管理者朱迪·维斯（Judy Weiss）、

---

[1] 参见 Sidney Soneblum, John Kirlin, and John Ries, *How Cities Provide Services：An Evaluation of Alternative Delivery Structures* (Cambridge, Mass.：Ballinger, 1977)：33。

[2] 有关此研究的案例参见 Anirudh V. S. Ruhil, Mark Schneider, Paul Teske, and Byung-Moon Ji, "Institutions and Reform：Reinventing Local Government," *Urban Affairs Review* 34 (January 1999)：433-455。

[3] Pascale Joassart-Marcelli and Juliet Musso, "Municipal Service Provision Choices within a Metropolitan Area," *Urban Affairs Review* 40 (March 2005)：514。

公园支持服务经理马克·兰尼（Marc Ranney）以及城市设备操作者卡洛斯·拉米雷斯（Carlos Ramirez）都是"游牧者"的例子。游牧者可以得到额外酬劳，从 9.24 美元/小时到 15.34 美元/小时，根据每四周一轮的待命标准。

　　相对于市政府运行消防系统来讲，这种安排帮助斯科茨代尔节省了约 47% 的成本。成本节省一部分是由于乡村麦德龙公司建造了很多自己的设施，这些设施通常是非标准的，因而比传统的设施要便宜很多。

　　资料来源：改编自 Roger S. Ahlbrandt Jr, "Implications of Contracting for a Public Service", *Urban Affairs Quarterly* 9 (March 1974)：337-358; "City Employees Realize Fireman Dreams; Boost Public Safety", *Scottsdale Citizen* (September 1985)：12; and Rural/Metro Fire Department, at www.rmfire.com/.

　　尽管乡村麦德龙在斯科茨代尔市的成功得到广泛赞誉，但是传统的市政消防服务对民营化表现出非常强烈的抵制。部分原因是因为消防人员已经成功地使人们相信，对典型的市政消防模式的任何改变都可能置生命和财产于危险境地。他们也提出，如果国家保险服务办公室（National Insurance Services Office）对社区的火灾扑灭能力测评结果较差的话，业主们可能要支付更多的火险保费。

　　关于合同外包的最后一点，城市选择合同外包服务的主要原因是成本考虑，期望通过与另一方签约提供服务会更便宜，否则就由政府提供。但是另外一个原因也同等重要：信任。根据国际城镇管理协会近期的研究，地方官员的回应表明，合同外包政府服务的最强预兆是官员对合作者的信誉和绩效水平的信任程度。[①]

竞争性合同

　　合同外包通常意味着城市期望通过将服务转移到私人公司而节省资金。但是城市管理者现在发现，他们自己的部门有时可以更有效地运作，并且可以直接与私人卖方竞争。关键是竞争，而不仅仅是私人供给。因此，我们看到公私竞争不断增加，通常被称为"竞争性合同"。

　　最著名的竞争性合同的例子出现在菲尼克斯。在那里，从 20 世纪 70 年代后期开始，城市官员决定允许市政部门与外部公司进行直接竞争。[②] 到 1982 年，该城市的审计员报告，在前几年 22 种进行竞标的服务合同中，城市雇员提交最低报价的次数多达 10 次。官员说，外部卖方在竞争那些需要非技术工人或者半技术工人的工作方面会更成功。例如，保管服务是外包最多的。私人公司显然支付的工资更低些，并且支付的福利也少些。菲尼克斯计划的一个特别之处是城市审计员的角色，他必须要确保城市的报价与私人公司具有真正的可比性。例如，市政报价必须包括

---

①　Sergio Fernandez and Hal G. Rainey, "Local Government Contract Management and Performance Survey: A Report," *2005 Municipal Year Book* (Washington, D. C.: ICMA, 2005)：3-8.

②　该案例来自 Mark Hughes, "Contracting Services in Phoenix," *Public Management* (October 1992)：2-4.

所有的行政成本、资本投资以及折旧费等。城市的报价放在一个密封的信封中，在公开标书之前，城市部门并不知道报价的金额。因此，如果城市赢得了合同，城市审计员继续对机构内部的绩效进行监督。

菲尼克斯的官员说，成功的关键是提高生产力，这可以让城市人员保持竞争性。他们努力让员工参与管理决策，保持交流线路公开。官员指出了竞争性合同另外两个附带效应：由于城市的成功，这一过程可以提升员工士气和对组织的自豪感；签约不仅在某些服务上节省了费用，而且能够长期影响菲尼克斯那些没有外包的服务领域保持低成本。马克·休斯（Mark Hughes）评论道："它为整个城市带来了更有效的工作方法——机械化的垃圾收集、现代化的街道维护设备、创新性设备管理以及能源储备等。"①

其他一些大城市也跟在菲尼克斯之后。② 在 20 世纪 90 年代，克利夫兰市制定出了《克利夫兰竞争法》，这一项目包括许多行动，其中一个就是城市与私人提供者之间的竞争性投标。1995 年夏末，克利夫兰市将城区垃圾收集和地方街面硬化合同给了城市员工。员工们在召开了改进劳方—管理方关系的会议和认识到必须提高效率之后，打败了私人竞标者。事实上，该市已经重写了工会合同，在城市员工竞标任何合同之前都必须召开这样的会议。

印第安纳波利斯市曾经走在竞争性合同的前列，其过程叫做"托管竞争"（managed competition）。它报告说竞争性合同的结果是，实际或预期节省大约 1.5 亿美元。在进程开始前，城市可以调整其服务，以便其员工为竞争做更好的准备。城市部门已经做得很好，赢得了大约 80％ 的公私竞争。

竞争性合同在什么境况下最有效？总体而言，适用于民营化的绝大多数建议和领域对公私竞争都同样有效。劳伦斯·马丁给出了几个建议。③ 他说辅助性或支撑性服务——包括诸如保管服务、开票、停车或设备维护等内务处理活动甚至安保服务等，比警察、消防等核心服务更适合于竞争性合同。"软"服务比核心服务更适合外包，包括那些赋予签约者更多自由裁量权的活动（如法律、会计、工程和建设操作等），或者提供"帮助"的服务（包括社会和医疗服务等）。

马丁也认为，一体化的职能比相互联系的职能更适合于招投标。例如，保管服务就是一个自我包含或者一体化比较强的服务。警务沟通却与执法行动互联，这类服务供给的失败或者中断将会对更大的公共安全系统造成不利影响。最后，马丁建议在那些私人卖方充足的领域使用竞争性合同，因为多个提供者应该有助于确保过程的真正竞争性。

地方官员也必须关注一些组织内部的事务。部门内部必须愿意、也有能力与外部的公司进行竞争。之前，我们提到了让城市雇员做好竞争准备的重要性，这个步骤包括紧密的劳方—管理方合作，以及某些服务的再设计（更多是修正），以便城

---

① 该案例来自 Mark Hughes, "Contracting Services in Phoenix," *Public Management*（October 1992）：4。

② 该案例可在下文找到：*From Privatization to Innovation：A Study of 16 U. S. Cities*（Chicago：The Civic Federation，1996），13—21。

③ Lawrence Martin, "Selecting Services for Public-Private Competition," *MIS Report* 18（March 1996）.

市雇员能进行有效的投标竞争。最后，政治力量可能也会影响竞争性合同的成功与否。反对民营化努力的一些理由都可以成为反对竞争性合同的理由。满足于现状的利益集团或者选任官员都可能成为障碍。害怕失去工作或者福利的公共雇员也可能抵制。如果市民担心变化可能对服务水平造成负面影响，也可能产生疑虑。

关于竞争性合同长期效果的研究得出的结论是肯定的。戴维·爱蒙斯和德博拉·希尔（Debra Hill）研究了五个在固体垃圾收集领域实行竞争性系统长达几十年之久的城市。① 用他们的话来讲，"没有证据表明竞争性系统在达到预期目标方面是失败的"。实际上，他们报告说这些城市的垃圾和废物处理服务成本的增长低于全国平均水平，也低于通货膨胀水平。作者也发现了另外几点好处：城市和私人卖方之间可以相互学习。例如，在俄克拉何马城，当将三人操作的侧向装卸机换成一人操作的侧向装卸机时，合同操作也很快跟着配套相关条款。此外，竞争性安排使得这些城市避免了潜在的停工事件。

公私竞争仍然比较新。然而在几个关键方面，它可能不像直接民营化那样容易引起政治抵制。毕竟，城市部门被赋予进行竞争的机会，并且，如果确保公平的话，它们会欢迎展示其运转良好的机会。毫无疑问，将来我们会看到越来越多的竞争性合同。

府际协议

市政垄断的另一个基本替代性方案是府际协议或者合同。当然，政府单元之间签订协议或者合同毫无新意可言，它们长期以来就是被用来提供所需服务的重要工具。激发民营化的一些动力，如节省费用、获得周期性需要的服务、避免巨额初始成本、获取在其他条件下不可得的专业化服务等，也刺激了对府际协议的兴趣。许多城市都效仿了城市间协议模式，洛杉矶县的县政府以莱克伍德方案（Lakewood Plan）而闻名。由于一些小的郊区不能支付雇用和配备都市工作队伍的庞大启动费用，因而就开发出了这些服务安排。另一方面，县已经建立起了提供一定范围的城市服务的能力，因而，一种自然共生的关系已经衍生出来了。尽管法律和地理考虑会明显地限制政府间服务协议的应用，许多城市却似乎对此越来越感兴趣。最近的报告证实了洛杉矶县的市政服务提供仍然在增长，并且代表了该县政府相当部分的政府活动。②

关于加利福尼亚州的城市在 20 世纪八九十年代运用服务供给的替代性方案的一项调查，获得了一些有趣的发现。这些调查者说，一般来讲，城市不是替代性服务供给方案的广泛采用者，但是当发生变革时，"……合同外包给私人部门不是很

———————————

① David N. Ammons and Debra J. Hill，"The Viability of Public-Private Competition as a Long-Term Service Delivery Strategy，" *Public Productivity and Management Review* 19（September 1995）：12-14.

② Christopher Hoene，Mark Baldassare，and Michael Shires，"The Development of Counties as Municipal Governments：A Case Study of Los Angeles County in the Twenty-first Century，" *Urban Affairs Review* 37（March 2002）：575-591.

普遍，更通常的做法是与另一个层级的政府合作，或者通过与其他公共机构签订契约，或者把公共服务供给责任转嫁给一个独立的政府机构，诸如特区或县等"①。此外，当调查哪些服务进行了合同外包时发现，那些实质性城市服务和那些占城市预算较大份额的服务更可能通过府际协议的方式提供。②

米尔德丽德·沃纳（Mildred Warner）和埃米尔·赫夫茨（Amir Hefetz）最近的一项研究比较了民营化和府际协议的好处。他们的研究表明替代性服务供给更加有效，但是与另一个地方政府签订协议和私人部门合同提供服务相比，前者能带来更多的公平和市民发言机会。③

由另一个政府或者公共机构供给的服务，最常用于健康和人力服务、市政工程、交通和图书馆等。在合作的地方社区之间，这些安排中的一部分可能并不存在正式的合同协议。然而，值得注意的是，通过府际协议提供服务的比例，从1992年的21％下降到了2002年的17％。④

7.6 实施和评估城市项目

城市服务供给或者城市项目实施很少是顺利、自动和理性的过程。城市政策制定者的完美计划如果不是被妥协、交易和那些对项目实际绩效负有责任者之间的权力较量搞得偏离轨道的话，就一定会被修正。正如我们在第4章中所看到的，仅有好的规划和好的意图并不够，还必须关注服务或项目实际是如何实施的。与部门领导和员工的周期性访谈、周期性的书面报告，当然还包括接到的投诉等，都会给服务或项目的结果提供实质性指导。但是，这些传统的监督和评估方法是零星的、不成系统的。特别是当发起新项目或者在那些成本不成比例增长的领域，需要有一个更加规范的绩效评估路径。

大体上说，有两种评估：监督和项目评估。前者有时候叫做绩效监督或者过程评估，主要是对主要领域项目的一般性效果进行常规检查，诸如公共安全、健康和娱乐等。监督试图确定与项目相关的一般变化，但是它不会指出政府活动在产生这些变化的过程中起到了什么作用。换言之，监督不区分项目本身的影响和非项目活动导致的影响，例如私人群体的影响。

项目评估走得则更远些。它试图界定政府的某个特定项目或者某套活动给市民和社区状况带来的变化。它要找出有意的和无意的结果，既包括好的，也包括坏的。一个项目评估一般包括如下几个步骤：

---

①② Joassart-Marcelli and Musso, "Municipal Service Provision Choices," 515.

③ Mildred Warner 和 Amir Hefetz 的研究案例包括 "The Uneven Distribution of Market Solutions for Public Goods," *Journal of Urban Affairs* 24, no. 4 (2002): 445-459; "Applying Market Solutions to Public Services: An Assessment of Efficiency, Equity, and Voice," *Urban Affairs Review* 38 (September 2002): 70-89. 文中提到的研究发现见后一篇文章。

④ Warner and Hefetz, "Pragmatism over Politics," 11-12.

1. 确定项目目标；
2. 将目标转化成可测量的成就指标；
3. 根据指标向那些参与项目的人收集数据（并且向相对等的非参与群体收集数据）；
4. 比较参与者和非参与者的数据。[①]

一旦得到了数据，管理者就可以测量项目效果，并且有根据地提出关于项目继续、修正或者终结的建议。尽管程序看起来简单，很快我们就会明白整个过程可能充满着不可预料的问题。但是，首先还是让我们来看看进行评估的不同途径吧。

评估设计

评估包含着比较。项目比较的主要目的是确定可以合理归结为项目自身带来的那些变化。当然，从理想的角度而言，我们希望比较实际发生的事情和实施项目前发生的事情。鉴于类似的控制性实验在现实世界中是不可能的，退而求其次的程序就是区分项目效果和那些外部影响因素，这些因素可能会带来一些可观测的变化。

在我们讨论评估设计之前，我们必须再一次考虑项目目标和评估标准。第一，像项目分析和服务供给评估一样，评估要求使目标和标准成为可测量的形式。第二，评估标准必须聚焦于项目要影响的条件，工作量指标、物理能力的指标以及服务的客户数量等，如果不是不合适，就是不充分。第三，必须要明确地考虑那些不可预料的结果，特别是负面的影响。第四，要界定的目标和评估标准可能不是单一的。第五，通常资金成本应当作为评估标准之一。记住了这些要求，我们就可以继续考虑评估设计了。[②]

项目前后比较

在项目实施前和实施一定时段后的两点进行项目活动测评，这是最简单、最便宜、最平常和最不可靠的评估设计。没有明确的途径可以用于控制外部的影响。正如城市研究所的研究员哈里·哈特里、理查德·温妮（Richard Winnie）和唐纳德·菲斯克（Donald Fisk）建议的，对于任何可观测的变化的其他解释都是存在的，诸如异常的天气状况、其他公共或私人项目巧合地具有相同的目标，以及初始阶段未察觉的目标人群的特殊特征等。一个好的评估设计应当尽可能地考虑到诸如此类的潜在因素，项目前后比较设计还不能做到这一点。

尽管有局限性，但在人力和时间有限的情况下，项目前后比较设计可能是唯一实际可行的途径。例如，华盛顿特区使用项目前后比较设计来评估大扫除活动，这是一个集中的、一次性清除九个社区服务区域内杂物和其他固体垃圾的活动。训练

① Carol Weiss，*Evaluation Research*（Englewood Cliffs, N. J.：Prentice Hall，1972），24－25.

② 下面的部分引自 Harry Hatry, Richard Winnie, and Donald Fisk，*Practical Program Evaluation for State and Local Government Officials*，2ⁿᵈ ed.（Washington, D. C.：Urban Institute，1981），chap. 3 and appendix A.

有素的观察员使用一套与清洁度排级相匹配的照片在事前和事后对社区清洁度进行评估。实施了一个项目前后比较的市民调查，以确定市民是否注意到清洁状况的任何变化。城市官员感到没有其他重大的外部变化影响了考察的区域，因此，项目前后比较设计看起来似乎是一条有效的途径。尽管该市对街道的清洁状况没有明显改观而感到失望，并做出了不再继续该项目的决定，但可以断定的是评估本身是成功的。

时间趋势预测

另一个评估设计是根据一段时间内对项目进行的观察，对项目实施后的实际信息与预计信息进行比较。这一途径使用统计方法，包括线性回归等，来预测项目价值以便与之后的实际结果对照。

例如，犯罪或者事故统计，在单独的一年会上升或者下降，但是当整体考虑的时候，其趋势还是比较明显的。比较项目前期和后期的数据可能会受到峰值的影响，因而有可能会产生误导。[1]

显然，这一设计优于事前事后路径的点对点比较，但是它仍然缺乏明确而必要的控制，以便准确地评估既定项目的真实影响。

与其他辖区或人口比较

第三个评估设计选定一个具有可比性的城市或者处于同一辖区而没有经历相关项目实施的具有可比性的人口。康涅狄格州使用这一方法评估高速公路限速的效果。在项目实施之后，比较了康涅狄格州汽车车祸死亡率和相邻州的汽车车祸死亡率。评估表明，与相邻州相比，一些独特的影响因素导致了康涅狄格州死亡率的下降。

尽管这种设计包含了对外部影响因素的一些控制，但它仍然不是理想的途径——控制性实验。此外，寻找具有可比性的辖区和人口也是一件麻烦的事情。

控制性实验

哈特里、温妮和菲斯克将控制性实验比作"项目评估中的卡迪拉克"。毫无疑问，它是所有设计中最有力度的一个，也是昂贵且执行难度比较高的。这个方法的实质性特征是挑选至少两个群组：一个控制群组，一个实验群组。群组的成员（或者概率抽样等）是随机（也是科学地）配置的，这样做是为了形成两个尽可能相似的群组。实验群组中要实施项目，控制群组则不实施。项目完成后对绩效进行测量和比较。这种设计对那些个人受到特定"治疗"的，诸如岗前培训、矫正、康复、健康、毒品或酒精滥用等项目可能是最有效的。各种准实验设计也可使用，这些实

---

[1]　下面的部分引自 Harry Hatry, Richard Winnie, and Donald Fisk, *Practical Program Evaluation for State and Local Government Officials*, 2nd ed. (Washington, D. C.：Urban Institute, 1981, 31), chap. 3 and appendix A.

验中真正的实验条件只是大致具备，而不是充分具备。[①]

密苏里州堪萨斯城利用准实验设计对该市的警察巡逻进行了评估。警察部门划定了三个不同的区域，这些区域中的巡逻活动各不相同。在一个区域中，不进行任何常规的巡逻活动，警察只对呼叫进行回应。在第二个区域中，巡逻工作大幅度地增加，是以前的两倍或三倍。在第三个区域中，巡逻与以前保持一致。在实验结束时，发现这三个区域中的犯罪率没有明显的差异——"市民态度、报告犯罪伤害、市民行为、警察行为甚至交通事故等，都没有明显变化"[②]。很显然，实验结果对各种长期存在的关于某种警察活动效果的假设提出了质疑。

为什么没有更多的城市采用这种控制实验呢？因为它们难以实施，成本通常较高，所需专门知识一般都不具备。甚至让那些参与者同意关于人员的安置都会遇到麻烦：实践者通常想要在实验群组的人员配置中应用他们的职业知识和经验，一般会把那些最需要项目服务的人员安置在实验群组，而不是根据概率来处理这一过程。这种挑选过程会极大地损害实验的目标。

哈特里、温妮和菲斯克界定了第五个评估的路径：规划的和实际的绩效比较。尽管这种程序几乎不能叫做一个设计，但是他们认为在没有其他可用评估方法的时候，它不失为一个有用的办法。即使如此，他们认为实际结果和规划结果或预设结果的比较，也不常被采用。

在那些实验设计——控制性实验——不可能的情况下，哈特里、温妮和菲斯克建议对前三种设计进行某种组合使用。他们也提倡拓展使用第五个途径，可以作为其他评估设计的补充，即对规划的和实际发生的情况进行比较。

评估项目评估

在任何层级的政府中，好的项目评估并不多见。[③] 这里我们只能述及几个原因，但是根本障碍还是存在于获得有用的评估结果所使用的方法。成本和时间当然是地方政府缺乏综合项目评估的首要原因。此外，帕梅拉·霍斯特（Pamela Horst）及其合作者讨论了无效评估的三个原因。[④]

项目实施者在叙述清晰、明确和可测量的目标方面存在重大困难。当被问及项目目标时，他们倾向于从提供的服务、服务的目标人数等方面来回答。但是对项目

① 参见 Donald Campell and Julian Stanley, *Experimental and Quasi-Experiment Designs for Research* (Chicago: Rand McNally, 1963)。

② Jeffrey Henig, Robert Lineberry, and Neal Milner, "The Policy Impact of Policy Evaluation: Some Implications of the Kansas City Patrol Experiment," in *Public Law and Public Policy*, ed. John Gardiner (New York: Praeger, 1977): 226.

③ 关于对当前政策评估中存在的问题的完整概述，参见以下期刊的三篇文章：*Policy Studies Journal* 16 (winter 1987—1988): 191-241; and Terry Busson and Philip Coulter, *Policy Evaluation for Local Government* (Westport, Conn.: Greenwood Press, 1987)。

④ Pamela Horst, Joe Ray, John Scanlon, and Joseph Wholey, "Program Management and the Federal Evaluator," *Public Administration Review* 34 (July-August 1974): 301.

评估者而言，这些并不是有效的项目目标，他们想要知道的是项目要达成的结果是什么。[1]

除了界定和测量的问题之外，在项目目标与项目效果、结果的联系性方面也存在严重困难。项目干预可采用什么形式，以及和预设结果之间有何联系，不同场合会对此做出不同的假设。例如，重返社会训练所（one halfway house）或者治疗型社区与其他机构即使名称一样，关于它们如何运作的假设也可能毫无相似之处。

最后，霍斯特指出，管理者通常会认为，有效的评估呈现了一种明确的、眼前的危险，它是对舒服的现状的一种威胁。旧思想和过时的实践总是僵而不化，如果评估会打破当前的组织安排的话，很多管理者就会对支持评估持犹豫态度。[2]

这些非常真实的可能性，促使霍斯特及其同事提出了一个对可评估性的预评审。一个大型评估是否能保证推动下去，首先要进行判断。实际上，三个导致无效评估的根本原因可以用问题形式表示如下：

- 是否充分界定了目标、项目活动、预期结果以及预期影响？是否具有可测量性？
- 关于支出和实施、结果以及影响之间关系的假设是否符合逻辑？是否经得起检验？
- 项目主管者是否具有足够的能力和动力去发现项目评估的结果？[3]

评估可为城市政策的整体评价作出贡献，但并不是所有的项目评估都能提供有用的结果。正如政治学家珍妮特·凯莉（Janet Kelly）对 50 个城市服务进行考察研究之后总结的那样：

也许寻找公共服务绩效与市民满意度之间关系的经验证据的研究者所面临的严峻挑战与公共管理者面临的挑战是一样的：找到能有效测评服务结果的绩效指标。在过渡期，我们应该谨慎些，而不要将服务质量的一些方面与那些可以用服务质量维度进行量化的生产力混淆了，后者对市民来说才是关键的。[4]

搞清楚什么是可以进行评估的，这仍是富有想象力的行政管理者面临的一项艰巨任务。

7.7　市民调查

社区调查可以带来关于市民对不同的城市服务的认知、偏好和需求等有用信息。关于服务供给和项目的问题的回答，对政策分析和项目评估尤其有价值。进行

---

①　Weiss，*Evaluation Research*，26.

②　Ibid.，114.

③　Horst et al.，"Program Management," 307.

④　Janet M. Kelly，"Citizen Satisfaction and Administrative Performance Measures: Is There Really a Link?" *Urban Affairs Review* 38（July 2003）：863–864.

调查的另一个原因来自城市经理托马斯·邓恩（Thomas Dunne）的经验，他认为市民越来越希望地方政府不要不征询他们的意见就为他们做事，而要多与他们一起做事。[①] 因此，除了传统的听证会和咨询委员会之外，还一定要赋予人们更多表达他们声音的机会。邓恩认为，将市民调查与市政预算结合起来，是做到这一点的一个办法，即询问市民关于他们对不同支出水平和城市服务的偏好的一系列问题。亚拉巴马州奥本市（Auburn）的城市经理道格拉斯·沃斯顿（Douglas Waston）讲述了同样的事情，他描述了在该市预算和政策制定过程中制度化的市民调查。[②] 国际城镇管理协会近期的研究表明，市和县频繁使用市民调查，其中，60％的政府在近些年来至少进行了一项调查。[③]

实施调查

进行调查的一个基本考虑是需要什么样的精确度。调查顾问（在那些从来没有进行过调查的城市，他们的专业知识是必需的）可以根据调查规模的大小，提供相应调查精确度（建立在抽样误差的基础上）的指导。抽样精度实际上取决于两个变量：样本大小和对特定问题做出回应的人数。例如，如果样本是 400 人的话，在最高要求的条件下，抽样误差将会是正负 5％，有 95％的可信度。因此，如果在 400 人的一项抽样调查中，有一半的回应者对特定问题回答"是"的话，那么在更大规模人口中回答"是"的人数的真正值，应该是在 45％～55％（100 份中的 95 份）。另外，在最高统计要求条件下，一个包括 800 个样本的抽样调查的误差是正负 3.5％，有 95％的可信度。不考虑规模的话，根据决策者对精确度的要求，400～800 个样本应该可以满足绝大多数社区的需要。

成本不可避免地是进行抽样调查的主要考虑因素。由于这个原因，城市应该考虑电话调查或者邮寄问卷。二者可能都没有当面访谈令人满意，但是这二者成本并不很高。大多数电话调查现在使用随机数字拨号的办法，如果应用正确，这一办法结合简短的问卷，可以取得较理想的效果。

互联网已让调查工具的使用变得简单多了，无论对地方政府还是对被调查市民而言都是这样。许多城市政府常规性地将调查问卷挂在它们的网站上，并且时常通过其他方式，例如电子邮件等督促市民使用网上调查。我们可以预料，市民调查在未来的使用率和流行面都会继续增大。

---

① Thomas G. Dunne, "Citizen Surveys and Expenditure Controls," in *Managing Fiscal Retrenchment in Cities*, ed. Herrington J. Bryce (Columbus, Ohio: Academy for Contemporary Problems, 1980): 22.

② Douglas J. Waston, Robert J. Juster, and Gerald W. Johnson, "Institutionalized Use of Citizen Surveys in the Budgetary and Policy-Making Process: A Small City Case Study," *Public Administration Review* 51 (May-June 1991): 232.

③ Thomas, I. Miller and Michelle Milker Kobayashi, *Citizen Surveys: How to Do Them, How to Use Them, What They Mean* (Washington, D. C.: ICMA, 2000): 147.

调查的局限性

对实行和使用调查过程中容易出现的几个问题保持警惕是非常重要的。第一，有意见认为，调查不应该集中于那些市民缺乏相关信息的复杂问题上面。例如，在一个城市，在被选服务列表的排序中，市民将树木管理排在最后，树木管理的小额预算被取消了。后来，暴风刮倒了一些树，当市民们发现林木管理员被取消了时，他们极其愤怒不安。

第二，调查问卷应提供可能的备选项或回应项。在一个调查中，黑人被问道："如果没有资金或者社会障碍，你是愿意生活在黑人社区还是白人占大多数的社区？"实施调查的人后来发现漏掉了一个重要选项。随后的调查补上了另一个选项"混杂社区"，结果发现差异很大：在第一次调查中偏好黑人社区的绝大多数人，在第二次调查中转向变成了偏好混杂社区。

第三，调查问卷的设计和措辞一定要谨慎，以使调查被误解或者滥用的可能最小化。西南部的一个城市使用市民调查来合理建造一个核电厂，然而在整个调查问卷中，没有出现一个核或原子的字样。[1] 即使技术上处理得很好，调查也可能被那些只想使用调查的部分结果来支持特定观点的人所滥用。

第四，就相关事项做出决策的人应承诺使用相关调查结果。如果官方决策者不需要相关结果，那么调查就是没有价值的。

城市官员在解读调查结果时应当保持谨慎。例如，了解市民关于服务的观点是否受其他因素影响就很重要，这些因素包括他们对政府的信任、他们的政治效能感（即政府是否在乎我，或我的观点）、他们与政府部门打交道的经历。并且，正如其他不同研究项目所表明的那样，对城市服务的满意度部分地取决于人们的社会经济背景。[2] 调查研究者和公共官员必须要能区分这些因素，以便有效地解读调查结果。

对市民调查的最后两点评论是有必要的。一些研究表明，市民的主观服务评价与服务质量的客观指标不很符合。[3] 因而，市民调查不应被当作其他各类市政服务绩效客观指标的替代品。并且，如我们前面看到的，研究表明对服务和税收的态度一般是相矛盾的：市民通常对大多数服务持肯定态度，并且至少希望当前水平能保持下去，但是他们不想交纳更多税收。因为没有人喜欢税收，如果想要得到更有价值的信息，应当仔细地设计关于服务水平和税率的调查问题。设计调查问卷要尽可能地使回应者明确地面对服务和税收之间的权衡关系。

总而言之，使用社区调查的潜在优势要超过其所面临的风险。除此之外，城市

---

[1] Gregory Danel and Patricia Klobus-Edwards，"Survey Research for Public Administrators," *Public Administration Review* 39（September-October 1979）：421.

[2] 参见 Michael Licari，William Mclean，and Tom W. Rice，"The Condition of Community Streets and Parks：A Comparison of Resident and Nonresident Evaluations," *Public Administration Review* 65（May-June 2005）：360-368。

[3] 参见 Brian Stipak，"Citizen Satisfaction with Urban Services：Potential Misuse as a Performance Indicator," *Public Administration Review* 39（January-February 1979）：46-52。相反的观点参见 Jeffrey Brudney and Robert England，"Urban Policy Making and Subjective Service Evaluations：Are They Compatible?" *Public Administration Review* 42（March-April 1982）：127-135。

官员没有别的办法得到市民对政府运转认知的合理的、准确的和系统的信息。在缺少价格和竞争的市场机制的情况下，民主政府更有责任使其运作尽可能回应公众的意愿。单有选举是不足以达成这一目标的。

本章小结

正如本章所表明的，服务供给的目标不仅仅是提升效率和经济性。地方政府议程中对公平有很多关注，并且这一考虑反过来引出了回应性问题。我们知道城市官僚体制通过操作通常并不引人注目的决策规则，在如何分配服务以及服务供给在何等程度上回应市民需求等方面，可以做很多事情。

许多权威专家对官僚制调整其行为的能力持悲观态度，主要因为官僚制缺乏类似私人企业所具有的激励。因此，可以预言，寻找诸如与私人公司签约等特定服务的替代性供给机制的兴趣会不断产生。当城市想要通过在服务供给过程中引入更多的竞争而节省资金时，合同外包和公私竞争就会不断增加。

城市仍在继续探索花费较少的成本生产优质服务的其他方法。许多生产力项目依赖于新的策略来提升和激励员工士气。当城市认识到需要创新和提升质量，员工可以进行实验、承担风险，且变得更富有企业家精神。这样做的目的是创造一个更少科层、更灵活、基于团队的组织，这类组织可以对变化做出快速反应。

城市管理者怎样判断项目是否按照规划要求在实施呢？除非城市政府能收集到关于当前服务水平和质量的高质量信息，否则提升服务质量是不可能的。大多数城市收集了各种数据，并且通过应用互联网等技术，使收集数据的努力得到了极大提升。

由于各种原因，我们知道，员工并不总是按照指示完成相关任务。因此，管理者通常必须付出特别努力进行项目绩效监督和评估。评估设计包括好几种。项目前后比较设计最经济、最简便易行，但也是最不可靠的；控制性实验是最好的设计，但不幸的是，它也是最费钱和最难实施的。

市民调查已经逐渐被证明在提供关于公众对市政服务认知方面的数据上很有价值，尽管此类调查不能替代服务的客观指标。尽管这些调查由于使用互联网而变得容易操作、易于完成，但这些调查通常是高成本的，有时也是容易产生误解的。一些专家甚至怀疑市民的认知能力是否足以准确地评估服务供给。无论如何，市民调查为决策者提供的信息，难以通过其他方式获得。"在一个致力于民主规范的社会，市民的观点——无论被认为多么有缺陷——本身就是重要的！"[1] 持续不断的项目监督、项目评估和市民调查可以帮助城市政府做出关于城市服务的质量和效果的明智判断。

---

[1] Brudney and England，"Urban Policy Making and Subjective Service Evaluations," 129.

推荐阅读

Ammons, David. , ed. , *Accountability for Performance: Measurement and Monitoring in Local Government* , Washington, D. C. : ICMA, 1995.

Ammons, David N. *Municipal Benchmarks: Assessing Local Performance and Establishing Community Standards* , 2nd ed. , Thousand Oaks, Calif. : Sage, 2001.

Hatry, Harry, Louis Blair, Donald Fisk, John Greiner, John Hall Jr. , and Philip Schaenman, *How Effective Are Your Community Services?* 2nd ed. , Washington, D. C. : Urban Institute and ICMA, 1992.

International City/County Management Association, *Applying Performance Measurement: A Multimedia Training Program* , CD-ROM, Washington, D. C. : ICMA, 1996.

Kemp, Roger L. , *Managing America's Cities: A Handbook for Local Government Productivity* , Jefferson, N. C. : McFarland & Company, 1998.

Levy, Frank, Arnold Meltsner, and Aaron Wildavsky, *Urban Outcomes: Schools, Streets, and Libraries* , Berkeley: University of California Press, 1974.

Lyons, W. E. , David Lowery, and Ruth H. Dehoog, *The Politics of Dissatisfaction: Citizens, Services, and Urban Institutions* , Armonk, N. Y. : M. E. Sharpe, 1992.

Miller, Thomas I. , and Michelle Miller Kobayashi, *Citizen Surveys: How to Do Them, How to Use Them, What They Mean* , Washington, D. C. : ICMA, 2000.

第3部分

内部管理过程

■ 第 8 章　管理过程：理论和实践
■ 第 9 章　人力资源管理
■ 第 10 章　财政和预算

第 8 章

经典教材系列
公共行政与公共管理经典译丛

管理过程：理论和实践

　　内部管理消耗了城市管理者大量的时间和精力。正如第 4 章所讲的，即使在面临着持续外部压力和政策领导需求的大城市中，大多数管理者都在市政组织管理上花费很多时间。

　　预算、计划和人力资源管理占据了日常议程的主要部分，但是内部管理也包括对那些负责提供重要城市项目和服务供给任务的人员进行动员和引导。城市管理者必须做出关于城市组织如何运转的关键决策。能采取什么办法来鼓励员工努力工作呢？是否存在一些途径或管理策略，能使个体员工和作为一个整体的组织更有效率、有效果、更有回应性和更公平地运作呢？正如在前面章节所阐述的，这些都是城市服务供给的目标。

　　我们从讨论作为开放系统的组织开始本章内容。这一视角可以让我们理解影响组织绩效的全部图景，既包括内部的，也包括外部的。需要特别关注人类行为的动机和理论，它有助于管理者更好地理解员工行为的原因和方式。接下来，我们关注领导因素。我们对有效组织的领导因素了解多少呢？一个人如何才能成为"管理大师"？紧接着，我们讨论"结果管理"。在这部分，我们将从美国城市管理的宽泛路径这一视角，重新回顾和检视重塑政府和新公共管理模式，但主要关注于两个管理战略——目标管理和全面质量管理，它们有助于实现组织目的和目标。最后，我们讨论城市应用这些新的管理技术可能的潜在问题。全章内容都置于组织文化情境下，组织文化是对所有组织在回应变革时期都很重要的一个概念，无论是公共组织还是私人组织。

8.1　作为开放系统的组织

　　作为开放系统的组织实际上由三个部分构成①：第一是正式组织，它通过诸如正式层级、职能专业化、集权或分权、幅度控制、科层控制、交流及决策等特性来界定。在每个正式组织中，都存在非正式组织，被界定为"正式组织外部形成或内部形成的群体"②。哈罗德·戈特纳（Harold Gortner）及其同事注意到非正式组织"在决定群体成员的认知和态度方面发挥着关键作用，同时也对形成价值和行为规范产生重要作用"③。从管理角度看，非正式组织的存在要求城市管理者理解人类行为，他们应成为组织心理学家。最后，正如前面讨论的，所有组织都被外部环境包围着，并且要对外部环境产生的作用力做出回应。恰是多元化环境区别了公共和私人组织。作为公共信任的守护者，城市管理者必须对一系列多样化偏好、需要和要求做出回应。尽管政治学家杰夫·吉尔和肯尼斯·迈耶于 2001 年在得克萨斯州 500 多个学区所做的大规模研究表明，依靠"良好的管理"公共管理者可以克服环境的严格要求，创造高绩效机构，但一般而言，环境情境仍然是组织绩效的重要风向标。④

　　近期的研究也强调了现代组织中文化的重要性。这个"显著的价值系统……通过对其成员灌输团结意识和共同目标，帮助克服大型科层组织的离心倾向"⑤。潜藏在奥斯本和盖布勒的重塑政府倡议或休斯新公共管理呼吁背后的许多内容，实际上与新管理技术或过程无关，也没有提供任何新东西。相反，他们提出，必须改变公共组织的文化，要强调结果导向的管理，确保组织和个体的责任。如果是这样的话，我们需要知道在一个组织环境中，是什么在驱动人类行为。我们知道一些诱因：金钱、安全、很好地完成工作的感觉、表扬、参与事务发展进程的感觉、晋升及认可等。这些诱因中是否有一些比其他的更重要？直觉告诉我们的确如此，但经验研究得出的结果却是混杂的。我们如何对诱因进行排序，在很大程度上取决于我们关于人性和人的行为的理解。那么理解人类行为有哪些路径呢？它们对于激励员工意味着什么？

科学管理

　　对管理的科学研究可以追溯到 19 世纪后半期，在弗里德里克·W·泰勒

　　①　这一讨论大部分来自 Michael E. Milakovich and George J. Gordon, *Public Administration in America*, 8th ed. (Belmont, Calif.：Thomson Wadsworth, 2004)：chap. 5；Brian R. Fry, *Mastering Public Administration：From Max Weber to Dwight Waldo* (Chatham, N. J.：Chatham House, 1989)：1-14；Harold F. Gortner, Julianne Mahler, and Jeanne Bell Nicholson, *Organization Theory：A Public Perspective*, 2nd ed. (Fort Worth, Tex.：Harcourt Brace, 1997)：chap. 3。

　　②③　Gortner et al.，*Organization Theory*，67.

　　④　Jeff Gill and Kenneth J. Meier, "Ralph's Pretty-Good Grocery versus Ralph's Super Market：Separating Excellent Agencies from the Good Ones," *Public Administration Review* 61 (January-February 2001)：9.

　　⑤　Grover Starling, *Managing the Public Sector*, 7th ed. (Belmont, Calif.：Thomson Wadsworth, 2005)：479.

(Frederick W. Taylor) 的著作中有最系统的论述。① 在泰勒看来，详细分析可发现完成任何重复性任务的最佳的简单办法。工作能够被标准化和常规化，并且可根据工作需要挑选每一个员工，并进行特定训练。人与机器可以高度协调地进行工作，从而达到产出最大化。泰勒认识到，若要充分发挥该途径的全部潜能，就要正确地激励工人。就是这么简单，使用"经济人"理论，泰勒假定如果根据其个人产出进行酬劳分配，那么人将会更努力和更有效率地工作。工人生产得越多，他们赚的钱就越多。计件工作就是这种工人激励哲学的完美体现。

我们可以对泰勒途径的科学性进行争论，但是它的确对改进工作方法和过程作出了重大贡献，它使大规模生产和现代企业的生产流水线技术成为了可能。尽管不久就出现了对科学管理这种机械和非人性化的管理哲学的反思，但是我们在今天的管理实践中依然可发现与泰勒途径非常大的相似性。当前强调的绩效付酬就是一例。提升生产力是另外一个例子：在一些城市，管理阶层与雇员群体进行生产力合同谈判，为提升生产力支付额外工资。

人本管理

人际关系路径

在埃尔顿·梅奥（Elton Mayo）和弗里茨·罗特里斯伯格（Fritz Roethlisberger）在芝加哥城外西方霍桑电器厂的研究工作的基础上，演化出了一个新的管理路径，被称作人际关系学派。"人际关系学派抛弃了经济人假设，代之以社会人。"② 人际关系运动强调组织中非正式社会结构的重要性，及其对工人行为和动机的影响。这个路径超越于经济回报，强调员工的其他需求，例如获得赞赏、归属感、群体成员地位，认为满足这些人的和社会的需求，将会带来更加令人满意的工作队伍。尽管一些倡导者明显将这种主观的改进看作目标本身，其他人相信更满意的工人将会更多产。毫无疑问，人际关系运动在改进工作条件方面做了许多事情，但研究表明，快乐、满意的工人并不必然更努力地工作和更多产。同时，早期的人际关系路径几乎没有提到激励员工寻求更高层次的需求，例如自治和自我实现。

组织人本主义

在 20 世纪五六十年代，早期人际关系理论开始得到修正。亚伯拉罕·马斯洛（Abraham Maslow）、道格拉斯·麦格雷戈（Douglas McGregor）、弗雷德里克·赫茨伯格（Fredrick Herzberg）和克里斯·阿吉里斯（Chris Argyris）通过更复杂的方式考察人的需求，提出了关于人性的新观点。例如，马斯洛提出了著名的需求层次论，该理论基于如下假定：人只有在不满足的状态时，需求才是行为的动力。一

---

① 有关泰勒其人、科学管理和运动的出色概述可参见 Fry, *Mastering Public Administration*, chap. 2.

② George Strauss, Raymond Miles, Charles Snow, and Arnold Tannenbaum, eds., "An Overview of the Field," in *Organizational Behavior: Research and Issues* (Madison, Wis.: Industrial Relations Research Association, 1974): 5.

且较低层次的生理需求（饥饿、干渴、居所）和安全需求（包括物质和经济的）得到合理满足后，更高层次的需求就会被激活。社会需求（归属感和认可）是需求阶梯中的第二层；心理或自尊的需求（地位、赏识和尊重）是更高一个层次；在最顶层的是马斯洛所谓的"自我实现"，一种个人实现他或她作为人类的全部潜能的状态。[1] 马斯洛的需求层次论意味着大多数员工不是严格地被经济需要激励。

在马斯洛需求层次理论的基础上，麦格雷戈提出存在两极管理路径：X 理论和 Y 理论。X 理论是传统的观点，认为人基本上是懒惰和没有雄心的，他们只想逃避工作和责任。在 X 理论假设下，要想激励员工，管理方必须使用一系列胡萝卜加大棒政策。可以采用强硬路线，设计严格的控制并强迫员工生产更多，或者可以采用软路线，赋予员工更多的参与权。两种策略都有其弊端：强硬路径可能导致敌对、抵制，甚至是蓄意破坏；软路线则可能降低产出。麦格雷戈挑战了传统的管理理论，指出即使员工反应似乎表明 X 理论是有效的，但是它并不是与生俱来的。

麦格雷戈的 Y 理论假定人并非天生就不喜欢工作，但他们确实在追求认为值得的目标时，进行着自我指导和自我控制。这一路径意味着如果员工是差劲的、懒惰的、顽固的、没有创造性的，并且不愿意承担责任的话，那是管理方组织和控制方法出了问题。[2] 麦格雷戈宁愿管理方创造条件，使组织成员在致力于企业成功的过程中能够实现他们自己的目标。在 Y 理论的观念中，一个能够满足其员工需要和目标的组织，才能够最有效地达到其经济目标。赫茨伯格和阿吉里斯也认为，除非满足了员工的成长和发展需求，否则他们不会满意于自己的工作。[3]

马斯洛、麦格雷戈、赫茨伯格和阿吉里斯被称为组织人本主义者。由于他们既强调组织又强调员工因素，因而区别于早期的人际关系理论倡导者。这些学者不仅关注赋予员工更多机会以从其工作中实现认同感、成就感以及满足感，他们也认识到组织自身对完成工作也具有责任。他们不认为双方的目标是对立的。在他们看来，管理者和其下属可以一起设立高水平的绩效目标，并且在实现目标的过程中承担自我控制的责任。[4]

人本路径：一个评价

组织人本主义在多大程度上符合现实？动机理论的一个严重瑕疵是其单一质量：它认为所有人都有相同的一套需求，并且这些需求水平是相同的。但是批评者争论道，极少有人需要相同的东西，尤其是相同水平的东西。相反，员工需要（在某种程度上搜寻）那些能满足他们个体偏好的工作。[5]

经验研究没有为人本主义路径的关键假设提供多少支持。例如，马斯洛的需求

① Abraham H. Maslow, *Motivation and Personality* (New York: Harper & Row, 1954).

② Douglas McGregor, *The Human Side of Enterprise* (New York: McGraw-Hill, 1960): 48.

③ Frederick Herzberg, *Work and the Nature of Man* (Cleveland: World, 1966); and Chris Argyris, *Integrating the Individual and the Organization* (New York: Wiley, 1964).

④ 参见 Milakovich and Gordon, *Public Administration in America*, 166。

⑤ 参见 Milakovich and Gordon, *Public Administration in America*, 168。

层次和麦格雷戈的双因素理论，在检验过程中表现并不佳。[1] 其他研究的发现表明，人本激励理论的许多基本信条对于低层员工并不适用："证据表明存在两种层级：低层员工更关注物质和安全回报，而高层员工则更看重成就和挑战。"[2]

罗伯特·罗杰斯（Robert Rodgers）、乔纳森·韦斯特（Jonathan West）和约翰·亨特（John Hunter）的研究，对工作满意度和工作绩效之间的联系性给予了肯定性评价。他们发现工作满意度确实有利于减少缺勤和员工流动，而这些都有助于提升生产力。同时，这些研究者说，诸如目标管理等参与式管理技术对提升员工的产出具有重要意义。[3] 松黑·金（Soonhee Kim）得出了类似观点。根据 1999 年在内华达州克拉克县对 1 500 个员工的调查，他发现参与式管理模式、员工对管理过程中运用参与式策略的认知，以及融合有效监督交流的参与式管理方式，都对提升员工工作满意度有贡献。金得出结论认为，"公共部门的组织领导应当重视转变组织文化，从科层结构的传统模式转向参与式管理和授权"[4]。

埃文·伯尔曼（Evan Berman）、乔纳森·韦斯特和莫里斯·里克特（Maurice Richter）的格言式评论一针见血，"一个人可能会支持'工作场所人本主义'和'组织效果'，但最终还是要看实际上起到了什么作用"[5]。当公共组织变得更具多样性（我们在下一章会详细讨论），管理者怎样在城市政府纵向和横向维度推动更好的组织人本主义呢？根据对超过 5 万人的美国城市的高级管理人员的调查，伯尔曼及其同事提出，培育工作场所友谊——界定为"非排他的工作场所关系，包括相互信任、承诺、互惠以及共同兴趣和价值等"——能够提供更大的回报。[6] 调查中很少有管理者不赞成这种友谊，即使在不同性别的情况下，这一发现依然是正确的。同时，尽管一些管理者说工作场所友谊可能增加办公室传言和恋情的风险，并且也可能导致偏离工作，但从总体上看，其带来的收益仍然超过了成本。例如，管理者们报告了以下效果：

● 在那些存在较高水平的工作场所友谊的地方，管理者认为员工的生产力水平也是相当高的。

● 对高水平的工作场所友谊的认知，使员工承担风险的意愿增强了 50％，承担责任的意愿增加了 62％……高层员工可觉察的动机增强了 31.0％。

● 那些努力培育开放氛围和友谊的绝大多数组织，据说其员工的紧张程度大大

[1]　Frank Gibson and Clyde Teasley，"The Humanistic Model of Organizational Motivation：A Review of Research Support，" *Public Administration Review* 33（January-February 1973）：89-96；另参见 Gortner et al.，273。

[2]　Hal G. Rainey，*Understanding and Managing Public Organizations*（San Francisco：Jossey-Bass，1991）：124.

[3]　Robert Rodgers and John E. Hunter，"A Foundation of Good Management Practice in Government：Management by Objectives，" *Public Administration Review* 52（January-February 1992）：27.

[4]　Soonhee Kim，"Participative Management and Job Satisfaction：Lessons for Management Leadership，" *Public Administration Review* 62（March-April 2002）：231.

[5]　Evan M. Berman，Jonathan P. West，and Maurice N. Richter Jr.，"Workplace Relations：Friendship Patterns and Consequences（According to Managers），" *Public Administration Review* 62（March-April 2002）：227.

[6]　Ibid.，218.

降低……并且员工缺勤也减少了。

● 促进工作场所友谊的努力与缺乏职业规范和娱乐喜好之间是负相关的。这是工作场所友谊对组织有积极影响的更进一步的证据。[①]

伯尔曼和其同事得出结论认为，"友谊有助于员工做好工作，提供了一种开放和支持的氛围，增加了合作以及对变化的接受程度"[②]。他们也警告要警惕不真诚地使用"社会工程"创造友谊。相反，这种过程应当是对友谊的管理鼓励，并且通过营造一种开放和真诚的氛围来实现。而开放和真诚本身就是值得赞美的两个人文价值。

Z 理论和组织人本主义所表述的重塑政府

尽管组织人本主义者的许多早期著作出现在 20 世纪五六十年代，但是最近的两部著作——一本写作于 20 世纪 80 年代早期，一本写作于 20 世纪 90 年代早期——带来了人本管理的复兴。尽管两本著作都超出了对激励的关注，而将一些管理思想和原则包含在内，但它们通过更强调人的价值而对如何实现有效组织提供了深刻见解。

第一本书是《Z 理论：美国商业如何应对日本的挑战》，它认为美国公司采用日本管理途径的一些特性可以提升其质量和绩效。在某些方面，Z 理论似乎是 Y 理论的延展，其本质是劳方和管理方之间的信任与合作。根据管理学教授威廉·乌奇（William Ouchi）的观点，Z 理论特别强调共识决策。[③] 有时候不能理解的是，日本在推行共识过程方面能走多远。对每个重要决策，"每个受决策影响的人都介入决策过程"。这个过程可能涉及多达 60～80 个人，并且如果不是几周的话，时间可能拖延几天。谁对什么样的决策负责，这也是相当模糊的。设计整个过程和程序的目的是推动分享和对组织目标的忠诚。

Z 理论在地方公共部门的应用情况如何？一个关于其应用情况的研究提及纽约市卫生局的车辆装配部门。该部门濒临崩溃，高层管理者被迫辞职，一个新的队伍被引入进来并领命扭转局面。在众多变化中，新领导层通过设置劳方—管理方委员会的方式引入了集体决策，该委员会向工人征集关于如何提高生产力、控制成本的意见和见解。几年之内，"该局从一个深陷赤字和不能完成分配的任务的组织，转变成了一个运转良好并且开始产生收入的组织"[④]。

第二部具有人本视角的著作是奥斯本和盖布勒的《重塑政府：企业精神如何重塑公营部门》。人们最常从管理技术和管理过程的角度讨论这本书，例如目标管理、宽带薪酬人事系统、绩效预算或民营化（在前面章节我们提及了民营化，稍后会讨

---

① 这些直接引自 Evan M. Berman, Jonathan P. West, and Maurice N. Richter Jr., "Workplace Relations: Friendship Patterns and Consequences（According to Managers），" *Public Administration Review* 62（March-April 2002）：225-226。

② Ibid., 225.

③ William Ouchi, *Theory Z: How American Business Can Meet the Japanese Challenge*（New York: Avon Books, 1981）：15-36.

④ Ronald Contino and Robert Lorusso, "The Theory Z Turnaround of a Public Agency," *Public Administration Review* 42（January-February 1982）：70.

论其技术和过程）。但是，奥斯本和盖布勒为政府之病开出的处方有许多和 50 年前组织人本主义者倡导的办法一样。因此，正如我们几次提及的那样，"重塑政府"实际毫无新意。相反，它只是重述了我们好多年前已经知道了的内容而已：市民和社区在治理中很重要。"重塑政府"的十条原则中，有三条在本质上具有相当大的人本色彩，呼吁对社区/邻里、市民以及政府职员赋权。①

社区拥有型政府

社区拥有型政府（community-owned government）在修辞上与 20 世纪六七十年代早期的社区控制运动（community-control movement）具有联系性，它要求向居民赋权，尤其是在邻里层面。一个基本假设是服务是社区所有的，而不是官僚所有。这方面的例子很多，从社区导向的警务，到部分由失业工人运作的职业培训中心，到以邻里为基础的社区发展公司以及租户合作等。为什么用社区拥有型服务供给取代职业型服务机构（即行政系统）呢？奥斯本和盖布勒提出了如下几点辩护意见：(1) 社区对其成员的关心超过了服务机构人员对其客户的关心；(2) 社区比服务专业人员更理解存在的问题；(3) 服务行政机构提供服务，而社区则解决问题和提供关心；(4) 比起大型服务行政系统，社区更灵活、更有创造性，因为它们不受繁杂的规则和规制束缚。这一论证的逻辑结论是，市民、邻里和社区应当得到更大的授权，既包括政治方面的，也包括行政方面的，同时应当被授予地方服务的所有权。政策与实践专栏 8—1 的案例展示了印第安纳波利斯市前市长史蒂芬·戈德斯密斯（Stephen Goldsmith）如何将社区拥有型政府作为他重塑印第安纳波利斯市的努力的组成部分。

顾客驱动型政府

在第 1 章，我们指出当奥斯本和盖布勒将市民称为"顾客"的时候，他们没有领会真正的目标所在，但这一点值得重复提及。我们理解他们的意图：强调市民不应当仅仅被当作客户，市民对政府就像顾客对商业一样重要。政府应该满足市民主人的需要，而不是官僚的需要。著名的管理思想家，从后来的彼得·德鲁克（Peter Drucker）到汤姆·彼得斯（Tom Peters），以及罗莎贝斯·莫斯·坎特（Rosabeth Moss Kanter），所有人都提到了私人部门雇员与其顾客接触的重要性。同样，通过各种方式，可以在公共部门促进倾听市民的声音，包括顾客调查（洛杉矶市和奥兰多市使用过）、社区调查（达拉斯市、代顿市、加州的费尔菲尔德市使用过）、顾客委员会（路易斯维尔市住房当局使用过）以及投诉追踪系统（菲尼克斯市采用过）等。促进市民导向型政府的一项管理技术是全面质量管理，这项技术现在在私

① 该讨论引自 David Osborne and Ted Gaebler, *Reinventing Government* (Reading, Mass.: Addison-Wesley, 1992)，第 2 章是关于社区拥有型政府；第 6 章是关于顾客驱动型政府；第 9 章是关于分权型政府。

人部门已经使用了一段时间，并且在公共部门也已经流行起来。我们将在本章稍后讨论这一创新。

政策与实践专栏 8—1

意识形态和印第安纳波利斯市破败社区的复兴

如果说 20 世纪 90 年代美国市长中有人抓住了重塑政府和新公共管理的本质的话，那他一定是史蒂芬·戈德斯密斯。在他的两个任期内（1992—2000），作为一位市长，他将印第安纳波利斯市塑造成了"美国管理最好的城市之一"（《财经世界》杂志，1995），福特基金会授予该市美国政府创新奖，《治理》杂志任命戈德斯密斯市长为其年度公共官员。

2003 年，在《城市事务》杂志单期的三篇系列文章中，哈弗福德学院（Haverford College）政治学家史蒂芬·麦戈文和现任职于哈佛大学肯尼迪政府学院的前市长戈德斯密斯进行了一次学术交锋，麦戈文对作为印第安纳波利斯市市长的戈德斯密斯的管理绩效做出评估，然后戈德斯密斯进行"答辩"，最后，按照惯例，麦戈文对戈德斯密斯的答辩做出"回应"。双方辩论的核心不是戈德斯密斯是否采用了重塑政府和新公共管理原则来治理印第安纳波利斯市，麦戈文认为他是这样做的："私人部门接管了该市的文献微缩拍摄、下水道账单收取及城市高尔夫课程管理。在他两个任期的末期，戈德斯密斯宣称该市将 80 多项服务项目进行了公开招标，他估计这将会在 2007 年节约 4.5 亿美元。"（p.4）相反，辩论的核心问题是给戈德斯密斯的意识形态路径贴什么标签：麦戈文称之为"渐进式的"，而毫不奇怪，戈德斯密斯是倾向于"新积极城市保守主义"或"富于同情心的保守主义"（p.27）。如果将这种不一致简单地归结为语义差异就错了，因为，正如我们在第 1 章所提及的那样，重塑政府和新公共管理具有深刻的新保守主义根源，公共选择理论是二者的基础。因此，政治意识形态如何标示，对戈德斯密斯就很重要。

问题是戈德斯密斯使用政府权力帮助了印第安纳波利斯市城区 7 个被列为目标的破败邻里社区。在那时，市长提到，"我们认为那些处于最差状态的社区应该得到我们的最高关注。我们不能放弃 7 万名市民，不能使他们处于无望之中，我们希望能够保持具有人性的城市"（p.9）。麦戈文宣称，市长因此而是一个改革论者：他在内城社区重建的努力中强势地使用了城市权力，并且其邻里社区项目的要旨是再分配（p.9）。戈德斯密斯政府为七个既定社区的协调者列支薪酬预算，向这些邻里社区无条件提供资金，并且城市每年提供 52.5 万美元的承诺经费用于吸引多达 71.2 万美元的地方和国家基金，这些基金对"市民赋权这一概念具有热情"（p.8）。该市也鼓励地方社区发展公司（CDCs）的复兴努力。

尽管麦戈文赞扬戈德斯密斯的改革行为，但他的评价中没有英雄崇拜的意涵。例如，他提到了初始阶段的早期成功，然后论证了私人部门投资者、邻里社区领袖和戈德斯密斯市长等所有努力是如何未达到预期目标的。社区中可负担的住房建造任务增加了，然后处于持平状态，最终下降了。社区发展公司并未实现预期目标。在 1992 年，作为市政厅向社区授权的部分内容，城市发展部的几十个雇员被解雇了，许多有经验的城市规划者的经验和制度记忆因此失散了（p. 17）。麦戈文认为，社区领袖在寻找公共和私人资源方面不够积极。他得出结论认为："授权人们却又不提供充足的公共资源和权威，在一个需要政府和市民双方积极行动的环境中，最多也只是产生适度的期望和结果。"（p. 23）

在答辩中，戈德斯密斯同意麦戈文的部分观点，指出"案例研究准确地捕捉到了我压缩政府的努力"（p. 30）。他继续讲道，"建立在研究描述的授权基础上的保守的平民主义意识形态正是我要应用的，并且要和涉及的每一个利益相关者进行交流"（p. 27）。他甚至同意麦戈文的这一判断：尽管他尽力了，但是他的努力并不像他希望的那样成功。前市长不同意的是麦戈文认为其行为是进步主义的（progressive）："我对激进主义（activism）的指责认罪，但是麦戈文指责说我的政策本身不是保守的（conservative），这一点我却是无辜的。"（p. 28）

资料来源：*Journal of Urban Affairs* 25，no. 1（2003）；Stephen J. McGovern，"Ideology, Consciousness, and Inner-City Redevelopment: The Case of Stephen Goldsmith's Indianapolis," 1–25; Stephen Goldsmith，"Rejoinder to Ideology and Inner City Redevelopment: Conservation Activism," 27–32; and Stephen J. McGovern，"Response to Goldsmith: Reflections on Government Activism and Community Development," 33–36。

分权型政府

与 20 世纪五六十年代的组织人本主义者类似，奥斯本和盖布勒主张授权给员工。他们引用了明尼苏达大学哈姆弗利研究所（Humphrey Institute）主任哈兰·克利夫兰（Harlan Cleveland）宣称的"科层制黄昏"（twilight of hierarchy）的说法。他们主张公共机构应当走出科层制，走向参与和团队合作，"将控制归还给那些在关键位置工作的人"。可以采用参与式管理、劳方—管理方委员会、不解雇政策及组织结构扁平化等方法实现分权。最后提到的策略具有根本性，因为"对团队合作和参与式管理最严峻的抵抗通常来自中间管理者，而不是工会"。

团队合作能够推动企业家型政府。东哈莱姆（East Harlem）学校就是由团队运作的。加利福尼亚州的维塞利亚市（Visalia）和明尼苏达州的圣保罗市（St. Paul）使用跨部门团队实施新的城市项目。团队合作具有如下优势：

● 由于雇员来自不同部门，具有不同视角，因而跨部门团队可以实现对问题更全面的分析；

● 跨部门团队能够打破"各自为政"的幕墙；

● 团队在城市管理中建立"桥梁"和网络；

● 团队通常比"老板"更能让员工保持较高的绩效水准。对于组织中的大多数人而言，同行认可是一个非常重要的评估参数。

较为清晰的是，自早期的人际关系学派以来，强调领导者个人潜能的管理途径已经走过了很长的路。今天强调的分权、参与、团队合作、创造性和企业家精神，与"工人参与是提升生产力的关键"这一久经考验的观点是一致的。然而，我们仍然需要领导者，在各个层面的组织中领导的重要性是毫无争议的。

8.2　领导

前面，我们讨论了城市领导者对社区的重要性，特别是那些经历了普选的市长们。但在城市政府中，领导是另一个维度：通过管理在市政组织内部进行指导和监督。一个观察者评论道，"领导力是对城市管理者最重要的要求。城市管理者、县行政执行官，或其他类似官员具备的最有卖点的素质就是他的协调、指导和激励他人的能力"①。实际上，正如罗伯特·D·本（Robert D. Behn）提示我们的，"领导不仅仅是公共管理者的权利，它还是一项责任"②。

在我们更进一步讨论领导之前，很重要的一点是要注意到领导是一个靠不住的概念。世间没有一个普遍认可的定义，没有一个普遍接受的领导模型。实际上，关于这一主题的文献很多，也很有争议性。因此，当我们在检视管理的这个重要方面时，要记住著名管理专家保罗·赫西（Paul Hersey）和肯尼思·布兰查德（Kenneth Blanchard）的话，"单一类型的领导行为是不现实的……不存在唯一最好的领导的根本原因在于，领导基本上是情境式的或者随条件而定的"③。他们也指出，"所有的领导理论……都没有经过科学研究的检验"④。赫西和布兰查德宣称，领导路径本身不是理论，但可能是模型或者"一套普遍化的经验"，他们也主张，这种叙述方式准确地捕捉到了领导的本质，它需要管理者每天甚至每分钟使用不同的领导风格。

领导的要素

大多数权威专家相信一个组织中的领导与领导者、服从者和情形之间的相互关系有关，或者领导＝f（领导者，服从者，情形）。一般而言，这些要素在追求某种目标或者目的的过程中彼此互动。那么，领导是"在既定的情形中，对个体或者群体朝向实现目标的努力进行影响的过程"⑤。

领导理论和实践已经受到了前面讨论过的人类行为路径的强烈影响。科学管理

---

① James Banovetz, David Beam, Robert Hollander, and Charles Zuzak, "Leadership Styles and Strategies," in *Managing the Modern City*, ed. James Banovetz（Washington, D. C.：ICMA, 1971）：133.

② Robert D. Behn, "What Right Do Public Managers Have to Lead?" *Public Administration Review* 58（May-June 1998）：209.

③ Paul Hersey and Kenneth Blanchard, *Management of Organizational Behavior：Utilizing Human Resources*, 6th ed.（Englewood Cliffs, N. J.：Prentice Hall, 1993）：110–112.

④ Ibid. , 109.

⑤ Ibid. , 94；公式 L＝（l, f, s）也可以在本页找到。

强调以下工作：领导的角色是决定如何最好地完成一个既定的任务。组织的需要，而非个体成员的需要是最重要的。根据组织人本主义者的理论，领导者的任务是在推动个体成长与发展过程中，促成员工之间的合作。个体需求，而非组织需求，是主要的考虑。[①]

当前的思想认识到任务和人都重要。因此，领导既关注实现特定目标，也关注发展人的潜能，以及维护和强化工作群体。但是这一点是如何实现的呢？是否存在一些人，其个体特性比其他人更适合于做领导者呢？是否存在比其他模式更有效的领导风格或者领导途径呢？

领导的特征

一些人天生就是领导的观点在历史上很流行。多年来，领导研究集中于确定领导者天赋的特征，但是经验研究却没能有效验证领导的特征路径。这不是说领导者的人格个性不重要，而是说根据人格特征基础区分领导者与其他人，在很大程度上并不成功。盛行的观点是，领导在绝大多数情况下是特定情境的产物。在一种情境下，某个人可能成为领导者；在不同的情境下，另一个人可能会升到上层。

此外，最近关于领导的综合文献研究发现，领导者与服从者之间、有效的领导者与无效的领导者之间、高等级的领导者与低等级的领导者之间有某种性格差别。在引用了一些研究之后，卓越的研究者和资深领导研究专家拉尔夫·斯托格迪尔（Ralph Stogdill）得出结论认为：

> 领导者具有如下特征：有强烈的责任感和完成任务的驱动力，有魄力且坚持不懈地追求目标，有冒险精神，解决问题具有独创性，在社会情境中有主动创新动力、自信和个性认知感，愿意接受决策和行动的结果，愿意承担人际压力，愿意容忍挫折和延迟，对他人行为具有影响能力，有构建实现目标的社会互动能力。[②]

斯托格迪尔坚持认为，他的发现不代表回归特征理论。相反，它们反映了远离极端情景路径的一种运动，它否定了个体差异的重要性。斯托格迪尔得出结论认为，领导是由群体成员的互动构成的，在其中，领导者通过执行和完成某个特定任务、证实其具有领导能力而逐渐浮现出来。

领导风格

领导风格又是怎么回事呢？科学管理拥护者看到的是努力推进、具有权威

---

① Paul Hersey and Kenneth Blanchard，*Management of Organizational Behavior：Utilizing Human Resources*，6th ed. (Englewood Cliffs, N. J.：Prentice Hall, 1993)：96－97.

② Ralph Stogdill，*Handbook of Leadership：A Survey of Theory and Research*（New York：Free Press, 1974)：81.

的领导者，人们关注的几乎无一例外的是完成工作。人际关系提倡推动更具参与性的领导风格，在此过程中，管理者给予下属最大限度的自由。当前，试图界定领导风格是一件非常复杂的事情，但仍可依靠任务—人的两分法进行探索。

任务与人

一个经常被引用的经典领导风格模型是图 8—1 所示的领导行为连续统一体。那些位于光谱中更专权一端的领导者，更多是任务导向型的；那些更民主的领导者则倾向于以群体为中心。

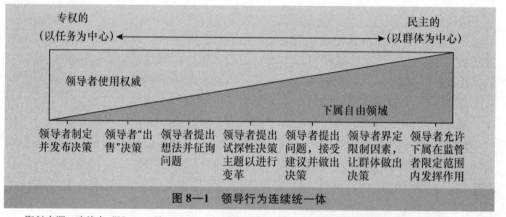

图 8—1　领导行为连续统一体

这个双极理论已被管理咨询专家罗伯特·布莱克（Robert Blake）和简·莫顿（Jane Mouton）以管理方格形式进行了拓展，如图 8—2 所示。[1] 对生产的关注用横轴表示，对人的关注则用纵轴表示。在每一个轴上，9 代表该方向的最大值。方格展现出五个基本的位置：

- 1，1——对目标和对群体需求的支持都最小
- 1，9——对群体需求关注最高，对产出关注少
- 9，1——所有兴趣都集中于产出，几乎不关注群体
- 9，9——对群体和生产力的关注都达到最大值
- 5，5——对产出和群体需求给予同等关注

（9，9）这个位置不仅包含目标导向的行为，而且也包含通过员工广泛参与问题解决过程以提升组织效果的期望。

管理方格不仅仅是分析领导风格的一个办法。管理方格这一概念（布莱克和莫顿提出该术语）已经成为组织发展的一种形式，在此过程中，研讨小组和团队建设

---

[1]　Robert R. Blake and Jane Srygley Mouton, *The New Managerial Grid*（Houston：Gulf，1978）.

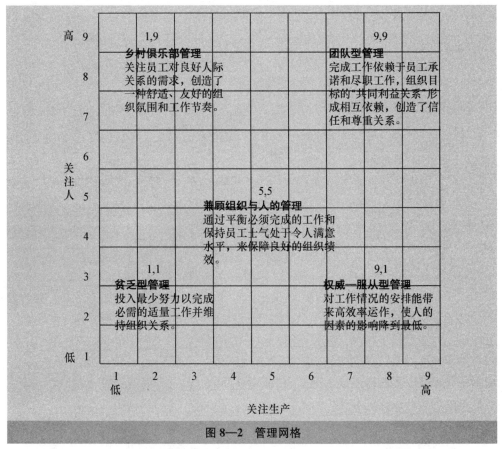

图 8—2 管理网格

资料来源：From *The New Managerial Grid*，by R. R. Blake and J. S. Mouton. Copyright © 1978 by Gulf Publishing Company，11. 经同意后复制。

训练经常被用于彻底改变组织的工作氛围。两位作者坚持认为，一些证据显示（9，9）导向的管理者（即致力于团队管理者）取得了极大的职业成功。

情境领导和管理大师

认识到领导是一种高度复杂的现象，人们开始努力建构一种关于领导过程的复杂模型。保罗·荷西和肯尼斯·布兰查德提出了一个关于领导的详细观点，它强调领导的情景特质。[①] 他们确定了四种领导风格——告知式（telling）、推销式（selling）、参与式（participating）和授权式（delegating），他们认为合适的风格取决于下属的成熟度（readiness level）（即下属能够和愿意完成一项特定任务的程度）。下属成熟度处于低度到中等的情况下，领导者应该告知或推销；下属成熟度是中等到高等时，领导者应该鼓励参与或授权（见表 8—1）。在这一思想看来，较不成熟的雇员需要强有力的、任务导向的指导。当工人变得更成熟或更负责任时，领导者就

① Hersey and Blanchard，*Management of Organizational Behavior*，chap. 8.

不需要强调与特定工作相关的详细要求，而应更加强调正向强化和社会情感支持（关系行为）。员工成熟度最高时实行授权领导，这是一种鼓励自治而减少任务导向和支持关系需求的风格。

表 8—1　　　　　　　　　　　　　　　领导风格和下属成熟度

成熟度		合适的风格	
R1	低成熟度	S1	告知
	（不能、不愿意或没把握）		（高任务和低关系行为）
R2	低等到中等成熟度	S2	推销
	（不能但愿意或有信心）		（高任务和高关系行为）
R3	中等到高等成熟度	S3	参与
	（能但不愿意或没把握）		（高关系和低任务行为）
R4	高度成熟	S4	授权
	（能/胜任和愿意/有信心）		（低关系和低任务行为）

资料来源：改编自 Paul Hersey and Kenneth H. Blandchard，*Management of Organizational Behavior*：*Utilizing Human Resources*，6th ed.，copyright 1993，195。Reprinted with permission of Center for Leadership Studies，Inc. All rights reserved.

　　管理方格理论的提出者布莱克和莫顿反对荷西和布兰查德的领导理论。[1] 他们争论说，与情景模型相反，只存在唯一最好的领导风格，那就是（9，9）路径。他们讨论了一项调查，该调查让 100 位来自公共和私人部门的管理者就 12 个假定管理问题（涉及职工的成熟度不同），在情境领导和（9，9）路径之间选择管理风格。对于每个层次的成熟度和 12 个问题中的每一个，对（9，9）路径的选择都超过了对情境领导的选择。

　　与荷西和布兰查德一样，罗伯特·E·奎因（Robert E. Quinn）强烈地反对布莱克和莫顿的"唯一最好"选择。尽管支持荷西和布兰查德的"情境领导"，奎因的理论更加动态和灵活。建立在组织变革和文化文献的基础上，奎因在《超越理性管理》一书中，确定了积极和消极领导区域。[2] 这些区域建立在四个普通组织模型或组织文化——人际关系、开放系统、理性目标及内部过程——和两轴的基础上。如图 8—3 所示，纵轴涵盖从混乱（对工人需求和环境刺激做出过多回应）到严谨（过多的控制、秩序和可预计性）。横轴涵盖从好斗、敌对（过多强调外部行动者和竞争）到冷淡、漠然（过分关注系统内部维护和协调）。

　　图 8—3 外部的负面环显示了当四个组织价值中的每一个被用到极致时发生的情形。强调关系行为的人际关系模型变成了不负责的乡村俱乐部。过度强调回应性、聚集外部支持和政治算计的开放系统理论，就会沦落成混乱的无政府状态。当努力、生产力、效率和权威（理性目标模型）被发挥到极致，组织就变成了残酷的血汗工厂。最后，过多的控制、程序无效以及遵守规则（强调内部过程）就会产生

---

[1]　Robert Blake and Jane S. Mouton，"Theory and Research for Developing a Science of Leadership," *Journal of Applied Behavioral Science* 18 (1982)：275-291.

[2]　Robert E. Quinn，*Beyond Rational Management* (San Francisco：Jossey-Bass，1988)。该讨论基本上引自第 4 章和第 5 章。

僵化的官僚科层体制。

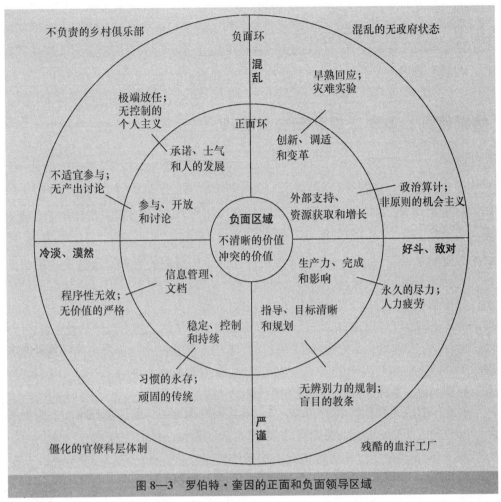

图 8—3 罗伯特·奎因的正面和负面领导区域

资料来源：Robert E. Quinn, *Beyond Rational Management*（San Francisco：Jossey-Bass，1988），70。Reprinted with permission of John Wiley and Sons，Inc.

相反，内部的正面环显示了每一种组织文化的特征可被用于培育精细型、参与式、回应性、创新、多产和稳定的组织。根据奎因的研究，通向成功的关键是组织持续变革的能力。没有一个模型适应所有情境。一套正面价值越被充分发挥而排斥另一套价值，则组织越会面临更大危险。奎因的情境和动态领导理论具有重要的管理应用意义。首先，它表明管理者必须经常警惕把某一路径推向极致。只有对竞争性的组织价值保持敏感，成功的领导者或管理者（奎因称之为管理大师）才能够学习理解并适应经常的组织变革。

在许多方面，奎因的模型捕捉到了领导的复杂性和詹姆斯·欧文斯（James Owens）在 25 年前解释的领导的情境或偶发路径。欧文斯指出，有效管理者

……表达了一个实际的一致同意，建立在他们实践经验的基础上，他们所处理的每一种情境都要求一种不同的领导风格。没有一个单一的风格能满足每

天甚至随时在员工中由于不同性格和情绪导致的各种情形的需求、常规过程对比组织变革或突然终结、新的和不断变化的政府规则和文书工作、工作人员模糊不清的角色、从简单到有创新需求的广泛的工作范围、组织结构变化……以及任务技术等。因此，权变理论意味着有效管理者有许多领导风格以适应不同的特定情境，并且知道如何使用这些领导风格。①

8.3　结果管理：重塑政府和新公共管理

显然，在公共组织中，领导十分重要。为了实现政治上界定的目标和任务，城市行政官必须要管理人员、项目、预算、信息、技术和大量的外部支持者。获得组织绩效峰值一直是优先目标，在当今公众期望很高和持续的财政危机环境下，获得峰值组织绩效就比以前更重要了。② 在第 1 章，我们介绍了两个当代的管理路径：重塑政府和新公共管理。两种管理模式都强调结果导向的管理。通过使用绩效测量、标杆管理和民营化能够得到预期的结果，或者通过多种可得机制倾听市民意见，以使结果更加有效（更高质量）。正如史蒂芬·戈德斯密斯关于印第安纳波利斯市的案例研究（政策与实践专栏 8—1）所表明的那样，可获得的结果也许是社区/邻里授权，它会有助于促进服务供给公平。毕竟，重塑政府和新公共管理强调服务供给的回应性，政府回应市民和政治精英、管理者回应员工、员工回应管理者，等等。这些回应具有带来更大个体或组织责任的潜力。

在这一点上，我们需要再强调一次，我们没有批量"订购"奥斯本和盖布勒关于重塑政府的 10 项处方，或休斯的 13 点新公共管理主张（参见政策与实践专栏 8—2）。正如本书最后一章所讨论的，政治科学和公共行政学者已经对这两个管理模式提出了真实和严肃的思考。相反，我们相信重塑政府和新公共管理有望让城市管理者在其全面管理战略中融入"适合"所在城市的一些元素（技术和过程）。正如我们所发现的，环境和情景变量是能够并切实影响领导和管理创新的重要干扰因素。成功的城市管理者要配备包含各种管理策略的工具箱，其中有些是新的，有些是旧的。此外，他们具有辨别哪个策略对特定城市有效的认知能力，并且他们也有准确实施管理计划的能力和信心。

现在我们转向被公共行政者高度吹捧的两个管理战略——目标管理和全面质量管理。这两个战略都关注结果管理，并且都已经经试验证明是有效的。正如两种技术的各种版本在 50 多年的使用中所证明的那样，没有一个仅仅是"短暂流行"。在流行性公共行政教科书《管理公共部门》中，公共行政专家戈文·斯塔林（Grover Starling）是这样解说全面质量管理的：

---

① James Owens, as quoted in Hersey and Blanchard, *Management of Organizational Behavior*, 113.

② 参见 David Osborne and Peter Hutchinson, *The Price of Government: Getting the Results We Need in an Age of Permanent Fiscal Crisis* (New York: Basic Books, 2005)。

经过数年实验之后，显然全面质量管理可以适用于公共部门……使用全面质量管理的州和地方不再像几年前那样仅是几十个，而是数百个了。全面质量管理的基本原则已经被应用到机构和部门之中，甚至包括心理健康和机动车辆部门。全国的很多市、县和州都有官方的质量部门、服务质量主任和卓越管理部门……伴随着新公共管理哲学，差劲的技艺和马虎的服务已经很难被人们接受了。①

如果被有效使用，斯塔林也吹捧目标管理的优点。在罗伯特·罗杰斯和约翰·亨特于 1991 年对包括私人和公共部门的目标管理进行的大规模定性和定量研究的基础上，斯塔林指出：

平均而言，有效使用目标管理的组织比没有使用的组织的生产率提升了44.6％。并且在那些高层承诺目标管理（目标设定从顶层开始）的组织中，生产力的平均增幅更大：56.5％。总体来看，使用目标管理的组织有 97％ 的概率胜过那些没有使用目标管理的组织。②

政策与实践专栏 8—2

公共管理药方

尽管奥斯本和盖布勒的《重塑政府：企业精神如何重塑公营部门》与欧文·休斯的《公共管理与行政》在严谨程度上大不相同，前者更多是新闻性质的，后者更多是学术性质的，但两本书都不过是辩论术，并且都是处方性的：二者都提供了通向"正确"公共管理的最佳途径。

重塑政府建立在十条原则的基础之上，政府应当做什么可以列出如下清单：

1. 起催化作用的政府：指导活动而不是运作项目，即"多掌舵少划桨"；

2. 社区拥有的政府：客户和市民参与且向他们授权；

3. 竞争性政府：把竞争机制注入服务的供给过程之中；

4. 有使命感的政府：改变照章办事而强调整体目标；

5. 结果导向的政府：更多关注结果，更少关注投入或资源使用；

6. 顾客驱动的政府：将服务接受者当做受尊重的顾客；

7. 有事业心的政府：对花钱和挣钱都感兴趣；

8. 有预见的政府：防患于未然而不是治疗；

9. 分权的政府：从等级制到参与；

10. 市场导向的政府：通过使用政府激励影响市场行为而促成变革。

欧文·休斯的新公共管理模型，或者他所称的"管理主义"，建立在以下 13 点的基础之上。

1. 一个战略路径。它强调长期规划和战略管理。作为这个路径的一部分，休斯建议一个组织必须知道如何适应环境，知道自身的优势、劣势、机会以及环境带来的威胁。

---

① Starling，*Managing the Public Sector*，425.

② Ibid.，436.

2. 认识到管理不是行政。实际上，休斯用大量篇幅论证这一点，强调当今的管理者更多地具有政治性，因其业绩记录而被雇用，并对实现结果负责。做管理者本身是一项技术而不是扩展了的角色，不是从职能行业（工程、会计、律师）进入管理职位的专家可以随便"捡起来"的。

3. 聚焦于结果。这个特点要求组织集中关注产出和结果，而不是投入。

4. 改进财政管理。正如休斯解释的那样，"这个领域的最重要变化是绩效和项目预算系统替代了旧的线性项目预算和会计系统"。

5. 弹性化的人事制度。这个特征部分地偏离了高级管理者的职位分类系统，如美国联邦政府的高级行政官。宽泛分类系统使人员雇用和流动（提升或辞退）变得更容易，公务员规则的变化也使解雇低绩效职员变得更容易。

6. 弹性化的组织。该特征的一个方面是，"通过设立为较小政策部门提供服务的机构"而将大部门分解为不同部分。这一过程有助于潜在的外包。

7. 转向更多竞争。这一特征要求"公共部门组织内部、公共部门组织之间以及与非政府竞争者之间"存在竞争。简言之，它呼唤更大程度的民营化。

8. 新合同主义。这一特征意味着任何政府服务都可以通过合同提供，或由外部私人组织或志愿者提供，或通过内部的政府机构提供。这些合同具有绩效要求，可在不同层次上进行测量：一线的个体工作者、管理者以及行政机构或部门。不论谁获得合同，政府、非营利机构或私人商业部门，都要明确责任和绩效指标，并根据合同的明确规定进行衡量。

9. 管理实践强调私人部门风格。这个特征一再建议在人事和预算系统中引入更多弹性，例如绩效工资、标杆绩效管理、绩效预算等。

10. 与政治家的关系。"在公共管理模式下，政治官员和管理者之间的关系更加流畅，且比以前更亲近……公共管理者所需的主要技术是如何成为一个官僚政治家。"

11. 与公众的关系。这个特征要求对外部群体和个体有更多回应。

12. 区分购买者和提供者。这个特征附和了奥斯本和盖布勒关于区分掌舵与划桨的思路。或者如休斯所言："即使政府参与任何活动，它都不必成为最终的提供者。"

13. 重新检视政府做什么。"用经济学理论武装起来的新公共管理倡导者们指出，有些事情政府不应该做。"这一点对英联邦国家的公共企业家们尤其重要。

资料来源：David Osborne and Ted Gaebler, *Reinventing Government：How the Entrepreneurial Spirit Is Transforming the Public Sector*（Reading, Mass：Addison-Wesley, 1992）；David Osborne and Peter Plastric, *Banishing Bureaucracy：The Five Strategies for Reinventing Government*（New York：Plume, 1997），Appendix A；and Owen Hughes, *Public Management and Administration*, 3rd ed.（New York：Palgrave Macmillan, 2003）：54-60。

在阐述了以上内容之后，接下来，我们来概述目标管理和全面质量管理。这两种管理路径都具有推进"结果导向型政府"的潜能。[1]

---

[1] 参见 Osborne and Gaebler, *Reinventing Government*, chap.5。

目标管理

彼得·德鲁克在 1954 年将目标管理一词引入常用语。① 其最早的拥护者之一——乔治·奥迪奥恩（Gorge Odiorne）把 MBO 界定为一个"过程，在其中，组织的高层和低层管理者联合确定共同目标，根据个人应完成的结果来界定每一个人的责任范围，并且使用这些指标指导整个单元的运作，评估每一个成员的贡献"②。尽管和许多其他管理路径类似，目标管理也源于私人部门，德鲁克坚持认为它特别适用于政府机构，目标和结果都很重要。他声称，公共服务机构容易患上"'官僚主义'重症：即弄错制度、规则以及完成任务的流畅机制，以及公共服务机构的自利性"③。

通过这样或那样的形式，目标管理已经被地方政府广泛接纳。根据对居住人口在 2.5 万～100 万的美国城市的调查，波伊斯特和斯特莱布发现，有 47％的回应城市表明它们正在使用目标管理。④ 作者们还注意到，这一发现与如下观点相冲突，即认为目标管理"经常采用过去式讨论，作为一种工具，目标管理很大程度上已被废弃"⑤。实际上，在使用目标管理的城市中，58％采用该系统还不到 5 年时间。发现也表明，在使用目标管理技术的城市中，60％在全市范围内使用目标管理，但只有 1/3 的目标管理系统向下延伸到了低层级管理者或操作层面的雇员。

根据作为人本管理或参与式管理技术的目标管理的应用情况，超过 60％的回应城市报告说，"目标是管理者和下属在相当公平的基础上进行协商形成的"，在该系统的其他 15％中，低层管理者享有"相当程度的自主权来设定其目标"⑥。至于对效果的认知，回应者中只有 4％的城市认为目标管理是无效的；在多数城市，目标管理被认为"非常有效"（28％）或"比较有效"（大约 2/3）。如果在全市应用目标管理，如果高层管理者积极参与这一过程，如果城市报告说由专业人员承担全职目标管理系统维护职责，并且如果低层管理者被赋予更多管理权，且雇员认识到其在此过程中的投入与管理者处于同一水平，那么目标管理的应用效果将会更好。⑦

应用目标管理

尽管目标管理可以在专制体制中运转，或通过"自上而下的途径设置目标"⑧，关于该过程的多数描述都强调雇员参与。目标管理的核心即设置目标，通常是一项群体活动。下述内容（涉及一个警察局局长和警察巡逻分队的队长）展示了该系统

---

① Peter F. Drucker, *The Practice of Management* (New York: Harper & Row, 1954).

② George S. Odiorne, *Management by Objectives* (New York: Pitman, 1965): 55-56.

③ Peter F. Drucker, "What Results Should You Expect? A User's Guide to MBO," *Public Administration Review* 36 (January-February 1976): 13.

④⑤　Theodore H. Poister and Gregory Streib, "MBO in Municipal Government: Variations on a Traditional Management Tool," *Public Administration Review* 55 (January-February 1995): 50.

⑥ Ibid., 53.

⑦ Ibid., 54.

⑧ Odiorne, *Management by Objectives*, 140.

是如何运作的：

1. 警察局局长和巡逻分队队长分头工作，详细列出他们关于宏观目标（goals）和巡逻分队责任的认识。

2. 两个管理者面对面交流，并且比较各自列出的关于巡逻分队的目标。然后，他们形成关于每一目标（goal）及其重要程度的集体协议。

3. 警察局局长和巡逻分队队长再一次分头工作，列出一个尝试性具体目标（objectives）清单。二者在确立具体目标时要参考已经达成协议的分队目标和责任。

4. 两个管理者再次会面，并且就分队承诺可测量的具体目标达成一致。

5. 最后，警察局局长和分队领导设置实现每个目标的确切日期。日期可以是精确的（6 月 30 日）或弹性的（18～24 个月）。①

在设置巡逻分队的目标和具体目标之后，分队队长在分队的不同部门启动目标管理过程。这个过程可以向下甚至在雇员个人层面实施。我们可能注意到，这里对目标和具体目标进行了一定程度的区分：目标表明了组织长时期追求的状态；具体目标则是近期的、明确的任务，也是实现目标必须完成的步骤。

一旦建立了目标和时间表，监督和反馈阶段就开始了。绩效通常根据季度基础来测评，至少是在部门层面。这种时间安排对于将目标和年度财政相联系的地方更适合，城市管理者可以获得不同部门的季度或者半年度报告。表 8—2 给出了对目标进行监督的方式，这是关于固体垃圾回收的例子。

整个过程看起来很有序，但是城市管理者在实施目标管理过程中面临着一些问题，最大的困难是设立可行目标。我们可以确定四个基本的标准，决策者可据此判断目标的可行性。② 第一个标准是**重要性**（significance）。城市或者部门所做的每一件事情不一定都值得纳入目标管理计划，领导者和下属应该就值得纳入目标管理计划的事项达成一致。接下来是**可及性**（attainability）。目标必须是一种现实表述，是关于某个部门可望达到的内容。如果设置的目标太高或太低，它对于引导组织绩效的价值就很小。第三是**可测性**（measurability）。目标应当尽可能量化。它们应以这样一种方式进行表述，即人们能对其进展情况做出客观判断。最后是目标的**可理解性**（understandability）。这一点很重要，目标必须能够被充分理解，包括本部门的工作人员以及对本部门所做事情感兴趣的外部群体。因此，陈述目标必须简洁，不要用技术性的专业术语。

评估目标管理

数年前，奥迪奥恩报告了西部某个州应用目标管理的一系列教训。他的警告和建议与市政层面有关，并且似乎对其仍适用。③ 第一，分权或重要决策权在组织内

① 该例子与 Fred Pearson 下文中的例子类似，"Managing by Objective," in *Developing the Municipal Organization*, ed. Stanley Powers, F. Gerald Brown, and David S. Arnold（Washington, D.C.：ICMA, 1974）：179。

② Ibid., 180−182.

③ George Odiorne, "MBO in State Government," *Public Administration Review* 36 (January-February 1976)：28−33.

部的下移，不是政治组织中自然而然的事件，它经常遭到官僚制中那些失去权力的人的抵制。第二，目标管理失败的最重要原因是，人们倾向于将其作为文书工作系统，而不是一种面对面的管理过程。[1]"如果系统是非人格化和机械性的，目标管理的逻辑难以获得成功。"第三，承诺是目标管理发挥作用的关键所在，承诺的缺失可能导致失败。特别是，承诺必须来自城市的高层领导。[2] 第四，目标测评不是为了惩罚绩效不佳者，设置目标是为了实现向管理者提供有必要做出调整的重要信号这一积极功能。

目标管理的表现怎么样？从积极角度看，一些研究发现，当管理者在设计和实施目标管理中扮演积极角色时，它对于提升参与者的整体工作满意度具有显著效果。当然，更高士气不是目标管理的主要目标，提高绩效才是根本。正如本章前面所提及的，近期关于目标管理应用的一项评估显示，"当高层管理者做出有力承诺时，目标管理项目会极大地提高生产力"[3]。地方官员尤其喜欢通过目标管理途径帮助自己弄清目标，协助雇员界定其工作性质。[4]

表 8—2　　　　报告目标管理实际绩效和目标绩效的格式模板：固体垃圾回收

绩效测量	上一年的实际值（2004 财年）	本年度目标（2005 财年）	绩效质量		第一季度	第二季度	第三季度	第四季度
外观令人不满意的街区的百分比（脏或非常脏：在视觉等级量表上低于 2.5 或更差）	18	13	目标 实际		16	14	12	10
与未收集固体垃圾相关的火灾	17	12	目标 实际		3	4	3	2
在一年中家庭报告一次或多次遗漏垃圾收集的百分比	17	12	目标 实际		a		12	
在邻里表现中被认定为"脏"或"非常脏"的家庭的百分比	23	18	目标 实际		b		18	

a. 通过市民调查获得数据。

b. 通过市民调查获得数据。

资料来源：改编自 *Measuring the Effectiveness of Basic Municipal Services*（Washington，D.C.：Urban Institute and International City Management Association，1974）：13。经同意后复制。

---

[1] Starling 在以下作品中阐述了相同观点：*Managing the Public Sector*，436。

[2] 这一观点适用于各级政府和所有结果导向型管理。例如，美国国会议员、布什政府的战略问题主任 J·克里斯托弗·米姆在出席政府改革的政府效率小组、财政管理和府际关系委员会听证时告诉委员会成员："高层领导关于变革的明确而持久的承诺，是改善管理绩效取得成功的最重要因素之一。"J. Christopher Mihm，*Managing for Results：Next Steps to Improve the Federal Government's Management and Performance*（Washington，D.C.：General Accounting Office，February 15，2002）：5.

[3] Rodgers and Hunter，"Foundation of Good Management Practice in Government，"34.

[4] Perry Moore and Ted Staton，"Management by Objectives in American Cities，"*Public Personnel Management* 10（summer 1981）：223-232.

全面质量管理

统计学家 W·爱德华兹·戴明（W. Edwards Deming）最先提出了全面质量管理（Total Quality Management，TQM）。① 作为重建国家工业基础的努力的一部分，1950 年戴明应邀到日本做管理学讲座。日本人很信奉其关于质量是组织中所有参与者的共同目标以及质量是持续的长期过程的观点。到 20 世纪 80 年代早期，日本开始成为世界经济的领头羊，许多美国公司因此开始关注全面质量管理，以提升正在走下坡路的生产力，并提升其竞争力。

全面质量管理可被界定为"以提升顾客满意度为目标的持续改进的艺术"②。施乐公司前首席执行官及和后来的教育部副部长戴维·科尔尼斯（David Kearnes），将全面质量管理的特征总结为"没有终点线的竞赛"③。像目标管理一样，全面质量管理也关注结果，理解这一点很重要。但是，目标管理更关注对产出的测评，全面质量管理更关注作为组织努力结果的质量。目标管理等传统产出方法试图测评个人业绩和绩效状况，而全面质量管理强调通过质量环、跨部门/职能项目队伍、矩阵结构等机制促进团队和协作努力。

应用全面质量管理

根据约翰·拉金（John Larkin）的说法，"全面质量管理的成功依赖于详细、彻底的长期战略规划和细致的统计数据监测"④。在考虑应用全面质量管理之前，地方政府系统应该具备五个关键特性。⑤ 第一，地方应有能力收集关于当前服务绩效（通常用服务水平和服务成本来测量）和顾客期望的客观数据。第二，需要有一个执行层面的规划群体，在对当前服务绩效进行详细分析的基础上，设定长期战略目的和目标。这些目的和目标不应该用产出或单项目标来表示。相反，应当设定服务改进的指标。第三，应当建立一个交流网络，以便组织内部所有参与者都能更好地理解目标并照此行动。第四，需要有一支积极的管理队伍，包括部门内部和跨部门的管理。第五，短期和临时的队伍与长期的雇员队伍、供给者队伍以及客户队伍，通过使用数据来发现和执行服务改进。

在管理能力既定的情况下，实施全面质量管理的一种通行办法是"逐层渗透"或通过自上而下的过程，在此过程中，高层管理者群体学习全面质量管理方法和团队工作，然后教授（渗透）给科层制中的下一级，在科层制中依次渗透。⑥ 由于渗

① 本段讨论引自 Warren H. Schmidt and Jerome P. Finnigan，*The Race without a Finish Line*（San Francisco：Jossey-Bass，1992），chap. 1。

② Ibid. , xii.

③ As quoted in ibid.

④ John L. Larkin，"TQM Efforts Increase at All Levels of Government，" *Public Administration Times*，June 1，1991，1.

⑤ Pat Keehley，"Total Quality Management：Getting Started，" *Public Management*（October 1992）：10-11.

⑥ Ibid. , 14.

透要花费时间，可能难以产生改进质量的一致方向，并且要长期定位——这通常与美国管理哲学相对立，全面质量管理既要有短期考量也要有长期考量。

图 8—4 展示了实施全面质量管理的四阶段"双轨制"模型。[①] 实施努力开始于评估，终结于创新制度化。评估需要依靠真实的数据来判定当前的服务质量水平，这很可能要涉及市民和员工调查。规划需要开发出用于提升服务质量的战略规划，参与者必须分析一组统计数据以便开发出服务质量目标。在整个组织中渗透全面质量管理始于实施阶段。试点项目可以被用来快速展示其成效，展现这一途径所具有的能量。全面质量管理也可能带来服务供给设计的新方法和测评服务质量的更好办法。

如图 8—4 所示，"双轨制"路径的目的是展示某些短期收益，同时又不丢掉持续改进这一长期目标。最后，在培训、人事、沟通和高层承诺等方面的内部能力到位后，才能将全面质量管理制度化为一种思维方式，而不仅是另一个短命的管理实践。

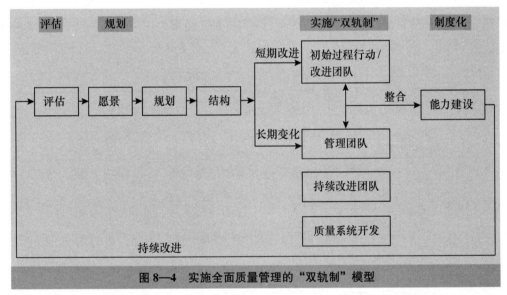

图 8—4　实施全面质量管理的"双轨制"模型

资料来源：改编自 Pat Keehley，"Total Quality Management：Getting Started，"Reprinted with permission from the October 1992 issue of *Public Management* magazine，published by the International City/County Management Association (ICMA)，Washington，D. C. 。

评估全面质量管理

全面质量管理或类似的质量方案似乎已经在美国商业中占有一席之地。许多有威望的鲍德里奇国家质量奖 (Baldridge National Quality Award) 获得者，包括摩托罗拉 (Motorola)、西屋 (Westinghouse)、施乐 (Xerox)、卡迪拉克 (Cadillac)、联邦快递和 IBM 公司，都信奉全面质量管理并从中获益。[②] 毫无疑问，全面

---

① 关于该模型的讨论引自 Pat Keehley，"Total Quality Management：Getting Started，"*Public Management*（October 1992）：14.

② 参见 Schmidt and Finnigan，*Race without a Finish Line*，chap. 13。

质量管理并不一定适用于每个公司。佛罗里达州电力和照明公司（Florida Power and Light）曾获得日本戴明质量管理奖，在接到关于过多的文书工作的投诉之后，削减了其全面质量管理项目。尽管获得了 1990 年鲍德里奇国家质量奖，位于休斯敦的石油公司华莱士公司（the Wallace Company）还是申请了第 11 条的破产保护。[1]正如我们多次提及的，环境和情境变量是影响成功的领导和管理的重要因素。

看起来，全面质量管理已在政府获得一席之地。在《治理》杂志的文章中，乔纳森·沃尔特斯（Jonathan Walters）讨论了全面质量管理是怎样席卷州和地方政府的。他将这一运动称为"全面质量管理的狂热"[2]。诸如纽约市政府、麦迪逊市（威斯康星州）、柯林斯堡市（科罗拉多州）、达拉斯市、奥斯汀市、棕榈滩县（Palm Beach County）、萨克拉门托县的学校、俄勒冈州立大学、吉尔伯特高中（Gilbert High School，亚利桑那州）、阿肯色州和北达科他州，都采用了全面质量管理。有时候，全面质量管理的结果很可观。在麦迪逊市的城市汽车修理厂，全面质量管理使周转时间从 9 天减到 3 天，1 美元预防性维修的停工却节省了 7.15 美元，一年就能节省 70 万美元。[3] 然而，质量驱动的路径对政府而言可能是高成本的。例如，在北卡罗来纳州的威明顿市（Wilmington），为推进全面质量管理，对 700 多人的职工队伍进行培训，就要投入 75 000 美元用于初始培训，并且以后每年还要投入 30 000 美元。[4]

政策与实践专栏 8—3 案例显示了为回应 20 世纪 90 年代早期的预算短缺，纽约市公园和娱乐部门如何成功应用全面质量管理减少成本和增加收益。

政策与实践专栏 8—3

纽约市实施全面质量管理

为了应对 20 世纪 70 年代以来的大幅预算削减，20 世纪 90 年代早期，纽约市就在公园部门引入了全面质量管理。为回应"在有限财政支持下多做事的巨大压力"，委员会成员贝琪·戈特鲍姆（Betsy Gotbaum）致力于推进全面质量管理。戈特鲍姆和哥伦比亚大学研究人员合作，认为全面质量管理方法只有在实践中才能学得更好。这种"身体力行"路径使全面质量管理快速取得了一些成效。首先，研究人员对公园部门 25 名管理者进行了全面质量管理和项目管理培训。在培训的第二个阶段，该部门 120 名员工在从事第一批 24 个质量提升项目时，学习了全面质量管理。在第三个阶段，另外 50 名管理者和 250 名员工在从事后续的 50 个提升项目中，也得到了训练。

哥伦比亚大学研究人员斯蒂文·科恩（Steven Cohen）和威廉姆·艾米克（William Eimicke）从最初的 24 个质量提升项目中随机选择了 10 个项目，并报告其结果，他们也就其中的三个进行了详细的案例研究。就评估 10 个项目而言，启动成本达到 223 000 美元，10 个项目后续共节约了 711 500 美元。从直接成本

---

① Jay Mathews with Peter Katel, "The Cost of Quality," *Newsweek* (September 7 1992)：48－49.

② Jonathan Walters, "The Cult of Total Quality," *Governing* (May 1992)：38－41.

③ Joseph Sensenbrenner, "Quality Comes to City Hall," *Harvard Business Review* (March-April 1991)：68.

④ Walters, "Cult of Total Quality," 41.

（不包括间接成本和长期收益）角度看，科恩和艾米克估计，24 个项目总计节省了约 170 万美元。他们也指出，既然这些项目初始阶段的主要目的是教会全面质量管理，而不是节约金钱，这些节省实际上只是"间接的早期收益"。

三个案例研究分别是：车辆保养维修中的质量改进努力；全市范围内的计时卡处理；皇后区的树木移栽。公园部门运营 5 个独立的汽车修理站，每个区设立一个。兰德尔岛（Randall's Island）的汽车修理站向公园部门的所有车辆提供服务，包括曼哈顿和对全市负责的公园部门员工所使用的车辆。在启动质量改进之前，任意一天车辆保养维修检查（preventive maintenance inspection，PMI）的耽误率高达 40%。基本原因在于，车辆保养维修过程经常导致车辆无故在维修站滞留 3~5 天。在实施全面质量管理之后，耽误比例下降了 5 个百分点。质量变革努力包括提前一个月检查维修日志以解决日程安排冲突；对在上午 10 点之前到维修站的车辆，承诺当天检修返回；保养维修检查车辆优先于未预约维修车辆。在质量改进之后，95% 以上的车辆按时返回，该项目每年估计要节约 106 550 美元。

在 20 世纪 90 年代早期，一个集中办公室替代了 5 个分设的地区办公室，负责公园部门职工每周提交的 3 300 多张计时卡的处理工作。计时卡处理的出错率约为 1 000 次/周，或每 3 张卡中有 1 张被错误处理。在全面质量管理团队识别了常规错误并提供了如何避免或预防错误的培训之后，出错率从 33% 降到了 13%，每周大概有 660 次或者更少。启动质量提升行动的成本约为 4 000 美元，每年大概节约了 7 150 个工时，大约节约 97 030 美元。

最后一个质量提升项目涉及皇后区的公园，园林工人负责修剪维护公共街道两边和公园里的所有树木，并移走已死的树木。在设置树木修剪/移除质量改进项目之前，公园部门正在讨论是否把这些服务外包，但公园部门的质量提升团队发现了改进服务和节约成本的一系列办法。例如，过去，一组工人移走死掉的树木，而另一组人过段时间之后才清理垃圾，再一组工人刨去树根并回填土壤。有时，这些活动相互协调，但通常并不协调。在启动质量提升项目之后，由 4 名工人组成的团队就能完成整个过程。该领域的质量提升为公园部门大约节约了 115 000 美元："皇后区林业项目质量团队能将每棵树的移除成本降低到只有外包服务者成本的一半。"

科恩和艾米克相信，全面质量管理实践证明了"以干代学"的优点，立竿见影的改进和节约成本能够让批评者缴械投降，短期收益能够促进对全面质量管理的长期承诺。他们也很关注一线员工改进质量的主动性，因为"在开发新的组织程序过程中，员工参与和操作分析是全面质量管理的核心所在"。

资料来源：Steven Cohen and William Eimicke, "Project-Focused Total Quality Management in the New York City Department of Parks and Recreation," *Public Administration Review* 54 （September-October 1994）：450-456。

乔纳森·韦斯特、埃文·伯尔曼和马克·米拉科维奇（Mike Milakovich）在

《市政年鉴（1994）》中报告了地方政府应用全面质量管理的状况。① 他们的研究立基于对所有达到和超过 25 000 名居民的美国城市进行的大规模邮件调查。在调查的 1 211 个城市中，返回了 431 份有效回应。在这些回应的城市中，有 237 个（55%）在至少一种市政服务中使用了全面质量管理。大城市、南方的城市和议会—经理制城市更可能实施全面质量管理。在所有回应的城市中，24% 设置了一个集中协调者负责动议质量和生产力方案，通常设置在人事部门。就 25 项市政服务的质量改进行动而言，最经常被识别为改进服务质量的 5 个服务领域分别是：警务（35%）、娱乐（30%）、人事（30%）、公园（29%）、财政/预算报告（29%）。就改进顾客服务而言，即"绩效目标注重回应顾客和顾客满意度"②，处于质量改进前 5 项的服务分别是：警务（59%）、娱乐（56%）、公园（52%）、街道（50%）、饮用水/污水（47%）。最后，就雇员授权绩效改进来讲，即"用以使个人和团队能就其工作和工作环境做出重要决策的正式的或结构性途径"③，前 5 项服务分别是：警务（41%）、娱乐（36%）、公园（35%）、人事（35%）、街道（33%）。

在激发地方官员启动全面质量管理的外部和内部因素中，经常被回应者认为"非常重要"的前三个外部因素，分别是市民投诉（50%）、投票者需求（30%）和社区规划活动（27%）。调查参与者认为"非常重要"的前三个内部因素，分别是城市管理者的兴趣（59%）、提升雇员生产力（47%）和预算压力（45%）。回应者被问到在实施全面质量管理的 21 个战略中，他们在所在城市运用了哪些战略。用于执行质量提升的前 5 个战略分别是：确定顾客需求（85%）、增强协调（79%）、监测内部绩效（75%）、监测市民满意度（74%）、重塑使命（71%）。确保员工参与全面质量管理过程的前三个"非常重要"的战略，分别是员工参与（81%的回应者说已使用这一策略）、基于客观数据的决策（78%）和成就认可（75%）。类似地，调查的参与者被要求指出在改进质量中为确保政治支持而采用的战略。最常被提及的个人或者群体分别是：城市委任官员——城市经理/首席执行官（86%）、高级管理者（85%）、选任官员——市长（76%）、市议会成员（75%）。

回应者也被要求指出在组织中实施质量提升遇到的 22 个潜在障碍因素。至少有 70% 或更多的回应者依重要程度列举了以下 10 个障碍：对雇员的时间要求（86%）、员工对变革的抵制（83%）、对员工回报不足（78%）、对领导的时间要求（90%）、团队建设不够（78%）、对员工授权不足（78%）、资金不足（76%）、培训资金不足（76%）、传统科层结构（73%）、理解不充分（72%）。最后，调查参与者被问及，他们认为全面质量管理对哪几种市政绩效指标和过程具有积极影响。毫不奇怪，大量城市官员相信它已经对以下领域产生了积极影响：服务质量（89%）、生产力水平（85%）、增加的交流（84%）、顾客满意度（83%）、顾客得到服务的数量（82%）。这些都是全面质量管理的主要承诺。

---

① Jonathan P. West, Evan M. Berman, and Mike E. Milakovich, "Total Quality Management in Local Government," *1994 Municipal Year Book* (Washington, D.C.：ICMA, 1994)：14—25.

②③ Ibid.，15.

　　在评估全面质量管理对政府的影响时，我们应该注意政治学家詹姆斯·E·史维斯（James E. Swiss）提出的一个强烈质疑，他认为传统全面质量管理途径在政府中不会运作很好。[①] 他提出了关于传统全面质量管理用途的四个基本缺陷：第一，全面质量管理最初是针对制造生产而设计的，它关注的焦点是产品。相反，政府基本上是提供服务的。相对于制造生产而言，服务供给更是一种劳动密集型活动，并且服务的生产和消费具有同时性。即使一种服务供给达到了最大效率，服务机构的表现或行为也能抵消客户的满意度。总之，在公共部门开发质量指标很困难，在街头官僚层次减少质量差异性也是困难的。第二，全面质量管理基于取悦顾客这一思想，尽管这是个值得称赞的目标，界定公共机构的顾客充其量也不过是一种空洞的工作。食品和药品管理局（FDA）是服务于那些患有某种疾病需要某种特批药物的病人，或服务于卖药药店或职业健康机构的利益，还是服务于普遍的公众利益呢？官僚政治文献充满了利益团体如何支配机构的长远目标的故事。

　　第三，传统全面质量管理排斥使用产出导向的技术，它倾向于通过改变投入和工作过程而持续提升质量。史维斯争论说，近年来，公共部门已在努力实施绩效奖金、绩效工资、项目预算、目标管理等创新，这些努力不应当停止。当官僚寻求更多资金和人力时（投入），当立法者查看他们所在地区获得的预算项目时（投入），当建立精细化规则和制度体系（从雇用到采购）以控制政府分支机构时，强调投入和过程可能会导致目标置换。史维斯指出，在公共部门，产出导向引导我们沿着质量之路走向长远的愿景。第四，全面质量管理要求对的质量承诺，并通过强烈的组织文化来推动。培育这种基本文化的任务会主宰高层领导。但是在公共组织中，城市高层领导（市长和城市经理）不可能在一个城市待得很久，上层更迭使创造和维系一种强烈的组织文化这一任务变得困难重重，如果并非不可能的话。

　　史维斯得出结论认为，"改革的全面质量管理"可作为当代城市管理的有用工具，它"保留雇员授权、持续提升、对产品质量和顾客反应进行定量跟踪等传统原则"[②]。另外，改革的全面质量管理"摒弃了传统全面质量管理对产出目标和指标的敌视，不再强调产出一致性和组织文化持续性方面的要求，使管理者能够对顾客满意度具有不利影响的危险保持敏感"[③]。

8.4　城市采用管理新技术可能遭遇的潜在问题

　　尽管变革、提升和改革公共组织的努力永远都不应停止，但有时潜在的回报远远不及预期。公共行政专家吉拉德·加布里斯（Gerald Gabris）指出，城市努力应用新的管理技术通常可能遭遇五个方面的机能障碍[④]：

---

　　① James E. Swiss, "Adapting Total Quality Management（TQM）to Government," *Public Administration Review* 52（July-August 1992）：356-362.

　　②③ Ibid., 360.

　　④ Gerald T. Gabris, "Recognizing Management Technique Dysfunctions：How Management Tools Often Create More Problems than They Solve," *Public Productivity Review* 10（winter 1986）：3-19.

　　第一，这些技术中的每一项都要求在程序和操作中进行大量变革，这就遇到了**过程负担**（process burden），即太多的文书工作、格式规范、数据收集和培训环节。一线管理者倾向于抵制这些额外的"事务"，特别是，当他们不能预期这些新技术能够带来任何有益变革时。

　　第二，新的管理路径可能对部门或组织的独特情境缺少考量。公共安全部门可能有一系列规范、角色关系、报告体系以及工作产出，这些与市政工程部门的情况迥异。实施全面质量管理的跨职能团队成员可能有着不同的偏好框架。新管理系统要求进行调适和密切监测。

　　第三个潜在的问题是缺乏内部能力。加布里斯指出，"更常见的是，推荐和采用管理技术的公共组织常常缺乏执行能力"[1]。他描述了一个小城市试图设置绩效预算系统而遭遇挫折的实践。大多数一线管理者难以理解这个新系统，并且不明白这个系统如何改进效率。训练环节比预期更长，一些监管者感到他们需要花费更多的时间，因此不能承担更重要的责任。此外，计算机需要新的预算程序与之配套，而这超出了该市政府系统计算的能力。如果到位的话，该系统需要合同外包，这个成本比原来估计的要高得多。于是，推荐和设计该系统的外部专家一撤离，市政官员就决定放弃绩效预算，并不是因为他们反对这一思想，而是因为他们认识到该市不具备实施的内部能力。

　　第四，设置新程序会产生可信性焦虑（credibility anxiety）。因为雇员和监管者通常对新技术心存疑虑，当出现失败时，就会产生扩散或溢出效应，因此，雇员会对与失败相伴的变革的有用性或可信度产生质疑。

　　第五个潜在问题是不切实际的期望（unrealistic expectation），它与可信性焦虑相关。新管理系统可能会在期待的改进程度和变革将要花费的时间方面夸大其词。即使地方官员已完全理解并信服新技术的价值，他们也可能会期望快速的结果。如果这些结果姗姗来迟，理想的破灭可能导致他们放弃该技术，或从高层减弱对其承诺，而这注定了其最终失败。

　　要避免上述机能障碍性后果，加布里斯推荐了一些策略，包括分权、分担实施新技术的任务、提供消除繁重程序的激励、致力于实质性的实施前研究、预先试验、一次仅实施一项技术、确认并庆祝小的成功。在这个推荐的单子上，我们可能要添加的一项是，管理者在结果管理中所使用的"激励包"应区别于传统系统所使用的工具，詹姆斯·史维斯 2005 年发表在《公共行政评论》（*Public Administration Review*）上的一篇文章中提出了这一点。[2]

　　史维斯识别了适用于结果管理的关于激励的四个宽泛类型的划分：内在激励者（如渴望成功或授权）、非物质的外部奖励和惩罚（如表彰或奖牌）、基于人事的奖励（如晋升或个体和集体奖金）、预算分享（如根据结果给机构更多或更少的预

---

　　[1]　Gerald T. Gabris，"Recognizing Management Technique Dysfunctions：How Management Tools Often Create More Problems than They Solve," *Public Productivity Review* 10（winter 1986）：10.

　　[2]　James E. Swiss，"A Framework for Assessing Incentives in Results-Based Management," *Public Administration Review* 65（September-October 2005）：592-602.

算）。史维斯争论说，由于"结果管理中的激励与结果绑在一起，它可能进展缓慢、产出困难，并在政治上受控制"，以上界定的前三种激励类型（内部激励、外部非金钱奖励和基于人事的奖励）可能更有生产力。[①] 工作人员（管理者和一线雇员）应该被授权并进行交叉训练，既然工作扩大和设立交叉职能团队有助于提升工人关注组织结果而非"狭隘过程"的能力。[②] 外部非物质奖励，如表彰、奖牌、头衔和增加自治权，应该既适用于个体也适用于集体。此外，这些奖励既应关注小的短期成功，也应该关注长期成就。最后，史维斯注意到，"基于结果的激励系统会从降低对预算激励的期望、更强调人事奖励的创新路径中受益"[③]。他建议地方官员要避免诸如"随意解雇"这种极端商业模式的人事实践。

本章小结

　　组织应该被看作由正式结构、非正式结构和外部环境构成的一个开放系统。忽略组织的某一部分就是忽视了组织的系统性。管理理论的一个基本议题是激励：什么能够激励人们去做工作要求他们做的事情？与不同的激励理论相伴随的，是关于人的行为的不同理论。这些理论在管理中的应用，主要包括科学管理路径、人际关系学派及组织人本主义。一些权威专家认为，组织人本主义者过高估计了许多工人，尤其是蓝领阶层工人对工作挑战和自治而非物质回报的珍视程度。此外，美国和日本运转最佳的企业继续根据参与式工人是最高产工人这一基本原则进行管理。

　　领导是另外一个具有挑战性的复杂话题。尽管几乎无人否认领导在组织中的重要性，但是关于最有效的领导风格的研究仍是模糊不清的。要完成的任务、涉及的人员、发生的情境都会决定需要的领导风格。目前达成的共识似乎是，在任何时候，确保提升各种组织生产力的领导风格既不是民主的也不是专制的，尽管在参与式领导风格下，工人满意度确实更高。

　　近年来，作为重塑政府和新公共管理模型的一部分，基于结果的管理受到拥护。可用来驱动结果管理的两个较老的、被证实的管理路径是目标管理和全面质量管理。本章的研究显示，当今这两个管理路径在地方政府都得到广泛应用。尽管被称为"传统的"管理战略，在许多城市，采用目标管理和/或全面质量管理也只是近期的事情。[④] 目标管理的实质是协作设定可测目标，并且使用这些目标来衡量员工的绩效。许多人将目标管理看做一种导致更大分权的管理方式，因此在雇员中极

　　① 　James E. Swiss, "A Framework for Assessing Incentives in Results-Based Management," *Public Administration Review* 65 (September-October 2005): 594.

　　②③ 　Ibid., 600.

　　④ 　Poister and Streib, "MBO in Municipal Government," 50, 两位作者提及，在所调查的采用目标管理的城市中，有 58% 应用这一方法不超过五年。类似地，Evan M. Berman and Jonathan P. West, "Municipal Commitment to Total Quality Management: A Survey of Recent Progress," *Public Administration Review* 55 (January-February 1995): 60, 作者提出，在他们的调查中，目前正在使用全面质量管理的城市中仅有 10% 采用该方法超过了 5 年。

力灌输更强烈的人事责任感。本章的分析研究表明，目标管理带来了更高的组织生产力。最近，全面质量管理在私人部门和公共部门组织都得到认可。戴明的管理路径要求持续提升客户界定的服务和产品质量。调查研究发现，许多地方政府官员认为，这些提升质量的努力都可通过全面质量管理系统得以实现。

当公共管理者勤奋工作并应用领导风格和管理战略来实现组织峰值绩效时，认识到以下两点很重要，即他们的工作是一项艰巨的任务，没有"最佳路径"可循。在一些社区中，选任、委任领导以及市民可能满足于根据过去塑造未来这一模式，但管理的临时路径是必需的，或者是应容忍的。在这些城市，人们不需担忧重塑政府或基于结果的新公共管理运动。然而，在大多数城市，城市领导者将会继续对动态环境产生的变化做出回应。这种回应要兼用传统的和新的领导风格及管理技术，以满足特定社区中市民的需要和要求。无论如何，城市管理者在实施新的管理技术时应保持警惕，这些管理路径通常被夸大其词。值得重复的是，没有唯一最佳的管理方式，在其实施中可能会伴随着挫折和失望。

推荐阅读

Banovetz, James M. , Drew A. Dolan, and John W. Swain, eds, *Managing Small Cities and Counties: A Practical Guide*, Washington, D. C.: ICMA, 1994.

Cohen, Steven, and Ronald Brand, *Total Quality Management in Government: A Practical Guide for the Real World*, San Francisco: Jossey-Bass, 1993.

Fesler, James W. , and Donald F. Kettl, *The Politics of the Administrative Process*, 3rd ed. , Washington, D. C: CQ Press, 2005.

Gargan, John J. , ed. , *Handbook of Local Government Administration*, New York: Marcel Dekker, 1997.

Quinn, Robert E. , *Beyond Rational Management*, San Francisco: Jossey-Bass, 1993.

Starling, Grover, *Managing the Public Sector*, 7th ed. , Belmont, Calif. : Thomson Wadsworth, 2005.

Stilman, Richard J. , Ⅲ, *Preface to Public Administration: A Search for Themes and Direction*, New York: St. Martin's, 1991.

第 9 章

人力资源管理

　　当你询问现代组织中的任何人，从高官到经理、到监事、到一线工人，他们都会直白地告诉你，人们界定了一个组织。尽管这一观点听起来似乎是陈词滥调，但实际上并不是。许多市民与市政府的唯一接触途径是与公务员进行互动或仅仅是看到过工作中的公务员。市民对诸如教师、消防员、环卫工人、警官、社会工作者等街头官僚的认知，通常会形成他们对市政府的一般态度。这就要求地方领导创设一种强调交流和信任、具有开放价值的组织文化和工作环境。仅仅将员工视作组织机器中的齿轮是大有问题的。必须高效率地、有成效地、有回应性地和公平地管理人力资源，必须更细心、更关心地对待他们。

　　传统上，人事管理一直被看作技术性的和专业化的，自20世纪初以来，主要关注点是创设和维护职业的考绩制度。正如第2章所讨论的，城市改革者想把政治从城市政府中驱逐出去，而考绩制是实现这一目标的主要方式。当前，城市人事部门仍然关注一些常规和习惯性的任务，如招聘、考试、遴选、职位分类和薪酬等。但是，社会的发展以及人事部门承担的一些新任务已经迫使他们进入一些有争议的领域——联邦法律和法院判决的委托授权导致了很多变化。例如，少数族裔和妇女已经愈益成为进入地方行政系统的新生力量。地方人事部门在管理工作场所的多样性时面临许多新挑战。诸如性骚扰、可比价值（男女在从事技术和责任有可比性的工作时应享受同等待遇）和工作场所暴力等，都是人力资源经理必须经常帮助组织处理的问题。现在，美国残疾人在工作场所的权利已大为增加。正如第 7 章所讨论的那样，重塑政府和新公共管理模型的拥护者主张更普遍、更好地应用生产力指标和绩效评估。城市工会依旧是城市政治中需要认真对待的强大且有号召性的力量。地方领导不得不寻求能够排解所有这些压力的途径，并且在处理人事问题时，人力资源管理部门在开发政策和程序、实施和评估中扮演着重要角色。

本章从讨论如何组织公共人事管理开始，接下来讨论人力资源管理职能，如人事、分类、薪酬和绩效评估。然后，我们讨论与现代人事系统相关的很多议题，包括平等就业机会和确认行动（equal employment opportunity and affirmative action, EEO/AA），美国残疾人法案，法院、平等就业机会和遴选程序，性骚扰，同工同酬和工作场所多样性管理等。最后，我们讨论劳方—管理方关系。公共和私人部门的工会有什么区别？其区别是否能达到要区别于私人部门工会来对待公共部门工会？今天，集体谈判是劳动关系的核心，公私部门都如此。我们特别强调解决劳动争议的方式，并给出了大致程序，然后在检视公共雇员罢工的相关争议中结束本章。

9.1　组织人事职能

结构

当城市开始建立正式人事政策和程序时，它们合乎逻辑地模仿了联邦政府的做法——1883 年，联邦政府在《彭德尔顿法》（Pendleton Act）通过之后创设了文官委员会（Civil Service Commission）。在多数情况下，这种逻辑导致了设立一个独立的文官委员会。这些委员会通常由三到五人组成，主要关注通过实施竞争性的城市公务员入门考试而摆脱城市裙带政治。他们也试图通过创立详细的规范和程序，保护雇员避免因为政治或其他与工作无关的原因而被解雇，以此来保护城市工作人员队伍免受政治干扰。但是，随着城市政府职能的扩张、城市雇员的增加，以及新的人事问题的演进，独立文官委员会这一观念不再被看好，或变得过时了。鉴于人事管理在城市日常运作中扮演的中心角色，有必要将人事部门提升为专门的员工管理机构。与预算、法制、政策开发等专门部门一起，人事部门向警察、消防、公园与康乐等一线市政机构提供支持。

集中的人力资源管理部门成为替代文官委员会的基本选择，该部门直接对行政首长负责。让人力资源管理部门具有人事行政权的基本逻辑是经常被引用的"原则"，即行政权应该与职责相当。到 1962 年，市政人力委员会（Municipal Manpower Commission）已经认同了以行政为中心的人事系统这一概念。[1] 1970 年，国

---

[1]　Municipal Manpower Commission, *Governmental Manpower for Tomorrow's Cities*（New York：McGraw-Hill, 1962）.

家公务员联盟（*National Civil Service League*）采用了同样的立场。①

逐渐地，城市把人力资源职能置于行政首长的控制之下。根据最近关于地方政府人事结构和政策的一项调查，斯格伦·福克斯·弗雷斯（Siegrun Fox Freyss）发现，在城市可选的众多人事管理形式中，最流行的是不单设文官委员会的全权人事委员会（central personnel board）。根据1994年国际城镇管理协会发起的对所有人口达到和超过1万人的城市的调查，弗雷斯发现，回应城市中49%采用了这种组织形式。② 1989年的可比数字是44%。③ 在一些地方，文官委员会被保留下来，但权力却大大削减了。1994年国际城镇管理协会的调查结果表明，20%（比1989年的30%下降了）的城市报告说独立委员会还在发挥着特定职能；不到10%的城市中，独立委员会仅仅发挥咨询功能。设立具有完整权威的真正的独立委员会的城市不足2%。

目的

不论采用什么样的组织结构，大多数人力资源部门的基本目的是创设和维护职业考绩制度，这与城市规模大小没有关系。当然，正如安妮·弗里德曼（Anne Freedman）在带有煽动性的著作《裙带关系：一个美国传统》中提出的，很少城市会承认其人事系统不以考绩为原则。当今谁支持裙带关系？它还存在于哪里呢？弗里德曼指出，它在很大程度上已经"进入地下"了。④ 然而，在本章稍后部分，我们会讨论为回应少数族裔、妇女和新公共管理的支持者的挑战，考绩这个概念是如何发生变化的。

公共管理学者帕特丽夏·华莱士·英格海姆（Patricia Wallace Ingraham）较好地记录了美国考绩体系的演变。⑤ 传统考绩体系通常建立在以下原则之上：

- 根据相关知识、技能和能力招聘、遴选和晋升员工；
- 提供合理、充足的薪酬；
- 根据需要，为了确保高质量绩效而培训员工；
- 根据绩效胜任状况留任员工；
- 不考虑政治归属、种族、肤色、原国籍、性别或宗教信仰等因素，确保公平对待所有申请者和雇员；
- 确保雇员受保护而不被党派政治目标左右，禁止他们使用职权干扰或影响选

① *A Model Public Personnel Administration Law*（Washington，D.C.：National Civil Service League，1970）.

② Siegrun Fox Freyss，"Continuity and Change in Local Personnel Policies and Practices，" *1996 Municipal Year Book*（Washington，D.C.：ICMA，1996）：13.

③ N. Joseph Cayer，"Local Government Personnel Structure and Policies，" *1991 Municipal Year Book*（Washington，D.C.：ICMA，1991）：4—5.

④ Anne Freeman，*Patronage：An American Tradition*（Chicago：Nelson-Hall，1994），Ⅶ.

⑤ Patricia Wallace Ingraham，*The Foundation of Merit：Public Service in American Democracy*（Baltimore：Johns Hopkins University Press，1995）.

举结果或职位提名。①

　　现在我们回过头来讨论传统人事的职能。多年来，人事专家在发展这些职能并使其制度化方面投入了大量时间和精力。

9.2　人力资源管理职能

　　人事实践有助于确定市政管理队伍的性质，它们间接地影响了城市开展的所有活动。市政人力资源管理决策也潜在地对地方经济产生了重要影响。市政雇佣工作中的任何重要削减都会对城市内部少数族裔的就业机会产生负面影响。并且，由于薪资在整个城市预算中是如此凸显，人事决策（增加雇员、增加工资）对收入和税收政策也会产生重要影响（见第 10 章）。

　　人事部门承担着许多活动。② 这里我们讨论几个关键职能，即人员配置、职位分类、薪酬和绩效评估。

人员配置

　　历史地看，在吸引"最佳和最聪明者"方面，州和地方政府一直难以与私人部门竞争。由于这一失败通常归咎于市政低薪，许多城市（和州政府）被迫提供具有竞争力的薪金和诱人的附带福利计划，比如较好的退休福利。无论如何，地方政府的薪资状况还是难与私人部门并驾齐驱，特别是就专业人才而言。埃尔德·维特（Elder Witt）指出，"人们越来越关注公共薪资，特别是州和地方政府高层人员的薪资，它已经远远落伍了，由于低薪，优秀人才不再进入或留在政府"③。

　　最近，人力资源领域的两个卓越专家劳埃德·G·尼格罗（Lloyd G. Nigro）和菲利克斯·A·尼格罗（Felix A. Nigro）指出，公私部门的薪资差距并没有多大改观。他们关于州和地方政府的薪资研究表明，虽然州和地方政府比私人部门向低端工作者支付了更多报酬，但是私人雇主却向白领阶层支付更多的报酬，特别是负有职责的高层。同样，州和地方政府向专业人才和行政岗位员工支付的报

---

　　① 参见 Andrew H. Boesel, "Local Personnel Management: Organizational Problems and Operating Practices," in *1974 Municipal Year Book* (Washington, D. C.: ICMA, 1974), 94; and Gregory Streib, "Personnel Management," in *Managing Small Cities and Counties: A Practical Guide*, ed. James M. Banovetz, Drew A. Dolan, and John W. Swain (Washington, D. C.: ICMA, 1994): 262。

　　② 在众多文献中，三本综合性的人事管理教材分别是 N. Joseph Cayer, *Public Personnel Administration*, 4th ed. (Belmont, Calif: Wadsworth, 2004); Ronald D. Sylvia and C. Kenneth Meyer, *Public Personnel Administration*, 2nd ed. (Fort Worth, Texas: Harcourt, 2002); and Felix A. Nigro and Lloyd G. Nigro, *The New Public Personnel Administration*, 5th ed. (Itasca, Ⅲ.: F. E. Peacock, 2000)。

　　③ Elder Witt, "Are Our Governments Paying What It Takes to Keep the Best and the Brightest?" *Governing* (December 1988): 30.

酬要远远低于私人部门，而在技术、文书和蓝领阶层两个部门的薪酬是混合的。①

招聘

传统上，大多数地方公共部门采用被动途径的招聘办法，即"让他们来找我们"的哲学。这种实践产生了有朋友或亲戚在市府工作这种私人关系基础上的招聘过程。这种你认识谁的策略的影响仍在继续，但是当今大多数专家督促公共部门在招聘中应采用一种更进取的姿态。② 在一些城市，接受申请、考核候选人以及任命等，都只是在一次造访公共人事部门的过程中完成的，并且开放、持续的（没有截止日期）考察也是常有的事情。实际上，整个招聘过程已经大大提速，以使公共职位更具有吸引力和更易进入。

招聘在人员配置中的重要性在近年来越发凸显了。根据加里·罗伯茨（Gary Roberts）的研究，"政府工作队伍比私人部门工作队伍的年龄要大得多。44％的政府雇员在45岁或者以上，私人部门的却只有30％；27％的政府雇员不超过30岁，而私人部门却达到43％"③。此外，正如约瑟夫·凯耶尔（Joseph Cayer）所讲的，"（招聘）问题将会很严重，许多（政府）行政辖区到2010年将由于退休而失去50％的工作人员"④。地方人力资源经理越来越发现，在劳动力市场上，他们与私人部门、非营利部门之间的人力资本竞争日益激烈。幸运的是，许多人事部门已经看清了未来，正在采取措施改进招聘工作。根据本章前面提及的1994年国际城镇管理协会的人事调查发现，除了对工作机会进行张贴公示之外，60％的回应城市（比1989年的53％有上升）向少数族裔、女性和其他特殊利益组织寄送招聘信息，并且37％的回应城市（比1989年的30％有上升）向工会、贸易和职业协会寄送招聘信息。⑤

此外，城市还利用了其他途径，包括由于"高科技革命"成为可能的更具创新性的招聘工具。⑥ 1994年国际城镇管理协会的调查报告了如下趋势：

- 大约33％的城市报告使用电话录音来宣布职位空缺。
- 大约22％的回应城市使用地方电视频道列出职位空缺。
- 大约11％的城市在网上发布职位空缺信息。
- 将近5％的城市使用"广告亭"形式进行招聘。

在相当程度上，今天的人事招聘包含了使工作队伍更具有代表性的额外努力，接下来我们将会详细讨论。

---

① Nigro and Nigro, *New Public Personnel Administration*, 193.

② Ibid., 87-97.

③ Gary E. Roberts, "Issues, Challenges, and Changes in Recruitment and Selection," in *Public Personnel Administration: Problems and Prospects*, 4th ed., ed. Steven W. Hays and Richard C. Kearney（Upper Saddle River, N. J.: Pearson, 2003）: 107.

④ Cayer, *Public Personnel Administration*, 83.

⑤ Freyss, "Continuity and Change," 13-14.

⑥ Ibid., 14.

考试和遴选

考绩体系需要一些客观的测评标准，来对未来的员工进行排序。在大多数城市，这一需要转换成了测试形式，或者是分散的，或者是笔试形式。一个分散的测试（求职者不需要集中到一个地方参加考试）可能包括人事专家通过各种形式（简历、成绩单、推荐信等）对求职者展示的培训和经验等内容做出分析，也可能包括口头面试等。这种测试形式还没有像笔试那样引起争议。

长期以来，关于笔试能够识别合格员工的传统假设遭遇了来自各方面的攻击。[1] 很多批评是针对笔试的有效性的。招考结果在多大程度上与工作绩效相契合？这是一个大问题，少数族裔、妇女和残疾人是这个问题的主要发起者，并且他们有正当理由。地方政府仍然较多地依靠笔试，其中许多并没有得到正确验证。此外，一个通常的做法是在遴选中顺次使用各种方法，因此应聘者在笔试环节遭到淘汰就不会被进一步考虑了。并且，特定少数族裔通常在笔试中不如多数文化群体成员表现得那样好，这的确是一个事实。

那么，为什么笔试又如此流行呢？许多公共官员认为，这些考试除了被认为具有客观性之外，还有许多优势：它们不仅节约大量时间（与口试相比），也可以用来防止雇用明显不称职的人。用尼格罗的话来说，"尽管其有效性有问题，也会产生负面影响，但笔试很可能仍然是对大多数公务员职位申请者进行排序的一种主导方式。对人事部门和机构来说，笔试便于管理，并为挑选候选人提供了一种量化和似乎客观的基础"[2]。

然而，对笔试和"三选一"法则（在考分的前三名中任命一个）的攻击已经导致传统考试和认证实践正发生一些变化，目前出现了更多的创新和再造。公共行政学者丹尼斯·卓桑（Dennis Dresang）对这些新政策和程序进行了讨论，我们在这里考虑其中的三个方面[3]：首先也是最明显的变化是，增加"三选一"比例到更多人选一（n选一），通常是五选一、七选一或十选一。这一变化很受新公共管理模式倡导者欢迎，因为它给管理者的招聘过程提供了更多灵活性。[4] 最近对国际人事管理协会（International Personnel Management Association）和美国公共行政学会人事和劳动关系分会（Section on Personnel and Labor Relations of the American Society for Public Administration）成员的一项调查表明：对于人力资源管理者而言，"三选一"法则越来越不重要了。[5] 在 1998 年，在人员配置和遴选的 15 个重要

---

① 大约 30 年前，Nesta M. Gallas 就列出了目标选择的 25 个传统测试指标，参见 Nesta M. Gallas，"The Selection Process," in *Local Government Personnel Administration*，ed. Winston Crouch（Washington，D.C.：ICMA，1976）：134。今天许多指标仍然有效。最近的公共人事教材都对潜在问题进行了讨论，可参见 Nigro and Nigro，*New Public Personnel Administration*，92-117；Sylvia and Meyer，*Public Personnel Administration*，13-15；or Cayer，*Public Personnel Administration*，85-90。

② Nigro and Nigro，*New Public Personnel Administration*，104.

③ Dennis L. Dresang，*Public Personnel Management and Public Policy*，3rd ed.（New York：Longman，1999）：222.

④ Owen E. Hughes，*Public Management and Administration*，3rd ed.（New York：Palgrave Macmillan，2003）：152-157.

⑤ Steven W. Hays and Richard C. Kearney，"Anticipated Changes in Human Resource Management：Views from the Field," *Public Administration Review* 61（September-October 2001）：590.

技术中，人事管理专家把"三选一"法则排在第 10 位。而到了 2008 年，回应者认为，该技术将会被排在第 14 位了。"三选一"法则、笔试和缩减编制是仅有的三项被回应者认为重要性下降的人员配置和遴选技术。

一些地方已经开始使用第二个程序性变化，叫做分类认证（category certification）。这种办法认识到考试不是绝对精确的，考分在某个分段内的所有人在能力上应该大体相同。[①] 这一安排就产生了大量合格候选人，而不是通常的"三选一"，因此就增加了目标群体被委任的机会（如妇女或少数族裔）。正如罗伯茨所解释的，分类途径可能将候选人分入三个群体："满意""良好""优秀"进入"优秀"群体的人都取得了合格资格。例如亚利桑那州马里科帕县（Maricopa）将候选人分入"杰出""符合标准"和"符合最低标准"三个群体，并且将整个名单提交面试。[②]

雇佣决策的第三个选项是将遴选过程放权给一线，并使用除笔试之外的方法，包括试用或评价中心。许多州和城市正在推行此类公务员改革："例如加利福尼亚州、明尼苏达州、弗吉尼亚州和巴尔的摩市、达拉斯市、印第安纳波利斯市以及圣迭戈市等已经将雇用权下放，并放弃了'三选一'法则。除巴尔的摩和达拉斯之外，它们都已放弃笔试而采用其他办法来评估应聘者。"[③]

关于考绩和平等就业机会的相容性的争论仍然悬而未决。公民权利群体和新公共管理运动倡导者们继续推动改革高度依赖考试和资格证书的传统做法。并且，正如我们在后面部分所讨论的，法院在决定在何等程度进行改革以确保所有群体机会均等方面具有重要作用。

职位分类

许多专家认为，职位分类是现代人事管理的基石，它建立于工作等级制基础之上。对于具有类似资格、任务和责任要求的职位，如果不将它们归并在一起，那么不仅无法准确描述劳动力需求，而且必须区别对待每个个体。显然，这种情形会导致不一致，特别是在薪酬方面。实际上，职位分类的基本优势就在于促进薪资标准化。[④] 其基本思想是确保同工同酬，当然，这也是法律所要求的。

要对城市工作进行分类，就要进行工作分析。作为泰勒"科学管理"（前面章节已讨论）的延伸，工作分析"是收集工作要求完成的任务，以及完成任务需要的知识、技术、能力等相关信息的过程"[⑤]。这一分析必须界定与一项工作相关的主要活动。为确保遴选技术有效，这些信息十分重要——用来选择某一职位的职工的遴选方式（如笔试、绩效测试、面试等）必须与该职位的任务相适应。然后，根据

① 参见 O. Glenn Stahl, *Public Personnel Administration*，8th ed.（New York：Harper & Row，1983）：131-132。

② Roberts，"Issues，Challenges，and Changes，" 117.

③ Jonathan Walters，"How Not to Reform Civil Service，" *Governing*（November 1992）：33.

④ 参见 Nigro and Nigro, *New Public Personnel Administration*，167-168。

⑤ Cayer，*Public Personnel Administration*，60.

所要求的知识、能力、技术和必要经验等，将工作分成不同的等级和层级。薪酬计划应与职位分类规划结合起来，以使从事相似工作的员工获得相同的薪酬。

描述工作分类的优点是一回事，准确实施工作分类又是另一回事。由于职位分级决定了工资水平，因此分类必须是即时性的。但城市似乎很难确保分类是最新的。为什么？部门抵制是根本原因所在。如果分类是有效的，人事管理者就必须调查组织的每一项工作的特性。然而，在许多一线机构的眼中，此类调查是对工作的一种干扰。此外，监管者倾向于对雇员进行过度分类，从而奖励员工并提升自身工作的重要性。

很多公共部门管理者对传统的职位分类制度持激烈批评态度。凯瑟琳·C·纳福（Katherine C. Naff）提供了经常列举的 10 条反对意见。

职位分类通常：

1. 在工作之间设立狭窄的、硬性的界限；
2. 将员工锁定在"职能竖井"（functional silos）中；
3. 强调行政科层体制；
4. 要求集中化和一体化；
5. 在提供竞争性薪酬方面能力有限；
6. 假定个体的工作贡献是静态的、不增加的；
7. 与考绩晋升过程相冲突；
8. 不能适应技术变化；
9. 限制员工参与；
10. 在管理者和分类人员之间制造冲突，后者必须监督分类决策。[1]

毫无疑问，重塑政府和新公共管理的支持者对职位分类持批评态度，尽管在过去 100 年间它在公共部门有所发展。很明显，纳福列举的许多条目与重塑政府和新公共管理鼓吹者秉持的原则相对立，后者主张组织结构扁平化，更多地通过"团队"提供服务，给管理者提供更多工具以挑选、安排、晋升和解雇公共雇员。在《重塑政府：企业精神如何重塑公营部门》中，奥斯本和盖布勒提出了数项人事改革，包括宽口径的分类和薪酬级别、基于绩效的薪酬体系、基于绩效而非资历或年限的晋升和辞退政策、积极招聘最优人才进入政府工作，以及基于市场化标准给公共部门员工支付薪酬。[2]

尽管这些改革反映了重塑者的主要关注，尼格罗指出，"所有改革方案的一个核心主题是使职位分类具有灵活性，以及对管理情境、组织情境和需求做出回应"[3]。提升灵活性的一种方式是对职位进行减级增距（broadbanding of positions）。纳福评论道："减级增距可以被看做缩减分类的一种极端形式。在该系统中，高度专业化的职业系列被更宽幅的职别职位所取代，宽幅的薪酬取代了详尽的

① Katherine C. Naff, "Why Public Managers Hate Position Classification," in Hays and Kearney, *Public Personnel Administration*, 126.

② David Osborne and Ted Gaebler, *Reinventing Government* (Reading, Mass.：Addison-Wesley, 1992)：129.

③ Nigro and Nigro, *New Public Personnel Administration*, 178.

薪级。"① 减级增距从多方面提升了管理的灵活性。例如，管理者"可在更大范围的工作安排中对员工进行横向和纵向调动，而无须正式的、即时性的晋升程序"②。此外，减级增距分类和薪酬等级结构也支持"根据绩效付酬的管理方式，并承认技术和能力的差异"③。

薪酬和绩效评估

薪酬

首先，公共部门的薪酬代表着一种"政治结果"，这一点很重要。④ 换言之，大多数城市雇员的薪酬都依法来自税收，并且城市预算操作必须保持平衡（见第 10 章）。公共管理专家罗纳德·D·西尔维亚（Ronald D. Sylvia）和 C·肯尼斯·迈耶（C. Kenneth Meyer）指出，"政府无法对员工给予股份作为回报"⑤。有些城市存在激励工资，但并不像私人部门那样普遍。

薪酬计划通常和职位分类联系在一起。几个职位可以划入一个工资等级，联邦公务员系统也是如此。在每一工资等级内部还有几个档，通常是五个或六个档，各档之间的增资幅度通常是 5％。⑥ 员工是如何在薪酬阶梯上往上移的呢？约瑟夫·凯耶尔（Joseph Cayer）描述了几种方式，包括全面调整、考绩或绩效工资、收益分享、技术工资等。⑦ 全面调整也许是城市薪资调整中最被认可的调整方式。在该体系下，所有雇员获得（或可能失去）其基本工资的一定百分比。通常，只有那些通过工作满意度绩效评估的员工才能得到增加薪酬资格。这种方式简便易行，但它往往与道德相冲突，它假定所有员工的工作是同一水平的。高绩效者往往对其增资幅度与那些被评为满意的员工相同而感到愤愤不满。

在过去 25 年里，伴随着重塑政府与新公共管理的兴起，考绩和绩效工资越来越受到关注，其次是激励性工资体系（如收益分享或技术工资）。例如，在国际城镇管理协会发起的一项调查中，斯特莱布和波伊斯特发现，在 1976—1988 年间，美国城市应用绩效监督和雇员激励的项目出现了大幅增加。在此期间，使用绩效监督管理技术的项目增加了 30％，在期末（1988 年），67％的被调查城市使用了该技术。雇员激励项目几乎翻番，增加了 48％（64％的被调查城市使用了该技术）。⑧

最近，弗雷斯发现，在国际城镇管理协会于 1989—1990 年和 1994—1995 年进行的两次大规模调查期间，实施市政绩效工资和激励性工资的项目有微弱下降。尽管如此，在第二次调查中，超过 50％的回应城市报告说它们继续将增加工资和绩效

①② Naff，"Why Public Managers Hate Position Classification，" 138.

③ Nigro and Nigro，*New Public Personnel Administration*，178.

④ Ibid.，181.

⑤ Sylvia and Meyer，*Public Personnel Administration*，198.

⑥ Jerome S. Sanderson，"Compensation，" in Crouch，*Local Government Personnel Administration*，196-197.

⑦ Cayer，*Public Personnel Administration*，70-71.

⑧ Gregory Streib and Theodore H. Poister，"Established and Emerging Management Tools：A 12-Year Perspective，" in *1989 Municipal Year Book*（Washington，D. C.：ICMA，1989）：46.

评估联系在一起，略多于 20％的城市向较高绩效的雇员提供一次性津贴或现金。[1]由此看来，绩效工资或按绩效付酬在城市政府似乎找到了用武之地。然而，该体系不易开发，也不易管理，设置绩效监督系统需要花费时间、金钱和人力，它也是工会的主要关注所在。工会代表也试图界定考绩意味着什么，如何测量，以及绩效资金如何分配等。绩效工资体系对城市具有实实在在的财政含义，例如，它决定着一个城市提供持续绩效增资或一次性津贴能够负担起多少雇员。此外，鉴于监管者和城市经理负责管理绩效评估，且绩效评估和绩效增资或津贴具有联系，监管者和城市经理的自由裁量权可能会导致偏袒和不公正。

收益分享（gain sharing）是绩效工资的一种形式，即群体成员（如城市汽车修理厂员工）获得绩效加薪（merit raise）或津贴。通常，工资调整是基于提升的生产力或单位活动节约的成本。技术工资（skills-based pay）是对那些需要专门技术（对城市有益）的员工支付的报酬。例如，假设城市医院的社会工作者返回大学并获得了社会工作硕士学位（Master of Social Work，MSW），联邦政府的管制规定，对于那些由拥有 MSW 的社会工作者提供服务的城市医院，它们可以向联邦政府申请更高比例的医疗补助/医疗保险费用，因而城市可获得更多收入。这样，城市就可回报社会工作者，如加薪，或补贴学费帮助个人承担获得学位的成本，或同时采用这两个办法。政策与实践专栏 9—1 和政策与实践专栏 9—2 的案例研究阐述了绩效工资和收益分享的概念。

绩效评估

决定谁应得到绩优薪金（merit pay）或业绩突出的额外津贴，并不是一件容易的事情。为设计可行的员工绩效评估体系，人事专家已经苦苦奋斗了若干年。如果评估技术不能测评绩效，那么绩效工资就变成了一个空洞过程。

绝大多数城市，无论何等规模，现在都在进行正式的员工评估。例如，在1994—1995 年的国际城镇管理协会调查中（前已述及），弗雷斯报告说，超过 80％的回应城市已经设置了绩效评估体系。[2] 但是，对于管理层和一般员工的绩效评估进展并不相同。调查研究揭示了如下差异：

- 大约 3/5（59％）的城市对管理层员工进行正式评估。而对非管理层员工进行评估的城市比例是 86％。
- 管理评估更经常地与奖励分配相联系，而非管理评估更侧重于员工交流和发展。
- 管理层员工更多地采用目标管理等绩效评估体系，而非管理层员工基本上采用评级量表（rating scales）———一种基于特征的评估技术。[3]

---

① Freyss, "Continuity and Change," 14–15.

② Ibid., 15.

③ David Ammons and Arnold Rodriguez, "Performance Appraisal Practices for Upper Management in City Governments," *Public Administration Review* 46 (September-October 1986)：460–467；and Robert E. England and William M. Parle, "Nonmanagerial Performance Appraisal Practices in Large American Cities," *Public Administration Review* 47 (November-December 1987)：498–504.

政策与实践专栏 9—1

地方政府的绩效工资

贝比·鲁斯（Babe Ruth）理解绩效工资。1929 年，当有人指出他的工资是胡佛总统的两倍时，贝比简洁地回应道："我今年做得比他好。"

在《重塑政府：企业精神如何重塑公营部门》中，奥斯本和盖布勒在第 5 章专门讨论了"结果导向型"政府这一主题——按效果而不是按投入拨款。此外，其附录 B 的标题是"绩效评估的艺术"。尽管最近在大肆宣扬，但通过运用绩效工资使政府员工负责任并非新思想，艾尔德·维特指出，"它已被讨论、辩护和批评了十年，不喜欢的人仍继续说它是高成本的，并且会破坏团体士气……确实，它是有难度、成本很高和富有争议的"。科罗拉多州奥罗拉市经理吉姆·格里斯莫（Jim Griesemer）指出，"它不是万灵药"。无论如何，作为一个概念和实践，绩效工资已然存在。

实施绩效工资的真正先锋是地方政府。1982 年，亚利桑那州斯科茨代尔市及 1 060 名员工就被纳入该系统。密西西比州的比洛克希市（Biloxi）自 1986 年开始就将这一管理工具运用于对 350 多名员工进行管理。科罗拉多州丹佛市也对全体 8 000 名市政员工实施了绩效工资。比洛克希市财政和人事主任斯蒂夫·赫尔德（Steve Held）指出："我认为，在某种程度上，绩效工资是唯一的道路选择。它是真正的考绩体系。"斯科茨代尔市的经理助理理查德·A·鲍尔斯（Richard A. Bowers）认为，绩效工资制度运转良好，但他也指出："需要对该系统进行持续评估、调整和优化，并询问市民对绩效工资的感受。"丹佛市的一位人事主管 A·弗雷德·提摩曼（A. Fred Timmerman）宣称，"如果我一整年的工作都很出色，所获加薪却与工作仅达称职水平者处于同一水平的话，哪里还有动力去做任何超出达标标准的事情呢？"

绩效工资体系不会自动执行。科罗拉多州奥罗拉市正在第二次尝试推行绩效工资。第一轮失败是由于对监管者的培训不够。在丹佛市，担忧评估过程中的偏袒是一个主要关注点。比洛克希市有三个层次的独立评估。斯科茨代尔市的前经理也指出，你不可能基于效率而成功推销这一创新："如果你试图基于为民众节约费用这个理由来推行绩效工资，你注定会失败……你所做的是，与传统公务员系统的全面调整相比，能够更精明地花费相同数额的资金。"

资料来源：Elder，Witt，"Sugarplums and Lumps of Coal，" *Governing*（December 1989）：28—33。

基于绩效的分级体系通常依赖于目标管理或行为锚定测评法（behaviorally anchored rating scales，BARS）。这些办法要求评估者选择那些能够最有效地描述员工在特定或一般环境下如何反应或行动的词语和陈述。多数专家同意，这些途径要优越于更易操作的评级量表，后者让监管者根据描述员工特征的 5～7 个要素进行分级排序，如效率、忠诚、迅捷或智慧等。许多观察者认为，这些传统的衡量尺度太过主观，并且常常与工作绩效没有关系。

政策与实践专栏 9—2

通过收益分享重塑政府

从 20 世纪 80 年代后期开始，企业界已经将激励性工资计划看作提升工人生产力的一种方式。但是，不像传统激励项目瞄准中高层主管，当前，兴趣已转向将激励运用于所有员工。经常用来描述此类激励的一个词是"收益分享"。

收益分享最早是在 20 世纪 30 年代由一位名叫乔·斯坎隆（Joe Scanlon）的工会领导提出来的。这一激励计划的基本理念简单易懂：当工人找到降低劳动成本的有效途径时，这种节省转变成为生产力的提升，然后工人分享其收益。如此一来，收益分享计划提供了一种激励，促使工人关注绩效目标。

收益分享的回报一般是基本工资的 4%～8%。根据霍华德·瑞舍（Howard Risher）所讲的，"到目前为止，证据表明收益分享和其他群体性激励对绩效具有显著性的积极影响。由美国薪酬协会资助的研究表明，雇主每向工人支付 1 美元，就有望获得 3～4 美元的收益。也许更重要的是，收益分享计划对组织文化会产生积极影响"。

北卡罗来纳州夏洛特市、得克萨斯州大学城（College Station）就是很好的案例。夏洛特市于 1994 年开始收益分享计划。项目开始时该市经理设置了全市性的节约目标。如果实现目标，节省资金的一半单列入雇员激励账户，余下部分计入一般账户。雇员激励账户的一半资金对所有雇员按照同一水平进行发放，余下部分根据实现特定绩效目标的情况交给城市部门或单位。

在 1995 财政年度，平均支付给每个员工大约 360 美元，而如果实现全部目标的话，每个员工可能得到 406 美元。夏洛特市经理帕米拉·西佛特（Pamela Syfert）很满意于该项目。她指出，在一个两年的周期内，该市获得了 960 万美元的一般资金回报，向全市雇员提供了 260 万美元的激励性工资。而且，"该计划对雇员态度具有显著影响"。雇员们密切监督目标并通过团队协作实现目标。

大学城和巴尔的摩市报告说，收益分享取得了类似的积极效果。瑞舍对其进行总结评估时提出，"收益分享可以作为实现和提升绩效的有力工具。这些城市的兴奋情绪表明雇员感觉自己是赢家。这在当前的公共职业氛围中太少见了。它表明收益分享非常值得关注"。

资料来源：改编自 Howard Risher，"Can Gain Sharing Help to Reinvent Government?" *Public Management*（May 1998）：17—21。

在重塑政府意味着团队工作、质量环和全面质量管理的时代，有必要对习以为常的绩效评估过程进行修正："传统绩效评估之所以不好，是因为它们导致太多人成为输家。"[1] 查尔斯·福克斯（Charles Fox）提出，正式评估应"被抛弃或其用

---

[1] Robert D. Behn，"Measuring Performance against the 80-30 Syndrome," *Governing*（June 1993）：70.

法应被颠覆"①。他认为，全面质量管理、任务驱动型政府、职业主义及其他因素使管理技术变成了怪物。② 他主张，应根据任务或目标完成情况对群体进行评估，或者仅仅简单地将员工分为"令人满意"和"不满意"两档。至于是否应当裁决人事争议，他主张，既然法院能够公平且持续运作，它们可以担当此任。

9.3　人力资源管理中的问题

平等就业机会和反歧视行动

在当前一段时期，城市确实在承诺促进非歧视性就业。但在地方政府中，情况并非都是这样。在努力打开城市政府的大门、雇用有色人种和妇女的早期阶段，以及后来的雇用残疾人和生活风格怪异者，确保平等就业机会的斗争常常是艰难和严酷的。直到 20 世纪 70 年代，受保护群体敦促并指出，自愿遵从和善意努力并没有使得事情有多大改观。全国有色人种促进会（NAACP）前主任赫伯特·希尔（Herbert Hill）在 1973 年对此进行了充分阐述：

> 实施《公平就业实践法》30 年的记录非常清楚地表明，被动的非歧视运动是远远不够的，也是陈旧过时的。在实践中，仪式性的"非歧视"或者"公平就业"政策往往意味着继续保持传统歧视性模式，或者充其量不过是象征主义罢了。该法目前要求广泛应用优先雇用系统，以消除实际上广泛存在于美国经济中的种族歧视。

希尔的"优先雇用"被列入了反歧视行动之中。

自从 20 世纪 70 年代开始，城市人力资源主管者就已尝试开发和实施平等就业机会和反歧视行动。凯耶尔指出，平等就业机会和反歧视行动都力图"使公共服务代表着整个社会"③，即让公共服务更加多样化。公共部门的多样性与代表制行政系统这个概念相联系："假定所有社会群体都应该被代表，并且其行动对公共服务具有影响。"④ 代表性公平通常被表述为城市劳动力资源中的受保护群体受雇于城市政府的比率，或城市政府各种类型的职位中受保护群体所占的比率（如消防员、环卫工人和办公室助理等）。

与过去一样，今天，对于什么构成了平等就业机会和反歧视行动，仍然存在很多法律冲突，既包括立法的，也包括司法层面的。尽管大多数立法行动发生在国家

① Charles J. Fox, "Employee Performance Appraisal：The Keystone Made of Clay," in *Public Personnel Management*：*Current Concerns*，*Future Challenges*，ed. Carolyn Ban and Norma M. Riccucci（New York：Longman，1991）：67-68.

② Herbert Hill, "Preferential Hiring：Correcting the Demerit System," *Social Policy* 4（July-August 1973）：102.

③ Cayer, *Public Personnel Administration*，174-175.

④ Ibid.，175.

层面，但是实际争端往往起因于地方情形。

反歧视行动

平等就业机会"要求所有群体都有相同机会去竞争某些职位，并且在就业后得到平等待遇……它要求在人事过程中对除绩效和能力外的因素保持中立"[1]。实现平等就业机会的初始战略主要集中于消除歧视性人事政策和实践，但这些早期努力的有限成效导致了创设反歧视行动项目。反歧视行动比消极的非歧视运动执行的东西更多，它要求采取行动矫正不同种族、少数族裔和妇女在就业上的不平衡。毕竟，反歧视行动关注结果，而不是承诺或计划。

在 20 世纪 60 年代早期，反歧视行动理念通过行政命令的方式获得了联邦政策的地位。1972 年通过《平等就业机会法》之后，这一路径正式在州和地方政府付诸实施。该法使地方政府必须服从于 1964 年的《公民权利法案》（简称《民权法案》）第Ⅶ款，即禁止就业歧视。1972 年《民权法案》还设置了平等就业机会委员会（EEOC）。自 1978 年《公务员改革法》通过后，平等就业机会委员会可因违反第Ⅶ款而调查和起诉私人或公共雇主。

优先雇用

在非歧视努力方面，雇主究竟要达到何种程度，这仍是极富争议的问题，如果不是法律纷争的话。一些人同意赫伯特·希尔的观点，认为反歧视行动必须执行优先雇用[2]，然而，另一些人认为优先雇用带有使反歧视颠倒过来的意思。优先雇用的目标和限额都是具有争议性的议题。例如，华盛顿邮报和美国广播公司的新闻调查发现，回应者竭力反对在就业（80%）或大学入学（76%）中实行种族优先政策。[3] 不可避免的是，法院和国会不得不介入并裁定优先雇用的性质和范围。

法院

公共行政专家约翰·纳尔班迪安勾勒了美国最高法院在反歧视行动中的地位。[4]他认为，法院基于两方面的分析路径已经达成一致意见。第一方面是检视种族考虑的正当性，得出结论认为"反歧视行动对非白种人产生的影响越多，就越需要具有正当性"。该路径的第二个方面考虑反歧视行动的内容，特别关注其结果对非少数族裔雇员产生的影响："法院强调把反歧视行动严格限制在其所要解决问题的范

---

① Cayer，*Public Personnel Administration*，177.

② 关于该争论的精彩讨论，参见 J. Edward Kellough，"Equal Employment Opportunity and Affirmative Action in the Public Sector," in Hays and Kearney, *Public Personnel Administration*，216–221.

③ Tom Kenworthy and Thomas B. Edsall, "The Voices of Those Who Think Civil Rights Have Gone Too Far," *Washington Post National Weekly Edition* (June10–16, 1991)：14.

④ John Nalbandian, "The U. S. Supreme Court's 'Consensus' on Affirmative Action," *Public Administration Review* 49 (January-February 1989)：39.

围之内。"换言之,"社会歧视"不应成为反歧视行动的正当理由,并且,反歧视计划应尽可能对那些可识别的受害者产生益处,以消除对其他无辜者的影响。这一路径在 1995 年"阿达兰德诉皮纳案"(Adarand v. Pena)的法庭判决中得到了确认。克拉夫(Kellough)解释说,这个判决要求"州、地方或联邦雇主自愿实施的反歧视行动中的任何种族划分,必须要有证据表明它有利于促进政府利益,以便获得宪政层面的合理性……一旦政府利益得到确认,那么用以实现该利益的方法必须被严格约束"①。

在 20 世纪 80 年代晚期,法院判决了三个案子,"批评者认为判决损害了《民权法》的公平性"②。在"里士满市诉克洛森公司案"(City of Richmond v. J. A. Croson Co.)中,法院以 6 比 3 的多数判决弗吉尼亚州里士满市为少数族裔商业企业保留项目的法令违宪。③ 该市设计了这些项目以确保少数族裔商业企业能够得到一定比例的政府合同。

第二个判决是"沃德克沃包装公司诉安东尼奥案"(Ward's Cove Packing Co. v. Antonio),法院判决表明仅展示种族歧视的负面影响或不相干效应已经显得不够了。这一方法允许雇主通过使用统计数据来证明妇女或少数族裔在某地区或岗位类别的代表性不足,从而显示偏袒的证据。根据沃德克沃案的判决,诉讼人被要求将雇主行为与代表性不足联系起来,即便如此,雇主还是可以通过证明他们是基于合理、通行的商业实践而使此类行为合理化。④ 该判决将举证责任从雇主身上转移到起诉人身上,并且让雇主更容易使用标准化测试和文凭要求等办法,尽管这种办法对受保护群体具有负面影响。

第三个案子是"马丁诉威尔克斯案"(Martin v. Wilks),发生在亚拉巴马州伯明翰市,一群白人消防员提起诉讼,宣称该市的优先雇用黑人政策导致逆向歧视。最高法院支持该主张,从而为大量逆向歧视诉讼铺平了道路。⑤

对法院判决的反应

作为对这些行动以及老布什总统否决 1990 年《公民权利法》的回应,国会通过了 1991 年《公民权利法》。新法的主要条款包括如下内容:

● 将负面影响的举证责任转回到雇主身上,从而颠覆沃德克沃案的判决。种族不平衡的"业务正当性"再次要求具有"业务必要性"和"工作相关性"。

● 颠覆了马丁诉威尔克斯案的判决结果,从而限制了白人在服罪判决书中提出

---

① Kellough, "Equal Employment Opportunity and Affirmative Action," 221.

② Charles Fried, "Restoring Balance to Civil Rights," *Washington Post National Weekly Edition* (June3 – 9, 1989).

③ 相关讨论参见 Ann O'M. Bowman and Michael A. Pagano, "The State of American Federalism 1989—1990," *Publius* 20 (summer): 1–25; and Mitchell F. Rice, "Government Set-Asides, Minority Business Enterprises, and the Supreme Court," *Public Administration Review* 51 (March-April 1991): 114–122。

④ Julianne R. Ryder, "High Court Ruling Will Impact Affirmative Action," *Public Administration Times* 12 (June 23, 1989): 1, 11.

⑤ Ibid.

逆向歧视的能力。[1]

反歧视行动的现状和未来

尽管平等就业机会是地方政府人事实践的持久要求，但反歧视的很多项目却并没有如此幸运。反歧视行动在 21 世纪会持续多久？对这个问题很难给出准确回答，反歧视运动在各个层面的政府中都在经受严格审查。例如，加利福尼亚和华盛顿州在启动阶段，选民就否定了反歧视行动的合法性。随着 1991 年《公民权利法》的通过，国会在保护平等机会方面迈出了一大步，但根据纳尔班迪安的两方面检视（"正当性"和"内容测试"），法院似乎又对反歧视行动政策做出了狭义解释。

1990 年《美国残疾人法案》

对人事实践具有重要影响的另一个主要立法是 1990 年《美国残疾人法案》。[2]它禁止私人和公共部门雇主在所有就业领域（招聘、权益、测试等）对残疾人有工作歧视行为。该法最初适用于雇员在 25 个及以上的雇主，自 1994 年 7 月 26 日之后，该法被应用于雇员在 15 个及以上的雇主。平等就业机会委员会就实施该法承担基本责任。

1990 年《美国残疾人法案》主要是针对处于就业年龄的 320 多万美国残疾人，其中 149 万人身患严重残疾。[3]该法的许多条款关注谁包括在其中，以及雇主需对残疾雇员提供什么"合理便利条件"。一个人如果符合以下情况就被认定为残疾人：（1）具有身体或智力上的损伤，它实质性地限制了其一项或者多项主要生命活动；（2）具有损伤记录；（3）被觉察存在上述损伤。然而，就该法自身而言，国会并没有界定身体或精神损伤，或主要生命活动是什么，管理者不得不参考先前的立法（1973 年《康复法》）和平等就业机会委员会的指导原则。为确保对残疾人的非歧视，雇主"在做出给予工作机会的决定之前，不得询问与身体或精神损伤相关的信息"[4]。而且，未来雇主在提供工作岗位之前，不能要求进行医疗体检。

最后，1990 年《美国残疾人法案》要求雇主向残疾员工提供适当的便利条件，除非这样做会造成"过度重负"。下列四项标准被用来帮助确定重负的性质和程度：

● 所需便利的性质及成本。

● 设施所需的财政资源及便利对业务运作的影响，以及享受便利的员工数和提供便利对支出和资源的影响。

---

① Sue Ann Nicely, "New Civil Rights Act to Adversely Impact Employers," *Oklahoma Cities & Towns*, February 14, 1992, 1, 3. 另可参见 Paul Gewirtz, "Discrimination Endgame," *New Republic* (August 12, 1991): 18-23; and Paul Gewirtz, "The Civil Rights Bill's Loopholes?" *New Republic* (November 18, 1991): 10-13.

② 该讨论引自 U. S. Equal Employment Opportunity Commission, *The Americans with Disabilities Act: Your Responsibilities as an Employer* (Washington, D. C.: EEOC, 1991).

③ 该讨论引自 Bonnie G. Mani, "Disabled or Not Disabled: How Does the Americans with Disabilities Act Affect Employment Policies?" in Hays and Kearney, *Public Personnel Administration*, 271.

④ Ibid., 275.

● 雇主、雇用机构、劳工组织或者劳方—管理方联合委员会拥有的全部财政资源，业务的总体规模，设施的数量、类型及位置。

● 劳动力的构成、结构和功能，单位的地理分布，员工工作地区的设施与所涉及组织实体之间的关系。①

很明显，只有在应用于具体个案时才能确定该法的意义，结果是，平等就业机会委员会听到了很多关于 1990 年《美国残疾人法案》的案例。实际上，在 1992—1999 年间，在平等就业机会委员会的工作中，与 1990 年《美国残疾人法案》相关的诉讼所占比例从 1.8％上升到了 22％。② 在平等就业机会委员会提出的违反 1990 年《美国残疾人法案》的诉讼案件中，值得一提的是，该机构每年赢得其提出的约 24 000 件违反 1990 年《美国残疾人法案》案件中的 90％。③

法院、平等就业机会和遴选程序

如前所述，1991 年《公民权利法》推翻了美国最高法院的沃德克沃判决。这一举措把 1971 年格瑞格斯诉杜克能源公司的法院早期判决以及随后的相关判决变成了判例。格瑞格斯原则为雇主免于种族歧视设置了几条关键的测试和遴选标准：

● 如果人们由于种族、性别、宗教信仰或原国籍不同而被区别对待，那么就业实践中的测试就是非法的。

● 若要合法化，就必须证明测试是合乎逻辑的。换言之，它们必须被证明是与工作相关的，或对工作绩效有预测效应。

● 试图使先前的歧视行为持久化的任何就业实践，无论多么公平和公正，都违反了该法。

该法禁止那些从“表面”看就不公平对待受保护群体（种族或少数族裔、妇女及残疾人等）的行为。例如，如果一份工作的职位要求使女性失去资格的话，那么雇主必须要证明该标准是“真实的职业资格限制”（bona fide occupational qualification，BFOQ），否则它将会被推翻。例如，城市不能要求只有妇女可做电话接线工作或只有男性可以驾驶运垃圾的卡车。种族自身绝不是真实的职业资格限制。

绝大多数城市不容忍歧视性待遇，并力图在雇用实践中消除它。目前，更常见的问题是差别效应（disparate effect）或负面影响（adverse impact）。假设对一个职位的雇用或测试过程产生了不成比例的几个少数族裔候选人。这是不是歧视呢？在这些案例中，法院通常要求城市证明该遴选过程和测试工具与工作相关，如果城市不能证明测试的正当性，法院就会判定存在差别效应，并判决该市败诉。作为帮助确立负面影响含义的一种方式，平等就业机会委员会、公务员委员会和司法与劳动部门联合制定了一个 80％规则：如果少数族裔的通过率不到非少数族裔申请者的

---

① 该讨论引自 Bonnie G. Mani, “Disabled or Not Disabled: How Does the Americans with Disabilities Act Affect Employment Policies?” in Hays and Kearney, *Public Personnel Administration*, 276。

②③ Sylvia and Meyer, *Public Personnel Administration*, 73.

80％，该测试程序从表面判断就存在不公正的影响。在 1989 年沃德克沃案的判例中，关于负面影响的统计数据还不足以支持受保护群体到法院诉讼；在 1991 年《公民权利法》中，老标准又回来了；4/5 规则再次成为了差别效应的判断依据。但是，凯耶尔指出，"最高法院已经显示出灵活性（适用该规则），提出在判决此类案件时，应当考虑全部雇用记录和特定背景下的雇主行为"[①]。

关于就业歧视的一个实践案例是，警察局在警官职位的要求条件中加入了最低体重和身高标准。从表面来看，这些要求（例如 5 英尺 6 英寸高，140 磅重）可能不是歧视性的，但在实践中，它们使失去资格的女人比男人更多，因此其影响就是差别对待。如果城市警务部门能够证明该标准是工作绩效的基本要求（与工作相关），法院可能会认为其具有合法性而接受。但实际上，法院通常排斥身高和体重条件。[②]

那么地方官员是怎样证明其遴选程序（经常是测试）与工作相关的呢？最起码要合乎逻辑。

测试验证

根据平等就业机会委员会的指导原则，可以通过几种方式来验证测试（笔试或基于绩效）。[③] 第一个是提供**标准关联效度**（criterion-related validity）（预期或同时发生的），城市可证明在测试中得高分者的工作表现好于得低分者。换言之，一项研究必须能够证明测试的分数与工作成效具有相关性。该技术建立在统计分析基础上，它要求在同一工作等级上具有大量的个体职工，大体上，测试得分与工作绩效得分具有相关性。很明显，这种验证成本很高，而且在许多情况下不具有可能性，因此平等就业机会委员会允许使用另外两种验证方式：**结构效度**（construct validity）和**内容效度**（content validity）。在测试某一特定理论结构或特征（如文书能力或对机械的适应能力）时，如果这些对于出色的工作绩效是必需的，那么这项测试就具有结构效度。内容效度包含一个代表性的任务样本，它类似于某项工作所要履行的职责，例如对打字员的测试就是打字测试。根据平等就业机会委员会的指导原则，结构和内容的标准都必须是通过全面的工作分析而获得的。

同工同酬

1963 年《平等工资法》禁止因性别而实行差异付酬，它保证了相同工作获取相同报酬。**同工同酬**（comparable worth）相当准确地表达了这一含义。问题是由传统的市场力量主导薪酬水平对女性是否公平，例如，卡车司机和设备操作员的工

---

① Cayer，*Public Personnel Administration*，87.

② Nelson and Harding（attorneys），"An Introduction to Equal Employment Opportunity," *Current Municipal Problems* 9（1982—1983）：84.

③ 参见 Cayer，*Public Personnel Administration*，86-87；Nigro and Nigro，*New Public Personnel Administration*，98-99。

资几乎总是比打字员和秘书要高。这些历史性实践很少反映出工作要求的条件是否与薪酬水平相适应。同工同酬要求基于对教育、培训、经验和技术的要求，对工作岗位进行评估并据此付酬。如果以这种方式评估职业的话，雇主们就不得不承认，相对于所做工作而言，女性所获报酬的确过低。

部分地由于公共机构比私人部门的薪酬计划更少受市场力量约束，在州和地方政府层面，同工同酬的主张取得了一些进展。实际上，这些政府比私人部门在公平付酬方面拥有更好的记录。2001 年，在州和地方政府中，相对于男性每挣 1 美元而言，女性所得约为 81 美分（比 1980 年的 75 美分有增长），而 2001 年美国总体就业状况的可比数据是 77 美分（比 1960 年的 60 美分有增长）。[1]

同工同酬一直是一个争议性话题，今天仍是这样。根据 1981 年美国最高法院的判决，"法院不能要求同工同酬（相同价值的工作获得相同报酬），但国会可以这样做"[2]。1985 年，美国民权委员会拒绝了同工同酬原则，宣称它会导致"我们的经济系统被彻底重新安排"[3]。反对者认为，客观地确定哪些工作具有可比性，这对管理来讲是个梦魇，它会导致歧视、投诉和滥用权力。还有人提出，它会导致潜在的高成本，因为女性占据主导地位的职业无疑会被高估价值，而男性从事相应职业的报酬却不会降低。

1981 年，加利福尼亚州的圣何塞市成为解决同工同酬问题的第一个地方政府，随后爆发了美国州、县和市政雇员联合会（AFSCME）发起的罢工。[4] 1989 年对人口达到或者超过 10 000 人居民的城市的调查发现，900 多个被调查城市中大约 10% 出台了正式的同工同酬政策。[5]

性骚扰

性骚扰被认为是个老话题，但也是一个新问题。[6] 关于公共工作场所性骚扰问题的普遍性及其代价都有很多报道。例如，美国人事录用制度保护委员会在 1981 年和 1988 年实施的调查发现，在这两个时间点，大约有 42% 的女性和 15% 的男性经历过某种形式的性骚扰。[7] 1980 年，平等就业机会委员会做出规定，性骚扰属于

---

① Bureau of the Census, *Statistical Abstract of the United States*, 2004—2005 (Washington, D. C.: Government Printing Office, 2004): 299; National Committee on Pay Equity, "The Wage Gap over Time: In Real Dollars, Women See a Continuing Gap," at www. pay-equity. org/info-time. html.

② Cayer, *Public Personnel Administration*, 72.

③ "Typist=Driver: Los Angeles Adjusts Its Salaries," *Time* (May 20, 1985): 23.

④ Richard C. Kearney, with David G. Carnevale, *Labor Relations in the Public Sector*, 3rd ed. (New York: Marcel Dekker, 2001): 152.

⑤ Cayer, "Local Government Personnel Structure and Policies," 4-5.

⑥ Cynthia S. Ross and Robert E. England, "State Governments' Sexual Harassment Policy Initiatives," *Public Administration Review* 47 (May-June 1987): 259.

⑦ 参见 U. S. Merit Systems Protection Board, Office of Merit Systems Review and Studies, *Sexual Harassment in the Federal Workplace: Is It a Problem?* (Washington, D. C.: Government Printing Office, March 1981): 2-14; and "Sexual Harassment Is Still a Problem in Government," *Wall Street Journal* (June 30, 1988): 10.

性别歧视的一种形式，因此违反了 1964 年《公民权利法》第Ⅶ款，该法在 1972 年做出修正将政府纳入其中。

城市已经开始回应并关注性骚扰问题。对一些大型社群的研究表明，大多数社群（84％）都有正式的性骚扰政策，约有 70％的社群提供了正式训练项目。[1] 大约 2/3 的城市汇报说出现过一起或多起性骚扰投诉。

那么，性骚扰政策包括哪些内容呢？根据对现有文献的检视，劳拉·里斯（Laura Reese）和卡伦·林登堡（Karen Lindenberg）提供了如下标准：

- 对性骚扰是什么及其不被容忍进行清晰描述；
- 主管者和高层管理者对该政策有坚定承诺和理解；
- 对雇员和主管就性骚扰及相关问题进行项目培训，增强人们对这种不可接受的行为的认知；
- 对主管者进行敏感性训练，改进其与相关各方的互动；
- 对主管者进行培训，以掌握调查处理的适当程序；
- 处理性骚扰投诉的明确程序；
- 报告性骚扰的清晰途径，能够提供可选途径，避免涉及过多不同行动者；
- 训练有素、保持中立地处理性骚扰投诉的调查员；
- 由两性组成的调查队伍；
- 保护被告和原告隐私的程序，包括对泄露隐私行为的相关惩罚；
- 不同政策过程的时间表——访谈、调查、发现、报告；
- 对于被告和原告的专门报告程序，调查发现和结果至少应该达到某种水准；
- 对不适当行为的严厉惩处；
- 将处理性骚扰投诉的关注纳入管理程序。[2]

城市政府的多样性管理

公共管理专家艾丽卡·加布里艾尔·福迪（Erica Gabrielle Foldy）提醒我们，"在当今组织中，思考和谈论多样性是十分普遍的"[3]。她也指出，这一点对公共部门尤其适用，公共组织比私人组织拥有更多样的雇员群体。正如本章前面所述，城市政府的多样性与代表制行政系统这一理念相关联。将这一理念运用于城市政府，它意味着市政府的雇员结构应大致反映其所服务的市民的总体结构状况。这种代表性公平要求创造一种与各类人口亚群体的实际状况具有关联性的观念性市场环境。[4] 这些

① Connie Kirk-Westerman, David M. Billeaux, and Robert E. England, "Ending Sexual Harassment at City Hall: Policy Initiatives in Large American Cities," *State and Local Government Review* 21 (fall 1989): 100–105.

② Laura A. Reese and Karen E. Lindenberg, "Assessing Local Government Sexual Harassment Policies," *American Review of Public Administration* 32 (September 2002): 296.

③ Erica Gabrielle Foldy, "Learning from Diversity: A Theoretical Exploration," *Public Administration Review* 64 (September-October 2004): 529.

④ Ibid.; also see Julie Dolan and David H. Rosenbloom, eds., *Representative Bureaucracy: Classic Readings and Continuing Controversies* (New York: M. E. Sharpe, 2003).

亚群体不仅包括"多样性的主要维度"下的少数族裔群体与妇女①，还包括年轻的单身家长、双职工夫妇、同性夫妇、上有老下有小的工人（所谓"三明治"一代）、残疾人以及具有本代人需求、价值和期望的所有年龄段的工人。

多样性管理很不容易，但它的确又很重要：管理者"必须谋划如何调整组织结构和文化，以使之变成资本……从而保证工作质量和组织效益"②。索尼娅·奥斯皮纳（Sonia Ospina）和詹姆斯·奥沙利文（James O' Sullivan）详述了圣迭戈市市政经理如何倡导聚焦于多样性的培训项目。在对公共和私人多样性项目进行评估之后，该市发起了名为"多样性承诺"的全市性组织文化变革。为实施该项目，该市成立了由来自组织各层级的四个人构成的"多样性团队"，负责履行指导委员会的职责。通过雇员讨论小组和制订行动计划，该市开发了短期和长期的战略。作为全市性行动，多样性努力试图"创造一种环境，它珍视差异性，所有员工都参与到团队服务供给之中"③。短期多样性战略包括：创设多元文化和两性背景的面试小组，以改进晋升和遴选过程的代表性；将多样性模块引入监管和管理培训项目；组建任务小组，处理雇员优先关注的职业发展、沟通和晋升等问题。④

作为一项长期行动，城市领导者启动了广泛的雇员交流项目，包括每月一次的多样性团队会议，参加者包括"雇员协会、工会、非正式市政雇员群体、警察和消防部门的人力资源代表，此外，还设置了管理方和工会共同参与的论坛，以讨论和解决正在凸显的多样性问题"⑤。根据奥斯皮纳和奥沙利文的论述，多样性行动被认为在圣迭戈市雇员中建立了真正的伙伴关系。此外，该努力在全市分担了所有的管理职责，包括人力资源经理、项目经理、部门领导以及城市经理。

为了管理多样性的影响，凯耶尔提出，有必要对传统福利计划进行调整。首先要考虑的变革是，引入有利于家庭友好或有利于工作生活的项目，如弹性工作时间、工作分享、现场儿童看护、远程办公、更强调职业发展、内部伙伴福利、雇员援助项目以及财政规划。此外，也需要发展自助式福利，即让雇员选择对他们重要的福利项目。⑥

9.4 劳方—管理方关系

尽管早在 19 世纪就出现了公共部门雇员工会，但是其真正发展却是在第二次世界大战之后。至 20 世纪 70 年代早期，在人口超过 25 000 人的城市中，将近 2/3 的人签署了至少一个集体谈判协议（政府与工会或地方雇员协会签订）。⑦ 到 1987

---

① Cayer，*Public Personnel Administration*，75.

②③ Sonia Ospina and James F. O' Sullivan, "Working Together: Meeting the Challenges of Workforce Diversity," in Hays and Kearney，*Public Personnel Administration*，239.

④⑤ Ibid.，240.

⑥ Cayer，*Public Personnel Administration*，182.

⑦ Boesel，"Local Personnel Management," 87.

年，几乎半数（48％）的市政雇员都由类似的谈判组织代表其利益。[1] 到2004年，统计数字下降为41.3％。[2] 美国工人参加工会的人数也在下降，从20世纪50年代中期的34％下降到2004年的12.5％。[3] 尽管处于下降阶段，但是工会组织依然是大多数美国城市需要认真对待的一支重要力量。

市政工会

工人参加工会的原因很多：经济的、社会的和心理的。最主要的动机可能是出于经济上的考虑，希望工会通过集体行动实现增资和改善工作条件，尤其是蓝领工人。公共部门工会专家理查德·科尔尼指出：

在很大程度上，公共部门雇员加入工会的原因与私人部门雇员一样。他们对其工作的某一个或某些重要方面感到不满意：与工作相关的条件，特别是危险的、繁重的或者重复性的任务等；对与工作相关的决策投入很少；对武断和不公平管理行为和决策的理解等。[4]

当然，公共和私人部门的工会也有差别。这些差别是否足以要求特别对待公共部门仍存在争议。

公共部门与私人部门工会

公共部门和私人部门的劳方—管理方关系有什么区别？最主要的区别是，公共组织中缺乏利润动机。一些批评者宣称，由于缺乏利润和价格竞争，城市议会很容易对员工的过分要求妥协让步。大多数地方公共服务的垄断性特征，意味着选任官员可能放任劳动成本上涨，而不必担心由于价格而使业务被淘汰。

第二，相关讨论源自市政集体谈判的政治情境：由于地方雇员是一种潜在的政治力量，工会在与地方公共雇主打交道时处于明显优势。[5] 一个自然的推论认为，政治压力可能迫使城市议会在劳动争议中保持沉默，以避免影响重要的公共服务。[6] 正如科尔尼所说，"工会可通过真实或威胁的工作行为来行使原始的政治权力"[7]。但是，既然工会处在公众的聚光灯下，它们"会由于财政困难而受到公共官员和媒体的责备"[8]。

---

[1] U. S. Bureau of the Census, *1987 Census of Governments*：*Labor Management Relations in State and Local Government*（Washington, D. C.：Government Printing Office, 1988），1.

[2][3] U. S. Bureau of Labor Statistics, "Union Members Summary," at www. bls. gov/news. release/union2. nr0. htm.

[4] Kearney, *Labor Relations in the Public Sector*, 21.

[5] 参见 Cayer, *Public Personnel Administration*, 152-154。

[6] Jay F. Atwood, "Collective Bargaining's Challenge：Five Imperatives for Public Managers," *Public Personnel Management* 5（January-February 1976）：24-32.

[7] Kearney, *Labor Relations in the Public Sector*, 149.

[8] Ibid. , 144.

第三点区别与特定公共服务的特性有关。许多分析专家认为，警察和消防一定不能受罢工影响，这些服务太重要了，不能被干扰。因此，公共部门的劳动关系必须进行区别对待，以确保那些必不可少的职能能够持续稳定。

公共和私人部门的这些差别中，有些比其他更具有正当性。在市场激励和工会权力的较量问题上，如果公共部门工会实际上相较于私人部门工会有特殊优势的话，它应该反映在组织化的公共部门雇员的工资相对更高。在 20 世纪六七十年代，当公共部门工会获得权利、力量和活力时，关于工会对财政影响的研究发现，被组织起来的公共雇员的确比没有组织起来的雇员获得了更多的经济收益，但差别并不大。① 此外，1974 年的一项研究发现，组织起来的公共部门雇员的相应收益并没有超过私人公司中工会成员的收益。②

那么，在过去 30 多年发生了什么呢？公共部门工会实现的工资或利益增长超过了私人部门工会的成效了吗？总体而言，科尔尼认为，答案是否定的："经验证据令人信服地表明，私人部门工会比公共部门工会更加成功。"③ 在 2001 年的著作中，科尔尼讨论说，基于公共部门工会和薪酬研究领域发表的 45 篇论文，他发现工会的影响相对微弱。④ 他总结道：

> 检视相关文献表明，工会提升了政府的工资和福利。其影响因时间、空间、方法以及回应大量且易变的社会、经济和政治因素的职能而不同。工会对薪酬的影响平均约为工资的 5%～6%，对福利的影响可能会稍微大些。这些都难以与私人部门工会的影响相比，它们对薪酬的影响大约为 10%～15% 的幅度。⑤

担忧公共部门工会的过度权力仍然缺少事实依据。

工会与考绩制

一些人担心公共部门工会的增长会损害考绩制原则。一般而言，工会确实支持将资历作为晋升的基础，但并不排斥考绩。正如杰瑞·沃夫（Jerry Wurf）（曾任美国州、县、市政雇员联合会会长）指出的，晋升应该建立在考绩和胜任基础上，但是"资历必须是在合格申请人之间进行遴选的关键决定因素"⑥。在实践中，资历经常是晋升最基本的基础，即使在最好的考绩体系中也是如此。说到薪酬，工会一直在与相似工作给予差异化报酬的管理行为进行斗争——当然，它不包括基于资历基础的差异化报酬。例如，教师组织基本上都反对基于绩效的薪酬计划。尽管公共

① W. Clayton Hail and Bruce Vanderporten, "Unionization, Monopsony Power, and Police Salaries," *Industrial Relations* 16 (February 1977): 94-100.

② James L. Freund, "Market and Union Influences on Municipal Employee Wages," *Industrial and Labor Relations Review* 27 (April 1974): 391-404.

③ Kearney, *Labor Relations in the Public Sector*, 159.

④ Ibid., 161.

⑤ Ibid., 165-166.

⑥ Jerry Wurf, "Merit: A Union View," *Public Administration Review* 34 (September-October 1974): 433.

262

雇员群体对绩效工资问题持宽容态度，但一般而言工会对这类计划仍持谨慎态度，它们认为绩效薪酬容易在员工中造成关系紧张，并容易导致管理层滥用权力。①

当前，普遍的观点是集体谈判和考绩原则已经扎根。管理方和劳方都必须考虑如何保证二者的相对兼容。

集体谈判程序

1999 年，由国际城镇管理协会发起的一项对人口在 1 万人及以上的 2 881 个美国城市的大规模调查显示，市政工会化处于扩展之中。在 1 401 个回应城市中，3/4 汇报说存在工会或协会。② 在 90％的城市，地方政府与工会订立了相关协议。这些城市中约 94％与工会进行了集体谈判。调查涵盖了与 5 类群体的谈判：警察、消防、环卫、市政工程、其他。主要涉及调度员、监督者、白领和管理者等职位。大多数城市（86％）使用"集体谈判团队"。在小城市，谈判团队可能由全职的劳动关系专家、咨询顾问和市议员组成。在大城市，在团队中会有更多的管理者及助理人员。在小城市，管理者——城市经理或首席行政官大多是主要谈判者；在较大的城市，全职的劳动关系专家常常担当城市的主要谈判者。在所有城市，集体谈判团队中，成员之一是全职的劳动关系专家的情况占 6％；成员之一是律师的占 55％；有一名顾问的占 44％；有一人是市议会成员的占 43％；有一名助理人员的占 30％；有一名部门领导的占 25％；有一名人事主管的占 23％；有一名城市经理/首席行政官的占 13％；市长参加的占 8％。

到目前为止，实行集体谈判的城市中，最普遍的实践是工会获得唯一的授权认可。这并不意味着所有员工都必须加入工会，唯一认可只是要求一旦挑选出了合适的谈判代理者，管理方就只能与该雇员群体的代表进行交涉。这些城市的员工也不必只由一个工会代表，市政工作队伍中不同的组成部分，都可以组织相应的谈判单位。平均来看，城市一般组织 5 种专门的工会，但在一些特大城市，谈判单位的数量确实很大。例如，纽约市有 200 多个独立的谈判单位。在大多数城市，警察和消防队伍有单独的工会组织，环卫和市政工程员工可能也有单独的工会，另有一个或多个工会代表其他一线雇员。此外，还出现了仿效私人部门的趋势，即排除或限制公共部门管理者的谈判权利。③ 例如，在国际城镇管理协会 1999 年的劳方—管理方关系调查中，只有 27％的城市提供全权代表与雇员工会进行谈判。④

州在关于集体谈判方面的立法倾向于遵从《国家劳动关系法》的要求，以促进

---

① 关于工会和新公共管理/重塑政府动议的评论，参见 George T. Sulzner, "New Roles, New Strategies: Reinventing the Public Union," in *Public Personnel Management: Current Concerns, Future Challenges*, 2nd ed. , ed. Carolyn Ban and Norma M. Riccucci (New York: Longman, 1997)。

② Robert Hebdon, "Labor-Management Relations in the United States, 1999," in *2000 Municipal Year Book* (Washington, D. C.: ICMA, 2000): 23.

③ Joel M. Douglas, "Collective Bargaining and Public Sector Supervisors: A Trend toward Exclusion?" *Public Administration Review* 47 (November-December 1987): 492.

④ Hebdon, "Labor-Management Relations," 23-24.

诚实谈判。尽管在立法中有时会明确设置一些禁令，但其具体含义还不是很清楚。例如，可能禁止雇主侵害员工的权利；可能禁止城市因为工会的活动而歧视或报复员工；同样，也会禁止员工干扰或强迫其他员工。[①]

集体谈判的结果远不止于遵守规则的法律过程。城市层面的谈判很容易演变成为一种政治竞争。毕竟，员工代表着可观的投票群体。他们不仅寻求在谈判桌前促进自身利益，也会直接诉诸议会活动、选举，甚至州立法行动。实际上，那些害怕工会权力的人，他们主要担心的就是公共雇员组织产生广泛政治影响的潜在可能性。就像我们已看到的，地方选举常因投票率低而声名狼藉，组织严密的雇员群体有相当的能力去影响任何此类竞争的结果。通常认为，渴望再次当选的地方政治家，会对冒犯雇员工会的任何行动都保持敏感。过去几十年的证据表明，总体而言，市政工会在薪资和福利方面取得的成果不能与私人部门相比，但是我们也指出，这种总体性并不适用于所有城市、所有职业和所有的时间点。因此，对工会的恐惧依然存在。

毫无疑问，我们必须认识到地方集体谈判发生的政治环境，但政治因素对谈判结果的影响程度如何，仍是个有争议的问题。例如，根据国际城镇管理协会 1991 年的劳方—管理方关系调查，91％的城市报告说其劳动合同中有"管理方权利条款"。在这些城市中，约 85％在管理方权利条款中允许城市决定任务、政策、预算和一般运作，决定工作队伍的规模和构成，设定服务标准和水平。[②]

除了政治问题之外，另一个关注点是工会的战斗力。实际上，关于公共部门劳动关系的许多文献，都在探讨尽可能减少停工的各种方式。

化解僵局

集体谈判的目标是达成双方都能接受的协议。当正式谈判不能达到这一效果时，劳动争议就会出现。因为大多数州禁止公共雇员罢工，因此必须寻找除罢工之外的一些方式来化解僵局。多年来，逐渐形成了化解劳方—管理方僵局的三种基本方法：调解、实情调查和仲裁。调解最常用，仲裁用得最少。[③]

调解引入了中立的第三方帮助双方解决争议，工会和管理方都可接受它。如果谈判已经破裂，调解者的首要任务就是恢复交流。调解者一般不举行正式的听证活动，不会保留书面记录、不对争议问题发表意见。调解既很常用，也很成功，是争议双方都乐意采用的办法，因为双方都没有义务必须接受调解者的建议。有经验的调解者对于缺乏谈判经验的双方来讲都很重要。

当调解不成功时，下一步通常是实情调查。这一方法也要使用中立的第三方帮助解决争议。但在这种方法中，程序更加正式，通常包括三个阶段：启动程序和选择实情调查者，组织听证以确认事实，提交附有建议的报告。尽管是由实情调查者

---

①　参见 Kearney，*Labor Relations in the Public Sector*，70-79。

②　Hebdon，"Labor-Management Relations，" 25-26.

③　关于困局解决技术的更详细讨论，参见 Kearney，*Labor Relations in the Public Sector*，chap. 9；and Cayer，*Public Personnel Administration*，160-163。

撰写书面建议，但他们不会偏袒任何一方。人们普遍认为，实情调查的效果不错。也有批评者认为，如果这一方法易于使用，它会降低在早期阶段进行初始谈判的动力。

仲裁是最激烈也是最有争议性的化解困境的方法。仲裁可以采用几种形式：在自愿仲裁中，双方自愿同意将特定问题提交给第三方做有约束力的最终裁定；大多数仲裁是强制性的。这种"有约束力的仲裁"程序与实情调查使用的程序类似：争议双方各选择一个代表，代表再选择一个中立的第三方；举行听证并且保留记录；最终做出建议。通常，仲裁要做出一项决策，它区别工会的最终需求和城市最终能提供的条件，在强制性仲裁中，双方在法律上都应受制于仲裁者的调查结果。

强制性仲裁仍然面临很多争议。历史地看，管理方一直抵制由外面的第三方支配合同条款，工会也担心这会引入其他因素。然而，约束性仲裁在私人部门的使用十分广泛，通常是作为不罢工的交换条款。部分地因为在私人业务中越来越受到认可，约束性仲裁在公共部门的使用也越来越多了。一些观察者认为，这种解决机制是阻止罢工的一种有效工具。在许多城市，它仅适用于那些提供不可或缺的公共服务的公共雇员群体，如警察和消防部门。强制性仲裁是否能够防止罢工，这仍有不确定性。尽管越来越流行，但一位权威专家在数年前就对公共部门无限制使用强制性仲裁持保留态度。米隆·李伯曼（Myron Lieberman）提出，在公共领域应用约束性仲裁应当限于事实性问题，否则它会剥夺管理方制定政策的权力。例如，雇员因为盗窃公共财产而被解雇了，他可就是否发生盗窃问题提起仲裁，但不能就惩罚的形式提起仲裁。[①]

近年来，约束性仲裁出现了一种有趣的变种——"最终报价仲裁"（final offer arbitration, FOA）。最终报价仲裁在 15 个州和几个地方政府中都有使用，俄勒冈州的尤金市（Eugene）在 1974 年首先应用这个方法。[②] 该方法要求仲裁者在管理方或劳方的最终报价中选择一个，选择的方案不能有任何修改，即奉行"赢者通吃"原则。该程序很可能迫使双方制定自身能够忍受的最终方案，否则，仲裁者可能选择另外一方的方案作为更合理的安排。尽管最终报价仲裁是产生合理的最终报价的一种精巧设置，但是它也存在一些问题：第一，它不具灵活性。仲裁者除接受一方或另一方的最终报价外，无其他选择。这对工资的影响还不大，但它会给非工资性争议造成困境。尤金市使用最终报价仲裁的经验表明，该程序似乎运转良好，并且它不会损害进行初始谈判的动力——这恰是人们对各种约束性仲裁担心的地方。[③]

在国际城镇管理协会 1999 年进行的劳方—管理方关系调查中，大约 1 000 个回应城市报告说存在劳方—管理方关系投诉。[④] 毫不奇怪，最经常被提及的投诉类型

① Myron Lieberman, *Public-Sector Bargaining* (Lexington, Mass.：D. C. Health, 1980)，99–101.

② Kearney, *Labor Relations in the Public Sector*, 282.

③ Peter Feuille and Gary Long, "The Public Administrator and Final Offer Arbitration," *Public Administration Review* 34 (November-December 1974)：575–583.

④ Hebdpm. "Labor-Management Relations," 25–26.

是"没有按照合同行事"（72％）。对于城市实施的其他行动，最经常被提及的投诉包括"解雇"（33％）和"绩效评估"（21％）。大多数投诉都会在 14～30 天内得到解决（42％），或在 1～3 个月内解决（38％）。最常用的集体谈判争议解决技术是调解（用于 1 374 个案例），接下来是强制性仲裁（1 325 个案例）、最终报价仲裁（560 个案例）、实情调查（474 个案例）、自愿仲裁（379 个案例）。

最后，为避免拖延劳动争议、提升生产力、改善工作环境、改善劳方—管理方关系，一些城市有时会创设劳方—管理方联合委员会。[①] 例如，马萨诸塞州有一个 14 人组成的联合委员会，负责监督该州警察和消防员的集体谈判。[②] 该委员会中劳方和管理方的代表人数相同（各 6 人），外加一个中立的主席和副主席。该组织致力于在任何时候通过组织直接谈判化解争端，它具有法定权威在双方宣布谈判陷入僵局之前介入争端。该机制在马萨诸塞州运转良好，解决劳动争议所花费的时间平均节省了一半——从 6 个月减少到了 3 个月。其成本也比较低，由于需要的律师少了，律师介入相关活动的时间也缩短了。

罢工

根据理查德·科尔尼的研究，"自 1960 年以来，大约 90％的罢工都发生在地方政府层面"[③]。传统上，法律禁止公共雇员罢工，但是这一实践并没有防止罢工和停工。当前，反对公共部门罢工的各种法规都面临修订：截至 1999 年，有 10 个州已经立法赋予其雇员中的一部分人享有有限的罢工权——通常是那些并非必不可少的职能领域。[④] 对警察和消防部门的员工以及其他保护公众安全的员工来说，罢工仍然是非法的。

确实，罢工是公共部门劳动关系中最有争议性的问题之一。反对者倾向于视罢工为挑战公共权威。相反，劳方却主张在公共和私人职业中没有明显差异，因此，罢工应当被看作所有劳动争议中都可使用的正当的、有用的武器。在一定程度上，这个问题确实棘手，因为双方所说的似乎都有道理。许多年前，斯特林·斯佩罗（Sterling Spero）和约翰·凯普佐拉（John Capozzola）声称，管制权问题实际上是个伪命题，是"避免处理争议问题的一个便利借口而已"[⑤]。他们进一步提出，"公共—私人两分法没有区分必要性和方便性，也没有注意到服务的关键性和非关键性特征"[⑥]。

加拿大政府似乎已经就公共部门罢工问题找到了独特的解决办法。在加拿大法律中，在工会被确认为谈判代理人之后，就要求在化解僵局的两种方案中选择一

① 参见 John R. Miler and Myron Olstein，"LMCs：Helping Government Function Effectively," *City & State* (October 23，1989)：23。

② Jonathan Brock，"Labor-Management Conflict：Bargaining Beyond Impasse，" *Washington Public Policy Notes* 12（spring 1984）：4-5.

③ Kearney，*Labor Relations in the Public Sector*，229.

④ Ibid.，235-237.

⑤⑥ Sterling Spero and John Capozzola，*The Urban Community and Its Unionized Bureaucracies*（New York：Dunnellen，1973）：313.

个：或者借助于约束性仲裁，或者是具有罢工权利的调解。如果工会选择了强制性的仲裁，它就不能合法地进行罢工，而且，加拿大的联邦政府大多数公共部门的工会也确实选择了强制性仲裁。加拿大联邦政府的实践在好几个省出现了不同的修订版本。此外，即使选择了罢工，"如果出于安全利益或公众安全的必要考虑"，相关雇员的罢工也是被禁止的。[1]

当然，仍存在棘手的问题：我们何以判断哪些员工的工作对公众安全具有实质性作用呢？如果能够做出区分，那么就有可能对某个群体实行约束性仲裁。否则，就没有正当理由不赋予某些公共雇员以完整的劳动权利，包括罢工权。加拿大的办法或类似的方式似乎是应对棘手的罢工问题的对策之一。

市政工会展望

公共部门劳动关系已经越来越接近于产业部门的模型。当前，许多大城市都确立了工资和工作条件的双边决定程序，市政员工是公共部门雇员群体中工会化最强的部分。这对传统市政人事管理实践意味着什么呢？第一，总体而言，有明确的证据表明公共部门的工会在实现经济目标方面并没有私人部门的工会那么成功。第二，公共部门雇员组织目前与私人部门雇员组织一样，都受到了席卷全国的经济和社会变革的影响。随着工会会员的减少和城市缩减开支，罢工威胁的可能性越来越小了。例如，根据国际城镇管理协会 1999 年的劳方—管理方关系调查，"自从 1988年以来，城市管理者仅发现了 17 次授权罢工运动……就如产业关系文献所报告的那样，公共部门的罢工活动总体上减少了"[2]。我们已经进入了约翰·凯普佐拉所谓的"退让性谈判"（concessionary bargainning）时期，这激励了工会对劳方—管理方合作的兴趣。[3]

弗兰克·斯沃波达（Frank Swoboda）在罢工方面提出了类似的主张："实际上罢工已经成了劳方武器库中的核武器，只有在大规模战争中才使用。"[4] 当然，这种战略合作并不意味着集体谈判的终结，而是表明精明和现实的工会领导们已经认识到了为了应对时代变化，有必要进行策略性调整。如果管理也是可接受的，合作的新时代应该意味着更多地咨询工人，以及在那些还不足以进入强制性谈判的领域更多地引入员工参与。凯普佐拉也将这看作劳方进行深刻反思的恰当时机：

以失业者为代价来实现就业人员的更多收益，这样的目标应该重新检视。根深蒂固的工作规则降低了效率、阻碍了生产力提升、阻碍了外部竞争。类似

---

[1] Eugene F. Berrodin, "Compulsory Arbitration in Personnel Management," *Public Management* 55 （July 1973）：13.

[2] Hebdon, "Labor-Management Relations," 25.

[3] John M. Capozzola, "Taking a Look at Unions: American Labor Confronts Major Problems," *National Civic Review* 75 （July-August 1986）：205-213.

[4] Frank Swoboda, "Striking Out as a Weapon against Management," *Washington Post National Weekly Edition* （July 13-19, 1992）：20.

地，有必要对资历和业绩这两个概念的相容性做更多的内省和研究。①

本章小结

近年来，传统的市政人力资源管理实践已经发生了很大转变。组织已经从独立的职业（公务员）委员会，转变为行政控制的人事管理者。无论其组织结构如何，城市普遍宣称在实践中使用了某种形式的考绩体系。在职员配置和员工分类方面已经获得了收益，但是城市仍处于实施重塑政府和新公共管理所倡导的绩效工资制度的进程之中。

少数族裔、妇女、老年人、残疾人、男同性恋群体、女同性恋群体等对平等就业机会的追求，已经对传统人事技术和实践构成了严峻挑战。作为对法院判决、联邦压力以及只有那样做才正确的共识的回应，城市继续调整其人事管理实践，以保证并管理现代员工队伍的多样性。这种管理也包括管理工作场所暴力的努力。尽管反歧视运动似乎进入了走下坡路的阶段，法院仍继续对那些被感知了的不平等现象采取补救措施。其他的人事程序也在经历变革。"三选一"法则受到了攻击；计算机技术被应用于对应聘者的招聘和测试；要素评估分类体系被用于处理同工同酬问题；联邦法院判决测试应该能够被验证；基于团队的管理技术被应用于改进工作质量；作为新公共管理倡导者在人力资源管理中提供的更弹性化的管理工具的一部分，宽幅分类计划在城市部门中找到了用武之地。

其他的人事问题近年来也日渐凸显。1990 年《美国残疾人法案》对残疾工人赋予了新的权利。国会对最高法院涉及 1991 年《公民权利法》有关条款的判决表现出不满意见。性骚扰这个老话题已经成了新议题，城市行政负责人必须处理这类问题，以免这种不负责任的行为带来更大的社会和经济代价。

一些人担心市政工会会使地方行政系统权力过大；其他人坚持认为公共部门和私人部门的工会之间差异不大，因而应当同样对待。当然，市政工会已经扎下了根，城市必须学会接受和理解公共部门集体谈判的关键特征。由于许多州仍然禁止公共雇员罢工，掌握化解困局的方法很重要——调解、实情调查、仲裁。尽管在这个方面没有普遍准则，但注意力越来越集中于约束性仲裁和限制性罢工，这二者既能保障劳动者的原有权利，又能确保重要公共服务的供给。尽管劳方—管理方委员会和伙伴关系还不是市政管理的通行做法，但这些实践代表着我们努力的方向。

推荐阅读

Ban, Carolyn, and Norma M. Riccucci, eds., *Public Personnel Management: Current Con-*

---

①　Capozzola, "Taking a Look at Unions," 213.

cerns，*Future Challenges*，2nd ed. ，New York：Longman，1997.

Freedman，Anne，*Patronage*：*An American Tradition*，Chicago：Nelson-Hall，1994.

Hays，Steven W. ，and Richard C. Kearney，*Public Personnel Administration*：*Problems and Prospects*，4th ed. ，Upper Saddle River，N. J. ：Pearson，2003.

Ingraham，Patricia Wallace，*The Foundation of Merit*：*Public Service in American Democracy*，Baltimore：Johns Hopkins University Press，1995.

Kearney，Richard C. ，with Daivd G. Carnevale，*Labor Relations in the Public Sector*，3rd ed. ，New York：Marcel Dekker，2001.

Rifkin，Jeremy，*The End of Work*，New York：G. P. Putnam's Sons，1995.

Sylvia，Ronald D. ，and C. Kenneth Meyer，*Public Personnel Administration*，2nd ed. ，Fort Worth，Texas：Harcourt，2002.

第 10 章

财政和预算

在地方官员看来，如果有足够的资金，几乎没有什么问题不能解决，或至少会更容易解决。实际上，没有其他任何东西能像资金那样主导城市议程。对地方决策的最大限制因素就是项目和服务的成本。城市面临着没完没了的资金筹集问题，而且，一方面，是对更多、更好的服务的持续需求，另一方面，是不断增加的成本，城市必须做出艰难决策。城市的财政收入来自哪里？城市如何决定在哪些方面支出？对于以负责任的方式来治理城市的首席行政官来讲，哪些预算控制方式是最有效的方法呢？

在过去 25 年间，由于经济变化，特别是政府间收入体系的变化，几乎每个美国城市都被迫缩减开支。实际上，重塑政府运动的兴起以及应用新公共管理理论都是对城市资金管理问题的直接反应。在 21 世纪，与过去相比更为凸显的是，城市的每个重要决策必须考虑可资利用的资金及城市无法控制的府际体系变化。

本章首先讨论城市收入系统的特征，它涉及资金来源、可供选择的收入筹集办法以及城市寻求新的收入来源可能遇到的政治问题。接下来的讨论主题是城市支出的趋势。然后，我们探讨资金是如何在竞争性需求之间进行分配的，即城市预算过程。最后，我们将检视财政管理的完整过程。

10.1　收入筹集

城市财政体系

美国地方政府财政的一个基本特征是，城市必须提供的大量服务与现实的有限收入结构之间处于不平衡状态。[1] 也许，在除了加拿大之外的其他国家，人们期待地方政府做的事情比较少。理所当然，更高层级的政府是更具优势的税收征收者。州，尤其是全国性政府，不但拥有比城市更宽的财产和收入获取途径，而且其征税具有显著的规模经济效应。这种服务责任与收入能力之间的不平衡导致了从上层政府向下层政府的大规模财政补助。这种复杂的财政补助体系是美国城市财政的第二个基本特征。

城市的收入结构受到其他几个因素的制约。州宪法和成文规章对城市的收入筹集能力构成约束，联邦对财政补贴的行动准则和控制也增添了额外的限制。此外，地方政府天生的碎片化结构导致地方资源背离了地方需求，在大都市地区内部造成了严重的财政不对称。最后，由于地理辖区的有限性，城市没有足够的资源去吸收"外溢效应"（spillovers）——支付高额成本去解决那些并非产生于本辖区的社会问题。

与城市地理辖区有限相关的缺陷，可通过将城市服务的财政负担向上转移而部分地得到缓解。如果由州和联邦政府负责更大的筹资责任，那么至少可消除现行体系的三个主要缺陷：处理外溢效应能力不足、服务与税收水平不相称、各级政府间财政不平衡。[2] 然而，更大的财政集权在政治上并不具有多少吸引力。州对于更多地承担中心城市的财政负荷并无热情。郊区和较小的城市社区大多对帮助大城市解决财政困境的呼吁保持漠然。对草根政治哲学的普遍承诺——害怕失去地方控制权——使在更大范围内分担责任的理念遭遇到难以克服的障碍。除非州政府提供更多帮助，否则城市向上转移财政负担的成功可能性不大。

收入来源

历史地看，地方政府已经把**财产税**（property tax）视为获得收入的基本来源，因为州在传统上已经把这项收入来源下放给了地方政府。财产税在地方财政体系中很突出，尤其是对学校和县政府。然而，近些年来，城市财政运作已经较少依赖于财产税。目前，政府间转移支付（财政补助）已经取代财产税，成为城市收入的主

---

[1]　这一观点在 30 年前由迪克·内茨尔提出，今天仍然适用。Dick Netzer, *Economics and Urban Problems*, 2nd ed. (New York: Basic Books, 1974): 65。

[2]　Ibid., 231.

要来源。

表 10—1 总结的城市收入来源显示了 1991—1992 年度到 2001—2002 年度的十年间财政资源变化。城市通过两种主要来源获取收入：自身资源获取的收入(70%)；联邦或州政府提供的资金（30%）。尽管两种主要来源的比率在十年间没有发生太大变化，但政府间收入却增长较快。十年间，城市自身资源获取的收入增加了大约 60%，政府间收入却增加了 72%。这种情况反映了一种反转性变化，随着 20 世纪 80 年代联邦收入的减少，大多数城市不得不更多地依赖自身的收入资源。表格中最近年份的情形显示，联邦（也包括州）对城市提供资金的增长率超过了城市自身各类收入来源的增长率。

表 10—1　　　　城市收入来源：2001—2002 年度与 1991—1992 年度比较

	2001—2002 年度		1991—1992 年度		1991—1992 年度到 2001—2002 年度
	合计（百万美元）	所占收入比例（%）	合计（百万美元）	所占收入比例（%）	收入变化（%）
总体收入	285 545		175 116		63.1
自身资源收入	200 431	70.2	125 642	71.7	59.5
税收	119 995	42.0	76 385	43.6	57.1
财产税	58 302	20.4	40 440	23.1	44.2
营业税	35 509	12.4	20 254	11.6	75.3
所得税	15 160	5.3	10 219	5.8	48.4
其他	11 024	3.9	5 472	3.1	101.5
收费和使用者付费	80 436	28.2	49 257	28.1	63.3
政府间收入	85 114	29.8	49 474	28.3	72.0
来自联邦政府	15 201	5.3	8 103	4.6	87.6
来自州政府	62 405	21.9	37 380	21.3	66.9

资料来源：U. S. Census Bureau, *2002 Census of Governments*, vol. 4, no. 4; *Finances of Municipal and Township Governments：2002* (Washington, D. C.：Government Printing Office, 2002), table 1, 1—2。

在 2001—2002 年度，税收收入约占城市收入的 42%，比十年间的早期阶段有所下降。城市税收收入的大约一半来自财产税，随后是营业税和更受限制的地方所得税。总体看来，营业税增加最多，在十年间的增长超过 75%。尽管"其他"税收收入在十年间也翻了一番，如工资税和通勤者所得税（commuter tax），但它们在整体收入中所占比例仍然很小。收费、使用者付费和其他杂项收入约占城市收入的 28%，但是这些非税收收入比税收的增长速度要快，在十年间增加了63%。由于很多税率的增加需要投票通过，并且在许多城市对其支持程度较低，因而城市官员继续扩大在预算中采用收费和使用者付费，增加这类收费不需要投票通过。

筹集收入的可选方案

不同城市对特定收入资源的依赖程度各不相同，这基本上归因于州的法律和历史趋势。例如，东北部的许多老城市主要依赖于财产税，而西部城市则相对较少地依赖它。那么，财产税的利弊主要有哪些呢？

财产税

尽管财产税仍是地方收入的主要来源，但它受到财政专家的广泛批评。第一，它在管理中会出现了严重问题。地方评估系统不可避免地会导致财产评估的重大差异，它导致了辖区内和跨辖区的财产税支付数额的平等和公平问题。第二，与其他税收选择相比，财产税体系对政府管理来讲是高成本和低效率的。第三，该税不鼓励改善和维修财产——如果价值增加要缴纳更多的税，那么在外地的业主为什么要花钱去翻修房屋呢？第四，一些权威专家认为，按照当前的征收和管理情形，财产税是轻微税率递减的，原因在于，与其他群体相比，穷人的收入中更多地用于住房开销，因而他们缴纳税收所占比例比富人更大。政策与实践专栏10—1的案例研究对芝加哥市两个郊区财产税负担进行比较，凸显了这种悬殊差异。

政策与实践专栏10—1

库克县两个郊区的财产税

在一篇题为《财产税的悖论：穷镇的高税率》的文章中，马拉·多纳托（Marla Donato）报告了财产税在社区之间的差异情况，生动地展示了财产税的税率递减特征。真实世界的两个角色，一位是艾米·华盛顿（Army Washington），他住在美国最穷的郊区之一福特高地（Ford Heights），另一位是约翰·泽曼（John Zeman），他住在中产阶级占主体的奈尔斯市（Niles）。多纳托揭示的悖论是，福特高地是伊利诺伊州库克县税率最高的地方，而奈尔斯市却是税率最低的地方。

艾米和约翰都住着普通的三居室房子。福特高地的财产税率是每100美元核定价值缴纳18.12美元；而在奈尔斯市，税率是6.31美元。艾米的房子市场价是19 381美元，她每年要交854美元的财产税，大约是其房价的4.4%。约翰的房子市值是74 875美元，但是他每年的税单是1 268美元，相当于其房屋价值的1.7%。福特高地市从艾米的税单中得到340美元，而奈尔斯市只从约翰的税单中得到75美元。在每一个案例中，剩余部分基本上用于地方学区的开支。

如何解释这种相当大的差异呢？福特高地市是一个穷社区，有大量人群依赖于公共补助和公共住房，这使其税基较小。在这种税收饥渴状态下，少数人群必须缴纳更多的税。商业和工业本可以帮助缓解税收负担，但由于福特高地市的商业财产税和个人财产税都比较高，商业缺少激励以置身于该地区。

较高的税率是给艾米提供更好的服务吗？其实不然。她在村政厅为浑浊的井水埋单，那里的泉水不能使用。因为支付不起责任险（liability insurance），福特高地的公共游泳池已经关闭十年了。图书馆也因整修而关闭了，此前，它每周也只开放几个小时。

约翰的情况与此迥异，他享有清澈的密歇根湖水，并且可以搭乘免费的城市公交到村政大厅缴费。他的孩子可以在奈尔斯市刚翻修过的棒球场、城市溜冰场或新的水上公园里玩耍。在图书馆，他可以进入电子化卡片图书目录，或使用为顾客准备的 11 个电脑终端，该图书馆开放到晚上 9 点。

资料来源：Marla Donato，"Property-Tax Paradox：High Rate in Poor Town，" *Chicago Tribune*（September 5，1992）：1，12。

也有人认为，财产税可能并不比城市其他大多数收入来源更具税率递减性。实际上，一些州和地方政府通过提供"断路开关"（circuit breakers）而努力降低税率累退效应，例如，对穷人和老人减免税收。这里的真正问题在于是否具有可比性：用其他收入资源替代财产税就能够降低税率累退吗？就如我们所看到的，通过增加其他税种换来减少财产税，可能并不会使中低收入家庭受益。

财产税也因其他原因而产生争议。财产税在灵活性上存在一些问题：它在多大程度上能够反映经济情形的变化。尽管物业在过去 25 年里大幅增值了，但是征收的财产税仅增加了一半。这种税收的滞后性给老旧的中心城市带来了额外负担，那些城市高度依赖于这种税收。

困扰财产税的另一个问题是其可见性，这实际上证实了它普遍不受欢迎。前府际关系咨询委员会的报告（常就税收问题向政府和公众进行调查）表明，地方财产税被认为是"最坏"或"最不公平"的税种，其次是联邦所得税。[1] 研究持续显示，作为一种地方收入形式，财产税普遍不受欢迎："民意调查反映市民对财产税普遍不满，就像全国很多地方的投票创制和运动一样……限制增加财产税。"[2] 但毕竟财产税能带来大笔收入，并由地方政府管理，是地方政府拥有的唯一主要税收来源。[3]

尽管不受欢迎，选民最近投票推翻了好几起用其他形式替代财产税来筹集学校经费的方案。比尔·西蒙森（Bill Simonsen）和马克·D·罗宾斯（Mark D. Robbins）对康涅狄格州沃特福德市（Waterford）的研究表明，当对地方政府及其提供的服务持支持态度时，市民往往支持增加财产税。[4] 因此，尽管有好几个州正在努力矫正由于高度依赖财产税而造成学校筹资的整体不公平，但大规模地放弃

① 可参见 ACIR，*Changing Public Attitudes on Governments and Taxes，1991*（Washington，D. C.：Government Printing Office，1991）：1。

② David R. Berman，"State-Local Relations：Partnerships，Conflict，and Autonomy，" *2005 Municipal Year Book*（Washington，D. C.：ICMA，2005）：52。另参见 Richard Cole and John Kincaid，"Public Opinion and American Federalism：Perspectives on Taxes，Spending and Trust—An ACIR Update，" *Publius* 30（winter 2000）：189-201。

③ Arthur D. Lynn Jr.，"The Property Tax，" in *Management Policies in Local Government Finance*，ed. J. Richard Aronson and Eli Schwartz（Washington，D. C.：ICMA，1975）：104。

④ Bill Simonsen and Mark D. Robbins，"Reasonableness，Satisfaction，and Willingness to Pay Property Taxes，" *Urban Affairs Review* 38（November 2003）：831-854。

财产税仍是令人生疑的。

非财产税

美国有 33 个州的地方政府开征了**营业税**（sales tax）。一些州仅限市和县政府开征该税，而禁止其他地方政府（例如特区）开征营业税。[①] 营业税有好几个方面的潜在优势。特别是，当州征收该税并且将其返还给市政府时，其管理较为方便且高效。营业税也具有合理的弹性。由于它看起来公平——每个人都在相同基础上纳税，相对于其他税种，人们似乎更欢迎该税收。然而，营业税实际上是税率递减的，穷人在应税项目方面的支出占其收入的比例更大。如果对一些特定项目免除税收，例如食品和药品方面，其税率递减性就会大大减弱。但这些减免本身也并非没有问题：它们成本很高，会造成管理困难，为逃避税收打开了大门。

有 15 个州的城市开征了**地方所得税**（local income tax）（包括工资税）[②]，但它仅在三个州得到普遍应用：肯塔基州、俄亥俄州和宾夕法尼亚州。超过 3 500 个地方政府（包括县和学区）已经采用这种税收。在宾夕法尼亚州之外，大概有不到900 个城市开征此税。美国还有几个特大城市——底特律、纽约、辛辛那提、克利夫兰、哥伦布、费城和托利多——也征收地方所得税。洛杉矶、旧金山和纽瓦克对雇主的工资支付总额征税。[③]

地方所得税一般采用比例税率（flat rate）——通常是 1%——对工资和薪酬征收。通常，地方政府自行管理这一收入，但在有些地方授权由州政府管理。管理过程引起几个问题：第一，对非劳动收入征税的问题。绝大多数城市不对红利、利息和租金收入征税，当然这便宜了富人，但也减少了管理问题。[④] 另一个问题涉及对非本地居民征税。大多数城市喜欢对在此工作的非本地居民的收入征税，州的法律决定了这是否具有可能性。如果可以的话，那么对于在一个征税区工作而又在其他地区生活的上下班往返者来说，这会导致什么问题呢？除费城之外，法律或法院判决都阻止这样的双重征税。

在开征所得税的地方，与财产税相比较，它有几个优势。当然，它的税率递减性会更少，尤其是若将非劳动所得纳入的话。所得税对经济景况的变化反应特别灵敏。并且，研究表明，如果集中管理这种税收（如由州来管理），其征收成本比财产税的成本要低。[⑤] 然而，城市较少采用这一税收似乎是担心征收地方所得税会阻碍发展，也担心会促使产业转移到未开征此税的地区。[⑥]

---

①② Berman, "State-Local Relations," 53.

③ ACIR, *Significant Features of Fiscal Federalism*: *Budget Process and Tax Systems—1992* (Washington, D. C. : Government Printing Office, 1992), 1: 73-75.

④ John Due and John Mikesell, "Local Sales and Income Taxes," in Aronson and Schwartz, *Management Policies*, 142-143.

⑤ Christopher Gadsden and Roger Schmenner, "Municipal Income Taxation," in *Local Public Finance and the Fiscal Squeeze*, ed. John Meyer and John Quigley (Cambridge, Mass. : Ballinger, 1977): 81.

⑥ David Brunori, *Local Tax Policy*: *A Federalist Perspective* (Washington, D. C. : Urban Institute Press, 2003).

使用者付费

由于税收有限和府际转移支付的缩减，城市被迫更多地使用**收费和使用者付费**（fee and user charges）的服务办法。一般认为，使用者付费项目由于根据社群偏好提供服务，有助于提升效率。而且，很多人认为这种收费比普通税收更公平：人们只为他们得到的服务付费，因此，直接使用者（而不是所有纳税者）将会为服务支付成本。①

一些社群已经将这种付费型政府推到了极限。早在 20 世纪 80 年代早期，明尼苏达州圣保罗市面临严重的预算短缺，但是增加税收的机会很渺茫。② 为了解决这个问题，该市行政当局引入了兰德公司——总部设在加利福尼亚的一个思想库。兰德公司的答案很简单：让能够挣钱的政府部门去挣钱。这就形成了各种选择。该市可对超过规定标准的街道照明收取费用，居民或公司要求对其建筑给予额外照明必须为此付费。商家想翻修店铺门前的停车场也必须为刷线或安装停车计时器而付费。根据兰德公司的建议，图书馆应向客户提供免费的借阅服务，但是租借录像带和查找文献等特殊服务需要支付特别费用。

最终，圣保罗市并未大量采纳这些建议。然而，根据城市财政局长彼得·海姆斯（Peter Hames）的说法，这种筹集非税收入的想法在合适的领域产生了利润——它合乎逻辑、具有竞争性，且不会给市民、工会或其他政府组织带来问题。戴维·奥斯本和特德·盖布勒也同意这一点：**重塑政府**的十项原则之一就是在政府中引入市场导向的思维。③ 政策与实践专栏 10—2 的案例分析表明，在技术帮助下，从居民、商家和业主那里收取费用也变得越来越商业化了。

政策与实践专栏 10—2

交互核对城市收入

加利福尼亚州新港海滩市（Newport Beach）的电子改进系统是惩罚惯犯者和增加收入的一种梦想。该市开发了一个系统，它能够联网所有市政部门的数据库，并且能够对城市信息与州的营业许可和营业税信息进行比照。

例如，数据比较可以发现哪些业务运营没有支付城市营业许可费。其结果是，自 2004 年 1 月以来，该项目总共增收了 89 万美元营业税——城市每年正常征收该税 300 万美元。

增收的资金还来自以前居民未支付的城市罚款和收费。过去，一个部门可能正在退还相关服务多收的费用，而其他部门却由于付费不足而取消对同一群居民的服务。城市财政经理格伦·埃弗路德（Glen Everroad）说，"我们向那些欠了数千美元的人寄送退款支票"。

现在，居民无论何时向城市提出任何服务要求，从商业注册到办理养犬证等，城市代表就会检查在该系统中他们是否在其他部门有欠费行为。例如，如果

---

① Berman, "State-Local Relations".

② Gale Tollin, "City Paying Its Own Way," *Norman Transcript* （March 17，1983）.

③ 参见 David Osborne and Ted Gaebler, *Reinventing Government* （Reading, Mass.：Addison-Wesley，1992）：chap. 10。

他们有未付的账单，而在另一服务中却有退款，那么资金就会从退款账户转移用于支付欠费。

新系统向居民发送一个账单——市政服务结算单——以替代不同服务的分散账单。新港海滩市民可开出一张支票来支付水费、停车费、错误报警费等多项费用。他们也可使用信用卡在线支付一项或多项费用。

埃弗路德说，"把那些节点都联系起来，就为顾客提供服务而言，已经带来了巨大的益处"。

资料来源：Based on Ellen Periman，"Cross Checking，"*Governing Magazine* 19 (July 2005)：52。Reprinted with permission of *Governing Magazine*.

如果城市过多依赖使用者付费的话，会引起的至少两个问题之一是关心穷人。这类费用和收费在某种程度上和营业税具有同样的税率递减性，它使中低收入者处于不利地位，基本服务支出在其收入中所占比例较大。研究表明，城市正在通过增加使用者付费、收费等项目来替代联邦资金，其结果是"大部分成本落到了穷人头上"[1]。要保护低收入居民，兰德公司建议，城市可就特定服务向符合条件的居民发放可交易的临时凭证或凭单——一种类似于食品券的途径。

除了平等考虑之外，还有人担心不断增加对收费和使用者付费项目的依赖，最终会损害对基本税的公共支持，这些税才是主要的市政服务费用来源。

筹集收入的政治

20 世纪最后十年见证了城市竭力寻找其他的收入来源，这不仅是由于联邦资助减少，同时也是对纳税人抵制高财产税率的一种回应。当前，我们知道使用者付费和收费也就只能应用到此程度了，城市必须考虑其他措施。在许多地方，州政府被要求提供更多帮助，不仅以资金的形式，而且包括更为根本的赋予城市开发新收入来源的权力。例如，在 2005 年，只有 13 个州的地方政府在征收营业税，在一些州这种权力仅仅给予了县政府，而没有给予市政府。[2] 对征收所得税的限制更严格。除财产税外，大多数地方税都需要投票通过，现在看来很难证明州所强加的这些限制都有道理。期望从州政府处获得大量额外帮助也是不现实的。

城市基本上必须继续靠自己，这意味着是否要推动增税以及选择何种方式的艰难决策仍掌握在地方官员手中。这些决策——尤其是当蛋糕缩小时——是相当具有争议的。那么，城市领导该如何处理呢？有关市政筹集收入政治的若干论述之一，来自阿诺德·梅特兹纳对奥克兰市官员在不利环境下获取收入的观察。[3] 根据梅特

---

[1] John Forrest and Charles J. Spindler，"Assessing the Impact on Municipal Revenues of the Elimination of General Revenue Sharing，"*State and Local Government Review* 22 (spring 1990)：82.

[2] Berman，"State-Local Relations".

[3] 该部分引自阿诺德·J·梅特兹纳的经典著作，*The Politics of City Revenue* (Berkeley：University of California Press，1971)。

兹纳的研究，可总结出地方官员的四个操作或决策规则。

第一个是隐藏税收。税收游戏的艺术之一是将税收资源设计得让人们不知道自己缴纳了多少税。这一策略涉及诉诸一系列间接的收入来源。因此，城市常常对私人设施（转嫁到消费者身上）、旅馆房间、商业或职业以及机动车（通常替代财产税）征税；它们对各种市政设施和产业收费——污水处理服务费、新建房屋和产业接入自来水系统收费、切除街道边石收费等。尽管这些来源大多不能产生大笔收入，但其间接特性可减少政治上的反对。

第二个（与第一个相关）规则是，通过采取分散的小规模征税而非集中的大规模征税，使纳税人的抵抗最小化。低税率不仅具有隐蔽性，而且能使纳税的公众被碎片化。大多数小税种仅对小群体而言是显著的。除了税收协会的代表外，大多数人仅仅关注特定税种。例如，旅馆和汽车旅店业主仅关注可能损害他们业务的税种。香烟税只会遭到香烟零售商和批发商的反对，接入自来水的费用或切除道路边石的费用仅会引起建筑商和开发商的注意。在这些小规模群体之外的是处于"休眠"状态的大多数人，他们往往不关心这些特定税种。但是，如果某个税收问题十分凸显的话，大多数人也可能会被动员起来。基本考虑是分散群体的注意力，如果不能令之满意的话，尽可能让大多数人保持沉默。

第三个规则是平等。尽管城市政府已经对公平问题给予了新的考量，包括服务供给中的平等，但他们很少关注财政平等。与"谁将会纳税"相比，城市官员对"谁应该纳税"这个问题常常缺少兴趣。"地方官员强调收入，而将收入分配问题留给了联邦政府。"梅特兹纳如是说。

根据第四个规则，城市管理者乃是财政改革者。财政一直是城市管理者议事日程中最靠前的事项。例如在奥克兰市，城市经理启动一项内部研究，以分析当前的每项收入来源，并为弥补预期的收入与支出缺口提出新的收入来源。奥克兰的管理者也承担了对市议会、社区领导以及市府各部门领导等其他重要群体进行教育的角色。城市经理一般知道税收的具体细节，他们遵守州的相关法律，并努力跟随其他城市在财政方面的新做法。卓越的税务知识让城市管理者坐上了掌舵者的位置，其结果是，谁纳税通常由城市经理和财政部门主导并决定。在任何情况下，议会成员一般都不是税收政策的启动者。他们主要关心降低财产税，作为民选官员，他们对市民很关注、政治上不受欢迎而又是市政收入主要税源的财产税特别敏感。

新税种要赢得支持，为此梅特兹纳提供了一种双向策略。在社区领导者中间，强调拟征收的税种与社区收益之间的联系性。官员应强调减少犯罪、增进健康、减少洪水、减少事故、提升就业率等潜在收益，而不是倡导包括土地、建筑、改良等采购清单的投资计划。对于广大公众，梅特兹纳建议只需要强调其收益，而模糊税收和服务之间的关系。他主张，地方官员在主动理解提案带来的收益方面不要过于拘谨。例如，几年前在俄克拉何马城，为了建设新监狱而增加 1 美分营业税的临时方案获得选民的支持，而这仅是作为抵制犯罪的一项措施："投赞成票，让犯罪远离街道。"梅特兹纳承认，建立税收同盟很不容易，但是当对成功具有重要支撑时，这一努力值得付出。

考虑开征新税种在政治上愚蠢吗？鉴于抵制增税的近期历史，它起始于 1978 年加利福尼亚州通过了现在很有名的 13 号提案，有人可能会认为是这样的。这一财产税回潮措施在国内引发了一系列税收限制行动。例如，1980 年马萨诸塞州通过的 2 1/2 提案阻止财产税超过本地税基现金价值的 2.5%。作为对地方政府高税率的回应，伊利诺伊州州议会在 20 世纪 90 年代对地方政府设置了税收上限，限制税收增长不能超过 5% 或者超过消费者物价指数。近年来的低通胀率意味着，在许多支出（尤其是劳动合同）以每年超过 5% 的速度增长的情况下，许多地方政府可以一次增加不多于 2% 的税收。然而，尽管一些纳税人提出反抗，城市开征新税仍继续赢得支持。

10. 2　支出

城市一直在努力保持收支平衡。我们在前文曾提及，城市一直在努力提升生产力、寻求新的高效运作方法以及如何更具有企业家精神。但是，城市在基本服务上面的支出占了收入的绝大部分。如果检视近期城市的支出项目，我们就会发现，平均而言，近年来城市在基本服务上面的支出水平保持了相当的连续性。

表 10—2 显示了城市在 2001—2002 年度的支出情况，以及与 1991—1992 年度支出的比较。支出的最大一块是公共安全，这一项占据了城市资金分配的近 21%，它具体包括警察和消防、地方监狱、管制检查服务。接下来的另一大块是教育和图书馆支出，但有必要强调的是，大多数城市并不对公立学校负有财政责任。实际上，教育和其他一些服务通常是由其他政府提供的，例如，县政府通常为福利提供资金，独立的学区负责处理地方教育问题。特区通常运营图书馆、住房和交通。因此，表 10—2 反映了负责运营学校和社会服务的少数大城市在这些项目上的支出状况，这些城市大多位于东北部。

表 10—2　　　城市支出：2001—2002 年度与 1991—1992 年度比较

	2001—2002 年度		1991—1992 年度		从 1991—1992 年度到 2001—2002 年度
	合计（百万美元）	所占比例（%）	合计（百万美元）	所占比例（%）	支出变化（%）
总体支出	288 078		174 610	65.0	
公共安全	60 315	20.9	35 349	20.2	70.6
教育与图书馆	39 276	13.6	21 748	12.5	80.6
交通	32 858	11.4	19 118	10.9	71.9
其他	32 026	11.1	16 816	9.6	90.4
环境	29 351	10.2	19 226	11.0	52.7
政府行政	21 443	7.4	12 540	7.2	71.0
负债利息	15 784	5.5	12 699	7.3	24.3
公园和娱乐	15 606	5.4	8 418	4.8	85.4

续前表

	2001—2002 年度		1991—1992 年度		从 1991—1992 年度到 2001—2002 年度
	合计（百万美元）	所占比例（%）	合计（百万美元）	所占比例（%）	支出变化（%）
公共福利	12 904	4.5	9 574	5.5	34.8
住房和社区发展	12 563	4.4	8 632	4.9	45.5
医院	10 012	3.5	7 581	4.3	32.1
健康	5 940	2.1	2 909	1.7	104.2

资料来源：U. S. Census Bureau, *2002 Census of Government*, vol. 4, no. 4, *Finances of Municipal and Township Governments*：*2002*（Washington, D. C.：Government Printing Office, 2002）, table1, 1-2。

城市预算支出中的相当一部分——大约 20%——花费于交通（地方道路和高速公路、交通系统和机场）和环保（污水、固体垃圾处置和自然资源）等方面。查看在过去十年间表格中哪些公共服务的增长较快具有指导意义：公园和娱乐（达 85%）与公共健康（超过一番）。城市还必须花钱用于政府运转以及支付债务服务。城市的债务负担似乎较轻，在总体支出预算中用于支付债务利息的比重从 2001—2002 年度的 7% 下降为 1991—1992 年度的 5.5%。对城市债务负担的分析显示，在同期内，非担保债务（不受城市"整体信用"担保）和短期债务（通常借用现金满足当前运营需求）都有所减少。[1]

关于城市支出可得出的其他几个一般性结论分别是：首先，前面已提及，一些城市比其他城市提供更多的服务。当然，那些职能更多的城市比履行有限职能的城市人均支出更多。其次，城市支出存在地区性差异。平均而言，东北部城市比西部城市提供的服务更多，西部的特区或县承担了更多职能。因此，当进行区域比较时，东北部的城市显得更花钱无度。然而，在更工业化和工会化的东北部和中北部地区，尽管劳动力成本可能更高些，但支出上的显著差异很可能与该地区城市提供服务的范围更丰富多样有关。支出规模与城市规模也有关系：大城市的人均支出比小城市要多，这是因为大城市承担更多的服务职能。此外，大城市也被要求向更大规模的依赖人口提供高成本的社会服务。

从全国层面尤其是州政府层面看，相当一部分收入都用于或被指定用于特定目标，例如燃油税用于高速公路。在城市层面，特定用途的情况则很少发生，除非是用公用事业收益偿还当年的债券融资。当前市政运作的大部分资金都进入一般账户之中，这样，它可用于各种项目和活动支出。城市预算就是如何分配这些资金的机制。

10.3　预算

简而言之，预算就是资源分配的计划。在大多数城市，行政首长准备预算并提

---

[1]　U. S. Census Bureau, *2002 Census of Governments*, vol. 4, no. 4, *Finances of Municipal and Township Governments*：*2002*（Washington, D. C.：Government Printing Office, 2002）：2.

交立法机构表决。一般而言，预算包括关于城市收入的分类资源明细表，以及需要支出资金的项目分类或服务领域。制作预算绝不是简单的会计行为。在竞争性活动之间分配财政资源是一项决策行为：预算反映了城市打算追求的项目和政策。资源永远不足以满足各种利益群体的需求，因此冲突是不可避免的。由于政治可被界定为公共政策过程中的冲突，因此预算明显是一个政治过程。在后文我们将会看到，预算也是高度稳定和可预测的，在相当程度上能够免受外部力量和压力的影响。学生们对于地方政府预算的持续争议之一，聚焦于预算对外部影响的回应程度，例如市民、利益群体、工会、其他需求者以及政治体系中环境状态的需求。

预算过程

一般而言，预算制定包括三个阶段：部门要求；行政复审、修改和整合；立法部门审核、修正和通过。实际预算过程可能由预算办公室代表行政首长发起，至少大城市是这样的。启动过程包括向各部门领导提出一些指导原则，它涉及重点关注的项目或预算需求增长的限度。

部门领导的角色

一般而言，部门领导提出的要求总是比上一年度他们得到的预算要多。公共预算领域的领袖学者阿伦·威尔达夫斯基评论说，"防止削减预算是预算博弈的内容之一"[1]。有人可能会认为，在重塑政府时代，增加预算不再是可接受的行为，但是研究表明事实并非如此。一项调查发现，65％的地方官员仍在增加预算。[2] 正是因为部门总是会多要，行政首长不可避免地会削减预算，因此部门负责人通常总是故意提交一些会被砍掉的预算数字作为对策。刘易斯·弗里德曼（Lewis Friedman）将部门领导定位为倡导者，他们的工作就是努力推动项目。他们用一些预计会被砍掉的数额来显示自己的要求，努力压制预算削减过程的负面效应，因而最后仍能得到他们最初想要的数额。[3]

准备预算需求是一个高度渐进的过程，它往往受制于丰富的实践和路径。在城市层面，该过程的普遍特征包括以下战略：

● 花掉你得到的所有拨款。拨款没被用完意味着当初的整个款项是不必要的，这反过来意味着下一年度的预算会被削减。

● 永远不要提出比你目前所得拨款还要少的预算要求。寻找花掉当前拨款额度的原因，总比解释为什么要削减预算容易得多。

● 将最优先项目放到基本预算之中。行政首长和城市议会很少挑战那些作为现行运行内容之一的预算项目。

① Aaron Wildavsky, *The New Politics of the Budgetary Process* (Glenview, Ⅲ.: Scott, Foresman /Little, Brown, 1988): 235.

② Len Wood, "Budget Tactics: Insights from the Trenches," *Public Management* (October 1993): 16.

③ Lewis Friedman, *Budgeting Municipal Expenditures* (New York: Praeger, 1975): 62.

- 让预算增长看起来幅度较小，将其描述为现行项目延伸出来的部分。
- 给行政首长和议会提供一些可供削减的项目。这种过度扩张可使他们"节约"经费，并使他们声称的提升政府"经济性"具有正当性。提供一些可供削减的东西也能把他们的注意力从基本预算和重要项目上转移开。①

行政首长的角色

一般而言，城市层面的预算是以行政首长为中心的过程。特别是在大城市，城市预算就是市长预算，市长的优先考虑主导着各部门与全市的税收和工资政策。②许多中等城市也是如此。市长是"大多数决策的关键人物……他会将市议会引向自己考虑的领域。他认为预算就是自己的预算。通过预算，市长让整个城市政府都能感受到其影响力"③。

行政首长——市长或城市经理——对预算负责，通常将各部门的预算要求汇编成一个综合性文件。在此过程中，削减预算在所难免，因为行政首长的角色是追求效率和经济。削减预算过程主要出于两方面的考虑：一是认为大多数部门都会扩张预算，二是市政预算在立法上要保持平衡。在较大的城市，在新的资金需求的分析中，预算官员和职员发挥着重要作用。这可能涉及项目分析、生产力评估或项目评估等。通常，在预算送到行政首长手中之前，预算官员会与各部门就增加预算达成妥协。最后，城市经理必须要判断支出要求的绩效情况。这是行政首长最大限度地发挥影响力的场域，并在推荐的预算上加盖印章。

城市议会的角色

城市议会有通过预算的最终法定权威。立法机构被普遍认为缺乏时间、专业知识和人员，只能对行政首长的预算提案进行细微修改。但该机构却并不像通常认为的那样消极。

首先，议会认为必须对行政首长推荐的预算进行总体性削减，尽管削减幅度通常很小。其次，当被问及时，议会成员表示他们并不是行政首长提案的橡皮图章。他们相当仔细地审查预算，提出许多问题，要求行政首长证明许多预算选择的正当性。经过议会委员会听证和辩论之后，行政首长提交的预算被修改，因此也就体现了议会的政策优先考虑。这是议会行使法定监督权的过程，议会试图使生效的预算既反映自身的议程关注，同时也反映行政首长的议程关注。

大量研究探讨了城市政府体制——市长、城市经理及议会——对城市预算过程

---

① Thomas J. Anton, *The Politics of State Expenditures in Illinois* (Urbana: University of Illinois Press, 1966): 49−52, as adapted in Thomas R. Dye, *Understanding Public Policy*, 2nd ed. (Englewood Cliffs, N. J.: Prentice Hall, 1975): 226.

② John Crecine, *Governmental Problem-Solving: A Computer Simulation of Municipal Budgeting* (Chicago: Rand McNally, 1969): 38.

③ Arnold Meltsner and Aaron Wildavsky, "Leave City Budgeting Alone! A Survey, Case Study, and Recommendations for Reform," in *Financing the Metropolis*, ed. John Crecine (Beverly Hills, Calif: Sage, 1970): 344.

的影响。在预算政策方面，实行议会—经理制的城市比实行市长—议会制的城市更有效率吗？类似地，作为预算管理者，市长、城市经理或议会比城市政府中其他人执行得更好吗？近 40 年的研究得出了相冲突的结果。

罗伯特·莱恩伯里和埃蒙德·福勒的经典著作提出，与未经改革的政府（尤其是市长—议会制）相比，改革后的政府体制（议会—经理制、不分区代表制、超党派选举）征税更少，支出也更少。① 其他研究者提出，这未必正确。例如，必须根据城市的不同职责范围来考量预算效应。不论政府改革如何彻底，负责公立学校和地方服务项目运营的城市，其预算会更高些。② 戴维·摩根和约翰·佩利塞罗的研究表明，长期来看，具有改革特征的政府对城市预算的收入和支出没有多大影响。缺少改革风格的城市政府对整体预算也鲜有影响。③ 最近的一项历史研究进一步确证了上述发现，政治学家安尼路德·卢西尔（Anirudh Ruhil）的研究表明，转而实行议会—经理制的城市的人均支出偶尔有下降，但不是经常如此。④ 然而，其他的研究也表明，城市经理在维持较低的财产税和支出低幅增长方面比强市长做得更好。⑤ 芭芭拉·麦克比（Barbara McCabe）和理查德·费欧克（Richard Feiock）的研究验证了治理体制在确保城市政府的税收和支出决策与市民偏好相协调方面的重要性。⑥

传统路径：细目预算

从传统上看，预算是一个渐进的过程。本年度预算基本上是对上年度的可用资源进行微调。用一位分析者的话来讲，"预算是一个缓慢变化的事情，由对之前预算的一系列边际改革构成"⑦。

细目预算（line-item budgeting）确保了渐进主义，并且各个层级的大多数政府仍在使用细目预算。预算格式按部门详细列出特定支出金额，通常归入三个基本类目：人事服务、运营开支和资本支出。细目预算是进步主义改革者提升政府财政责任的早期努力的产物。很可能由于细目支出很详细，审计员或外部评论者更容易确定城市政府没有超支。细目预算是源于控制政府开支的愿望，而不是源于对提升

---

① Robert L. Lineberry and Edmund P. Fowler, "Reformism and Public Policies in American Cities," *American Political Science Review* 61 (September 1967): 701–716.

② Roland J. Liebert, "Municipal Functions, Structures, and Expenditures: A Reanalysis of Recent Research," *Social Science Quaterly* 54 (March 1974): 765–783.

③ David R. Morgan and John P. Pelissero, "Urban Policy: Does Political Structure Matter?" *American Political Science Review* 74 (December 1980): 999–1006.

④ Anirudh V. S. Ruhil, "Structural Change and Fiscal Flows: A Framework for Analyzing the Effects of Urban Events," *Urban Affairs Review* 38 (January 2003): 396–416.

⑤ Theodore J. Strumm and Matthew T. Corrigan, "City Managers: Do They Promote Fiscal Efficiency?" *Journal of Urban Affairs* 20, no. 3 (1998): 343–351.

⑥ Barbara Coyle McCabe and Richard C. Feiock, "Nested Levels of Institutions: State Rules and City Property Taxes," *Urban Affairs Review* 40 (May 2005): 634–654.

⑦ Crecine, *Governmental Problem-Solving*, 41.

服务和项目的有效性感兴趣。

　　看来，渐进预算较少受到外部力量的影响。大多数政治学家将预算看作政治行为，预算甚至被描述为"政治决策的基本表达形式"①。这一理解意味着在竞争性群体之间存在着广泛的协商、谈判，甚至冲突。但是，经验研究对外部群体参与城市预算过程的广泛性表示怀疑，一位研究者认为，"城市政府的预算是相当抽象的文件，与特定社群的压力没有直接关系"②。

　　最后，我们应该注意到大多数城市预算是按年度进行的，必须在年度内进行修订。这个被称作"重编预算"的过程非常普遍，但研究者很少。研究发现，在财政年度内修订和更新已经通过的预算较不显眼，它更多的是一个技术性过程，该过程会进一步加大管理者的权力。③

预算改革

　　多年来，理论和实践工作者对细目预算的抱怨颇多，该预算形式的主要缺陷是难以显示资源（人力和财力）和项目产出（活动）之间的任何联系。替代办法是设计一种关注绩效或项目活动的预算形式。在过去半个世纪内，城市预算改革采用了多种方案，包括绩效预算、计划项目预算和零基预算等。在讨论更近期的改革努力——支出控制预算——之前，我们有必要简要回顾以下三种老式的预算改革。

绩效预算

　　绩效预算（performance budgeting）是"新政"（New Deal）的产物之一。与20世纪30年代联邦政府的兴起相伴随的是，更注重公共项目管理的认知需求。绩效预算在两个方面明显区别于之前的控制导向型细目预算：第一，它追求有效管理的价值最大化，预算是项目管理的一种方式，而不是简单地控制开支；第二，绩效预算关注资源分配之后发生的活动。仅仅设计支出目标是远远不够的，相反，需要重新设计预算（以便每个机构能识别其活动）、进行绩效评估（每项活动的预期成本）、准备绩效报告（对目标和预期成本与完成状况、实际成本进行比较）。

　　绩效预算在20世纪60年代开始让位于计划项目预算，之后，在1970年又让位于零基预算。实际上，计划项目预算和零基预算不过是绩效预算的复杂延伸而已。计划项目预算强调预算计划的价值最大化，零基预算则强调预算决策的价值最大化。④

计划项目预算

　　计划项目预算（planning-programming-budgeting，PPB）途径建立在理性综合

---

　　①　Kenneth Boulding, *The Parameters of Politics* (Urbana：University of Illinois Press，1966)：10.

　　②　Crecine, *Governmental Problem-Solving*，192.

　　③　John Forrester and Deniel R. Mullins，"Rebudgeting：The Serial Nature of Municipal Budgetary Processes，" *Public Administration Review* 52 (September-October 1992)：467.

　　④　George J. Gordon, *Public Administration in America*，4th ed. (New York：st. Martin's，1992)：357.

决策模型的基础之上。在计划项目预算中，支出按照项目类型进行组织。然后，通过分析不同的支出方案而做出预算决策，既在具体项目类型内进行分析，也在不同项目类型之间进行比较分析。这一分析要考虑项目的成本和绩效。[1] 计划项目预算也包括长远规划，通常以 5～10 年为周期。简而言之，计划项目预算包括三个构成部分：按项目类型编制预算、分析、规划。

计划项目预算，常被简称为项目预算，今天许多城市仍在使用。图 10—1 提供了关于城市消防部门灭火小组项目预算的一个案例，包括目的、目标和产出指标，以及项目的各个构成部分所需的资金。当然，只要按年度列出在人事、维护和操作、合同条款甚至资本购买等方面的成本，我们很容易将细目预算加入这个表格之中。项目预算比简单的细目预算提供的内容更加详细。

目的：使火灾和爆炸对人员与财产的损害最小化

目标：

1.将居民区火灾造成的平均财产损失降低3个百分点。

2.将商业区火灾造成的平均财产损失降低2个百分点。

3.将火灾导致的死亡人数降低10个百分点。

4.将火灾的平均反应时间从5.3分钟降到5.2分钟。

项目产出指标

	2005年实际	2006年预计	2007年目标
1.居民平均财产损失	$21 564	$22 013	$21 353
2.商业平均财产损失	$69 724	$70 112	$68 710
3.每10万人火灾死亡数	5.2	5.1	4.6
4.平均反应时间(分钟)	5.4	5.3	5.2

项目成本

项目要素	2005年实际	2006年拨款	2006年支出	2007年提议
行政管理	$1 100 000	$1 144 000	$1 142 200	$1 184 400
通信	1 283 500	1 334 800	1 332 600	1 381 800
火灾反应	14 987 800	15 586 700	15 568 700	16 134 400
培训	66 700	381 400	380 700	394 800
运行和维持	550 000	572 000	563 000	592 200
合同	47 000	50 000	49 800	52 400
总计	$18 335 000	$19 069 000	$19 037 000	$19 740 000

图 10—1　项目预算案例

通过增加一线职能部门的信息量和群体活动，计划项目预算被认为有助于提升

---

[1]　Bryan Downes and Lewis Friedman, "Local Level Decision-Making and Public Policy Outcomes：A Theoretical Perspective," in *People and Politics in Urban Society*, ed. Harlan Hahn (Beverly Hills, Calif.：Sage, 1972)：323.

决策的理性水平。但实施这一新途径并不容易。密歇根州安娜堡市（Ann Arbor）的预算官员在实施计划项目预算系统过程中学到几点教训。[1] 第一，在正常的预算周期中突然引入全新的系统是不明智的。第二，产生大量数据这本身不难，但决策者的消化理解则要难得多。第三，产生更好的项目数据是一把双刃剑，至少对部门而言是这样的，它既可以凸显项目的弱点，也可以使项目扩展具有正当性。第四，整个转换过程需要很长时间，也许需要 3～4 年。最后，项目预算不应沦为细目预算。

鉴于实施计划项目预算遇到的困难，成功的几个关键因素是：高层管理者给予强劲和持续的支持；由训练有素的员工来指导和协调项目；3～5 年的全面实施周期；化解某些操作部门的抵制的方法。例如，艾琳·S·鲁宾（Irene S. Rubin）和拉娜·斯坦（Lana Stein）关于圣路易斯市预算改革的案例研究发现，该市的新项目和绩效预算是技术改进（计算机化）、专业职员、强行政首长（市长）导致的结果。[2]

实施问题也是计划项目预算遭受批评的方面之一。[3] 该路径具有一种强烈的集权化偏好，而这一点并不讨人喜欢。一般而言，计划项目预算是一个自上而下的过程。批评者反对计划项目预算将政治情境最小化，甚至忽略预算赖以发生的政治环境因素。大多数批评意见实际上与系统分析的目标具有相似之处：将无形的东西数量化所面临的困难，过多依赖经济上的成本—收益标准等。

零基预算

根据零基预算的倡导者彼得·费尔（Peter Pyhrr）的意见，零基预算（zero-base budgeting）包括两个基本的步骤：开发一揽子决策项目，并对其排序。[4] 开发一揽子决策项目涉及确定项目行动、成本、服务供给、实现预期目标（增长或减少）所需要的努力水平。然后，部门领导根据高层确定的优先考虑对一揽子决策项目进行排序。每个管理层级都会审视、比较和整合相关项目，并建立项目优先次序。首席行政官准备好最终的一揽子决策项目排序列表，并把这个列表提交给城市议会。

对使用零基预算的预算主管的调查发现，它有助于按照从低到高的项目优先顺序再分配资源，也最有助于更理性地削减预算。抱怨主要集中于所需时间和文书工作方面，以及部门领导不愿提供所需资金低于当前拨款的一揽子决策项目。预算主管也指出，一些部门倾向于操纵优先顺序列表，它们将受欢迎的行动排在几乎没有

① 该讨论引自 Donald J. Borut, "Implementing PPBS: A Practitioner's Viewpoint," in Crecine, *Financing the Metropolis*, 304.

② Irene S. Rubin and Lana Stein, "Budget Reform in St. Louis: Why Does Budgeting Change?" *Public Administration Review* 50 (July-August 1990): 426.

③ 参见 Michael Babunakis, *Budgets: An Analytical and Procedural Handbook for Government and Nonprofit Organizations* (Westport, Conn.: Greenwood, 1976), chap. 5。

④ Peter A. Pyhrr, *Zero-Base Budgeting* (New York: Wiley, 1973), xii: 5-18.

可能获得资助的行动之后。①

对过去预算改革的评估

在过去几十年间，美国城市预算已经发生了巨大变化。然而，在各种预算改革制度化的同时，多数城市还在墨守着细目预算这一成规。各种形式的项目预算已经越来越流行了，特别是在较大的城市和西部各州的城市。45％的城市报告说在使用这种预算方式，尽管往往是与细目预算联合使用。② 毫不奇怪，城市已经采用了注重效率的改革结构，例如，实行议会—经理制政府的城市比其他城市更可能快速采用预算改革措施。③ 少数城市——只有7％——实行彻底的计划项目预算系统。零基预算在城市层面从来没有得到广泛应用，而且人们对零基预算的兴趣近年来也减弱了。在前面提到的调查中，不到12％的城市报告说采用了零基预算，甚至还是与其他预算形式联合使用的。

预算专家艾伦·希克（Allen Schick）很好地总结了关于预算改革的观点：

> 现在，很少再有进行大规模改革的兴趣了，它曾在几十年前推动着绩效预算、计划项目预算和零基预算改革……作为预算知识的一部分，计划项目预算和零基预算的承诺比实际改善要小得多。这些实际的或认知的失败教育了一代预算实践和理论工作者，综合性变革是高成本和具有破坏性的，其前途是不确定的，也会产生不可预料的副作用。④

这并不是说城市预算改革的所有努力都是不成功的，或所有努力都被彻底抛弃了。斯坦利·波特纳（Stanley Botner）指出，"一个专业预算体系可能包括绩效预算的特征、目标及项目路径"⑤。简而言之，当前的城市预算是一个混合物，它采用细目预算的格式，但也呈现了绩效预算和项目预算的特征。新的预算改革正在出现，它常被称为支出控制预算。

重塑预算

支出控制预算（expenditure control budgeting，ECB）是所谓"企业家型预

---

① Perry Moore, "Zero-Base Budgeting in American Cities," *Public Administration Review* 40 (May-June 1980)：253-258.

② Glen H. Cope, "Municipal Budgetary Practices," *Baseline Date Report* 18 (May-June 1986)：5-7.

③ Irene S. Rubin, "Budget Reform and Political Reform：Conclusions from Six Cities," *Public Administration Review* 52 (September-October 1992)：454.

④ Allen Schick, "Micro-Budgetary Adaptations to Fiscal Stress in Industrialized Democracies," *Public Administration Review* 48 (January-February 1988)：532.

⑤ Stanley B. Botner, "Trends and Developments in Budgeting and Financial Management in Large Cities in the United States," *Public Budgeting and Finance* 9 (autumn 1989)：39.

算"这一新型预算改革的一部分。① 新一波改革包括任务驱动型预算和结果导向型预算两方面的内容。企业家型预算的主要倡导者是戴维·奥斯本和特德·盖布勒，他们主张"重塑政府"的过程必须包括将管理者从细目预算中解放出来。② 他们认为，传统的细目预算鼓励浪费，因为机构的官员必须要么把钱花掉，要么失去这笔经费。它扼杀创新，因为管理者在支出上很少具有自由裁量权。相反，他们建议预算应该是"任务驱动的"和"目标导向的"（以结果为目标）。任务驱动型预算和结果导向型预算是对绩效预算和项目预算的简单再利用，它们关注项目目的、产出、结果和雇员绩效。支出控制预算为市政预算提供了新的途径，其过程可应用于结果导向型预算和实施任务驱动型预算。

支出控制预算是奥斯卡·雷耶斯（Oscar Reyes）的创造物，他是加利福尼亚州费尔菲尔德市的财政局长助理。B·吉尔·威尔逊（B. Gale Wilson）曾任费尔菲尔德市的城市经理（现已退休），在 1979 年，作为对第 13 号修正案的回应，他在该市财政领域实施了该项创新。6 个月之后，当时的城市经理特德·盖布勒将预算改革带到了维塞利亚市。"到目前为止，支出控制预算的应用仍很有限"③，但在十多个城市可发现对这一预算的应用。

支出控制预算被界定为"一种使用结余资金推动管理创新的综合性预算体系"④。在费尔菲尔德市，即该创新的发源地，支出控制预算带来了三个结果：它淘汰了细目支出，允许部门保留没有花掉的资金，它将市议会的预算案变成了一个两页纸长的文件，只列出支出的上限。⑤ 基本上，部门领导现在被给予综合补助（block grants）和大量自由裁量权。结余资金可累积和转用于下一年度，它们必须用于资助新项目、工程或维持某个节省周期的现有服务。

支出控制预算包括如下运作特征：

● 每个部门每年获得一个基本预算，它根据人口增长和生活成本（通货膨胀）而进行调整。

● 基本预算呈现当前的服务水平。行政首长和议会必须核准服务水平的变化，并且行政首长能够调整基本预算以纠正细微的不平衡。

● 部门领导对项目的未来成本负责，必须从结余资金中支付项目扩展部分的成本。

● 提升生产力的结余资金的一定比例可转用于下一年度。

在操作中，支出控制预算与之前的预算改革很不相同。它开始于自上而下的过程，终结于赋予操作部门以更大的自治权。议会监督绩效，并要求对结果负责。

① Dan A. Cothran, "Entrepreneurial Budgeting: An Emerging Reform?" *Public Administration Review* 53 (September-October 1993): 445.

② 参见 Osborne and Gaebler, *Reinventing Government*。

③ Ibid., 4.

④ Eric B. Herzik, "Improving Budgetary Management and Fostering Innovation: Expenditure Control Budgeting," *Public Productivity and Management Review* 14 (spring 1991): 239.

⑤ Corthran, "Entrepreneurial Budgeting," 446.

　　与支出控制预算关联的一个问题是消除官僚惰性。享有优越地位的部门可能害怕失去特权地位，无优越地位的部门可能感到需要更多的基本预算以补偿过去的行为。另外一个问题是选任官员不愿意分权给机构人员。通过细目预算进行政治控制的后遗症很难克服。[①]

　　支出控制预算的好处是提升效率和创新。费尔菲尔德市的官员声称，他们在八年的周期内大约节省了 500 万美元。在一年中，亚利桑那州的钱德勒市（Chandler）节省了 200 万美元。[②] 也许重要的是，支出控制预算对管理者和公共服务供给者持信任态度。

　　我们必须牢记的是，预算是一个政治文件。不论其形式如何，如果不是谈判的话，预算过程涉及有限的内部行动者之间的大量互动和咨询活动。当要削减预算蛋糕时，当不同个体和部门追求其目标和保护自身地盘时，价值和信念当然就会产生作用。更重要的是，城市不能控制那些能够影响城市收入的力量，他们不能总是根据系统内部发生的变化来调整其支出需求。正如政策与实践专栏 10—3 的案例研究所展示的，即使地方经济很繁荣，城市预算也可能经历与税收系统和服务需求相关的困扰。

政策与实践专栏 10—3

大城市经济扩张中的预算困境

　　近年来，匹兹堡市经历了非凡的经济情形。该市似乎已经克服了 20 世纪 80 年代的经济动荡，并且经济发展很有希望。当今，该市医疗、教育和财政领域正在经历着经济增长，就业也处于增长中。然而，即使在经济繁荣的情况下，该市政府却发现其正在面临着由于巨大的预算问题而造成的极端危险。

　　匹兹堡的情况，被称为"匹兹堡悖论"（Pittsburgh paradox），它表明迅速增长的经济并不必然与城市政府的好运相伴而生。政府经济已被冠以"几近崩溃"，并且它从 20 世纪 90 年代中期开始每年都遭遇结构性预算赤字。近年来，问题进一步恶化，在 2002—2004 年间，匹兹堡市的预算彻底崩溃了。

　　作为经济极端脆弱的结果，该市被迫大幅削减服务。在 2003 年关闭了所有的城市游泳池和娱乐中心，本已较高的停车费又提高了 50%。而且匹兹堡市不得不让大批工人下岗，导致出现了该市领导人汤姆·弗莱厄蒂（Tom Flaherty）所谓的"匹兹堡滑铁卢"局面。为了应对已经明显失去控制的情境，宾夕法尼亚州派出两个州监管委员会进驻该市，这两个委员会通过了一个经济复兴计划，要求大幅削减预算，并增加 4 000 万美元税收。尽管大多数人反对该计划，但匹兹堡市政府义无反顾，并且认为上述措施势在必行。

　　这些究竟是怎么发生的呢？一个处于经济提升阶段的城市通常是不会陷入匹兹堡市面临的悲惨境地的。如何解释这种发展呢？在匹兹堡的案例中，问题的主要原因在于税收结构和市区的人口流动。例如，匹兹堡的收入和财产税正在大量

---

①　Herzik, "Improving Budgetary Management," 243.

②　Cothran, "Entrepreneurial Budgeting," 446–447.

流失。在 20 世纪中期，几乎每一个在匹兹堡工作的人都生活在那里，但是现在
30 万名工人生活在匹兹堡市辖区之外，带走了大量急需的税收资金。目前，该
市就业岗位和城市人口比位居全国第二，因此需要大量收入流来支付城市工资支
出。此外，过时的税收体系使匹兹堡45％的公司不必缴纳营业税。除了这些税收
豁免之外，当钢铁业之外的产业继续增长时，匹兹堡又进一步受损。其他公司需
要的资产比钢铁公司更少，因而该市的财产税也就更少了。最后，匹兹堡市拥有
大量的非营利部门，该市不能从这些免税的行业中收取财产税。

因此，尽管两个增长的部门——教育和医药——继续建设新的建筑，该市却
一无所获。匹兹堡的税收结构使得该市即使面临着持续的经济繁荣，但政府却不
能利用其经济增长的优势，最终导致了"经济发展和财政健康不匹配"。

这种不匹配意味着该市居民虽然已经缴纳了高额税收，包括向该市和学区缴
纳3％的所得税，但该市却面临着恶化的经济形势。此外，该市在不断寻找新的
税收，但是大多数可能的税源都被州政府禁止了，结果只能进一步削减服务。匹
兹堡市的支出一直很高，这导致了难以还清的债务。最终，匹兹堡被迫大幅削减
预算，并开征新税收，例如要求所有行业都为雇员支付一定量的工资税替代营业
税。此外，为解决大量工人生活在市外的问题，市政府对在该市工作的人员征收
的职业特权税（the occupational privilege tax，OPT），从每年 10 美元增加到每
年 120 美元。

预算和收入领域的这些变化是否有效，还有待观察。但在一位市议员看来，
这一预算改革只是处于"破败和灾难边缘"的城市走向复兴所必经的众多步骤中
的一步而已。匹兹堡困境表明，即使城市经济大范围反弹了，市政税收、收费和
支出计划仍可能让某些城市遭受预算困境。

资料来源：改编自 Anya Sostek，"The Well That Dried Up，" *Governing* 18 (October 2004)：36-38，
40-41。

资本提升规划和预算

除了年度运作预算外，不论规模如何，多数城市都需要准备资本提升预算。城
市需要预估和规划大规模公共改造工程，并为其做好资金准备。都市设施计划能够
确保这些工程受到良好规划，并根据城市需求和支付能力有序实施。主要的资本提
升规划会对城市税收产生实质性的影响，资本规划能够减少大规模工程带来的税率
波动。①

对资本需求做出规划和预算通常是一个长期的过程。它起步于准备城市综合规
划或者总体规划。这个规划文件可以粗线条地列出城市在一定时期内，例如 25 年

① Bruce E. Benway，*Introduction to Modern Municipal Budgeting* (Orono：Bureau of Public Administration，University of Maine，1973)：5.

内的资本需求状况。下一步就是准备资本提升项目或进度表，这一阶段时间较短——或许5～8年。这个文件按照年度列出每年需要建设或翻新的工程。最后，资本预算对第一年的提升计划做出明确安排，然后，每年都会进行修改以反映工程完成情况及必要的调整。

弄清楚如何筹集资本是资本提升规划和预算的主要关注点。在当今大多数城市，进行大规模都市改良意味着要负债。在需要负债的地方，城市通常面临两个选择：普通公债或者收入债券。发行普通公债需要人们投票通过，因为其偿还需要由政府的征税权来担保。通常，普通公债要通过增加财产税来偿付，而发行收入债券则并不需要公众投票。一般来说，城市只是承诺以某种能够带来收入的项目保证债券偿付。改进饮水和污水处理设施通常采用收入债券的形式来融资，城市议会（或公用事业局）可通过提高公用事业费偿还债券。由于收入债券难以获得城市的充分信任和信用保障，它们通常有1个百分点或超过普通公债利率点的利率。因此，城市发行收入债券所支付的成本要多一些。

由于大多数城市通过发行债券为资本提升进行融资，因而资本预算与运作预算的关联性不大。部分地由于这个原因，部分地由于资金不确定，资本项目和预算经常会变化。项目会被修订、延期或者在某些情况下会被提速，主要取决于环境状况。当然，可资利用的联邦或者州的拨款也会影响进程。资本规划和预算并不像许多人所喜欢的那样一帆风顺。在综合规划、资本提升项目、资本预算和运作预算之间，并没有自然而然的整体联动性。①

城市预算将走向哪里？

多年来，城市一直在推动改革预算制定。计划项目预算、零基预算和支出控制预算等已经获得了改革者的支持，但是绝大多数城市拒绝彻底放弃明细支出预算。为了集中展现我们对城市预算的思考，我们应当重新检视梅特兹纳和威尔达夫斯基在经典名篇《别管城市预算》中提出的颇具煽动性的建议。② 他们主张城市预算不仅仅是分配资源的一种方式。它的真正目标是控制——允许官员控制成本，因此支出不会超过收入，不必开征新的税收。城市预算者缺乏信息、时间和人员，以在预算期间详细探讨预算的程序性变化。这些作者认为，如果不能更加有效地达到控制和削减的目标，那么城市预算改革的提议就不可接受。预算改革需要增加人员，要求高水平的分析才能，需要获得与实际决策相关的高质量数据。总之，他们认为，与激烈的预算改革相比较，强有力的政治领导以及聪明而适度地运用项目分析对城市更有帮助。显然，许多城市官员都同意这一观点。

---

① Bruce E. Benway, *Introduction to Modern Municipal Budgeting* (Orono：Bureau of Public Administration, University of Maine, 1973)：358.

② Meltsner and Wildavsky, "Leave City Budgeting Alone!" 348.

10.4 管理城市财政

尽管预算是城市财政管理的核心，但是城市财政管理过程包括一系列相互关联的基本职能，而预算只是其中之一。图10—2显示了这些职能中的五个职能及其相互关系。

形成目的和目标

城市正式界定其目标的具体程度很不相同。就书面表述的范围而言，大型目标最可能出现在城市预算中，或许按照各个部门分别列出。高层管理者和部门领导很可能致力于持续地界定社区问题和需求，以指导城市项目规划。同样，市政管理者——如果不是持续地，至少是在预算期间——会在应对主要问题时，对过去的绩效状况进行评估。也许通过使用绩效评估或者目标管理方法，项目管理者会优先转向那些最需要的地方。为回应社群的压力，城市议会或城市经理也不得不调整机构的议程。这种需求评估和分析在所有规模的城市都会进行，尽管它是渐进调适的过程。

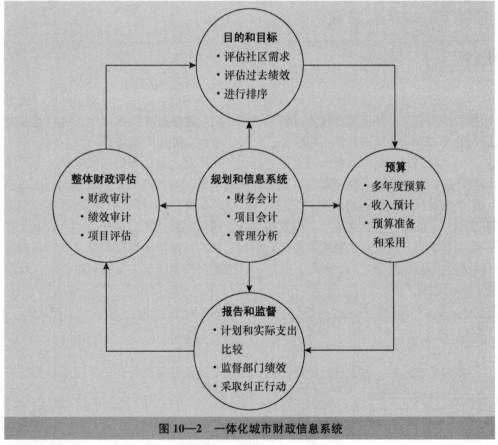

图 10—2　一体化城市财政信息系统

资料来源：改编自 *Program Measurement Handbook*，Office of the Mayor，City and County of San Francisco，February 1980，as reproduced in *Linkages*：*Improving Financial Management in Local Government*，by F. O'R. Hayes et al.（Washington，D.C.：Urban Institute，1982）：6。

规划和预算

下一步就是将社区需求和目标纳入正式的财政资源分配文件（城市预算）中去。无论预算的形式如何，它都应该包括多年度的财政规划，这不是一件容易的事情。鉴于公共部门缺乏长期财政规划，雅各布·尤克尔斯观察到"出于长期和痛苦的经历，政治家大体上对他们所做的在接下来几个月产生影响的决策不感兴趣，更不要说是未来的两年、三年或者四年的决策了"[1]。但他仍将城市和州与大企业做比较，认为公共部门机构与公司一样必须预测未来，以进行有效管理。那么，前瞻性规划做什么呢？它推动现金流管理，关注于基础设施维护需求，致力于消除意外因素。

城市规划如何覆盖多个年度呢？刚开始，市政预算需要准备一个书面的收入项目规划。该规划应列出明确的收入来源、假定用途，对预算年度预测和当前年度估算及前一年度收入进行比较。预测只有假定具有实际基础才能准确，因此全面发现所有的假定很重要。这种三年度规划预期为城市管理和市议会提供了一种方式，以评判城市在过去是否有效预估了财政收入。[2]

报告和监督

城市政府报告和监督财政发展可能会出现几个问题：第一，可测目标和目的是预算的一部分，以便于监督预算过程和责任。[3] 在**重塑政府**的术语中，这就是结果导向的管理。除使用项目绩效指标外，财政监督也需要定期报告。

中小城市开发财政监督能力可能会遇到很多困难。为了帮助这些城市，国际城镇管理协会出版了评估城市财政状况的一系列手册，包括收集数据信息、用图表显示趋势、解释财政指标的结果。[4] 这些指标包括未收缴的财产税、使用者付费的覆盖范围、收入缺口、运营赤字、事业损失、长期和短期债务、退休金债务，以及资本支出水平等。这个方法要求城市在五年的周期内根据既有数据建立这些指标，并且观察它们是如何变化的。然后，每年对这些指标更新一次，以使城市识别财政问题并设计校正行动。

评估

重塑政府的另一方面是对财政实践、项目实施及结果进行评估。国际城镇管理

---

[1] Jacob B. Ukeles, *Doing More with Less* (New York：AMACOM，1982)：87.

[2] Daron K. Butter, "Revenue Forecasting and Management," *Public Management* (June 1979)：10-11.

[3] Frederick O'R. Hayes, David Grossman, Jerry Mechling, John Thomas, and Steven Rosebloom, *Linkages：Improving Financial Management in Local Government* (Washington, D. C.：Urban Institute, 1982), chap. 7.

[4] 最新工具和出版物可在国际城镇管理协会网站上找到，见 http://icma. org。

协会已经成为在城市推动财政状况评估实践的领导者。① 评估财政体系需要各种形式的审计。在过去，这一过程通常涉及一年一次的财政审计，也许由外部的审计公司进行，以确定城市财政实践是否遵循可接受的标准和法律要求。这仍是普遍的实际做法，但一些城市也仔细审核项目的结果。城市研究所（Urban Institute）研究团队的一项研究表明，项目结果审计是一种真正的项目评估方式。② 借助于这样的评估，能够判断项目运作的效果，其是否达到了目标，以及项目对可观察到的变化的贡献程度。城市研究所报告说，项目审计的结果是终止边际项目和做出其他变化的基础。

综合性财政信息系统

弗雷德里克·海斯（Frederick Hayes）及其同事强调，应把财政信息系统的基本部分连接起来。全面整合的系统建立在统一的数据库基础之上，它既包括财政的信息也包括项目的信息。作者们承认，没有可供每一个城市遵循的用以建立实质性连接的步骤。然而，他们提出，通常，走向整合的第一步是将基本的会计和预算职能连接起来。他们也讨论了财政管理改进委员会的潜在用处。③ 该委员会的成员由市长或城市经理、议会财政委员会主席（如果有的话）、财政局长、预算主任以及内部的首席审计员组成。同时，一些执行机构的领导也可能包括在内。该委员会开发基本的政策和战略，确定优先顺序，评估项目，并定期评估进展。这样的委员会不履行具体的管理责任，因为绝大多数特定的财政职能由代表该委员会的单独机构来履行。海斯及其同事指出，没有外部顾问和承包商的帮助，地方政府几乎不能开发出充分整合的综合性财政管理系统。

本章小结

在 21 世纪，美国城市必须在其辖区内筹集收入。然而，最有效的收入筹集机制和最丰富的税源基础还是州政府和联邦政府。这种内部的财政不平衡使城市面临很大压力去向联邦和州寻求帮助。但随着资金来源的减少，城市被迫转向在内部削减开支或依靠自身资源获取新收入。许多城市的重塑政府实践已经找到了获取收入和预算的新路径。

我们仍能听到要求城市不要过于依赖财产税的呼吁。在许多地方，营业税和所得税越来越流行。也可以看到一些案例依赖使用者付费获取收入，即对特定服务或设施的主要使用者收费。当城市不得不依靠自己获取资源时，寻找如何从地方居民

---

① 参见 Karl Nollenberger, *Evaluating Financial Condition*: *A Handbook for Local Government*, 4th ed. (Washington, D.C.: ICMA, 2003)。

② Hayes et al., *Linkages*, 154-155.

③ Ibid., 161-162.

那里获得更多收入就成为了优先考虑。

在各种项目之间分配城市资金的预算过程代表着重大的政治行动，据此，稀缺资源在竞争性需求之间进行配置。但研究也表明，市政预算在相当程度上是高度渐进的过程，较少受到外部的影响。渐进主义部分地是普遍使用细目预算的结果。由于许多人宣称这种预算方式有缺陷，改革者提出了替代途径：计划项目预算、零基预算以及最近很受称赞的支出控制预算。这些城市预算方式能够满足城市官员的需求吗？他们能使预算具有控制和削减成本的重要功能吗？人们有限的接受表明，许多城市官员对此并不持赞同态度。

现在，大多数权威人士认识到，预算仅是城市财政管理过程中的一个步骤。完整的财政管理系统包括几个相关要素：设立目标、长远规划和预算、报告和监督、评估。综合性信息系统将它们整合并连接在一起。无论城市的收入筹集、支出和预算活动采用何种途径，持续的资源短缺要求当前的城市管理者比以前更密切地监督财政实践。政治体系已经变得更加复杂、更具冲突性，它使 21 世纪的城市行政首长面临着更具挑战性的预算过程。

推荐阅读

Aronson, J. Richard, and Eli Schwartz, eds. , *Management Policies in Local Government Finance*, 5th ed. , Washington, D. C. ：ICMA, 2004.

Bland, Robert L. , and Irene S. Rubin, *Budgeting：A Guide for Local Government*, Washington, D. C. ：ICMA, 1997.

Fuchs, Esther, *Mayors and Money：Fiscal Policy in New York and Chicago*, Chicago：University of Chicago Press, 1992.

Rubin, Irene S. , *The Politics of Public Budgeting*, 5th ed. , Washington, D. C. ：CQ Press, 2006.

Stein, Robert, "The Politics of Revenue and Spending Policies," in *Cities, Politics, and Policy：A Comparative Analysis*, ed. John P. Pelissero, 217 - 236, Washington, D. C. ：CQ Press, 2003.

第 4 部分

城市的未来

■ 第 11 章　管理城市未来

第 *11* 章

管理城市未来

    尽管城市的政治官员和行政官员的工作从来都不是一件容易的事，但今天看来这项工作越来越难完成了。相互竞争的各种利益群体彼此争吵着争取"适当份额"的政府产品和服务。许多地方的税基不足，来自联邦和州的援助在持续减少。地方纳税人要求更多、更好的服务，但却不愿承担相应的税收。许多分析者认为，地方政府规模过大且浪费严重，需要重塑以提升效率和生产力。另外，市民仍依靠城市政府提供日常生活所需的服务，并且还期待地方政府帮助他们实现梦想。根据全国城市联盟最近发表的报告《2004 年的美国梦：对美国人民的一项调查》，"将近 3/4 的回应者（72％）认为政府应当积极帮助美国人民实现'美国梦想'，48％的人强烈相信这一点"[1]。当问及构成美国梦想的要素时，33％的人选择"自由生活"，26％的人选择"财政安全"。市民们**的确**对地方领导者有很多期望。因此，城市管理者面临着空前的压力，他们既要有效供给地方服务，又要满足平等的政治标准以及服务供给的回应性。

    那么，我们的城市及领导者的未来会是怎样的呢？显然，我们无法确切地知道，但毫无疑问，城市高层管理者必须进行**管理和领导**。城市日常行政活动必须对人、项目、资金、信息、技术以及政治冲突进行管理。为了更好地管理城市，城市领导者可借

---

[1]   National League of Cities，*The American Dream in 2004*：*A Survey of the American People*（Washington，D. C.：National League of Cities）：19.

助其学术或工作经验，以及各种管理策略、模型、项目、领导风格和分析技术。正如第 8 章所讨论的，当今的管理者也必须管理这些管理工具。流行的狂热、幻想以及"唯一最好方案"很少能解决当今城市管理者面临的涉及人或技术的复杂问题。

而且，仅有管理技术是不够的。城市管理者必须是领导者。他们必须设想未来，然后提出实现愿景的计划。他们必须通过榜样力量来领导，必须对自身行为及其他城市雇员的行为负责。更重要的是，他们必须在财政资源短缺的时代背景下进行管理和领导。地方管理者还必须**管理政治，并确保行为合乎伦理**。美国城市管理需要制定、实施和评估地方政策。这些政策对价值进行权威性分配。此外，地方管理者必须不偏不倚地进行领导，以在城市安置中推动合乎伦理的行为。最后，现代城市的行政首长必须**对不确定性加强管理**。当前，比美国历史上任何时刻都迫切的是，地方领导者必须做好应对人为灾害和自然灾害的准备。管理面临危险的城市需要具有灾害管理的知识和专长。

最后一章不是总结概括前面各章，尽管贯穿全书的关键主题和概念会在这里再次出现。我们提供了关于管理城市未来的一些思考，主要涉及前面界定的三个关键管理领域。首先，我们会讨论与管理和领导相关的一些议题，例如管理短缺政治、城市经理的职业、市政组织内部的领导、管理管理过程等。最后一个议题以批评重塑政府和新公共管理模型的形式展开讨论。其次，我们会检视美国城市管理的政治结构，并讨论行政伦理。最后，我们会讨论灾害管理议题及其困境。

11.1　持续财政危机时代的管理和领导

"短缺政治"（politics of scarcity）几乎不是过去的事情。城市经历了较长时期的财政节俭，在许多地方，这是收入减少和"勒紧腰带"的时候。尽管城市财政状况在 20 世纪 90 年代中期有了短暂改善，正如第 1 章所表明的，到 21 世纪初期城市财政紧张随着猛烈的冬季风暴又回来了。例如，全国城市联盟在 1998 年的一份报告中发现，许多城市官员认为"他们正处于严重的收入短缺状态"[1]。戴维·奥斯本和彼得·哈钦森认为，就政府而言，我们已经进入了"持续的财政危机时代"[2]，市政官员仍处于如何使自己控制的资源最大化的无情压力之下。他们将会继续寻找削减成本、提升生产力和减少服务需求的方法。在全国城市联盟的调查中，城市领导者报告说，他们已经日渐依靠其他收入来源，如收费和服务费，以补充传统的财产税，并且为回应有限的收入状况，他们不得不削减服务。[3] 这些趋势

---

[1] Jamie Woodwell, *Major Factors Affecting America's Cities* (Washington, D. C.：National League of Cities)：14.

[2] 参见 David Osborne and Peter Hutchinson, *The Price of Government：Getting the Results We Need in an Age of Permanent Fiscal Crisis* (New York：Basic Books, 2004).

[3] Woodwell, *Major Factors Affecting America's Cities*, 15.

在新世纪仍在继续。

艰难时世呼唤创造性和创新性的解决办法。当问题空前紧迫和复杂时，又面临着资源匮乏局面，怎样才能挺过去呢？在旧金山市前市长黛安娜·范斯坦（Dianne Feinstein）（现在是来自加利福尼亚州的美国参议员）看来，当今的城市领导者面临着其前任做梦也没料到的问题。美国最忙的行政主管不再来自私人部门，他们是当前的市长、城市经理和其他高层城市官员，他们被带有不确定性的各类议题、问题和投诉困扰。用范斯坦的话来说，"市长过去主要担心街道保洁问题，现在却不得不忧于空气清洁、有毒垃圾、控制发展、就业培训、少女怀孕、麻醉毒品、劳动关系，以及城市经济活力"①。在担忧列表上，我们还要添加上灾害回应和管理，包括国内和国际恐怖主义。

为了领导组织在这些变革时代继续前行，高层主管必须拥有哪些知识、技术和能力呢？在资源有限、快速变革以及复杂性剧增的时代，有必要认真检视城市管理者需承担的工作职能。

城市管理者的职责

在探讨城市管理者职责的具体要求之前，我们应该简单地思考一下卓越的行政主管需要具备哪些素质。在《哈佛商业评论》发表的一篇开创性文章中，罗伯特·卡茨（Robert Katz）认为，富有成效的行政绩效依赖于根本的技能，而不是人格特征。② 具体而言，他提出，有效的管理需要开发三种技能：技术的、人际的和概念的。**技术的技能**包含对特定行动所涉及的方法、过程、程序或技术的理解和掌握，换言之，就是专业知识。**人际的技能**是指"领导者作为群体的成员有效开展工作的能力，以及他在所领导的群体内形成团队合作的能力"。这种技能不仅包括与其他人的交流沟通，还包括通过自己的行为树立榜样。卡茨还提到创造一种认可和安全氛围的必要性，在其中下属感到可自由地表达自己的观点、自由地参与，并在没有持续监督的情形下开展活动。最后，**概念的技能**是指将组织当作整体来看待的能力，以及对组织如何与其他组织、更大社群建立相互联系的理解能力。在某种程度上，概念性技能既包括技术的，也包括人际的技巧，因而它对于高层管理者而言十分重要。即使领导者具有很好的技术和人际的技能，较弱的概念性技能也会妨碍整个组织的成功。

最近，出现了对行政领导的一些其他理解。小乔治·巴伯（George Barbour Jr.）和乔治·A·西皮尔（George A. Sipel）关于领导力的经验研究具有广泛影响，他们认为，有效领导来自四种行为：描绘愿景、沟通愿景、实施愿景，以及关心人和组织。

---

① Dianne Feinstein，"Who Are the Nation's Busiest Execs? Mayors," *City and State*（November 1987）：12.

② Robert L. Katz，"Skills of an Effective Administrator," *Harvard Business Review* 33（January-February 1955）：33-42.

"愿景立基于构成领导者行为驱动力的信念和价值。"① 巴伯和西皮尔的这一论述与奥斯本和盖布勒的著作《重塑政府》的核心主题相关：起催化作用的政府，它要求领导者将政策决策（奥斯本和盖布勒所称的"掌舵"）与服务供给（或"划桨"）分开。奥斯本和盖布勒认为，"现在，有远见的公共领导者更多地关注酝酿和促进变革，而不是服务供给，这是他们较少管理而较多治理的原因所在"②。这些有远见的领导者能够"看到议题的整个领域和各种可能性，能够在对资源的竞争性需求之间维持平衡"③。服务提供者之间的竞争、灵活（弹性）的程序及对环境变化的回应、使用绩效合同和标准以对质量绩效负责等，是有远见的领导者用以实现起催化作用的政府的一些工具。

有愿景是一回事，让员工分享愿景是另外一回事。行政领导如何才能使员工内在地分享信念呢？他们经常交流信念，不仅仅通过言语，还通过示范的形式。根据天纳克公司（Tenneco Inc.，美国多元化产业公司的前 30 名之一）前首席执行官、也曾做过加利福尼亚南部地区的律师的迈克尔·沃尔什（Michael Walsh）的说法，有远见的领导需要"交流（组织目标）和组织的各个层级需要的变革"④。例如，当沃尔什还是南太平洋铁路公司的首席执行官时，他在两个月内组织了一系列"员工大会"，几乎覆盖了公司大约 30 000 名员工中的每一个人。他的谈话主要集中于公司的变革需求。

第三个行为是实施愿景，需要创造条件以鼓励下属充分发挥其潜能。正如亚利桑那州斯科茨代尔市的前城市经理罗伊·彼得森（Roy Peterson）所评论的："坚守某些信念——绝对地和坚定不移地，然后让开路。给人们提出挑战和灵活行动的空间，让他们呼吸，不要越俎代庖介入他们的活动，或用太多正规规则和规范使组织负荷过重。"⑤

在巴伯和西皮尔看来，有效领导的第四个行为是关注人和组织。关注人意味着既要尊重员工，也要尊重市民。应按照人道的方式对待员工，他们不应被简单地看作组织机器的齿轮。应给他们提供安全的工作环境和体面的工资。他们应该得到赋权，并参与决策过程中。正如威斯康星州麦迪逊市的警察主管戴维·库珀（David Couper）所言："质量只由顾客来判断。"⑥ 优秀的领导者信任组织并为组织感到骄傲，"他们相信他们自身及与其一起工作的人所做的事情很重要"⑦。

---

① George Barbour Jr. and George A. Sipel，"Excellence in Leadership：Public Sector Model," *Public Management* (August 1986)：3－5.

② David Osborne and Ted Gaebler，*Reinventing Government* （Reading，Mass.：Addison-Wesley，1992）：34－35.

③ Ibid.，35.

④ Jonathan Walters，"Reinventing Government：Managing the Politics of Change," *Governing* (December 1992)：32.

⑤ Roy R. Pederson，"Solving the Management Equation," *Public Management* （August 1986）：9.

⑥ Osborne and Gaebler，*Reinventing Government*，166；关于顾客导向的政府，参见第 6 章。

⑦ Barbour and Sipel，"Excellence in Leadership," 5.

市政组织中的领导

在公共组织中建立一套核心价值——即创设愿景——比在私人公司中更难吗？多年前，肯尼斯·戈德（Kenneth Gold）研究了十个很成功的组织，公私部门各五个。[1] 他在十个组织中发现了两个值得注意的特征：第一，在各个层面就组织目标进行了清晰的交流；第二，员工相信他们的组织在某种程度上是特殊的，并为成为其中一员而感到骄傲。毫不奇怪，戈德观察到，公共机构在阐述清晰和连贯的愿景时遇到的困难比私人公司要多。他注意到几个联邦机构（如美国国家林业局和海关总署）比所观察的典型公共组织具有更高程度的愿景意识，主要是因为其服务职责相对狭窄。愿景越多样，就越难发展和传播共同的信奉。

还有其他不寻常的或特殊的条件可能影响当今城市管理者的角色吗？由于城市被迫变得更独立（既在地理上，也在财政上）和具有企业家精神，地方管理者必须更高效地动员社区资源——公共的、私人的和社区群体——来解决社区层面的问题。[2] 地方层面的公私分离被打破了，现在的关键词是**相互依赖**（interdependence）——一种强调合作解决问题的途径。城市管理者必须确定战略伙伴，并学习建立联盟和共担风险，这些都超出了传统的公私伙伴关系。可以采用几种形式与政策行动者及市政厅之外的相关市民进行谈判和合作。经常采取的是某种形式的服务共享或地方间协议，如以下举例所示：

● 在北卡罗来纳州威明顿市（Wilmington），公共住房机构提供设施，而城市提供人员，它们共同承担了娱乐项目的成本。

● 由奥斯汀市、奥斯汀独立学区、得克萨斯州、得克萨斯大学及奥斯汀社区学院共同创设的非营利组织，负责筹集资金建设和运营光纤通信网络。

● 伊利诺伊州温内特卡市（Winnetka）和邻近城市共用一名律师。

● 科罗拉多州桑顿市（Thornton）和邻近的亚当斯县（Adams County）共同承担应急调度中心的成本。[3]

共享联盟与合作经营需要非凡的公共领导和创业技巧。

应该由谁负责提供对现代城市十分重要的真实领导力呢？是职业经理还是民选官员？正如前面章节所指出的，在理想的议会—经理制中，政治和政策领导权应该掌握在选任的城市议员手中。当然，城市经理提供政策建议，但他在幕后操作，以免抢了选任官员的政治镜头。这一理念在今天完全过时了吗？也许是的。第4章讨论的什瓦拉"互补模型"（complementarity model）认为，最好将政策制定看作选任官员

① Kenneth A. Gold, "Managing for Success：A Comparison of the Private and Public Sectors," *Public Administration Review* 42 (November-December 1982)：568-575.

② Jeff S. Luke, "Finishing the Decade：Local Government to 1990," *State and Local Government Review* 18 (fall 1986)：132-137.

③ Penelope Lemov, "In Hard Times, Even Governments Must Share," *Governing* (September 1993)：26.

（市长和议员）和行政管理者（城市经理和地方行政系统）二者间的共同活动。①

在结束对现代城市中的管理和领导的讨论之前，我们应该提出关于管理过程的几个重要问题。我们必须重塑地方政府吗？新公共管理是美国城市管理的一个流行性狂热还是永久性特征呢？我们能采用重塑政府和新公共管理的部分内容吗？还是必须要在"全用或不用"之间做出选择呢？鉴于管理和领导的技术、模型、战略的广泛多样性，我们应怎样管理这些管理工具呢？尽管这些重要问题没有明确的答案，但是我们的确对它们带来的问题有想法。首先，让我们看看那些反对重塑政府和新公共管理的情况吧。

诺玛·利库茨（Norma Riccucci）最近在《公共行政评论》发表的一篇文章中提示我们，查尔斯·古得塞尔（Charles Goodsell）、琳达·德尔恩（Linda de-Leon）、罗伯特·B·登哈特、乔治·弗雷德里克森（H. George Fredrickson）、罗纳德·墨（Ronald Moe）和其他许多人都已经非常清晰地论述了重塑政府和新公共管理运动背后的问题。② 基于她自己和其他人的观察，利库茨将这些问题归结如下：

● 重塑政府和新公共管理没有充分解释政府的角色和目标，以及在美国政府组织与企业组织分别是如何发展的。

● 重塑政府和新公共管理对管理和治理的区别缺乏理解：前者能被外包出去，而后者不能。

● 美国政府是建立在法治基础上的，而不是建立在市场法则基础上的。

● 市民不是顾客，他们拥有公共服务。

● 美国宪政体系建立于权力分立和制衡的基础上，但重塑政府和新公共管理在凸显执行部门的同时，没有很好地考虑市民在政策制定中的角色、不同群体（多元化）之间的讨价还价和妥协，以及美国政治的制度环境。

---

① James H. Svara, "The Myth of the Dichotomy: Complementarity of Politics and Administration in the Past and Future of Public Administration," *Public Administration Review* 61 (March-April 2001): 176-183.

② Norma M. Riccucci, "The 'Old' Public Management versus the 'New' Public Management: Where Does Public Administration Fit In?", *Public Administration Review* 61 (March-April 2002): 172-175; Charles Goodsell, "Reinventing Government or Rediscovering it?" *Public Administration Review* 53 (January-February 1993): 85-86; Linda deLeon and Robert B. Denhardt, "The Political Theory of Reinvention," *Public Administration Review* 60 (March-April 2000): 89-97; H. George Fredrickson, "Comparing the Reinventing Government Movement with the New Public Administration," *Public Administration Review* 56 (May-June 1996): 263-270, and "Can Bureaucracy Be Beautiful?" *Public Administration Review* 60 (January-February 2000): 47-53; Ronald C. Moe, "The 'Reinventing Government' Exercise: Misinterpreting the Problem, Misjudging the Consequence," *Public Administration Review* 54 (March-April 2003): 111-122。"其他"相关文献还很多，无法逐一列举。然而，关于重塑政府/新公共管理动议的其他批评，参见 Laurence Lynn, "The Myth of the Bureaucratic Paradigm: What Traditional Public Administration Really Stand For," *Public Administration Review* 61 (March-April 2001): 144-160; and David H. Rosenbloom, "History Lessons for Reinventors," *Public Administration Review* 61 (March-April 2001): 161-165；最后，关于重塑政府/新公共管理动议的更具全球化的观察视角，参见 Lois Recascino Wise, "Public Management Reform: Competing Drivers of Change," *Public Administration Review* 62 (September-October 2002): 555-567; and Mark Considine and Jenny M. Lewis, "Bureaucracy, Network, or Enterprise? Comparing Models of Governance in Australia, Britain, the Netherlands, and New Zealand," *Public Administration Review* 63 (March-April 2003): 131-140.

● 重塑政府和新公共管理贬低和限制了公务员的重要性。

最近，珍妮特·V·登哈特（Janet V. Denhardt）和罗伯特·B·登哈特在其 2003 年的新书《新公共服务：服务，而不是掌舵》（*The New Public Service：Serving，Not Steering*）中，对重塑政府和新公共管理进行了全面和深刻的批评。① 正如该书标题所表达的，公共行政专家既不支持奥斯本和盖布勒的重塑政府原则——政府应多掌舵少划桨，也不支持新公共管理的新保守经济学所倡导的政府应像企业一样运作。实际上，他们主张"政府不应该像企业那样运作；它应该向民主那样运作"②。登哈特提出了新公共服务模型："它是关于公共行政在治理体系中的合宜角色的一套思想，将公共服务、民主治理、公民参与视为核心内容。"③ 新公共服务模型背后的七条原则是：（1）服务于市民，而不是顾客；（2）追求公共利益；（3）重视公民权利胜过重视企业家精神；（4）战略性地思考，民主地行动；（5）承认责任并不是一件简单的事情；（6）服务，而不是掌舵；（7）重视人，而不是生产率。④ 在结论中，他们对这种以人为导向的模型给予了响亮的辩护：

> 新公共服务并非最新的管理时尚或管理技巧。实际上，它是对我们是谁以及为什么我们向他人提供服务的一种界定。它是对价值观的一种根本改造。我们之所以信奉这些价值观，并不是因为它们可以增加满足感、动机、持久性、效益和服务，并可以改进决策（尽管我们对其是否具有这些作用存在争议），我们的行动之所以遵从这些价值观，是因为我们认为它们是美国民主的必要组成部分，而且一直都是如此。⑤

在前面各章，我们经常提及欧文·休斯的《公共管理与行政》，它是最早、也可能是最好地概括了新公共管理模型的本质和含义的著作之一。与休斯的著作一样，登哈特的著作也是语调激昂，具有深厚的学术文献基础，并且引人注目。此外，在前面章节中，我们多次指出，没有任何管理或理论模型可适用于所有的时空环境。登哈特似乎比很多人都更理解这一点，尽管他们强力地倡导新公共服务模型，他们也为其他模型的一些元素留下了空间：

> 对于我们考察过的规范模型，新公共服务显然最符合美国民主的基本基础，因此，它提供了一个框架，其他各种有用的方法和价值也都可以包括在其中，包括老公共行政和新公共管理的最基本内容。新公共服务提供了一个基础点，围绕着它，我们可以把公共服务建立在公民对话和公共利益的基础上，并

---

① Janet V. Denhardt and Robert B. Denhardt，*The New Public Service：Serving，Not Steering*（Armonk，N. Y.：M. E. Sharpe，2003）.

② Ibid.，3.

③ Ibid.，4.

④ Ibid.，每条原则即为一章标题。

⑤ Ibid.，172.

且可以将其与公民对话和公共利益充分结合起来。①

简言之，我们认为登哈特是正确的。正如我们在第 8 章所指出的，城市领导者不必在一个模型与其他模型之间进行选择，没有"最佳方案"。使用管理工具要适应于不同的时间、地点和情形。这里，我们有必要对重塑政府/新公共管理模型、老公共行政模型、新公共服务模型的各自优势进行讨论。这三个模型都具有适用性，也都很重要，在城市管理中都有一席之地。基于更好的管理，重塑政府/新公共管理继续挑战公共管理的文献和实践。《重塑政府：企业精神如何重塑公营部门》一书擅长提出建议，但在实施的特定方法上却存在明显不足，我们同意乔纳森·沃尔特斯（Jonathan Walters）的评论，认为它

　　……提供了政府如何打破旧习的乐观观点。从现实角度而言，如何实现这些变革却不能从该书中得到答案。最终，简单地说，它只是个人的一种判断。如果重塑政府所要做的只是激发此类决策，那么它已经证明了其价值。②

我们让读者来判断新公共管理模型是否代表着范式转换。无论你的判断是什么，在可以预见的将来，重塑政府和新公共管理会对城市管理者的工作产生重要的影响。用理查德·科尔尼、巴里·费尔德曼和卡曼·斯卡沃的话来说，"重塑对许多美国地方政府——如果不是大多数——而言是不可避免的议题。作为最新的行政改革浪潮，它在未来数年内仍然会产生强有力的影响"③。

管理政治

一些观察者得出结论认为，公共行政可能是"一项工作、一种活动、一种应用艺术——但非常确定的是它不是一个纯正的职业"④。前城市经理威廉姆·唐纳森把该项工作看作与政治高度相关的艺术，他认为，在改进城市管理的过程中遇到的首要问题是，让城市管理者成为更好的政治家。⑤ 约翰·伊塞克森（John Isaacson）花了数十年为州和地方政府猎取（head-hunting）高层主管，他认为："过于强调公共政策学习而对政治生存方式的研究不够，学校教育已经使一代管理者对在大城市生活失去了准备。"⑥ 他认为，公共行政学位应当包括政治上的"斗争方法培训"。

---

① Janet V. Denhardt and Robert B. Denhardt, *The New Public Service: Serving, Not Steering* (Armonk, N. Y.: M. E. Sharpe, 2003): 172-173.

② Walters, "Reinventing Government," 40.

③ Richard C. Kearney, Barry M. Feldman, and Carmine P. F. Scavo, "Reinventing Government: City Manager Attitudes and Actions," *Public Administration Review* 60 (November-December 1999): 546.

④ Richard L. Schott, "Public Administration as a Profession: Problems and Prospects," *Public Administration Review* 36 (May-June 1976): 256.

⑤ William V. Donaldson, "Continuing Education for City Managers," *Public Administration Review* 33 (November-December 1973): 504-508.

⑥ 引自 Jonathan Walters, "Combat Training for the Impossible Job?" *Governing* (July 1993): 56。

毕竟，地方管理者的一项核心任务是在地方政治环境中管理政治冲突。

我们如何向未来的城市管理者传授这种必需但无形的政治技巧呢？有可能提供一些追加（post-entry）培训——远少于预先（pre-entry）培训——来帮助城市管理者成为更成功的行政领导吗？印第安纳大学公共与环境事务学院（School of Public and Environmental Affairs at Indiana University）院长阿斯特丽德·莫格特（Astrid Merget）提出，需要更多具有实践经历的教师。许多观察者主张，更多地使用实习和实践，这样学生可以与真正的行政管理者一起解决真实的问题。城市行政官的公休假，类似于联邦层次高级行政人员享有的休假培训，它被证明是有用的。一些"旗舰"学校，如哈佛、伯克利、密歇根和普林斯顿的公共事务和行政项目正在走向实践导向。[1] 哈佛大学在行政和政治技巧教学中使用的案例方法已经广为人知。

传统上，政治技巧基本上是从实践中学习获得的。在前城市经理唐纳森看来，政治技巧可通过参加政治活动得以提升和开发。[2] 对城市管理者而言，这种经验可以通过参加学校董事会或特区选举，或州立法斗争来获得；角逐非政治性的教堂或其他组织的职位，也是唐纳森推荐的有助于获得政治技巧的第一手经验。当然，在一些社群中，城市经理积极介入太多的政治活动容易引起非议，因此，他需要非常谨慎地运作，在介入学校董事会或立法选举之前，要确保能够获得市议会的批准。

尽管直接政治参与的价值不容置疑，但仍可提出一些让行政新手能够受益的指导准则和建议。毕竟，我们很了解政治行为和政治制度。例如，我们知道权力对有效的政治领导很重要；现代社会的行政系统是一个专业群体；城市管理者不理解外部因素对城市事务的影响、不理解政治的本质和含义，就注定要失败。

行政管理者必须使用权力去实施、防护和改进有争议的项目。即使对那些不太显眼和较少有争议的项目，使用权力也是走向成功的保证。[3] 技巧性地使用权力能极大地提升行政领导处理事务的能力。政治学家诺顿·朗（Norton Long）形象地总结说："行政的根基是权力。"[4]

城市管理的政治因素涉及地方行政首长与三个主要因素的权力关系：市议会、行政系统和各种外部群体。在第 4 章，我们考虑了城市经理与市议会的关系。现在，我们来看看城市经理是如何影响其他两个方面的——行政系统和外部群体。

我们可以确定改革行政系统的两种基本方法。第一个是组织发展，这要借助外部顾问，并启动培训项目，以让工作队伍更坦率、更信任和更有合作精神。当然，其假定是这些努力能让组织及其成员成长起来，在迅速变革的环境中变得更高效、更具适应性。创新型领导者还可以采取在第 8 章中提及的一系列额外步骤，它们能够鼓励员工参与，从而创建更有奉献精神和更有生产力的工作队伍。

另一个组织变革路径采取不同的办法。它建立在"经济人理论"基础之上：人

---

① Jonathan Walters，"Can Innovation Be Taught?" *Governing*（November 1993）：56.

② Donaldson，"Continuing Education for City Managers，" 507.

③ Robert C. Fried，*Performance in American Bureaucracy*（Boston：Little，Brown，1976）：193.

④ Norton Long，"Power and Administration，" *Public Administration Review* 9（winter 1949）：257.

们不会改变自身行为，除非支付相应报酬。安东尼·唐斯（Anthony Downs）在《官僚制内幕》（*Inside Bureaucracy*）一书中表达了这一路径，唐斯假定所有参与者——官员、政治家、市民、部门客户——都是效用最大化者。这就是说，每个人对不同的方案或行动过程都赋予了特定价值、偏好或效用。然后，每个个体都比较效用，并选择那些能够带来总体效用最大化的行动或行动组合。[①] 因此，组织（及其成员）不可能进行变革，除非它们感知一些新的行为带来的收益超过了变革成本[②]：任何大型组织内部都具有相当的惰性，现有实践代表着相当多的沉没成本——多年的努力、之前的数千个决策以及广泛的实践。当存在下列情形时，将很难推动变革：（1）行政系统的价值损失越大时（例如个人或组织的权力、声望、收入和安全）；（2）需要变革的幅度越大时；（3）受变革影响的官员越多时；（4）组织越大时。

有利于行政系统变革的力量，主要包括如下因素：

● **做好工作的愿望**。行政人员具有雄心并强烈支持机构的目标，对现状不满并提出新想法和方法。

● **自我扩张的愿望**。个人雄心促成创新。行政系统的膨胀可为官员个人带来权力、收入和荣誉。

● **自卫**。组织变革通常是防卫性的，是对外部压力做出的反应。

唐斯认为，尽管有这些支持变革的力量，惰性常常会胜出。他认为，在组织内部产生变革是困难和费时的。调整现行行为的关键是，确保每个员工能够认识到会从提议的变革中获得个体收益。如果人们能够相信变革带来的收益大于成本，变革的机会将大大增加。实际上，这里起作用的影响似乎取决于说服的力量。

最后，正如系统分析者提醒我们的那样，外部环境对组织活动具有重要影响。关于委任的行政首长在多大程度上能够公开请求政治支持这一问题还具有争议。然而，对旧金山湾区城市经理的一项经典研究发现，略超过半数的官员支持政策倡导这一思路，即使社群中的部分人群对政策持敌对态度。[③] 假定外部支持是政策获得成功的关键所在，那么城市经理能如何去创造它呢？

答案是人际关系的技巧，这是政治上成功的强势市长常常会应用的一组方法。领导者很少直接命令，相反，他们更多地采取协商、谈判和劝说的方法。城市管理者必须是地方政治体系中冲突的管理者。

第一，可通过有效运行城市政府而获得大量政治支持。好的政治家都认识到这个事实：芝加哥市后来的市长理查德·J·戴利（Richard J. Daley）一直坚持，善治（good government）就是善政（good politics）。获得支持的第二个资源是作为可靠信息资源的声誉，特别是在城市议会里。可信度是行政管理者的存货。如果选任官员和其他利益攸关方不再把管理者作为及时、可靠的信息来源，就不可能进行

①　Anthony Downs, *Inside Bureaucracy* (Boston：Little, Brown, 1967)：81.

②　该讨论引自 ibid.，chap. 16。

③　Ronald O. Loveridge, *City Managers in Legislative Politics* (Indianapolis：Bobbs-Merrill, 1971)：49.

政策领导了。因此，城市经理必须了解自身业务和所服务的城市——信息就是权力。

拉普和帕提图西向想提升政治影响力的行政首长提出了一些指导准则和建议。[①] 他们在分析中指出，这项技术最好在做中学。此外，他们认为可从别人的经验中获得有用信息，他们对与不同群体一起工作时取得成果的建议是：

1. **理解现状**。理解你试图改变现状的理由及好处是很重要的，实际上也是必需的。好处并不总是很明显，一些人或群体会从现行政策、项目、程序中获益，他们可能会抵制改变现状。要明确谁是受益者及原因，以预料反对意见。

2. **识别现有权力**。如果变革很大，就会不止一个人、群体或机构会受影响。因此，实现期待的变革可能要将合宜的联盟聚合在一起。谁有权力将其他人带进来？谁有权力否决某项行动提议？遵守这个原则需要思想开放。

3. **营造适当的过程感**。无论想法多么好，如果那些受影响者认为决策过程不公平，其执行有可能会被严重损害。至少，必须给予受影响者真诚表达意见的机会，必须要让这些群体相信其想法正在被开放的思想接纳。

4. **理解时机的重要性**。在拉普和帕提图西看来，"知道何时推动决策、何时撤回决策是一个技巧，这是那些能够持续实现良好绩效的管理者的特点"[②]。当然，当危机还没有到来时，劝说人们（如选任官员）行动是困难的，这种倾向体现在一句俗语中，"东西还没坏，就别急着去修它"。然而，管理者有时必须劝说别人在危机来临前的合适时机推动某个项目。那么一个人如何知道在什么时间去推动该项目呢？经验和判断在这里会有帮助。

5. **知道何时妥协**。拉普和帕提图西主张，"在政治和公共管理中，被过度推销而又缺少理解的一个概念是，办成事情是妥协的艺术这一观念"[③]。他们认为，一些决策包括妥协，有些则没有。问题在于，有时候人们并不清楚何时或何等程度的妥协是必需的。然而，两位作者认为，妥协不应是最先诉诸的策略，这一点绝对是正确的。

最后，拉普和帕提图西坚持认为，获得外部支持需要传播成功的声誉、认识到变革需要时间、理解后续行动的必要性（因为公共决策很少就是最终结果）。

很明显，启动和引导城市变革不是一件容易的事情。制定一个政策提案，并确保它获得成功实施，需要具有将多样化的利益协调起来的才能，这是推动内部和外部变革必须具备的基本技巧。

最后的提醒和告诫是，仍有人认为，城市经理不是社区变革的合适和理想的代理人选，毕竟，他们只是"雇来的人手"。社区并不属于他们，社区属于人民，人民选出自己的代表来为城市政府确定基调和方向。也要记住，许多（如果不是大多数的话）市议员仍然坚守政治与行政二分法。聪明的城市经理必须谨慎行动，避开

① Brian Rapp and Frank Patitucci, *Managing Local Government for Improved Performance* (Boulder, Colo.: Westview, 1977): 336–344.

② Ibid., 340.

③ Ibid., 341.

公众之眼，将所有荣誉归功于选任的政治领导。

确保行为合乎伦理

每个公务员任职时，无论是选任或委任的，都意味着与人民的一种契约：职位拥有者不能使用其职位谋取私利。此外，公共官员必须保证公正无私地进行政策制定和服务供给。

伦理很难界定，一些人说它像政治一样，没有办法教授。那么，我们又该如何处理呢？公共行政专家格罗夫·斯塔林提供了一些答案。合乎伦理的行为一般包括对较高的道德原则或较好的职业行为标准的承诺。尽管没有对、错的绝对标准，斯塔林认为，合乎伦理的行为还是可以教授的。他认为，多学一些价值体系和伦理指导对公共行政者具有以下实际成效：

● 学习伦理能促进决策。如果在以前的决策中处理过暗藏的价值冲突，官员们就可更容易地识别和处理伦理问题。

● 伦理知识有助于保持决策的一贯性。遵从一致性原则，可以得到下属的尊敬，他们会认为管理者是公平的。

● 通过学习伦理，我们能够理解决策的伦理向度，否则的话，它就显得与价值无关。

● 抓住在公共部门工作领域和为公众服务的伦理问题：这是应该做的事情。

● 学习伦理有助于公务员更深思熟虑地进行决策。[1]

最后，伦理准则可以作为确保官僚责任的另一种方式。我们可以识别影响行政官员行为的各种外部力量：公共舆论、群体压力、职业标准以及立法监督。个体的内在规范也会发挥有力的作用。对正确与错误的基本判断及对公共利益的坚定承诺，有助于保持公共官员走在正确的轨道上。

尽管对合乎伦理行为的兴趣日渐增长，1993 年国际城镇管理协会关于该议题的一项调查研究发现，全国的城市中不到一半（41%）有正式的伦理准则。[2] 然而，回应的城市并没有忽视该议题，它们正在通过几个法律和制度战略来提升核心价值，并改善其伦理氛围。最常用的战略是：保护告密者（59%）；对外部就业进行审批（56%）；坚持财政公开（53%）。最近，国际城镇管理协会开展了对地方政府的"伦理氛围调查"，包括对作用于结果的过程进行分析。[3]

管理处于风险中的 21 世纪的城市

在 1993 年由基地组织支持的恐怖分子对纽约市世贸中心的袭击中，造成了 6

---

① Grover Starling, *Managing the Public Sector*, 7th ed. (Belmont, Calif：Wadsworth, 2005)：192-193.

② Jonathan West, Evan Beman, and Anita Cava, "Ethics in the Municipal Workplace," *1993 Municipal Year Book* (Washington, D. C.：ICMA, 1993)：316.

③ ICMA, "Take the Ethical Climate Survey," *Public Management* 81 (May 1999)：23-25.

人死亡，1 000 多人受伤。两年后，美国恐怖分子蒂莫西·麦克维（Timothy McVeigh）炸掉了俄克拉何马城的默拉联邦大楼（Murrah Federal Building），造成 168 名男性、妇女和儿童丧命。1996 年，在夏季奥林匹克运动会期间，亚特兰大市百周年纪念公园的土制钢管炸弹爆炸，夺走了艾丽斯·霍索恩（Alice Hawthorne）的生命，造成 100 人受伤。2001 年 9 月 11 日，星期二，恐怖分子驾驶两架被劫飞机撞向世贸中心双子大楼，造成包括 343 名消防员和 60 名警察在内的 3 000 多人丧生，还有一架飞机载着 64 名乘客撞入弗吉尼亚州阿灵顿（Arlington）的五角大楼，造成 189 人丧生。为阻止恐怖分子驾驶第 4 架被劫飞机撞向美国国会大厦的计划，乘客们战胜了恐怖分子，但是载有 44 名乘客和机组人员的飞机却在宾夕法尼亚州尚克斯维尔（Shanksville）的田野里坠毁了。2003 年 5 月 21 日，在康涅狄格州纽黑文市耶鲁大学法学院爆炸了一枚炸弹，所幸没有造成人员伤亡。①

1976 年 7 月 31 日，科罗拉多州汤普森大峡谷的山洪暴发，139 人丧命。② 1980 年圣海伦斯火山爆发，在初始阶段造成 57 人丧生。1994 年，洛杉矶北部的北岭大地震造成 57 人丧生和 20 亿美元财产损失，这是美国历史上最惨重的地震。2005 年 8 月，五级飓风——卡特里娜，以高达 175 英里/小时的风速袭击了古巴的巴哈马、南佛罗里达、密西西比、亚拉巴马、佛罗里达狭长地带以及新奥尔良。③ 其毁坏力巨大：估计造成 75 亿美元的损失（是 1992 年安德鲁飓风的两倍），这使卡特里娜飓风成了美国历史上造成损失最大的自然灾害。更严重的是，它在四个州造成 1 800 多人丧生。用《纽约时代周刊》的话来说，伴随着堤岸崩塌带来的洪水，卡特里娜飓风的最终结果，就是新奥尔良这个"美国城市的死亡"④。

对这些悲剧事件的记忆表明，管理现代美国城市的任务已经发生了变化。仅仅规划道路、下水道和会议中心已经不够了。甚至仅仅规划应对诸如火灾、洪水和龙卷风等让美国城市处于风险之中的自然灾害也不够了。当前，城市领导者必须规划应对人为的灾害，包括国内和国际恐怖主义，它们威胁着地方居民的健康、安全和生命。并且要认识到所有这些灾害——既包括天灾，也包括人祸——必须作为事件来应对，这一点很重要。地理学家戴维·亚历山大（David Alexander）提醒我们，灾害趋向于成为重复性事件，它构成一个循环，出于管理的目的，这个循环可分为四个阶段：缓和（mitigation）、准备（preparation）、回应（response）和恢复（re-

---

① 该信息引自 Donald F. Kettl, *System under Stress: Homeland Security and American Politics*（Washington, D. C.: CQ Press, 2004）: chap. 1; CNN Interastive, "Blast Victim's Family Asks for Privacy,"（July 28, 1996）: at http://www.cnn.com/US/9607/28/blast.victim/index.html; CNN Interactive, "Let the World Not Forget,"（July 27, 1997）: at http://www.cnn.com/US/9707/27/olympic.bombing/index.html; CNN.com, "Bomb Explodes at Yale Law School,"（May 22, 2003）: at http://www.cnn.com/2003/US/Northeast/05/21/yale.explosion/。

② 除非特别说明，事件信息来自 William L. Waugh Jr., *Living with Hazards, Dealing with Disasters: An Introduction to Emergency Management*（Armonk, N. Y.: M. E. Sharpe, 2000）: chaps. 3 and 4。

③ "Hurricane Katrina," at http://en.wikipedia.org/wiki/Hurricane_Katrina, 1, 17.

④ "Death of an American City," *New York Times*（December 11, 2005）: A22.

covery）（包括重建）。① 图 11—1 展示了这四个阶段。

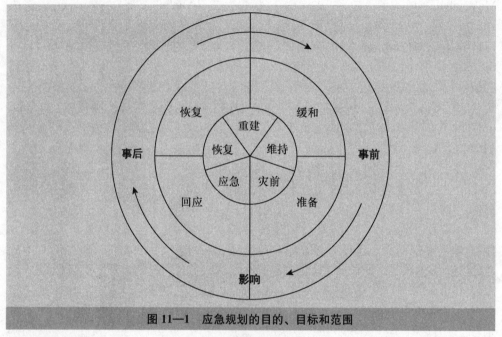

图 11—1　应急规划的目的、目标和范围

资料来源：David Alexander，*Principles of Planning and Management*（Oxford：Oxford University Press，2002）：6。Copyright © Roger Jones Publishing. Used by permission of Oxford University Press.

　　根据亚历山大的解释，危机管理的前两个阶段——缓和与准备——发生在灾害侵袭之前，**缓和**"包括设计用于减少未来灾害影响的所有行动"②。作为在潜在灾害迫近之前设想和实施的活动，缓和行动既包括通过工程方式促进安全的结构性措施，也包括立法、保险和土地利用规划、疏散计划等非结构性措施。**准备**"是指当预期有灾害或灾害即将发生时，用于减轻灾害影响的各种措施"③。这方面的例子包括疏散脆弱人群（穷人、老人、医院和家庭护理的病人），布置交通网络和安全措施，在洪水上涨时用沙袋堆筑防洪堤。疏散规划就是缓和；确保计划得到执行并避免人们受到损害就是准备或"就绪"。

　　灾害管理的后两个阶段——回应和恢复——发生在灾害发生期间和之后。**回应**"是指在灾害影响过程中和灾害之后采取的应急行动"④。其基本目标是与人相关的：挽救和保护人的生命、抢救受伤者和提供护理。**恢复**是"灾害袭击之后修复破坏、恢复服务和重建设施的过程"⑤。新奥尔良的案例表明，恢复通常是一个长期而艰难的过程。灾害管理的四个阶段都很重要。显然，有人可能认为对受伤害者需求的"回应"最重要，当然，确保幸存者的健康和安全是首要的。但是，如果缓和计划到位并在准备过程中被实施的话，回应努力将会更成功些。灾害管理中的谨慎准备活动是不可替代的。

---

　　①②③④⑤　David Alexander，*Principles of Emergency Planning and Management*（Oxford：Oxford University Press，2002）：5.

地方管理者在应对灾害方面的准备情况如何呢？国际城镇管理协会于 2005 年对城市和县的管理者进行了调查。[①] 这项针对约 2 800 名地方政府管理者的调查结果表明，超过 80％的城市在"9·11"之后开展了国土安全风险评估。超过 60％的城市已经开发或修订了其综合应急管理计划，50％以上的城市在灾害准备中进行了应急训练和对非第一时间回应者的培训（如管理人员）。这些管理者将这类准备置于重要位置。实际上，89％的管理者认为恐怖分子对政府建筑的威胁是最大的潜在威胁。

灾害是 21 世纪城市经理必须管理的真实而重要的环境因素。当他们提出"脆弱的城市"时，城市管理学者约翰·哈里根（John Harrigan）和罗纳德·K·福格尔（Ronald K. Vogel）捕捉到了这种威胁的本质特征。[②] 唐纳德·凯特尔（Donald Kettl）在其近期的著作《压力下的体系：国土安全和美国政治》（*System under Stress：Homeland Security and American Politics*）中传递了类似的紧迫感和焦虑感。[③] 从系统角度来看，有效的国土安全保障需要政府间的合作与协调。审计总署近期关于国土安全的报告的题目《有效的政府间合作是成功的关键》明确地表达了这一点。[④] 在《治理》杂志 2005 年发表的一篇文章中，乔纳森·沃尔特斯和唐纳德·凯特尔认为，在卡特里娜飓风案例中，不同层级政府间缺乏有效协调和沟通："卡特里娜有力地说明，碎片化的政府回应是灾难性的。"[⑤] 就城市管理而言，记住这条原则非常重要："国土安全（也包括一般性灾害管理）的第一步……是帮助那些发现自己受到损害的公民。这是地方政府的基本职责。"[⑥]

对服务的召唤

在最后的分析中，地方层面卓越的领导者面临的障碍是，最佳候选人可能会远离公共职务。艾伦·阿特舒勒（Alan Altshuler）认为，治理的真正危机是政府没有能力将优秀人才吸引到公共部门的职位上来，因为薪酬低，并且在当今引人注目的政治领域，他们必须忍受丧失隐私。"问题是，你如何能让一流人才忍受这些？令人吃惊的是，公务员队伍召唤大量优秀人才的声音很响亮。"[⑦]

在当今复杂的社会中，没有什么工作比城市管理者更具有挑战性。只有那些真

---

① ICMA, "Homeland Security 2005," at http://icma. org/upload/bc/attach/{5F901D0C－9C2F－486C－8F15－EB7E844DA8F1}homelandsecurity2005web. pdf.

② John J. Harrigan and Ronald K. Vogel, *Political Change in the Metropolis*, 7th ed. （New York：Longman, 2003）：3.

③ Kettl, *System under Stress*.

④ Patricia A. Dalton, *Effective Intergovernmental Coordination Is Key to Success*（Washington, D. C.：United States General Accounting Office, August 20, 2002）.

⑤ Jonathan Walters and Donald Kettl, "The Katrina Breakdown," *Governing*（December 2005）：25.

⑥ 参见 Kettl, *System under Stress*, 10；and Donald F. Kettl, "Connecting the Dots," *Governing*（October 2002）：14.

⑦ Walters, "Reinventing Government," 40.

正承诺致力于将城市变成更好的生活场所的人才会申请这份工作。

推荐阅读

Box，Richard C. *Citizen Governance*：*Leading American Communities into the 21st Century*. Thousand Oaks, Calif.：Sage, 1998.

Chrislip, David D.，and Carl E. Larson，*Collaborative Leadership*：*How Citizens and Civic Leaders Can Make a Difference*，San Francisco：Jossey-Bass, 1994.

Denhardt, Janet V.，and Robert B. Denhardt，*The New Public Service*：*Serving*，*Not Steering*，Armonk, N. Y.：M. E. Sharpe, 2003.

Hollings, Robert L.，*Reinventing Government*：*An Analysis and Annotated Bibliography*，Commack, N. Y.：Nova Science Publishers, 1996.

Schachter, Hindy Lauer，*Reinventing Government or Reinventing Ourselves*，Albany：SUNY Press, 1997.

Vale, Lawrence J.，and Thomas J. Campanella，*The Resilient City*：*How Modern Cities Recover from Disaster*，Oxford：Oxford University Press，2005.

Waugh, William L.，Jr.，*Living with Hazards*，*Dealing with Disasters*：*An Introduction to Emergency Management*，Armonk, N. Y.：M. E. Sharpe, 2000.

本书的翻译缘起于在美国印第安纳大学的学术访问。2007—2008年，应诺贝尔经济学奖获得者埃莉诺·奥斯特罗姆教授的邀请，我赴印第安纳大学政治理论与政策分析研究中心（Workshop in Political Theory and Policy Analysis）做访问学者，主要从事美国城市治理研究。在此期间，我广泛查阅了城市管理领域的学术文献，找到了这本书的最新版本。阅读之后，我发现这是一部系统地剖析美国城市管理的不可多得的学术著作。

随后，我就给本书英文版出版商写信了解了中文版权事宜。同时，我也向中国人民大学出版社刘晶女士推荐翻译此书。2008年8月回国后，中国人民大学出版社拿到了中文版权，让我们尽快翻译出版。由于教学和其他任务，使翻译审校工作一再拖延。在完成《城市管理学：美国视角（第六版·中文修订版）》全部审校任务的那一刻，我确实有一种如释重负的感觉。本书的翻译和审稿经历，也使我切身感受到准确翻译和审稿是一件费时、费力的艰苦工作。

本书的翻译任务分工如下：杨宏山（前言、作者简介、第1章、第2章、第3章、索引），陈建国（第6章、第7章、第8章、第9章、第10章、第11章），党华举（第4章），魏登宇（第5章）。最后由杨宏山对各章逐一进行审校定稿。在印第安纳大学做访问学者期间，我与陈建国博士共用一个办公室。回国后，他到华北电力大学任教，教学和科研任务很繁重，但仍积极承担本书的翻译工作。我的学生党华举还承担了部分索引和注释的翻译工作。

在本书中文版出版之际，我要感谢刘晶女士的鼓励和支持，也要感谢朱海燕女士经常打来电话催促工作进度，激励我努力工作，并最终完成翻译工作。

由于学识有限，加之其他客观原因，译稿可能存在一些错误或不当之处，敬请读者和学界同仁批评指正。

杨宏山
于人大求是楼

人大版公共管理类翻译（影印）图书

公共行政与公共管理经典译丛

书名	著译者	定价
公共管理名著精华："公共行政与公共管理经典译丛"导读	吴爱明　刘晶　主编	49.80 元

经典教材系列

书名	著译者	定价
公共管理导论（第四版）	［澳］欧文·E·休斯　著 张成福　马子博　等　译	48.00 元
政治学（第三版）	［英］安德鲁·海伍德　著 张立鹏　译	49.80 元
公共政策分析导论（第四版）	［美］威廉·N·邓恩　著 谢明　等　译	49.00 元
公共政策制定（第五版）	［美］詹姆斯·E·安德森　著 谢明　等　译	46.00 元
公共行政学：管理、政治和法律的途径（第五版）	［美］戴维·H·罗森布鲁姆　等　著 张成福　等　译校	58.00 元
比较公共行政（第六版）	［美］费勒尔·海迪　著 刘俊生　译校	49.80 元
公共部门人力资源管理：系统与战略（第六版）	［美］唐纳德·E·克林纳　等　著 孙柏瑛　等　译	58.00 元
公共部门人力资源管理（第二版）	［美］埃文·M·伯曼　等　著 萧鸣政　等　译	49.00 元
行政伦理学：实现行政责任的途径（第五版）	［美］特里·L·库珀　著 张秀琴　译　音正权　校	35.00 元
民治政府：美国政府与政治（第 23 版·中国版）	［美］戴维·B·马格莱比　等　著 吴爱明　等　编译	58.00 元
比较政府与政治导论（第五版）	［英］罗德·黑格　马丁·哈罗普　著 张小劲　等　译	48.00 元
公共组织理论（第五版）	［美］罗伯特·B·登哈特　著 扶松茂　丁力　译　竺乾威　校	32.00 元
公共组织行为学	［美］罗伯特·B·登哈特　等　著 赵丽江　译	49.80 元
组织领导学（第七版）	［美］加里·尤克尔　著 丰俊功　译	78.00 元
公共关系：职业与实践（第四版）	［美］奥蒂斯·巴斯金　等　著 孔祥军　等　译　郭惠民　审校	68.00 元
公用事业管理：面对 21 世纪的挑战	［美］戴维·E·麦克纳博　著 常健　等　译	39.00 元
公共预算中的政治：收入与支出，借贷与平衡（第四版）	［美］爱伦·鲁宾　著 叶娟丽　马骏　等　译	39.00 元
公共行政学新论：行政过程的政治（第二版）	［美］詹姆斯·W·费斯勒　等　著 陈振明　等　译校	58.00 元
公共部门战略管理	［美］保罗·C·纳特　等　著 陈振明　等　译校	49.00 元
公共行政与公共事务（第十版）	［美］尼古拉斯·亨利　著 孙迎春　译	52.00 元
案例教学指南	［美］小劳伦斯·E·林恩　著 郏少健　等　译　张成福　等　校	39.00 元
公共管理中的应用统计学（第五版）	［美］肯尼思·J·迈耶　等　著 李静萍　等　译	49.00 元

书名	著译者	定价
现代城市规划（第五版）	[美] 约翰·M·利维 著 张景秋 等 译	39.00 元
非营利组织管理	[美] 詹姆斯·P·盖拉特 著 邓国胜 等 译	38.00 元
公共财政管理：分析与应用（第六版）	[美] 约翰·L·米克塞尔 著 白彦锋 马蔡琛 译 高培勇 等 校	69.90 元
公共行政学：概念与案例（第七版）	[美] 理查德·J·斯蒂尔曼二世 编著 竺乾威 等 译	75.00 元
公共管理研究方法（第五版）	[美] 伊丽莎白森·奥沙利文 等 著 王国勤 等 译	79.00 元
公共管理中的量化方法：技术与应用（第三版）	[美] 苏珊·韦尔奇 等 著 郝大海 等 译	39.00 元
公共部门绩效评估	[美] 西奥多·H·波伊斯特 著 肖鸣政 等 译	45.00 元
公共管理的技巧（第九版）	[美] 乔治·伯克利 等 著 丁煌 主译	59.00 元
领导学：理论与实践（第五版）	[美] 彼得·G·诺斯豪斯 著 吴爱明 陈爱明 陈晓明 译	48.00 元
领导学（亚洲版）	[新加坡] 林志颂 等 著 顾朋兰 等 译 丁进锋 校译	59.80 元
领导学：个人发展与职场成功（第二版）	[美] 克利夫·里科特斯 著 戴卫东 等 译 姜雪 校译	69.00 元
二十一世纪的公共行政：挑战与改革	[美] 菲利普·J·库珀 等 著 王巧玲 李文钊 译 毛寿龙 校	45.00 元
行政学（新版）	[日] 西尾胜 著 毛桂荣 等 译	35.00 元
比较公共行政导论：官僚政治视角（第六版）	[美] B·盖伊·彼得斯 著 聂露 李姿姿 译	49.80 元
理解公共政策（第十二版）	[美] 托马斯·R·戴伊 著 谢明 译	45.00 元
公共政策导论（第三版）	[美] 小约瑟夫·斯图尔特 等 著 韩红 译	35.00 元
公共政策分析：理论与实践（第四版）	[美] 戴维·L·韦默 等 著 刘伟 译校	68.00 元
公共政策分析案例（第二版）	[美] 乔治·M·格斯 保罗·G·法纳姆 著 王军霞 贾洪波 译 王军霞 校	待出
公共危机与应急管理概论	[美] 迈克尔·K·林德尔 等 著 王宏伟 译	59.00 元
公共行政导论（第六版）	[美] 杰伊·M·沙夫里茨 等 著 刘俊生 等 译	65.00 元
城市管理学：美国视角（第六版·中文修订版）	[美] 戴维·R·摩根 等 著 杨宏山 陈建国 译 杨宏山 校	56.00 元
公共经济学：政府在国家经济中的作用	[美] 林德尔·G·霍尔库姆 著 顾建光 译	69.80 元
公共部门管理（第八版）	[美] 格罗弗·斯塔林 著 常健 等 译 常健 校	75.00 元

学术前沿系列

书名	著译者	定价
新公共服务：服务，而不是掌舵（第三版）	[美] 珍妮特·V·登哈特 罗伯特·B·登哈特 著 丁煌 译 方兴 丁煌 校	39.00 元
议程、备选方案与公共政策（第二版·中文修订版）	[美] 约翰·W·金登 著 丁煌 方兴 译 丁煌 校	待出

书名	著译者	定价
政策分析八步法（第三版）	［美］尤金·巴达克　著 谢明　等　译	待出
新公共行政	［美］H·乔治·弗雷德里克森 丁煌　方兴　译　丁煌　校	23.00 元
公共行政的精神（中文修订版）	［美］H·乔治·弗雷德里克森　著 张成福　等　译　张成福　校	48.00 元
官僚制内幕（中文修订版）	［美］安东尼·唐斯　著 郭小聪　等　译	待出
民营化与公私合作伙伴关系	［美］E.S. 萨瓦斯	待出
后现代公共行政：话语指向（中文修订版）	［美］查尔斯·J·福克斯　等　著 楚艳红　等　译　吴琼　校	38.00 元
公共行政的合法性：一种话语分析（中文修订版）	［美］O.C. 麦克斯怀特　著 吴琼　译	45.00 元
公共行政的语言：官僚制、现代性和后现代性（中文修订版）	［美］戴维·约翰·法默尔　著 吴琼　译	待出
领导学	［美］詹姆斯·麦格雷戈·伯恩斯　著 常健　孙海云　等　译　常健　校	69.00 元
官僚经验：后现代主义的挑战（第五版）	［美］拉尔夫·P·赫梅尔　著 韩红　译	39.00 元
制度分析：理论与争议（第二版）	［韩］河连燮　著 李秀峰　柴宝勇　译	48.00 元
公共服务中的情绪劳动	［美］玛丽·E·盖伊　等　著 周文霞　等　译	38.00 元
预算过程中的新政治（第五版）	［美］阿伦·威尔达夫斯基　等　著 苟燕楠　译	58.00 元
公共行政中的价值观与美德：比较研究视角	［荷］米歇尔·S·德·弗里斯　等　主编 熊缨　耿小平　等　译	58.00 元

政府治理与改革系列

书名	著译者	定价
公共决策中的公民参与	［美］约翰·克莱顿·托马斯　著 孙柏瑛　等　译	28.00 元
再造政府	［美］戴维·奥斯本　等　著 谭功荣　等　译	45.00 元
构建虚拟政府：信息技术与制度创新	［美］简·E·芳汀　著 邵国松　译	32.00 元
突破官僚制：政府管理的新愿景	［美］麦克尔·巴泽雷　著 孔宪遂　等　译	25.00 元
政府未来的治理模式（中文修订版）	［美］B·盖伊·彼得斯　著 吴爱明　等　译　张成福　校	38.00 元
无缝隙政府：公共部门再造指南（中文修订版）	［美］拉塞尔·M·林登　著 汪大海　等　译	48.00 元
公民治理：引领 21 世纪的美国社区（中文修订版）	［美］理查德·C·博克斯　著 孙柏瑛　等　译	38.00 元
持续创新：打造自发创新的政府和非营利组织	［美］保罗·C·莱特　著 张秀琴　译　音正权　校	28.00 元
政府改革手册：战略与工具	［美］戴维·奥斯本　等　著 谭功荣　等　译	59.00 元
公共部门的社会问责：理念探讨及模式分析	世界银行专家组　著 宋涛　译校	28.00 元

书名	著译者	定价
公私合作伙伴关系：基础设施供给和项目融资的全球革命	［英］达霖·格里姆赛 等 著 济邦咨询公司 译	29.80 元
非政府组织问责：政治、原则与创新	［美］丽莎·乔丹 等 主编 康晓光 等 译 冯利 校	32.00 元
市场与国家之间的发展政策：公民社会组织的可能性与界限	［德］康保锐 著 隋学礼 译校	49.80 元
建设更好的政府：建立监控与评估系统	［澳］凯思·麦基 著 丁煌 译 方兴 校	30.00 元

公共管理实务系列

书名	著译者	定价
新有效公共管理者：在变革的政府中追求成功（第二版）	［美］史蒂文·科恩 等 著 王巧玲 等 译 张成福 校	28.00 元
驾御变革的浪潮：开发动荡时代的管理潜能	［加］加里斯·摩根 著 孙晓莉 译 刘霞 校	22.00 元
自上而下的政策制定	［美］托马斯·R·戴伊 著 鞠方安 等 译	23.00 元
政府全面质量管理：实践指南	［美］史蒂文·科恩 等 著 孔宪遂 等 译	25.00 元
公共部门标杆管理：突破政府绩效的瓶颈	［美］帕特里夏·基利 等 著 张定淮 译校	28.00 元
创建高绩效政府组织：公共管理实用指南	［美］马克·G·波波维奇 主编 孔宪遂 等 译 耿洪敏 校	23.00 元
职业优势：公共服务中的技能三角	［美］詹姆斯·S·鲍曼 等 著 张秀琴 译 音正权 校	19.00 元
全球筹款手册：NGO 及社区组织资源动员指南（第二版）	［美］米歇尔·诺顿 著 张秀琴 等 译 音正权 校	39.80 元

公共政策经典译丛

书名	著译者	定价
公共政策评估	［美］弗兰克·费希尔 著 吴爱明 等 译	38.00 元
公共政策工具——对公共管理工具的评价	［美］B·盖伊·彼得斯 等 编 顾建光 译	29.80 元
第四代评估	［美］埃贡·G·古贝 等 著 秦霖 等 译 杨爱华 校	39.00 元
政策规划与评估方法	［加］梁鹤年 著 丁进锋 译	39.80 元

当代西方公共行政学思想经典译丛

书名	编译者	定价
公共行政学中的批判理论	戴黍 牛美丽 等 编译	29.00 元
公民参与	王巍 牛美丽 编译	45.00 元
公共行政学百年争论	颜昌武 马骏 编译	49.80 元
公共行政学中的伦理话语	罗蔚 周霞 编译	45.00 元

公共管理英文版教材系列

书名	作者	定价
公共管理导论（第四版）	［澳］Owen E. Hughes （欧文·E·休斯） 著	45.00 元
理解公共政策（第十二版）	［美］Thomas R. Dye （托马斯·R·戴伊） 著	34.00 元
公共行政学经典（第五版）	［美］Jay M. Shafritz （杰伊·M·莎夫里茨）等 编	59.80 元
组织理论经典（第五版）	［美］Jay M. Shafritz （杰伊·M·莎夫里茨）等 编	46.00 元
公共政策导论（第三版）	［美］Joseph Stewart, Jr. （小约瑟夫·斯图尔特）等 著	35.00 元
公共部门管理（第九版·中国学生版）	［美］Grover Starling （格罗弗·斯塔林） 著	59.80 元
政治学（第三版）	［英］Andrew Heywood （安德鲁·海伍德） 著	35.00 元
公共行政导论（第五版）	［美］Jay M. Shafritz （杰伊·M·莎夫里茨）等 著	58.00 元
公共组织理论（第五版）	［美］Robert B. Denhardt （罗伯特·B·登哈特） 著	32.00 元
公共政策分析导论（第四版）	［美］William N. Dunn （威廉·N·邓恩） 著	45.00 元
公共部门人力资源管理：系统与战略（第六版）	［美］Donald E. Klingner （唐纳德·E·克林纳）等 著	48.00 元
公共行政与公共事务（第十版）	［美］Nicholas Henry （尼古拉斯·亨利） 著	39.00 元
公共行政学：管理、政治和法律的途径（第七版）	［美］David H. Rosenbloom （戴维·H·罗森布鲁姆）等 著	68.00 元
公共经济学：政府在国家经济中的作用	［美］Randall G. Holcombe （林德尔·G·霍尔库姆） 著	62.00 元
领导学：理论与实践（第六版）	［美］Peter G. Northouse （彼得·G·诺斯豪斯） 著	45.00 元

更多图书信息，请登录 www. crup. com. cn/gggl 查询，或联系中国人民大学出版社政治与公共管理出版分社获取

地址：北京市海淀区中关村大街甲 59 号文化大厦 1202 室　　邮编：100872

电话：010－82502724　　　　　　　　　　　　　　　　传真：010－62514775

E-mail：ggglcbfs@vip. 163. com　　　　　　　　　　　网站：http：//www. crup. com. cn/gggl

图书在版编目（CIP）数据

城市管理学：美国视角：第六版/（美）戴维·R·摩根，（美）罗伯特·E·英格兰，（美）约翰·P·佩利塞罗著；杨宏山，陈建国译. —修订本. —北京：中国人民大学出版社，2016.8
（公共行政与公共管理经典译丛·经典教材系列）
"十三五"国家重点出版物出版规划项目
ISBN 978-7-300-22937-9

Ⅰ.①城… Ⅱ.①戴…②罗…③约…④杨…⑤陈… Ⅲ.①城市管理 Ⅳ.①F293

中国版本图书馆 CIP 数据核字（2016）第 119430 号

公共行政与公共管理经典译丛
经典教材系列
"十三五"国家重点出版物出版规划项目

城市管理学：美国视角（第六版·中文修订版）
戴维·R·摩根（David R. Morgan）
[美] 罗伯特·E·英格兰（Robert E. England） 著
约翰·P·佩利塞罗（John P. Pelissero）
杨宏山　陈建国　译
杨宏山　校
Chengshi Guanlixue

出版发行	中国人民大学出版社		
社　　址	北京中关村大街 31 号	邮政编码	100080
电　　话	010－62511242（总编室）	010－62511770（质管部）	
	010－82501766（邮购部）	010－62514148（门市部）	
	010－62515195（发行公司）	010－62515275（盗版举报）	
网　　址	http://www.crup.com.cn		
	http://www.ttrnet.com（人大教研网）		
经　　销	新华书店		
印　　刷	北京宏伟双华印刷有限公司		
规　　格	185 mm×260 mm　16 开本	版　次	2016 年 8 月第 1 版
印　　张	21 插页 2	印　次	2016 年 8 月第 1 次印刷
字　　数	436 000	定　价	56.00 元

版权所有　侵权必究　　印装差错　负责调换